# LA CASTE DES 500

DU MÊME AUTEUR :

*Un assassin au-dessus de tout soupçon*, Balland, 1984.
*Affaires très spéciales*, avec Jacques-Marie Bourget, Plon, 1986.
*Chirac et dépendances* (avec Jean-François Probst), 2002.
*L'Empire de l'eau : Suez, Bouygues et Vivendi, argent politique et goût du secret*, Ramsay, 2005.
*Aux frais de la princesse*, Jean-Claude Lattès, 2007.
*Bertrand le Magnifique, enquête au cœur du système Delanoë*, Flammarion, 2008.
*Le Sénat : enquête sur les super privilégiés de la République* (avec Robert Colonna d'Istria), éditions du Rocher, 2008.

www.editions-jclattes.fr

Yvan Stefanovitch

# LA CASTE DES 500

## Enquête sur les princes de la République

JC Lattès

ISBN : 978-2-7096-2987-4

*À Monique, Bojidar, Gwladys, Aurore,*
*Luc, Douchane et Jean-Christophe*

« Tout se passe comme si l'élection était, dans la démocratie, l'équivalent du sacre et de l'onction ; l'opération mystique par laquelle la souveraineté qui est censée appartenir, dans un cas, au peuple, dans l'autre, à Dieu lui-même, est transférée tout entière sur la tête de son (ou de ses) représentants. Mais, la fête finie, on oublie le saint. Il n'est que de voir le changement de ton de la classe politique dès la clôture du scrutin. » [...]
« La démocratie est l'art de se passer des hommes indispensables. »

Jacques Julliard, « Contre la politique professionnelle », Le Seuil, 1977.

# Avant-propos

On ne compte plus les ouvrages, enquêtes et reportages traitant de la transparence en politique. Les Français veulent tout savoir de leurs élus. Et c'est bien normal. Mais, cette médiatisation, cette « pipolisation » croissante dissimulent l'angle mort de la démocratie française, le grand tabou, cancer de notre vie politique, qui est l'objet de ce livre. Où l'on découvre avec un peu d'étonnement qu'une Caste discrète de 500 cumulards, qui incarnent la Nation, échappent depuis une trentaine d'années à tout contrôle et à toute information, conjuguant la visibilité de leurs fonctions avec l'opacité de leurs moyens, de leurs privilèges et de leur pouvoir. Une Caste incontournable qui, dans l'ombre, a participé bien sûr de très près à la constitution des listes de candidats aux régionales de mars 2010.

L'État, dirigé par la droite, comme par la gauche, a créé l'essence du pouvoir monarchique de la Caste. Et ce, de deux manières différentes. D'une part, il n'a pas légiféré afin de s'opposer à la montée en puissance, depuis 1976, du cumul des mandats. D'autre part, il a fait voter les lois de décentralisation de 1982 qui ont permis à ces parlementaires cumulards de devenir aussi les patrons d'exécutifs locaux : mairies, communautés de communes, départements et régions. Ainsi débarrassés du contrôle tatillon des préfets, ces énarques, fonctionnaires et apparatchiks de parti sont devenus les princes de la République, parlementaires respectés à Paris, voire ministres, et roitelets féodaux dans leur lointaine province.

Un quart de siècle plus tard, les effets pervers de cette décentralisation renforcent sans cesse le pouvoir de la Caste. Berceau d'un terrible absentéisme, l'Assemblée nationale n'est plus le lieu privilégié de l'éloquence politique, mais le faire-valoir de puissants élus locaux. L'élite politique ne recrute plus parmi les grands orateurs à l'image de Léon Gambetta, Édouard Herriot, Jules Ferry, Albert de Mun, Georges Clemenceau, Aristide Briand, Raymond Poincaré, Edgar Faure, Jean Jaurès, Léon Blum, Maurice Thorez, François Mitterrand ou Dominique de Villepin. Les fondateurs de la III$^e$ République n'étaient pas des élus locaux. Seule une minorité de ces grands professionnels disposait d'une puissante assise locale. Le cumul des mandats a peu à peu tout changé, sous la IV$^e$ puis la V$^e$ République. Ce cumul a donné le pouvoir à des grands élus locaux au sein des partis politiques français. L'exemple le plus caricatural de cette évolution : la direction du PS a dû, la mort dans l'âme, accepter que Georges Frêche soit désigné tête de liste pour la gauche aux régionales de 2010 dans le Languedoc Roussillon. Un Georges Frêche exclu du PS depuis janvier 2007, mais qui le contrôle localement. Aujourd'hui, l'élite politique s'auto-recrute parmi les super-cumulards qui se veulent avant tout les patrons des grands exécutifs locaux. Et ces parlementaires cumulards, princes de la dépense publique locale dépendent d'un interlocuteur quasiment unique en matière de ressources budgétaires : l'État.

Un État qui fournit à leur exécutif de 40 à 60 % de ses recettes sous forme de dotations (notamment la fameuse Dotation globale de fonctionnement accordée en fonction de la superficie et de la population) et de subventions. Pour le reste, l'État leur redistribue leurs impôts locaux, et une partie du produit de la fiscalité indirecte ainsi que toutes sortes de compensations financières liées à de multiples exonérations fiscales. Une initiative néanmoins fâche la Caste : la suppression en

2010 de la Taxe professionnelle (TP) qui avait rapporté 29 milliards d'euros aux collectivités en 2009, soit la moitié de leurs ressources fiscales. Nos princes redoutent de laisser des plumes dans l'affaire, c'est-à-dire de perdre des ressources pour leurs collectivités locales et de devoir ponctionner encore plus les foyers fiscaux. Alain Juppé a bien résumé leurs craintes : « On se fout de nous ! » Une fois la TP supprimée et compensée par l'État, il sera impossible de négocier. Or, la négociation avec le gouvernement et ses hauts fonctionnaires représente le pouvoir principal de la Caste. Celui de négocier des exonérations et de fixer le taux de la T.P. Mieux considéré qu'un simple élu local, le député ou sénateur cumulard est reçu plus vite que les autres dans les ministères pour y plaider sa demande de dotation supplémentaire, de subvention, de crédits ou d'aide pour sa collectivité locale. Et son mandat national ne peut que renforcer son autorité dans sa lointaine province. Avec son franc-parler Jean-Claude Gaudin, maire de Marseille et vice-président du Sénat, justifie ainsi le cumul : « Quand on dit : "le maire d'une grande ville doit se concentrer uniquement sur sa ville et ne pas être député, sénateur ou ministre", c'est une couillonnade ! Il faut être parlementaire pour choper les ministres. » Un vrai cercle vicieux pour ces parlementaires cumulards et les autres élus locaux, soumis de plus en plus au bon vouloir « financier » de l'État.

Ils sont ainsi plus de 80 % de nos parlementaires à diriger également un exécutif local, alors que ce cumul des mandats reste interdit chez la plupart de nos voisins européens, ou, au pire, ne dépasse jamais le pourcentage de 15 %. Les 500 membres de la Caste monopolisent donc pouvoir, argent et privilèges. Ils peuvent mener de front deux carrières politiques, l'une nationale, l'autre locale. Une spécificité française, une manière de faire de la politique qui n'existe ni dans les pays anglo-saxons, ni dans le reste de l'Europe. Cette nouvelle noblesse d'État recrute autant à gauche qu'à droite. Plus d'un an d'enquête (avec l'interview d'une cinquantaine de parle-mentaires) nous a permis de mieux cerner cette Caste de cumulards. Tout à la fois ministre, député, eurodéputé ou sénateur et patron d'un exécutif local, chacun de ses membres s'affiche avant tout comme un gestionnaire local, qui pèse lourd dans son parti et n'a pas le plus souvent d'ambition nationale. Mais, cette sorte de haut clergé figé dans son autorecrutement, ses structures et ses méthodes, bloque tout renouvellement de notre système politique et des partis.

Qui sont ces 500 nouveaux féodaux ? D'une part, 288 députés à l'Assemblée nationale, dont 190 maires de villes de plus de 3 500 habitants, 21 présidents et 46 vice-présidents de Conseils généraux, 8 présidents et 23 vice-présidents de Conseils régionaux. D'autre part, 128 séna-teurs, dont 72 maires de communes de plus de 3 500 habi-tants, 24 présidents et 22 vice-présidents de Conseils généraux, 4 présidents et 6 vice-présidents de Conseils régio-naux. Ces 416 parlementaires cumulards forment le noyau dur de la Caste. Celle-ci comprend également 26 eurodé-putés français (12 cumulards et 14 apparatchiks de partis) ; le président de la République ; le Premier ministre et 23 ministres ou secrétaires d'État cumulards en exercice (gouvernement Fillon IV) ; 9 anciens Premiers ministres, 2 ex-présidents de la République et une vingtaine d'ex-ministres et personnalités. Conclusion : la moitié environ des présidents de Conseils généraux et régionaux sont des membres de la Caste.

La quasi-totalité de ces cumulards empoche chaque mois 15 000 à 21 000 euros bruts. Plus de la moitié de ces émoluments échappe à l'impôt sur le revenu de manière tout à fait légale. Ce revenu se divise principale-ment en deux. D'une part, les 416 députés et sénateurs reçoivent au maximum 9 730 euros bruts d'indemnité mensuelle de fonction en tant que parlementaires. Ces professionnels sont « écrêtés » c'est-à-dire qu'ils doivent rétrocéder à d'autres élus toutes leurs indemnités qui dépassent cette barrière (un peu plus élevée pour les ministres et secrétaires d'État). Le plus souvent de manière discrétionnaire : une forme de clientélisme qui se marie avec la nomination, également discrétionnaire, des mêmes élus « vassaux » à des postes de responsabilité rémunérés dans les intercommunalités et syndicats inter-communaux, départementaux ou sociétés d'économie mixte... Un véritable pactole. D'autre part, les députés et sénateurs cumulards conservent, comme argent de poche, l'indemnité forfaitaire mensuelle représentative de frais de mandat (de l'ordre de 6 000 euros, et non fiscalisable), qui leur est versée par l'Assemblée nationale ou le Sénat. En effet, ces parlementaires disposent déjà d'un secrétariat local, de frais d'hôtel, de restaurant et de transport payés par leur mairie, leur Conseil général, régional ou leur intercommunalité. Le Parlement leur alloue également une enveloppe mensuelle destinée à payer leurs collabora-teurs, 9 100 euros pour les députés, 6 984 euros pour les sénateurs. 15 % de ces parlementaires recrutent leurs collaborateurs parmi leurs femmes, enfants ou amis. Ces 416 cumulards sont les élus français (en dehors des euro-députés) qui coûtent le plus cher au contribuable : 24.588 euros chaque mois pour les députés et 24.394 euros pour les sénateurs, sans compter les « facilités » : voiture, logement, transports, téléphone... tout cela est gratuit. La Caste accueille dans ses rangs ceux qui « gouvernent » 3 500 habitants et plus. C'est à partir de ce chiffre qu'un maire peut disposer d'avantages en nature importants.

La « Caste des 500 » ne doit pas être confondue avec le reste du personnel politique, vraie richesse de la démocratie locale, des hameaux de montagne jusqu'aux quartiers de banlieue. Sur un nombre total d'environ 558 000 élus dans l'Hexagone (soit le record mondial d'un élu pour 111 habitants), 450 000 conseillers munici-paux sont bénévoles ou presque dans 34 000 communes (sur 36 700 au total). La grande masse de ces 450 000 élus ne bénéficie d'aucun privilège. Ils ne touchent pas le moindre centime d'euro d'indemnité. Lors de leurs rares déplacements officiels, ils se font simplement rembourser, de temps à autre, l'essence de leur voiture suivant un barème d'indemnités kilométriques, et des notes d'hôtel ou de restaurant en fonction d'un forfait. C'est la loi. Le reste, soit environ 100 000 élus, regroupe les parlementaires, les maires et leurs adjoints, les présidents et vice-présidents des exécutifs locaux, sans oublier les conseillers généraux, régionaux ou délégués des communautés de communes. Tout en bas de l'échelle, les maires des petites communes touchent 637,92 euros bruts par mois.

Parmi ces 100 000 élus plus ou moins indemnisés pour leurs mandats, 15 000 professionnels de la politique (dont les 500 de la Caste) parviennent à vivre uniquement de revenus versés par l'État ou les collectivités locales. Ce sont des maires, députés, sénateurs, conseillers régionaux ou généraux, présidents et vice-présidents de communautés d'agglomération ou urbaine qui cumulent avec des mandats locaux et sont employés comme fonctionnaires ou contractuels. Tous ces professionnels se contentent d'un minimum d'environ 4 000 euros bruts par mois, et ils ont peu de temps, travaillant d'arrache-pied pour leurs administrés.

En tête de ce hit-parade des rémunérations, nos deux anciens présidents de la République cumulent retraites et indemnités de fonction au Conseil constitutionnel (31 000 euros bruts mensuels pour Jacques Chirac, et 30 000 pour VGE). Ce sont aujourd'hui les deux représentants de la Caste les mieux payés.

Député-maire PS de Sarcelles (58 000 habitants), lieutenant de DSK et président de la Communauté de communes du Val de France (135 000 habitants), François Pupponi, quarante-sept ans, ne récuse pas la notion de Caste. À ses yeux, la majorité de ses membres sont les rois de l'absentéisme au Parlement, tant en séance qu'en commission : « Sur les 416 parlementaires cumulards, seuls une centaine de députés et une cinquantaine de sénateurs travaillent respectivement à l'Assemblée nationale et au Sénat. Les autres se consacrent essentiellement à diriger leurs exécutifs locaux. Travailler à l'Assemblée comme au Sénat, c'est bosser, en commission, pendant dix à douze heures d'affilée par jour pour pondre un texte ou contrôler l'action du gouvernement. Ainsi, en mai-juin 2009, lors de la préparation de la loi réprimant les violences en groupe, seuls quatre députés PS, un PC, deux UMP et un Nouveau Centre, ont bossé pendant trois semaines. Et quand vous bossez, vous êtes reconnu, vous avez de l'influence quelque part, aussi bien parmi les députés de gauche que de droite. Mais, moi j'ai un vrai double boulot parce que la présence à l'Assemblée ne diminue pas mon travail à Sarcelles. Simplement, mes nuits sont plus courtes que celles de la majorité de mes collègues députés[1]. »

Les privilèges de la Caste, l'argent facile et l'opulence, sont les attributs d'un pouvoir d'essence monarchique. Un exemple parmi beaucoup d'autres. Qui serait prêt à suivre l'exemple du cumulard Jacques Bascou ? Dès son élection à la mairie de Narbonne en 2008, cet ancien fonctionnaire territorial de cinquante-cinq ans a revendu la puissante berline de son prédécesseur et réaffecté son chauffeur comme agent dans une mairie annexe. Depuis, Jacques Bascou, député-maire PS de Narbonne et président de la Communauté d'agglomération de la Narbonnaise (87 500 habitants), se sert uniquement de sa vieille R5 pour tous ses déplacements dans la région. Quelques Narbonnais s'en sont rendu compte, mais ce franc-maçon de la Grande loge nationale française (de son propre aveu), hostile à toute médiatisation du politique, n'a pas souhaité donner la moindre publicité à cette manière de rappeler sa vocation d'élu : être au service de ses administrés sans se « servir » au passage...

À l'inverse, la plupart des 500 membres de la Caste ont pris l'habitude de se « servir ». C'est que ces bour-

---

1. Entretien avec l'auteur en juin 2009.

reaux de travail sont assis en quelque sorte dans trois fauteuils à la fois : celui de « président de la République» locale, un deuxième de président de leur Assemblée et un troisième de « Premier ministre». Le suffrage majoritaire leur assure une majorité confortable dans leur assemblée locale et leur épargne les soucis d'un contre-pouvoir. Une majorité de ces professionnels sont bien sûr hostiles à toute réforme des régions, départements et communautés de communes. À gauche comme à droite, ils ont tout à y perdre et rien à y gagner. Notre enquête révèle pourquoi et comment la Caste de ces 500 cumulards réussit à entraver toute évolution de notre système politique.

Les programmes présidentiels du PS et de l'UMP en 2007, puis la Commission Balladur et les rapports des clubs de pensée politique tel l'institut Montaigne, démontraient une unanimité de points de vue : la modernisation de nos institutions appelait un non-cumul strict des mandats. C'était, et c'est toujours, le seul remède de cheval pour renouveler le personnel politique, l'améliorer et lutter contre un absentéisme record au Parlement. Car nos 500 professionnels sont en réalité des travailleurs à mi-temps ou à tiers-temps qui sacrifient leur mandat national au mandat local. Et depuis juin 2008 et la loi de « modernisation» de nos institutions, l'omerta s'est abattue comme une chape de plomb sur le cumul des mandats et son corollaire, l'absentéisme parlementaire. Plus aucun dirigeant politique n'aborde en public le sujet, et surtout pas Nicolas Sarkozy. La réforme impossible. Les 500 se sont fait entendre de qui de droit. Lors de son discours à Versailles devant le Parlement (une allocution de moins d'une heure à 500 000 euros), fin juin 2009, le président de la République s'est engagé solennellement sur tout autre chose : « Nous irons jusqu'au bout de la réforme des collectivités locales. Nous ne nous déroberons pas devant la réduction du nombre des élus régionaux et départementaux. Nous ne nous déroberons pas devant le problème de la répartition des compétences. Nous ne nous déroberons pas devant l'effort qui sera demandé à toutes les collectivités. »

Le chef de l'État visait, selon lui, « trois objectifs » très médiatiques : la « réduction de la spirale des dépenses des collectivités locales » grâce à la diminution du millefeuille administratif (six à sept niveaux de compétence pour prendre une décision au niveau local) et du nombre d'élus. Le message passe facilement : les élus sont trop nombreux et dépensent trop, quand ils ne gaspillent pas. Le président de la République souhaitait que les 4 000 conseillers généraux et 2 000 conseillers régionaux ne soient plus que 4 000 ou 3 000 au total. Ces nouveaux conseillers territoriaux, élus au scrutin majoritaire à un tour pour 80 % d'entre eux et par une représentation proportionnelle pour les 20 % restant, siégeraient à la fois dans chaque région et chaque département. Un comble. L'État favoriserait ainsi très officiellement le cumul des mandats de cette nouvelle race d'élus hybrides. « La loi portant réorganisation des territoires » devait être examinée au Parlement à l'automne 2009. Et si le Sénat (place forte des Conseils généraux) ne peut que s'opposer à cette fusion conseillers régionaux-conseillers généraux, cette réforme devrait être votée par les députés UMP, dont la quasi-totalité des membres de la Caste.

Nombre de députés de la Caste, de droite comme de gauche, sont pour la plupart d'incorrigibles jacobins, bien qu'ils s'en défendent vigoureusement. La réforme sarkozienne des collectivités locales ne les gêne pas, car elle renforce leur fonds de commerce : le cumul des mandats. Malgré les apparences, leur culture reste profondément centralisatrice, et leur amour pour le cumul est inoxydable. Ils n'auraient aucun intérêt à être parlementaire, si ce mandat ne renforçait pas leur pouvoir local. En réalité, ces professionnels sont de puissants sous-traitants de l'État, des sous-traitants menacés par une vraie décentralisation. C'est-à-dire en somme par un président de région qui deviendrait l'interlocuteur privilégié de l'État avec compétence en matière d'emploi, de logement, de recherche, d'éducation nationale et souvent de fiscalité comme dans les régions italiennes et espagnoles ou les États fédérés allemands, autrichiens et belges. Un univers dans les régions, départements et communautés de communes, où les préfets, sous-préfets et leurs services techniques et administratifs auraient disparu. Ici, l'État, qui a engagé 250 000 fonctionnaires de 1985 à 2005, pourrait tailler dans ses effectifs notamment dans les doublons, sans toucher à ses missions régaliennes en matière de police, de justice, et de relations internationales. Un univers, où le cumul des mandats parlementaire-patron d'exécutif local n'aurait plus lieu d'être, puisque l'État ne serait plus le seul décideur politique, mais un régulateur entre les communautés de communes, les régions et l'Europe. Mais le réflexe jacobin et centralisateur reste encore le plus fort.

L'État devrait aujourd'hui balayer devant sa porte avant de mettre en cause la gestion des collectivités locales. Première réalité incontournable : celles-ci réalisent les trois quarts des investissements publics et 10 % de l'investissement du pays. Elles financent ces investissements d'une manière plutôt saine puisque, depuis 1982, leur endettement est demeuré quasi constant et inférieur à 10 % du PIB. Durant la même période, la dette de l'État, qui représentait 18 % du PIB en 1982, s'élevait à près de 70 % début 2009. Connu depuis longtemps pour ses gaspillages, l'État tient un discours « antidécentralisation » qui infantilise les élus : L'État est rationnel est responsable, les politiques ne le sont pas. Certes, les dépenses des collectivités locales ont progressé annuellement, à périmètre de compétences constant, 1,4 % plus vite que les dépenses de l'État.

Nous avons enquêté sur cette Caste des 500 professionnels qui, à la tête des collectivités, est opaque et souhaite le rester. Une micro-société silencieuse au-dessus des partis qui est devenue un partenaire puissant et incontournable pour le gouvernement et le président de la

République réunis. Sans faire d'antiparlementarisme, de populisme, mais au nom de la transparence nécessaire à toute démocratie, embarquons pour ce voyage au sein d'une Caste qui tient le pays pour le meilleur et pour le pire.

J'ai choisi une cinquantaine de dignitaires, grands cumulards à quelques exceptions près. Nous avons enquêté sur leur parcours et leur gestion. Leur choix de carrière se révèle très rentable pour la plupart de ces roitelets. Ce qui ne les empêche pas de jouer les Cosette en comparant leurs revenus avec ceux des patrons du CAC-40. Certes, à l'exemple de ces capitaines d'industrie, la plupart de ces dirigeants de communautés de communes, de départements et de régions emploient chacun des milliers de personnes. Mais sont-ils devenus de super professionnels de la politique pour s'enrichir ou pour servir leurs concitoyens, tout en vivant correctement ? Nous sommes allés à la rencontre de ces princes discrets de la dépense publique. Et, au fil des chapitres, nous les avons classés, par groupe, en fonction de leur efficacité, de leur manière de faire de la politique, de « vivre » leurs pouvoirs, leurs privilèges et l'argent facile. Un voyage au pays d'une démocratie française qui préfère rester dans l'ombre, habilement cachée derrière les people.

Cette enquête concerne d'abord de brillants professionnels qui n'auraient jamais pu « percer » dans le métier, sans un ou plusieurs parrains. Le motard Christian Estrosi, l'instituteur Didier Boulaud, le journaliste stagiaire François Fillon ou l'apparatchik Bertrand Delanoë témoignent d'un mécanisme bien pervers, mais « humain ». Il est impossible d'émerger sans être coopté au sein de la Caste.

Deuxième catégorie : la Caste recrute des assistantes sociales un peu particulières. En effet, une grande majorité des députés et sénateurs se veulent prioritairement au service de leurs électeurs dans la « broussaille » administrative, et rendent ainsi mille et un petits services à leurs électeurs. À l'Assemblée et au Sénat, les mêmes pratiquent une culture de « soumission » ou de « démission » face à la majorité gouvernementale du moment. Mais, d'autres sénateurs ou députés agissent, eux, localement comme de véritables chefs d'entreprise. Le sénateur UMP-président du Conseil général de la Manche, Jean-François le Grand, le sénateur PS-président PS du Conseil régional du Nord-Pas-de-Calais, Daniel Percheron, et le sénateur PS-maire de Strasbourg, Roland Ries, gèrent ainsi leurs collectivités respectives en véritables décideurs de politiques publiques. De vrais monarques régionaux. Incontournables pour un gouvernement de droite ou de gauche. Revers de la médaille à cet énorme travail local : ces trois barons ne sont pas parmi les plus présents du Sénat. Ainsi, Daniel Percheron a pris la parole en séance publique cinq fois seulement depuis 2003, soit moins d'une fois par an.

Troisième catégorie : de petits despotes démocratiques, travailleurs, compétents et habiles, qui illustrent les dangers de l'absence de tout contre-pouvoir face à un chef d'exécutif local. Le président ex-PS de l'agglomération de Montpellier-président du Conseil régional Languedoc-Roussillon, Georges Frêche, le député européen MPF-président du Conseil général de Vendée, Philippe de Villiers, et le sénateur PS président du Conseil général du Lot, Gérard Miquel, usent et abusent ainsi de leur position privilégiée.

La quatrième catégorie d'élus de la Caste est d'un commerce bien plus agréable. Tout aussi compétents, travailleurs et discrets que les autres, ils illustrent les effets pervers du cumul des mandats. Ce sont le sénateur et ancien maire UMP de Saint-Étienne, Michel Thiollière, le député-premier secrétaire de la fédération PS de l'Indre-et-Loire, Jean-Patrick Gille, la députée PS-vice-présidente du Conseil général d'Indre-et-Loire, Marisol Touraine, la présidente PS du Conseil général d'Indre-et-Loire-maire adjoint d'Angers, Claude Roiron, l'ex-ministre-député-maire UMP de Laval, François d'Aubert, et l'ancien ministre-député-maire UMP d'Amiens, Gilles de Robien. Notre enquête vise à cerner comment ces grands professionnels se sont retrouvés un jour piégés par une situation qui les dépassait. Le parachutage d'élus depuis Paris, la parité, le cumul des mandats, son corollaire le manque de dialogue avec les électeurs, et la guerre UMP-Modem sont les principales mâchoires du piège.

La cinquième catégorie concerne les femmes de la Caste qui, par le mécanisme de la parité, menacent les professionnels de sexe masculin. Les plus originales ont littéralement pris le pouvoir au sein de quatre grands couples de super cumulards : Patrick et Isabelle Balkany, Michèle Alliot-Marie et son compagnon Patrick Ollier, Christian Estrosi et son ancienne épouse Dominique Sassone-Estrosi, Jean-Claude et Colette Guibal à Menton.

La sixième catégorie de la Caste regroupe de grandes dynasties familiales qui pratiquent elles aussi le cumul à grande échelle. Les plus célèbres ne sont pas plus d'une vingtaine aux « quatre coins de l'Hexagone ». Vivant plus discrètement depuis plus d'un demi-siècle, les quatre dynasties de Marseille sont toutes socialistes et concurrentes pour capter l'héritage de Gaston Defferre. À l'inverse, les trois riches dynasties des Hauts-de-Seine cohabitent dans leur fief respectif (Neuilly-sur-Seine, Asnières et Puteaux), sous l'œil du président de la République qui reste le grand patron local. La plus vieille dynastie de professionnels se cache derrière Charles-Amédée du Buisson de Courson, l'incorruptible et infatigable rapporteur de la commission des Finances à l'Assemblée nationale, maire d'un petit village et vice-président du Conseil général de la Marne. Depuis sept siècles, sa famille noble fait dans la politique.

Septième catégorie : pain bénit pour la Caste, l'exercice de mandats locaux par les parlementaires ou ministres cumulards s'accompagne de petits privilèges qui ne font pas l'objet d'une délibération spéciale de l'exécutif local qu'ils dirigent. Ces avantages multiples demeurant ainsi facilement ignorés, les écritures comptables correspondantes étant noyées, tout à fait légalement, au beau milieu de grosses masses de crédits de fonctionnement ou d'investissement. Les Chambres régionales des comptes ont bien du mal à prouver et à faire condamner l'utilisation illégale de ces privilèges : berlines de fonction avec chauffeur utilisables toute l'année et en tous lieux notamment pour se rendre chaque semaine à l'Assemblée ou au Sénat ; voiture également de fonction garée 12 mois sur 12 uniquement à la mer ou à la campagne dans une résidence de l'intéressé ; billets d'avion ou de train pour des amis répertoriés comme des voyages « d'étude », à l'étranger ou dans l'Hexagone ; achat de meubles ou de fournitures diverses ; location d'un appartement pour une connaissance, etc. Inconnues de l'électeur français, ces mauvaises habitudes restent totalement prescrites et inimaginables dans les pays nordiques, aux États-Unis, en Allemagne et en Espagne, mais pas en Angleterre. Quelque 300 députés et plusieurs ministres britanniques ont dû, au printemps 2009, rembourser des notes de frais justifiées, allant de l'entretien d'une piscine à l'achat de rouge à lèvres en passant par des prêts immobiliers douteux. Certains ont dû même démissionner de leurs mandats. Le journal conservateur *Daily Telegraph* avait révélé ce scandale grâce à l'entrée en vigueur de la loi sur la liberté d'information qui oblige la Chambre des communes à publier les notes de frais de tous les députés. Impossible de voir un tel scandale éclater dans l'Hexagone. Aucun justificatif n'est demandé à nos parlementaires qui utilisent leur indemnité représentative de frais de mandat (environ 6 000 euros bruts mensuels) comme bon leur semble.

Huitième catégorie : les 26 députés européens (14 apparatchiks et 12 cumulards) qui peuvent empocher jusqu'à 28 000 euros bruts d'indemnités mensuelles pour six jours de travail. Strasbourg sert d'employeur ou de maison de retraite luxueuse pour les apparatchiks recalés par le suffrage universel ou pour ceux que le gouvernement souhaite récompenser. Comme beaucoup de sénateurs et députés, les députés européens français pratiquent une culture de la démission. Avec l'aval des partis politiques français, qui n'apprécient guère la toute petite minorité d'eurodéputés qui travaillent réellement. Rien à voir avec le professionnalisme et l'assiduité de tous les autres députés européens, mis à part les Italiens qui, avec les Français, sont les rois de l'absentéisme au Parlement européen.

Neuvième catégorie : les professionnels de la traîtrise. Savoir trahir devient à la mode à l'heure de l'ouverture à gauche pratiquée par Nicolas Sarkozy. Une ouverture qui conduit lentement vers une démocratie unanimiste, presque apolitique, notamment dans les communes. Dans les différents gouvernements Fillon, les grands « traîtres » sont les ministres Bernard Kouchner, Hervé Morin, Eric Besson, le secrétaire d'État Jean-Marie Bockel. L'ancien communiste, député du Nouveau Centre et président du Conseil général d'Eure-et-Loir, Maurice Leroy, attend lui son maroquin ministériel. Cette même démocratie unanimiste, les grands barons cumulards de province, qu'ils soient de droite ou de gauche, y tiennent aujourd'hui comme à la prunelle de leurs yeux.

Dixième et dernière catégorie : les « professionnels » de l'après-politique. Princes du cumul, drogués aux honneurs, bénéficiant de pensions de retraites somptueuses, ils mettent très rarement un terme à leur carrière, même si l'âge les y invite à l'évidence. Le meilleur exemple : nos deux anciens présidents de la République. Ils n'ont jamais rien fait d'autre que de la politique et s'ils ont une crainte, c'est surtout de s'ennuyer. Beaucoup des cumulards de la Caste, à l'exemple de Molière, meurent en scène ou à peine l'ayant quittée.

Les cinq cents membres de la Caste bénéficient d'une extraordinaire rente de situation dans l'Hexagone. Critiquer la politique et les politiciens risque de porter atteinte à la démocratie. Grâce à un discret chantage, ils assimilent à un crime antidémocratique toute critique de la politique, des politiciens, de l'argent facile, de l'enrichissement des princes de la politique, toute remise en cause ou contestation de leurs activités, de leur statut et de leurs extraordinaires privilèges. C'est à dire d'un système totalement opaque qui permet, entre autres, à ces seigneurs de la République de dépenser comme bon leur semble l'argent du contribuable. La plupart de ces énarques, fonctionnaires ou apparatchiks n'acceptent pas la moindre transparence dans leur manière de faire de la politique, à propos de leurs revenus et de leur patrimoine. Ce goût du secret dissimule la toute-puissance d'une nouvelle élite politique qui vit aux frontières de la légalité et bloque toute évolution de notre système. Cinq cents féodaux qui confisquent le pouvoir, l'argent et la parole.

Y. S.

# 1.

# Les rois du cumul
# et princes de la dépense publique

Comme son nom l'indique, le professionnel de la politique vit d'elle et pour elle. Parfois les deux. Le sociologue allemand Max Weber en a fourni la meilleure définition dans sa conférence « La profession et la vocation de politique » donnée en janvier 1919 : « Vit "de" la politique en tant que profession celui qui cherche à en faire une source permanente de revenus, "pour" la politique celui pour lequel ce n'est pas le cas. Pour que quelqu'un puisse vivre "pour" la politique en ce sens économique, il faut que, quand règne l'ordre de la propriété privée, quelques présuppositions, très triviales si vous voulez, soient données : il faut que, dans des conditions normales, cet homme soit indépendant économiquement des revenus que la politique peut lui apporter. » Les premiers députés rémunérés datent de la Révolution, les premiers maires indemnisés, de 1884. Depuis, dans l'Hexagone, les professionnels de la politique sont de plus en plus nombreux. Ici, seule nous intéresse la « Caste des cinq cents », l'élite de l'élite politique. Une Caste féodale, informelle, invisible au commun des mortels et aux électeurs. Une Caste, dont les membres se reconnaissent entre eux. Une Caste qui n'a qu'une raisons sociale : défendre par tous les moyens le statut financier hors norme et les privilèges extraordinaires de ses membres. Des avantages qui sont directement liés au très grand nombre de communes et d'élus ainsi qu'au fantastique développement des structures administratives et politiques dans l'Hexagone. Le fromage de la Caste.

À première vue, on pourrait croire que les professionnels de la politique n'ont guère changé fondamentalement depuis la fin de la dernière guerre. Certes, ils ne sont plus issus de la Résistance et doivent compter avec une opinion publique de plus en plus exigeante. Paramètre devenu incontournable, l'opinion publique reflète, entre autres, l'influence de méthodes nouvelles : les sondages d'opinion, le marketing politique, la médiatisation et la « pipolisation ». Dans son ouvrage *L'État spectacle 2*[1] Roger-Gérard Schwartzenberg, ancien ministre et professeur de droit, met en lumière ces nouvelles méthodes qui ont contribué à amplifier cette « altération de la politique » : poids de la médiasphère, emprise des communicants, « pipolisation », déclin du rationalisme et primat de l'émotionnel dans l'information. Au-delà de cette opinion publique que ces professionnels surveillent comme le lait sur le feu – au moins autant qu'ils sont surveillés par elle –, ces derniers ont profondément changé leur manière d'agir. Pour deux raisons très différentes, qui ont provoqué un terrible absentéisme au Parlement (lequel ressemble à un désert physique et politique) et une montée en puissance de la présence des élus locaux sur le terrain.

## 85 % des députés et 81 % des sénateurs cumulent

La première raison se cache derrière l'explosion du cumul mandat parlementaire-mandat local qui concerne

---

1. Plon, 2009.

aujourd'hui 81 % des sénateurs et 85 % des députés. Un cumul des mandats interdit dans la plupart des autres pays européen ou très peu pratiqué. 416 parlementaires, 12 eurodéputés et 24 ministres et secrétaires d'État sur 38 du gouvernement Fillon IV cumulaient leur fonction avec un mandat exécutif local. Ces ambassadeurs des collectivités locales peuvent étouffer dans l'œuf, au Parlement, toute initiative qui leur déplairait. À commencer par François Fillon lui-même, en tant que président de la Communauté de communes de Sablé-sur-Sarthe (23 200 habitants). Les membres de la Caste sont juges et partie face aux réformes proposées, par exemple celles suggérées par le comité Balladur pour la réforme des institutions locales. Ils ne défendent qu'une ligne : toute réforme des collectivités locales doit éviter de diminuer leur fromage et celui de leurs « obligés », c'est-à-dire toucher au cumul et diminuer le nombre d'élus. Jusqu'au début des années 1980, en France, le cumul n'avait pas cette importance. Tout simplement parce qu'un parlementaire n'avait pas de raison de s'intéresser au métier d'élu local, à l'époque peu attractif. Et peu attractif culturellement parlant. En effet, depuis la Révolution, la France s'est construite contre les provinces qui recouvrent à peu près aujourd'hui nos vingt-deux régions de l'Hexagone. Une histoire, unique en Europe, de centralisation réussie. Une histoire, qui n'a jamais laissé la place à une véritable décentralisation sur un modèle fédéral avec notamment le pouvoir de fixer les bases de l'impôt et la compétence des « territoires » en matière d'Éducation nationale et d'Emploi. Les trois lois de décentralisation en 1837, 1884 et 1982 témoignent de ce vieux fonds jacobin inaltérable. Thermomètre de ce manque d'intérêt pour le métier d'élu local, les parlementaires cumulaient avec un mandat local à hauteur de 30 % sous la III$^e$ République, de 40 % sous la IV$^e$ et de 45 % à la fin des années 1970.

L'irrésistible ascension du cumul a démarré avec la refondation d'un nouveau parti socialiste en 1971 à

Épinay. Après l'élection de VGE à la présidence de la République, des jeunes loups du PS partent à l'assaut de forteresses gaullistes ou giscardiennes, successivement aux cantonales de 1976, aux municipales de 1977 et aux législatives de 1978. Suite à ces élections, plusieurs sabras socialistes ont cumulé des mandats de maire, conseiller général et député. Cumuler, c'est plus confortable à tous points de vue. À partir des municipales de 1983, la droite, retenant la leçon, lance ses troupes à l'assaut des citadelles communistes et socialistes, dans l'espoir aussi d'obtenir un maximum de cumulards. À elle seule, la montée du cumul a engendré, à la fin des années 1980, une bonne partie de l'absentéisme et donc le déclin des grands débats au Sénat et à l'Assemblée nationale. Le cumul des mandats accentue la professionnalisation de la politique : le professionnel doit être en mesure d'augmenter ses ressources financières et de multiplier ses chances de promotion politique. Effet pervers : à chaque élection, ces professionnels mettent tout en œuvre pour conserver leur(s) mandat(s) et en gagner si possible d'autres, au risque parfois de privilégier leur intérêt personnel à défaut de celui de leurs concitoyens. Ces cumulards sont issus majoritairement de la fonction publique (à plus de 50 %), qui a succédé aux rentiers, retraités, avocats, médecins, pharmaciens et notaires, en raison de la plus grande facilité d'accès des fonctionnaires au métier politique grâce à leur mise en détachement.

## L'effacement du préfet a couronné la Caste

La seconde raison, qui nourrit, elle aussi, l'absentéisme parlementaire, a transformé bon nombre de députés, de sénateurs et d'élus en puissants monarques locaux. 1982 fut l'année d'une authentique révolution juste avant la création, en 1986, des conseils régionaux.

Jusqu'à cette date, les hommes et les femmes vivant de la politique n'étaient pas *avant tout* des élus locaux. Maires et présidents de Conseil général ne détenaient qu'un pouvoir très restreint. Vestige d'un pouvoir monarchique, centralisateur et jacobin, le préfet du département ou de la région décidait en toutes choses et donnait son feu vert préalable à toute décision d'une assemblée locale. Chaque président d'un Conseil général n'avait que trois ou quatre employés à sa disposition. Sur rapport du préfet, le président du Conseil général attribuait des subventions à la préfecture pour faire tourner les services locaux de l'État (équipement, agriculture, services sociaux), et notamment pour payer les fonctionnaires préfectoraux. De leur côté, les maires n'avaient le droit d'engager que du personnel subalterne ou technique après avoir reçu le feu vert du préfet.

Cette absence de pouvoir d'embauche de fonctionnaires territoriaux, et notamment de cadres, explique qu'avant 1982 les professionnels de la politique n'étaient pas spécialement attirés par une carrière locale, même couplée à un mandat de parlementaire. Il leur paraissait difficile de gérer une collectivité sans le moindre cadre, face au préfet qui, lui, les collectionnait. De plus, chaque département, ville ou commune avait un statut particulier pour ses agents qui travaillaient en réalité pour l'État. Il n'y avait que 100 000 fonctionnaires territoriaux pour tout l'Hexagone. Lesquels ne pouvaient pratiquement pas changer d'employeur au sein de la fonction publique, les statuts des fonctionnaires de chacune de ces collectivités étant trop différents. À l'initiative de trois grands élus locaux, le président de la République, François Mitterrand, le Premier ministre Pierre Mauroy et le ministre de l'Intérieur Gaston Defferre, fut créée, en 1984, la fonction publique territoriale. Une loi précisa le déroulement de carrière de ces fonctionnaires, dorénavant mieux formés et mieux payés. Les patrons des collectivités locales avaient désormais le pouvoir d'embaucher des cadres supérieurs aux mêmes salaires que dans la fonction publique d'État. Des places très prisées par les jeunes diplômés de l'enseignement supérieur, soucieux de revenir vivre au « pays ».

## L'arme secrète :
## 1,8 million de fonctionnaires territoriaux

Ce sont les mandats locaux qui ont donné naissance à la Caste, dont les membres sont avant tout des professionnels de la gestion des collectivités publiques. Sur les 40 000 exécutifs locaux, 7 000 environ sont dirigés par des professionnels qui cumulent plusieurs mandats locaux et près de 500 environ par des parlementaires de la Caste. Et que pèse aujourd'hui en France un ministre, face à un ancien Premier ministre comme Pierre Mauroy à Lille, Alain Juppé à Bordeaux, Jean-Pierre Raffarin dans le Poitou ou Laurent Fabius à Rouen, à un ancien ministre comme Jean-Claude Gaudin, Michel Vauzelle à Marseille ou Jean-Louis Bianco à Digne ? Les « 500 » sont avant tout des élus locaux. Pour trois raisons essentielles.

D'abord, les partons d'exécutifs locaux, dont les « 500 » cumulards de la Caste, sont devenus le deuxième employeur de l'Hexagone derrière l'État. Ils emploient des fonctionnaires territoriaux au nombre de 1 850 000 (à 75 % des agents d'exécution de la catégorie C), soit 32 % des fonctionnaires de l'Hexagone. Ces agents avaient, en 2006, un salaire moyen brut mensuel de 1 623 euros. Un million d'entre eux travaillent dans les 36 700 communes françaises (dont 223 939 dans les structures intercommunales), 312 000 dans les 101 Conseils généraux, 23 000 dans les 26 Conseils régionaux et 72 000 dans les sociétés HLM. Et 286 collectivités locales emploient chacune un millier d'agents ou plus. La puissance de l'élu local tient essentiellement à ce pouvoir d'embauche à grande échelle. Un mode de gouvernement souvent conjugué à un système clientéliste, nourri de recrutement dans la fonction publique territoriale et parallèlement de l'attribution de logements HLM. De quoi se constituer discrètement, dans son propre parti, un groupe stratégique d'adhérents motivés, disponibles et fidèles. En 2009, les collectivités territoriales avaient prévu d'embaucher 34 850 agents. En ces temps de crise, l'État (qui de son côté ne remplace plus un sur deux départs à la retraite de ses fonctionnaires) demande « discrètement » aux communes, départements et régions d'être un régulateur du marché de l'emploi et de gérer des compétences qu'il ne veut plus assumer, à l'exemple de la quasi-totalité des membres de la caste cités dans ce livre.

Les élections aux centres départementaux de gestion de la fonction publique territoriale restent très prisées par les 500 cumulards. Ces élections, au cours desquelles des locaux en élisent d'autres pour les représenter, sont étroitement associées aux échéances municipales. Les conseils d'administration de ces établissements départementaux doivent être représentatifs de l'équilibre des forces politiques du département. Au contact régulier des représentants des syndicats de fonctionnaires et du personnel administratif de ces établissements, les cumulards acquièrent une bonne connaissance de la fonction publique territoriale. Bien sûr, la plupart de nos 500 sont également très assidus aux débats parlementaires concernant l'avenir de la fonction publique.

## Un budget annuel de 212 milliards d'euros

Deuxième illustration du pouvoir de la Caste : le budget 2007 des collectivités locales s'est élevé à 212 milliards d'euros (contre 375 milliards d'euros pour celui de l'État). Un budget auquel il faut ajouter 60 milliards d'euros pour les Sem (Sociétés d'Économie Mixtes), Sivom (Syndicats intercommunaux à vocation multiple) et Epic (Établissements publics à caractère industriel et commercial). Les trois quarts des travaux d'équipement en France (routes, piscines, écoles, lycées, maisons de retraite, voirie.) sont financés localement, dont 20 milliards d'euros par les communautés de communes et 60 milliards par les départements. Ces dépenses ne cessent de croître. Entre 2000 et 2007, selon un rapport de Bercy, la masse salariale des collectivités locales a augmenté de 5,1 % par an contre 2,2 % pour celle de l'État. Les transferts de compétence de l'État vers les collectivités locales (RMI, routes) n'expliquent qu'une partie de cette progression irrésistible à hauteur de 1,5 % par année. Pendant les mêmes huit ans, les impôts locaux directs ont bondi au total de 27,4 % pour atteindre 80 milliards d'euros en 2007. Un élu a tendance à montrer à ses électeurs qu'il est actif, dynamique, en sollicitant des financements croisés (Europe, département, région) pour multiplier au maximum les équipements collectifs : salles polyvalentes, stades, musées, médiathèques. Chaque patron d'un exécutif local veut avoir *sa* cellule de communication, *son* outil de développement de l'emploi, de promotion du sport ou du tourisme. Pour faire plaisir à ses électeurs, un maire essaie souvent de recréer discrètement tout ou partie des postes de fonctionnaires, qu'il a dû affecter à l'intercommunalité, lors de l'adhésion de sa municipalité à la communauté de communes. Le contribuable fait souvent les frais de cette gabegie.

    Bien sûr, le président de la République et le gouvernement veulent reprendre la balle au bond. L'État en faillite n'a plus aucune marge de manœuvre en matière financière et dégraisse ses effectifs de fonctionnaires, et le discours sarkozien de reprise en main des finances des collectivités locales s'impose médiatiquement au moment où la gauche dirige vingt-quatre régions sur vingt-six (avec les DOM-TOM) et cinquante-huit départements sur cent. Dénoncer la gabegie des collectivités territoriales reste un sport facile et « naturel » pour le chef de l'État qui, en bon monarque républicain, veut limiter le pouvoir des 500 féodaux de la Caste – dont la plupart, il est vrai, se revendiquent discrètement de gauche. « Le gouvernement opère une double manœuvre d'encerclement des collectivités locales », explique le député-maire socialiste de Sarcelles François Pupponi. « D'abord, le redécoupage des circonscriptions législatives doit assurer automatiquement, en 2012, une trentaine de sièges de plus à l'UMP, notamment en éliminant des députés PS cumulards. Ensuite, le même gouvernement veut asphyxier les collectivités locales pour mieux les contrôler. La suppression de la Taxe professionnelle va dans ce sens, comme les projets de réforme de la fiscalité locale. Une fiscalité déjà totalement sous le contrôle de l'État qui, seul, peut augmenter les bases du taux d'imposition. Ses comptes étant déjà étroitement contrôlés par l'État, une collectivité locale ne peut pas dépenser plus que ses recettes. Ce qu'en revanche l'État fait tous les jours. D'abord sous forme de la DGF (Dotation Globale de Fonctionnement), des impôts locaux et de subventions, l'État fournit plus de la moitié de leurs recettes aux collectivités locales. Tout ce qui coûte cher, les lycées, les collèges, les transports régionaux et l'aide sociale, l'État nous le refile à nous collectivités. Et un jour, l'État dira aux Français : nous n'avons plus d'argent. Les collectivités locales non plus. Alors, si vous voulez de vrais services publics, il vous faut accepter de payer plus d'impôts locaux ou vous contenter des services publics et équipements existant dans les communes[1]. » Plus précisément, la complicité et la perversité des rapports entre la Caste et l'État, ou le gouvernement, se cachent derrière les recettes des collectivités locales. La fiscalité et l'État (sous la forme de la Dotation Globale de Fonctionnement) rapportent respectivement 60 et 40 % de leurs recettes aux communes. Le pourcentage est le même pour les régions et se partage à égalité au niveau des revenus d'un département.

---

1. Entretien avec l'auteur, en mai 2009.

Troisième fondement du pouvoir de la Caste : le poison du cumul est devenu une obligation politiquement incontournable, disent les professionnels. Il les protège des « coups fourrés » des ministères, de l'interventionnisme local et de l'impérialisme de leur propre parti politique et enfin de l'ingérence du président de la République, fût-il un hyper président. Pour faciliter le cumul, le législateur permet opportunément aux présidents et vice-présidents des communautés de communes d'échapper aux lois limitant le cumul. Il ne peut pas s'agir d'une disposition votée à la sauvette ou par négligence par le Parlement. Nous n'avons rencontré qu'un seul parlementaire, le sénateur-maire PS de Strasbourg, Roland Ries, qui, de lui-même, n'a pas voulu présider sa communauté de communes. Rappelons que depuis la loi Jospin un parlementaire ne peut cumuler qu'avec un seul mandat de patron d'un exécutif local de 3 500 habitants ou plus. Rappelons aussi que le comité Balladur, missionné par le président de la République pour moderniser nos institutions, avait envisagé au début de ses travaux, début 2009, d'interdire totalement le cumul des mandats et de fusionner les départements avec les régions pour alléger le millefeuille administratif. Cette suppression des départements permettrait aux collectivités locales, selon les calculs de Bercy, d'économiser 10 à 17 milliards d'euros chaque année… Les sénateurs cumulards se sont empressés de créer un groupe de travail pour tuer ce projet qui portait atteinte à leur confort. Le chevauchement de six ou sept structures horizontales (communes, syndicats de communes, communautés de communes, pays, départements et régions) et de structures verticales (allant des collectivités locales à l'Europe en passant par l'incontournable État) provoque un énorme gaspillage, certes. Alors, réformons, simplifions, supprimons, mais sans toucher au cumul et à ses charmes. L'Élysée a bien compris ce discours.

## Le piège des communautés de communes

Cette irrésistible montée du cumul et la toute-puissance des patrons d'exécutifs locaux ont donc profondément changé leur manière de faire de la politique. Ce double phénomène fut aggravé par la mise en place des « intercommunalités ». Fleuron de la sémantique propre à la technocratie française, il désigne les communautés de communes inventées pour renforcer, disait-on, la démocratie locale. Les lois Joxe (1992), Pasqua (1995) et Chevènement (1998) devaient permettre de mettre en place ces entités locales fortes, à échelle viable pour lancer des investissements. Faute d'avoir su fusionner autoritairement nos communes pléthoriques comme nos voisins anglais ou allemands, il s'agissait de créer des structures financièrement viables, c'est-à-dire peuplées de 5 000 à 10 000 habitants en moyenne. Vivant à l'ombre de leurs sous-préfets et de leurs conseillers généraux, nos 36 682 communes et 16 000 syndicats intercommunaux ne sont pas tous économiquement viables. Nos voisins nous ont montré la route à suivre. À partir des années 1960, les mouvements de fusions autoritaires de communes (après consultation publique) ont ainsi abouti à la diminution du nombre de communes en Allemagne (plus de 30 000 à 13 854), en Autriche (3 999 à 2 359), en Grèce (5 343 à 1 033), en Lituanie (580 à 56), aux Pays-Bas (811 à 496) et en Suède (2 500 à 289). En Angleterre, les 10 000 paroisses, de la taille de nos communes, se sont regroupées au sein de 46 comtés (dont les six plus importantes villes et Londres), grands chacun comme deux départements français et qui gèrent 90 % des budgets locaux. La tornade Thatcher est passée par là.

Les 25 pays de l'Union européenne comptaient, en 2004, 75 000 communes, dont 36 682 en France (soit 47,5 % du total pour 16 % de la population). Dans l'Hexagone, il n'y a jamais eu, à gauche comme à droite, de volonté politique de fusionner les communes.

Présente dans les syndicats intercommunaux à vocations multiples (Sivom) et au plus haut niveau de l'État, la Caste s'est toujours discrètement opposée aux fusions, c'est-à-dire à une dilution de son pouvoir et de ses privilèges, tout en prétendant officiellement le contraire. En revanche, au lieu de privilégier ces fusions, solution de bon sens la plus économe et efficace, la Caste a poussé aux intercommunalités. Logique, ces nouvelles structures ont fait exploser le nombre de mandats politiques et surtout les indemnités versées aux élus. Dans cette logique, la Caste s'est montrée favorable tout de suite à une seule proposition du comité Balladur : la création de onze métropoles qui auront les compétences d'un département comme Paris et avaleront « leurs » départements. Onze métropoles qui mécaniquement feront une fois de plus exploser le nombre d'élus et de cumulards. C'est la seule proposition du rapport Balladur qui devrait entrer en vigueur, dès 2010, après le vote de la loi sur la réforme des collectivités locales. Un sacré fromage.

87 % des Français vivent dans 2 601 communautés de communes qui regroupent 93,1 % des municipalités françaises. Inconnus du Français moyen, ces regroupements se déclinent en communautés urbaines (plus de 500 000 habitants), communautés d'agglomération (de 15 000 à 50 000 habitants au minimum) et communautés de communes suburbaines ou rurales (de la taille géographique d'un arrondissement ou d'un canton). Pour pousser les petites communes à adhérer aux intercommunalités, l'État a usé d'un joker : les dotations financières de l'État à la commune sont doublées si celle-ci fait partie d'une structure intercommunale. Que font ces communautés au niveau de la vie quotidienne des Français ? Tout ou presque. Assises sur un trésor de guerre (43 % du produit de la Taxe professionnelle leur est réservé), elles ont compétence pour le développement économique, l'urbanisme, le ramassage des ordures, leur traitement, la

propreté des rues, la protection de l'environnement, la distribution d'eau potable et l'assainissement, les transports urbains, la gestion des ports et aéroports, la politique du logement, la construction et l'entretien des équipements sportifs, culturels, des crèches et des écoles primaires, et même l'action sociale (après avoir reçu le feu vert du département). En résumé, il ne reste plus qu'une peau de chagrin aux communes membres d'une intercommunalité : les mariages, les enterrements et les permis de construire. Pour couper le faible cordon qui relie encore les conseillers municipaux à leurs administrés, la communauté de communes semble une arme très efficace.

## Président de la République lyonnaise…

L'intercommunalité est administrée par un conseil communautaire, dont l'administration et ses élus siègent dans la commune la plus peuplée. Les délégués de chaque commune à la communauté de communes sont élus par les conseils municipaux. Chacune dispose au minimum d'un siège et aucune commune ne peut détenir plus de la moitié des sièges. Prenons la plus importante communauté de communes française, la communauté urbaine du Grand Lyon (au budget de 1,6 milliard d'euros) qui comprend 155 conseillers issus de 57 villes ou villages, soit 16 % de la superficie du département du Rhône et 80 % de ses habitants. Parmi les conseillers, 54 sont des conseillers municipaux lyonnais (dont 40 pour la majorité de gauche et 14 pour l'opposition). La plus petite commune du Grand Lyon avec 911 habitants (contre 472 000 à Lyon), Poleymieux-au-Mont-d'Or, n'a qu'un délégué à la communauté urbaine et son maire Claude Pillonel n'en est même pas l'un des 40 vice-présidents. Les 155 conseillers se réunissent dix fois par an pour délibérer en séance. Aucun d'entre eux n'est élu au suffrage universel et aucun n'a donc de comptes à rendre de son mandat à la population. Ici, la Caste est toute-puissante.

Sénateur-maire socialiste de Lyon et président du Grand Lyon, Gérard Collomb personnifie parfaitement la Caste avec son image de bon gestionnaire d'une collectivité locale. Mais gestionnaire quasiment apolitique : à lire les comptes rendus des séances du Conseil du Grand Lyon, il n'y a jamais vraiment de débat. Les clivages droite-gauche s'estompent au sein de cette gigantesque usine à gaz. Entre professionnels, on se partage le pouvoir, on ne fait plus de politique. Le président du Grand Lyon, ses 68 collaborateurs de cabinet et son bureau (40 vice-présidents rétribués chacun 2 700 euros bruts par mois, dont 5 Modem et 4 UMP) préparent les délibérations qui seront votées comme une lettre à la poste. En séance, les petits maires n'osent pas intervenir devant les quelque 150 élus. Ils n'ont pas l'habitude de parler devant autant de monde. Or, sur les 57 communes, 40 ne disposent que d'un seul représentant au Grand Lyon. La grand messe se déroule en fait à guichets fermés.

Replié sur son bastion, Gérard Collomb, soixante-deux ans, « Gégé » pour les intimes, y travaille beaucoup. Sa seule et unique priorité demeure Lyon et le Grand Lyon. Sympathique et direct, ce fils d'ouvrier adore parler de sa jeune épouse et pousser la chansonnette. Derrière ce « Gégé » pragmatique se cache un prototype du nouveau professionnel de la politique arc-bouté sur son territoire, à l'image de son père spirituel local, Raymond Barre, qui l'avait quasiment adoubé. Ce grand travailleur est aussi sénateur, mais il bat des records d'absentéisme au Palais du Luxembourg, sans le moindre état d'âme. Sur les trois dernières années, on ne relève que trois interventions publiques de sa part au Sénat, cruellement consignées dans les comptes rendus des débats. La plus courte : le 4 juillet 2007, Gérard Collomb se contente de lâcher un « Hé oui ! », au cours du débat sur la réforme des traités européens[1]. C'est tout.

---

1. Voir Robert Colonna d'Istria et Yvan Stefanovitch, *Le Sénat : enquête sur les super privilégiés de la République*, éditions du Rocher, 2008.

## … Et seigneur féodal

Pour Gérard Collomb, le rôle d'un sénateur se limite bien souvent à défendre son petit coin d'Hexagone à Paris et à profiter des subventions de Bruxelles. Chacune de ses rares interventions montre cette conception très locale et féodale de l'action politique. En mars 2009, il réclame une place éligible sur la liste socialiste aux européennes pour l'un de ses protégés, le cancérologue Thierry Philip, grand cumulard devant l'Éternel : maire du 3e arrondissement de Lyon (où il a battu Dominique Perben), vice-président du Grand Lyon chargé de la propreté et de la santé et du Conseil régional Rhône-Alpes. Comment pouvait-on imaginer que la première secrétaire du PS, Martine Aubry, officiellement opposée au cumul, allait offrir une place éligible à Strasbourg à un élu déjà surchargé ? La direction du PS n'a pas cédé au caprice du maire de Lyon. Pendant quelques semaines, ce grand baron socialiste a crié au scandale, dénoncé l'interventionnisme parisien, joué à l'élu local contre l'appareil du parti. Chez Ruquier dans l'émission « On n'est pas couchés[1] » le maire de Lyon ira jusqu'à justifier ainsi son activisme en faveur de Thierry Philip : « S'élever au-dessus de son parti pour défendre une certaine conception de l'intérêt général. »

Gérard Collomb peut aussi, tel un seigneur féodal, menacer un de ses proches coupable de ne pas soutenir « sa championne » Ségolène Royal. La maire PS du 1er arrondissement de Lyon, Nathalie Perrin-Gilbert, avait préféré rejoindre le courant de Bertrand Delanoë, lors du dernier congrès du PS en 2008 à Reims. Gérard Collomb « l'a personnellement menacée de représailles », raconte l'intéressée. « Cela s'est passé dans son bureau. Il m'a dit : "Je vais te tuer politiquement. Tous tes dossiers d'arrondissement, je vais les planter". Alors aujourd'hui, ses leçons de démocratie ont du mal à passer […] En tout cas, Thierry

---

1. Sur France 2, le 7 mars 2008.

Philip était son candidat. Les militants n'ont jamais été consultés sur ce choix [...] Je ferais le parallèle avec l'amendement au Sénat sur l'Olympique Lyonnais (sur la déclaration d'intérêt général des grands stades privés qui doit permettre de faire payer au contribuable la construction de leurs voies d'accès routières et ferroviaires). Tout le monde sait que Collomb n'est pas très présent à Paris. Il est monté au Sénat pour défendre ce dossier aux côtés de Michel Mercier. Mais, comme il est peu présent, il n'a pas tissé les réseaux qui lui permettraient, quand il pousse un dossier, d'être suivi par d'autres. Il a donc été retoqué par ses collègues sénateurs, y compris ceux du PS [...] On ne peut pas monter à Paris de temps en temps pour faire un coup. Ça ne marche pas. Il faut aussi prendre des dossiers et s'engager sur des causes, sur le long terme [...] Il ne peut pas nous demander sur Lyon une cohérence d'équipe quand lui-même ne le fait pas au niveau national. Est-ce qu'il reste au PS dans une minorité ? Est-ce qu'il quitte le parti ? Sous couvert de grandes idées, c'est plus un combat personnel qu'il mène aujourd'hui[1]. »

## M. « Gégé » pourrait être élu sans l'étiquette PS

Comme la plupart des membres de la Caste, Gérard Collomb n'essaie même pas de dissimuler son absentéisme parlementaire. Il symbolise aussi le socialisme municipal dans toute sa splendeur, comme à la belle époque de la SFIO sous la III$^e$ et la IV$^e$ République. L'ancien professeur de latin-grec au lycée de Tarare a été réélu, au premier tour, avec 52 % des voix dans son arrondissement, aux municipales de 2008. Humiliant l'ancien ministre UMP Dominique Perben, ses listes ont conquis sept arrondissements (dont six au premier tour et un de plus donc qu'en 2001) sur neuf. Depuis 2001, son premier mandat avait été

---

1. Interview de Nathalie Perrin-Gibert, « Lyon Capitale.fr », 6 mars 2009.

marqué par la mise en place de l'un des plus importants dispositifs de vidéosurveillance de France, la lutte contre le trafic automobile, les vélos en libre-service (bien avant Paris) et l'aménagement des berges du Rhône en promenade. Collomb avait exercé, à partir de 2001, sa première présidence de la communauté d'agglomération du Grand Lyon avec l'appui discret d'élus UDF, et aujourd'hui avec le soutien officiel du Modem et de l'UMP. À l'image d'une gestion municipale plus apolitique que socialiste, sa réélection en 2008 à la tête du Grand Lyon, avec 117 voix sur 155, confirme sa ligne politique très consensuelle. Ce vote « unanimiste » dépasse très largement les frontières de sa majorité de gauche PS-PCF-Verts. Aujourd'hui, sa vraie ambition, « Gégé » ne cesse de le répéter : tout faire pour que Lyon devienne une métropole internationale à l'image de New York et de Tokyo.

Cet exemple montre qu'un grand baron de la Caste, cumulard, efficace, travailleur, compétent et visionnaire, n'a plus besoin de son parti pour exister. À terme, ce genre de professionnel ne cultive aucune ambition nationale, mais menace l'avenir des partis politiques. Des formations qui n'ont qu'une raison de se développer sous une Vᵉ République hyper présidentielle : envoyer l'un des leurs à l'Élysée ou Matignon. Gérard Collomb peut être élu maire de Lyon et patron du Grand Lyon uniquement sur son nom. Sa pratique politique accrédite l'idée que les mandats de parlementaire européen et de sénateur (comme lui) ne servent à rien, sinon à récompenser un de ses fidèles en le parachutant comme député européen. Avant de baisser les bras, le sénateur-maire de Lyon n'avait pas ménagé sa peine, devant les micros et caméras, pour décrocher une sinécure d'eurodéputé pour son protégé Thierry Philip. La méthode Collomb est-elle représentative de la manière de faire de ses collègues cumulards de la Caste ? Qui sont ces collègues ? Notre enquête vise à répondre à ces deux questions cruciales pour l'avenir politique de notre pays.

## 2.

# Un monde féodal :
# les parrains de la politique

Plus que dans tout autre métier, les « 500 » ont bénéficié d'un ou de plusieurs parrains pour cumuler un mandat parlementaire avec la direction d'un exécutif local. Les places sont chères. Sauvegarder un premier mandat et en conquérir d'autres reste un exercice difficile. Or, la Caste contrôle le plus souvent la nomination des patrons de ces exécutifs. Elle les coopte.

En mars 2009, la lutte pour la désignation par les militants de la tête de liste UMP aux régionales d'Île-de-France l'a parfaitement démontré. Parrainé depuis octobre 2008 par le patron du groupe UMP à l'Assemblée nationale, Jean-François Copé, la secrétaire d'État aux Universités, l'énarque Valérie Pécresse, quarante et un ans, n'a fait qu'une bouchée du secrétaire d'État aux Relations avec le Parlement, Roger Karoutchi, cinquante-sept ans, un politicien pourtant chevronné, mais dépourvu de parrain. Ce professeur d'histoire et inspecteur général de l'Éducation nationale s'est fait tout seul. À l'inverse, le député européen socialiste Henri Weber, soixante-quatre ans, beau-frère du banquier suisse assassiné Édouard Stern et fondateur de la Ligue Communiste Révolutionnaire (LCR), avait été, lui, parachuté, début 2009, par la direction du PS pour être tête de liste aux européennes pour le Centre de la France. Cette décision avait provoqué un tollé général parmi les responsables et militants socialistes des régions Centre et Limousin. Martine Aubry et les dirigeants du PS ne sont jamais revenus sur leur décision. Henri Weber est en effet le protégé de Laurent Fabius, qui a apporté son contingent de votes de militants de ses fiefs de province pour voter Martine Aubry, au congrès de Reims en 2008. D'autres exemples sont plus connus. Jacques Chirac a ainsi eu deux parrains, Georges Pompidou et Valéry Giscard d'Estaing, même s'il s'est retourné contre ce dernier. Tous les professionnels issus des Hauts-de-Seine (Nicolas Sarkozy, André Santini, Patrick Balkany et Patrick Devedjian) n'auraient pu « monter en grade » sans la bienveillance de leur parrain à tous, Charles Pasqua, président du Conseil général de ce même département. Autres exemples : l'autodidacte Rachida Dati (Albin Chalandon et Simone Veil), l'attaché d'administration territorial Michel Charasse, l'énarque Laurent Fabius, l'HEC Edith Cresson et l'ajusteur Pierre Bérégovoy (François Mitterrand), le journaliste François Baroin (Jacques Chirac), l'officier supérieur Charles de Gaulle (le maréchal Pétain), l'énarque normalien Laurent Wauquiez (Jacques Barrot). À l'inverse, l'énarque Alain Juppé avait bien un parrain nommé Jacques Chirac, parrain, qui indirectement l'a envoyé devant les tribunaux.

De 1974 à 1995, Jean-François Probst en a vu défiler des professionnels de la politique dans les bureaux de ses patrons successifs : Jacques Chirac, Charles Pasqua, Jérôme Monod, Jean-François Poncet, Michèle Alliot-Marie et Jean Tibéri. Ancien conseiller de toutes ces grandes figures, il juge avec le recul leurs visiteurs : « Si un professionnel de la politique n'est pas dans un wagon tiré par une locomotive conduite par un ou deux parrains, il est foutu. La politique, un monde féodal où les tueurs pullulent, ne permet pas à ses acteurs de cultiver leur solitude. Regardez les solitaires les plus connus. Les Nicolas Dupont-Aignan et autres Philippe de Villiers, ils ont beau s'agiter, ils ne décolleront jamais. Tous mes patrons ont eu et ont un ou deux parrains[1]. »

## Trois parrains pour le « Motodidacte »

Nous sommes donc partis à la recherche de ces parrains de la Caste. Première découverte : le vieux compagnonnage gaulliste issu de la résistance, qui n'existe presque plus, supposait un parrainage systématique en politique. Nous l'avons donc laissé de côté. Et, au fil des investigations, nous avons déniché le plus beau professionnel avec parrain, médaille d'or en la matière. Il possède les cinq principales « qualités » des « 500 ». Un : il est beau gosse. Deux : très présent sur le terrain, il adore le contact direct avec ses électeurs. Trois : il sait manier les médias. Quatre : c'est un roi du cumul de mandats. Cinq : il a une santé de fer. Et surtout, six : il doit tout ou presque à trois puissants parrains (le président de la République, Nicolas Sarkozy, l'ex-député-maire de Nice, Jacques Médecin, et l'un des conseillers municipaux de celui-ci, Jean Sassone). Certes, il incarne un pouvoir local devenu tout-puissant dans l'Hexagone, depuis une vingtaine d'années, face aux états-majors politiques et administratifs parisiens. Mais, « son itinéraire d'enfant gâté de la Caste » montre que peu d'élus, même passionnés de politique, ne peuvent devenir des super cumulards sans l'aide d'un ou de plusieurs parrains. Christian Estrosi, cinquante-trois ans, est un cas exemplaire en la matière. Une enquête approfondie sur sa carrière nous a permis de retrouver le rôle décisif de ses trois parrains. Nous nous intéresserons aussi à d'autres grands professionnels qui n'auraient jamais appartenu à la Caste sans le soutien d'un parrain : le sénateur-maire PS de Nevers Didier

---

1. Entretien avec l'auteur en mars 2009.

Boulaud, le Premier ministre François Fillon et le maire socialiste de Paris Bertrand Delanoë.

Si Christian Estrosi possédait des qualités certaines pour réussir en politique, il n'a jamais eu le profil pour être coopté dans la Caste. Il n'est pas fonctionnaire en disponibilité ou à la retraite comme la moitié environ des députés et sénateurs, qui peuvent « rebondir » en cas d'échec électoral. Il n'est pas ancien élève de l'ENA ou de Normale Sup à l'exemple de bon nombre de grands pontes de l'UMP ou du PS. À l'image de la grande masse de nos 500 professionnels cumulards, il n'a pas non plus d'abord exercé ses talents comme collaborateur de parlementaires, chargé de mission dans des cabinets ministériels ou des grandes collectivités. Enfin, il n'a jamais appartenu à une profession libérale, qui permet à nombre d'avocats, de notaires, de pharmaciens, de médecins, de vétérinaires et de dentistes d'enfiler aisément les habits de professionnel de la politique. Leur clientèle leur sert de sésame et de faire-valoir. La seule carte de visite de cet autodidacte : ses dix ans de course de moto en professionnel (d'où son méchant surnom, le « motodidacte ») le condamnait à se chercher des parrains. Malgré tout, il symbolise parfaitement le professionnel de la politique moderne, monument d'opportunisme, de pragmatisme, d'habileté et de travail. Et il est aussi le seul élu UMP – avec Jean-Claude Gaudin et Alain Juppé –, à être maire d'une grande ville française ; toutes les autres sont aux mains du PS. Enfin, l'homme reste détesté par la quasi-totalité de la classe politique. À l'Assemblée nationale, les députés de gauche refusent de lui serrer la main et leurs collègues de droite font de même pour la plupart. Pour deux raisons. Cet ancien champion de moto n'a pas le bac et il est devenu le favori du roi des parrains, le président Nicolas Sarkozy. Cerise sur le gâteau : il se glorifie de « venir d'où il vient ». Son autobiographie, qui devait paraître en mai 2009, avait pour titre « Le Motodidacte ».

## « Bac moins 5 »

Surnommé méchamment « Bac moins 5 », Christian Estrosi illustre parfaitement aussi les trois principales insuffisances de ces mêmes professionnels modernes : leur incapacité de faire autre chose, la baisse de leur niveau (le médecin Georges Clémenceau était à la fois grand orateur, ami des intellectuels et des artistes de son temps. Combien de parlementaires, même énarques, peuvent aujourd'hui soutenir la comparaison ?) et de leur talent (la classe politique s'auto-recrutant assure elle-même son renouvellement). N'est-il pas avant tout un ex-parlementaire, et le ministre de l'Industrie ? En fait, le « Motodidacte » est surtout le maire de Nice, cinquième ville de l'Hexagone de 350 000 habitants, et le président de la septième Communauté urbaine de France, « Nice Côte d'Azur » peuplée de plus de 500 000 personnes (soit la moitié de la population du département des Alpes-Maritimes). Le ministre de l'Industrie est aussi le patron des 9 000 militants de la fédération de l'UMP des Alpes-Maritimes, la troisième de France, juste derrière Paris et les Bouches-du-Rhône. Des militants qui ont participé massivement à la désignation de Nicolas Sarkozy comme candidat de leur parti à la présidentielle de 2007. Sa préoccupation majeure, son assurance-vie vis-à-vis de son parrain Nicolas Sarkozy est de garder le contrôle de la majorité des neuf délégués de circonscription de l'UMP pour les Alpes-Maritimes. Ces délégués « font » l'élection du président départemental du parti, élu par l'ensemble des militants locaux. Avec un visage trop lisse, un bronzage toujours impeccable sur des cheveux bruns coiffés en brosse soigneusement teints, un sourire ultra-brite, un charisme évident, une grande convivialité et une énergique autorité certaine, Christian Estrosi règne donc sans partage sur les Alpes-Maritimes depuis 2003. Et plus particulièrement sur la Communauté urbaine « Nice Côte d'Azur » depuis 2008. Le ministre de l'Industrie est à la fois maire de Nice, président de la Communauté urbaine, conseiller général de

Saint-Étienne-de-Tinée (il ne l'est plus depuis juin 2009 pour cause de cumul de mandat), conseiller politique de l'UMP et président de la fédération départementale de ce parti pour les Alpes-Maritimes. Il dirige ainsi une sorte de super PME de 17 000 fonctionnaires, qui regroupe les 7 000 employés de la ville de Nice, les 1 000 autres de la Communauté urbaine « Nice Côte d'Azur », les 8 000 du Centre hospitalier de Nice et les 1 000 du Centre d'Action sociale de Nice. Superman ? Il a dressé lui-même son auto-portrait : « Je ne fais pas les 35 heures, je ne prends pas de RTT, je ne pars pas en vacances, je m'octroie tout juste une dizaine de week-ends par an pour escalader des sommets ou grimper des cols à vélo... » Et ce divorcé père de deux grandes filles (âgées de vingt et vingt-deux ans) d'enfoncer le clou : « C'est un choix de vie, un engagement au service de mon pays, de mon département, de ma ville[1]. »

## Le roi « Estro » fils
## du grand « Jacquou »

Un « engagement » au service de son pays, de son département et de sa ville. Certes. Mais, le favori du président se garde bien de rappeler qu'il sort avant tout de la cuisse du grand « Jacquou », son parrain. C'est un « Bébé Médecin » aux dents de requin, héritier spirituel d'une dynastie de la politique, le « roi » Jean Médecin et son fils Jacques qui ont régné pendant plus de soixante ans sur tout le département des Alpes-Maritimes. Non contents d'être maires, les Médecin étaient des « Seigneurs », agissant pour le bien de leur peuple, donnant un emploi municipal à l'un (il y a un agent municipal à Nice pour 35 habitants, soit le record de France, contre un pour 75 à Paris), un sourire à l'autre, une caresse au dernier-né, une parole de soutien, un HLM... et plus généralement une protection. Fils de modestes forains

---

1. François Rousseau, « Les clés de la méthode Estrosi », *Nice-Matin*, 27 mai 2008.

italiens, le ministre et maire de Nice n'échappe pas à cette splendeur passée et au cachet des Médecin qui avaient fait, depuis 1928, la fierté des Anglais et Russes. Héritier d'un système, il vit aujourd'hui (sauf quand il dort dans son logement de fonction à Bercy) dans un somptueux appartement de 250 m² avec terrasse au premier étage du magnifique Palais des rois de Sardaigne, classé monument historique au cœur du vieux Nice. Et pour s'éviter un déménagement, le roi « Estro » a décidé de « municipaliser » ce prestigieux bâtiment qui appartenait au Conseil général des Alpes-Maritimes, dont il n'est plus le président depuis décembre 2008, pour cause de cumul de mandat. Son bras droit et éminence grise, le député UMP Eric Ciotti, lui a succédé à la tête du riche département des Alpes-Maritimes (au budget annuel de 1,390 milliard d'euros). Au passage, l'heureux occupant à titre gratuit a obtenu la mutation du préfet Dominique Vian, placardisé en octobre 2008 comme conseiller du président du Sénat. Ce haut fonctionnaire s'opposait à son projet de rachat du Palais des rois de Sardaigne, étant lui-même l'occupant à titre gracieux du second appartement de fonction au sein du même Palais[1].

Derrière le maire « Estro » élu au suffrage universel se cache un vrai féodal, à l'image des 500 membres de la Caste. De droite ou de gauche, ces nouveaux roitelets, à l'image de notre hyper président et de sa cour, ne songent qu'à accroître leurs prérogatives et privilèges. Deux exemples caricaturaux le montrent. Officier de réserve dans la Royale et militant RPR depuis trente ans, Jean-Robert Lefèvre était conseiller municipal de Nice aux côtés de Christian Estrosi dans les années 1980. À l'époque, le maire de Nice s'appelait Jacques Médecin. Aujourd'hui, le même Jean-Robert Lefèvre, un Oranais de cinquante-neuf

1. « Palais de la Préfecture bientôt une annexe de la mairie ? », Nice-Matin, 12 octobre 2008, et Hervé Gattegno, Fabien Roland-Lévy et les services du Point, « Estrosi, Sarkozy, Guérini : les informations confidentielles du Point », Le Point.fr, 1er février 2009.

ans, est directeur de cabinet du président de la Communauté urbaine « Nice Côte d'Azur », du maire de Nice et du président du Conseil général des Alpes-Maritimes (où il a occupé différents postes à partir de 1973). Christian Estrosi occupe les deux premières fonctions, tandis que son bras droit Eric Ciotti préside l'assemblée départementale. De même, ancienne secrétaire sténo-dactylo à la mairie, Caroline Magne (membre du bureau national des « Jeunes Populaires » de l'UMP) et compagne d'Eric Ciotti est chef de cabinet du président de la Communauté urbaine, du maire et du président du Conseil général. Et en plus, cette jeune femme supervise les relations presse du ministre et maire de Nice. Tous les lundis matin, à huit heures, a lieu une réunion de coordination entre Christian Estrosi, Eric Ciotti, le directeur et le chef de cabinet, Jean-Robert Lefèvre et Caroline Magne, de ces deux patrons de trois collectivités locales. À eux quatre, ils dirigent le département, sa plus grande ville et sa communauté urbaine.

### Staline à Nice ?

Un fonctionnement pour le moins centralisé qui rappelle le « centralisme démocratique » stalinien. Il est vrai que le contribuable local s'y retrouve, puisqu'un fonctionnaire ne peut être payé qu'une fois, même en occupant plusieurs postes. Derrière le prétexte facile d'une efficacité accrue au milieu du millefeuille administratif, cette centralisation quasi monarchique s'explique surtout par des raisons historiques. Cohabitant avec les effets pervers de la décentralisation, une vieille tradition conduit de nombreux électeurs de l'ancien Comté de Nice, il est vrai, à se comporter en clients davantage qu'en citoyens. Rattachée à la France en 1860, cette région appartenait au Royaume de Savoie et de Sardaigne. Depuis un particularisme, notamment niçois, n'a cessé de s'y développer. On connaît la réplique « M'en batti, siu nissart » (« Je m'en bats… je suis niçois ») que n'hésite pas

à lancer l'autochtone en butte à des tracasseries administratives ou policières. Les lois Defferre de décentralisation,
à partir de 1982, n'ont fait que renforcer ce particularisme des Alpes-Maritimes, une sorte d'identité à part
dans la République Française.

Le roi « Jean » Médecin de 1928 à 1965, puis son fils
Jacques de 1966 à 1990 ont édifié une véritable machine
électorale sur ce territoire. Un territoire qui a toujours
essayé de dépendre le moins possible des décisions de Paris.
Parti, conseil municipal, Conseil général, associations para-
municipales, clubs, entreprises locales, tout convergeait vers
le même homme. Jacques Médecin en a lui-même décrit le
fonctionnement : « Ce système que l'on peut appeler le
"système Médecin", si l'on veut, était juste l'imitation des
techniques électorales d'un parti qui avait réussi son
implantation, le parti communiste. On dit également que
c'est un système "clientéliste". Et ceux qui disent cela sont
les types de Gaston Defferre et de Mauroy ! Quand on sait
qu'à la mairie de Lille, pour être concierge d'une école, il
faut être en carte au PS depuis dix ans ! Je me souviens que
Gaston Defferre, pour sa part, m'a reproché un jour mon
"clientélisme". Ma réponse n'a pas tardé : "Écoute, Gaston,
ne parle pas trop de clientélisme. Pas toi ! Tu parles de la
corde dans la maison d'un pendu !" Il sourit : "Ouais, tu as
raison. Qu'ils nous foutent la paix, tous ces types qui n'y
comprennent rien[1]." »

Dans le sillage de la reine Victoria, des Russes blancs
et des premiers adeptes de la villégiature hivernale à Nice,
ce « système Médecin » répondait à une vraie préoccupation. Face à l'invasion de retraités, commerçants, hôteliers
et professionnels de l'immobilier attirés par la douceur du
climat, les Médecin « protégeaient » les autochtones, c'est-
à-dire les Niçois et les habitants des Alpes-Maritimes. Ainsi,
ces mêmes autochtones devaient profiter en priorité du

---

1. Jacques Médecin entretiens avec Henri Giraud, *Et moi je vous dis. Ma
Vérité*, Michel Lafon, 1991.

formidable développement de la principale ressource locale, le tourisme. Avec Jacques Médecin, ce système béni des dieux a été chahuté par le diable. Poursuivi pour dettes fiscales, pots-de-vin, corruption passive, recel d'abus de biens sociaux, gestion de fait à propos de la renégociation de la dette de sa ville, ingérence et fausses factures, organisation d'extraction de fonds publics vers des comptes privés à l'étranger et enfin pour financement illégal de son journal local, Jacques Médecin a été condamné à la prison (il en a fait un peu) et est mort en « exil », en 1998, à Punta del Este en Uruguay. Avant de tirer sa révérence, l'ancien député-maire de Nice avait jeté un manteau de Noé sur son passé, ne désignant aucun successeur parmi ses lieutenants, les « bébés Médecin ». On ne succède pas plus à Jacques Médecin, qu'à d'autres grands maires comme Jacques Chirac, Robert Poujade, Gaston Defferre, Jean-Claude Gaudin, Dominique Baudis.

## La gloire de mon grand-père, de ma mère et de « Jacquou »

« Bébé Médecin », s'il en est, Christian Estrosi est le pur produit de ce système « nissart » (niçois en dialecte local) qui interdit de fait à un non-Niçois depuis plusieurs générations de régner sur la région, sans avoir été intronisé par les Médecin. « Jacques Médecin, explique l'un de ses anciens lieutenants, a façonné son héritier Christian Estrosi, comme les autres Bébés Médecin. Par contre, ses trois premiers successeurs, Honoré Baillet (1990-1993), Jean-Paul Barety (1993-1995) et Jacques Peyrat (1995-2008) n'ont jamais été "préparés" par lui pour lui succéder. Le Jacquou a "préparé" Christian sans toutefois parvenir à l'éloigner du parisianisme, péché capital pour toute référence d'un professionnel de la politique au médecinisme. Aujourd'hui, le Christian fait jusqu'à deux allers et retours par jour, en avion de Paris à Nice. Dès qu'il redevient député, il ne rêve plus que d'une chose : redevenir ministre. Ça le perdra. »

Mais avec Christian Estrosi, la politique a tenu tout d'abord de la loterie. Celle qu'à la gare sud de Nice et dans plusieurs foires de la ville tenait son grand-père italien, Giuseppe dit « Papillon », originaire de Pérouse en Ombrie. Son père, Roland (aujourd'hui soigné dans une maison de retraite spécialisée), avait pris le relais. Dès l'âge de neuf ans, sa mère Marie-Thérèse, une très belle femme, le met sur des skis à la station de la Colmiane, dans le haut-pays niçois. Quarante ans plus tard, un moniteur de ski à la retraite se souvient que « Christian » montrait déjà des prédispositions pour la politique : « non seulement, il se débrouillait très bien, mais il était extrêmement gentil, attachant, serviable. Tout le monde l'aimait ici. Déjà, il savait se faire aimer, comme sa maman qui était extrêmement séduisante et sympathique, mais il ne savait pas encore que cette qualité allait faire de lui un redoutable animal politique[1] ». Quelques années plus tard, adolescent, le petit-fils de Giuseppe traînait ses guêtres devant la baraque foraine de son père, entre paquets de biscuits ou kilos de sucre à gagner. Puis, faute de diplôme, cet autodidacte s'est lancé dans les courses professionnelles de moto à l'âge de dix-sept ans. Ses deux sponsors principaux « Pernod » (au service de promotion et publicité dirigé à l'époque par Michel Mouillot, le futur maire de Cannes) et la ville de Nice vont le conduire à entrer en politique une dizaine d'années plus tard.

## Le parrain secret : Jean Sassone

Mais l'ancien champion de moto semble aujourd'hui renier l'importance cruciale de son premier parrain Jean Sassone quand il écrit : « Rien ne me prédes-

---

1. Entretien avec l'auteur en décembre 2008.

tinait à me lancer dans la bataille politique. Aucun héritage familial, pas de grandes études, rien de ce qui assure
un cursus traditionnel. [...] Le 10 mai 1981, j'étais à
Monza, sur ce circuit italien, où je courais pour les
couleurs de la France. Le 11 mai 1981, mû par une
sourde prémonition, par un instinct qui m'indiquait que
le pire était à venir, j'étais dans le bureau de Jacques
Médecin et je lui proposais mes services. Sans le savoir, je
venais de délaisser la compétition motocycliste pour me
ranger sous la bannière d'un homme qui, au nom de ses
convictions, allait être l'un des plus farouches opposants
de François Mitterrand, président de la République[1]. »
« Outre Jacques Médecin, puis Nicolas Sarkozy, Christian
Estrosi a eu un premier parrain le conseiller municipal
niçois Jean Sassone qui l'a initié en politique et chaudement recommandé à Jacques Médecin en 1983... »,
explique Jacques Peyrat, maire UMP de Nice de 1995 à
2008, « ... qui l'a aussitôt mis sur sa liste aux élections
municipales de cette année-là, avant de le nommer
adjoint aux Sports. Sans l'appui constant de Jean Sassone,
notamment lors de ses campagnes électorales dans le
haut-pays niçois, Christian Estrosi ne serait jamais sans
doute devenu un professionnel de la politique. Personnage discret et très efficace, relais médeciniste incontournable dans son quartier de la corniche Magnan au-dessus
de l'aéroport, Jean Sassone a été conseiller municipal de
Jacques Médecin, le maire de Nice, puis de ses successeurs
Honoré Baillet, Jean-Paul Barety et moi-même, avant de
se retirer de la vie publique en 1998, et de mourir à l'âge
de soixante-quinze ans en novembre 2006[2] ». Jean
Sassone était responsable commercial de la concession
Citroën de l'Arenas à Nice, qui vendait beaucoup de
voitures à la mairie. Dans la capitale de la Côte d'Azur, il
était surtout l'un des patrons du Grand Orient de France

---

1. Christian Estrosi, « *La décadence du socialisme* », éditions du Rocher 1992.
2. Entretien avec l'auteur, mars 2009.

(ce dont il ne faisait pas mystère), membre de la loge « Union et Espérance ». Et ce franc-maçon discret et très influent fera tout pour Christian Estrosi. Il avait une raison majeure de lui donner la main. Sa fille Dominique Sassone filait le parfait amour avec Christian Estrosi qu'elle épousera en 1985. « En fait, Jean Sassone considérait Christian Estrosi comme son fils » se rappelle Jacques Peyrat[1].

Entré sur un strapontin (il est 54e sur la liste « Médecin » aux municipales de 1983), Christian Estrosi n'avait alors qu'une idée en tête : grimper le plus vite possible dans la hiérarchie politique, lui qui avait l'habitude des premières places à l'arrivée des grands prix de moto. Pour faire partie de la Caste. Son premier galon de professionnel de la politique, « Bac moins 5 » l'a décroché en 1988, sous l'œil émerveillé de Jean Sassone, dans la 5e circonscription des Alpes-Maritimes. Parcourir cette circonscription se mérite : elle ne s'appelle pas pour rien Nice-Montagne. Partant du bord de la mer à Nice, elle remonte sur plus de 70 kilomètres jusqu'au Parc National du Mercantour à 1 000 mètres d'altitude, en passant par tous les villages des sept vallées du haut-pays niçois, le long de la frontière italienne. Ici, l'ancien motard a construit sa légitimité, en se faisant élire en 1988. Pourtant, la 5e circonscription, dite de « Nice-Montagne », avait été découpée par le ministre de l'Intérieur de l'époque, Charles Pasqua, pour être abandonnée à la gauche.

Il va labourer le terrain tant dans les deux cantons niçois, Nice 14 et 9 (qui regroupent plus de 50 000 habitants), que dans celui de Levens (18 000 habitants) et dans les dix cantons du haut-pays niçois peuplés d'un peu plus de 17 000 habitants. Jamais un candidat à la députation n'y avait été aussi présent. Le bulldozer Christian Estrosi a visité le moindre hameau, même peuplé d'une dizaine d'habitants, et « fait » les escaliers des HLM des

---

1. Entretien avec l'auteur, *ibid.*

deux cantons niçois. L'ancien motard brillamment élu
devenait à trente-trois ans, en juin 1988, l'un des benjamins de l'Assemblée nationale. Cette année-là, il était le
seul député RPR élu dans l'Hexagone en battant un socialiste sortant. Cette méthode Estrosi, le député-maire de
Nice continue aujourd'hui à l'appliquer dans le haut-pays
niçois, son fief qui lui permet de contrôler sa circonscription. Il tutoie les gardes champêtres, secrétaires de mairie,
pompiers et gendarmes de sa circonscription, les appelant
le plus souvent par leur prénom. Même ministre, il ne
manque aucune galette des rois, fête de fin d'année, course
cycliste, compétition de ski, remise de médaille, inauguration. Depuis cette époque, l'édition de *Nice-Matin* du
haut-pays niçois comprend presque chaque jour une photo
de monsieur le député ou ministre Christian Estrosi.
Résultat dans cette circonscription : il a toujours été réélu
haut la main, au premier tour et avec des scores staliniens.

## « Nicolas Sarkozy est mon ami »

Sa légitimité locale définitivement assise, restait à se
forger une légitimité nationale. Et au Palais-Bourbon,
l'ancien champion de moto devient rapidement l'ami
d'un député qui allait façonner cette légitimité par le
haut : « J'ai fait la connaissance de Nicolas Sarkozy en
1988. Je venais d'être élu pour la première fois député et
nous étions, tous les deux, parmi les benjamins de
l'Assemblée nationale. Depuis, nous n'avons jamais cessé
de nous voir. Nous sommes en parfaite harmonie : il dit
tout ce que je pense, tout ce que je ressens, notamment
sur la notion de modernité[1]. » « Nicolas Sarkozy est mon
ami depuis vingt-cinq ans et, depuis vingt-cinq ans, nous
avons des discussions franches et loyales[2] », précise-t-il.

---

1. Roger-Louis Bianchini, « Le système Estrosi », *L'Express*, 17 avril 2007.
2. Christine Rigollet, « Interview Christian Estrosi – « Faire de Nice la ville
verte de la Méditerranée », *Le Point*, 26 juin 2008.

Nicolas Sarkozy a bien des points de ressemblance avec l'ancien motard. Étrangement, il y a un peu de l'un chez l'autre et un peu de l'autre chez l'un. Même génération, mêmes origines issues de l'immigration, mêmes personnalités, entières et tranchées, même ambition affichée sans la moindre gêne. Le député-maire de Neuilly est venu à plusieurs reprises sur place dans le haut-pays niçois et n'a pu être que sensible au contact exceptionnel de son ami Christian avec ses électeurs. Le futur président de la République a le don d'attirer des tempéraments qui, à son image, sortent des sentiers battus. Christian Estrosi incarne le prototype de cette démarche équilibriste, le côté sulfureux d'un professionnel qui, sans l'appui décisif de Nicolas Sarkozy, serait resté un bras cassé de la politique. Sans lui, il n'aurait jamais été accepté dans la Caste.

Cinq ans plus tard, le « Motodidacte » perdait sa double légitimité. La fédération RPR des Alpes-Maritimes était dissoute, son président, Christian Estrosi, et son secrétaire général, Richard Giamarchi, mis au chômage. Et cerise sur le gâteau : le 17 décembre 1993, le Conseil constitutionnel invalidait son élection à la députation dans la 2ᵉ circonscription (celle de Jacques Médecin), pour dépassement de frais de campagne. Et en juillet 1994, Christian Estrosi touchait donc le fond. Il perdait son siège de conseiller général du canton Nice VIII, arrivant seulement en quatrième position. Dix ans après avoir commencé une carrière politique, l'ancien motard avait perdu toute légitimité dans son propre parti. Il ne lui restait plus qu'un mandat local, celui de premier vice-président du Conseil régional de Provence-Alpes-Côte d'Azur. C'est-à-dire 21 000 francs brut par mois[1], sans compter les frais de représentation... Insuffisant pour vivre entre Paris et Nice.

---

1. « Combien nous coûtent nos élus », *Bulletin des Contribuables Associés*, 1994.

L'avenir du professionnel de la politique Christian Estrosi était alors fortement compromis. Heureusement pour lui, son parrain veillait au grain. Le ministre du Budget, Nicolas Sarkozy, allait bien vite lui trouver à la fois un point de chute idéal et un complément de revenu : le 1er septembre 1994, le Premier ministre Édouard Balladur nommait Christian Estrosi au Conseil économique et social (CES). Pendant trois ans, le petit fils d'immigrants italiens va « pointer » dans ce Palais de la République parisien, édifié à deux pas de la place du Trocadéro. Une institution inutile et un gouffre pour le contribuable, mais un nid douillet pour ministres remerciés, députés battus, syndicalistes fatigués, anciens sportifs et artistes en cour. Nommés de manière discrétionnaire par le gouvernement et les syndicats socioprofessionnels, ses 230 membres (supposés incarner l'élite de la Nation) sont payés très cher pour pondre des rapports qui finissent à la poubelle. L'ancien champion de moto quittait là le circuit de la politique pure pour profiter d'une des meilleures sinécures de la République aux frais du contribuable : un bureau, 10 000 francs nets d'indemnités par mois (soit le tiers du montant de l'indemnité de base d'un parlementaire), des frais de représentation et surtout une quarantaine d'allers et retours gratuits Paris-Nice en avion[1].

Il se rangeait déjà résolument sous la bannière balladurienne de son parrain pour la présidentielle de 1995. Une dizaine d'années plus tard, dans *Le Monde* du 24 février 2006, il expliquera cette allégeance avant tout sarkozienne : « Chirac a tendance à achever ceux qui sont tombés à terre ; Nicolas les relève. » Fort bien conseillé par Nicolas Sarkozy, le « Motodidacte » lançait ainsi les premiers filets de sa stratégie de reconquête de tous ses anciens mandats. Provisoirement coupée, la route de la

---

1. Voir Robert Colonna d'Istria et Yvan Stefanovitch, *Le Sénat : enquête sur les super privilégiés de la République*, op. cit.

mairie de Nice passait par les conquêtes préalables de la présidence du Conseil général des Alpes-Maritimes, et de son mandat de député. Cette subtile stratégie de contournement lui demandera treize ans. En bon professionnel de la politique, l'ancien champion de moto avait choisi la bonne machine, la machine Sarkozy. Décidée par Jacques Chirac, la dissolution de 1997 lui permettait de sortir de son purgatoire. Il retrouvait son mandat de député, puis un siège de conseiller général à Saint-Étienne-de-Tinée dans son fief du haut-pays niçois, était nommé secrétaire départemental de la fédération RPR des Alpes-Maritimes et démissionnait aussitôt, le 1er juin 1997, du Conseil économique et social. Le 18 septembre 2003, à la suite de la démission de Charles Ginésy, quatre-vingt-deux ans, il était élu président du Conseil général des Alpes-Maritimes. Le 13 mai 2005, ce dernier était condamné par la cour d'appel d'Aix-en-Provence à 20 000 euros d'amende pour « favoritisme dans l'attribution de marché public ». Christian Estrosi était réélu à la tête de l'assemblée départementale en mars 2004, à l'issue des élections cantonales. Il lui restait à patienter quatre ans, jusqu'au municipales de 2008, pour reprendre à Jacques Peyrat le fauteuil de maire de Nice.

Dès l'arrivée de son mentor à la tête du ministère de l'Intérieur en 2002, Christian Estrosi a mis les bouchées doubles à l'Assemblée nationale, où l'on avait peu remarqué ses interventions jusque-là. À partir de 2005, il est nommé ministre délégué à l'Aménagement du territoire du gouvernement Dominique de Villepin. Puis, dès l'élection de « son ami Nicolas » à la présidence de la République, il est devenu secrétaire d'État chargé de l'Outre-mer auprès du ministère de l'Intérieur dans le gouvernement François Fillon. Le 16 mars 2008, il démissionnait de ses fonctions de secrétaire d'État à l'Outre-mer pour être élu maire UMP de Nice avec seulement 41,33 % des voix contre 25,50 % au maire sortant Jacques Peyrat (qui n'avait plus l'investiture UMP) et

33,17 % à Patrick Allemand (PS). La boucle était
bouclée : le bébé Médecin se vengeait, dix-huit ans plus
tard, de sa piteuse démission du Conseil municipal de
Nice, en septembre 1990. À l'époque, à l'âge de trente-
cinq ans seulement (son mentor Nicolas Sarkozy a réussi
ce pari à vingt-sept ans, en devenant maire de Neuilly-
sur-Seine), il s'était alors positionné pour succéder à
Jacques Médecin qui venait de s'enfuir en Uruguay. Face
à l'opposition de ses collègues, l'intrépide avait démissionné invitant ses supporters à faire de même pour
provoquer de nouvelles élections municipales. Seul Jean-
Robert Lefèvre (devenu aujourd'hui son super directeur
de cabinet) et quatre autres conseillers municipaux
avaient démissionné. Enfin élu maire de Nice en
mars 2008, rêvant de retourner au gouvernement, Christian Estrosi ne faisait désormais plus que de la figuration
à l'Assemblée nationale. Mais, il n'en est pas moins vrai
qu'aujourd'hui, Christian Estrosi est certainement l'un
des ministres-maires les plus puissants de France, tout aussi
féodal et monarchique que son ancien patron Jacques
Médecin. Plus puissant parce que Jacques Médecin n'a
jamais eu comme super parrain politique Valéry Giscard
d'Estaing ou Jacques Chirac, ces patrons de l'UDF et du
RPR n'ayant que peu d'atomes crochus avec lui.

## Le parrain des parrains change
## la vie d'un instit à Nevers

Il n'a pas les principales qualités d'un professionnel
de la politique et donc de Christian Estrosi. Plutôt sec,
petit, les cheveux poivre et sel, un physique d'instit très
IIIᵉ République avec petites lunettes, moustache et barbichette en prime, il n'est pas particulièrement aimé par la
presse, n'a aucun charisme, n'aime pas les bains de foule.
Super cumulard, il travaille seul et beaucoup à son bureau
de la mairie ou au Sénat. Certes, le sénateur-maire PS de
Nevers et président de l'agglomération, Didier Boulaud,

cinquante-sept ans, est beaucoup moins puissant et connu que Christian Estrosi. Mais, à son modeste échelon, Nevers a 38 200 habitants et son agglomération 71 300, « Boubou » (c'est son surnom au PS) est un féodal qui ne fait pas trop dans la transparence. L'ancien instit appartient bel et bien à la Caste des « 500 ». En vertu du règlement interne du conseil municipal, l'opposition UMP n'a droit qu'à trois interventions pour chaque question faisant l'objet d'une délibération (voir page 19 du règlement intérieur du conseil municipal de Nevers, voté le 28 juin 2008). Le sénateur-maire de Nevers ne rend pas public son agenda quotidien. Et les comptes rendus des conseils municipaux ne sont accessibles sur internet que depuis mars 2008.

Il est vrai que « Boubou » a été à bonne école. Tout comme le député-maire de Nice doit tout ou presque à ses trois parrains, Didier Boulaud serait encore aujourd'hui un modeste enseignant, si sa route n'avait pas croisé un jour celle de Pierre Bérégovoy. La trajectoire iconoclaste de l'ex-instit commence dans le département de l'Allier à la ville préfecture de Moulins, toute proche de sa commune de naissance, Yzeure. Il est l'enfant unique de Roland, aide-comptable, et d'Antoinette, dactylo dans l'administration. Sa mère vote à droite, et son père choisit toujours un bulletin pour le parti communiste au premier tour et pour le PS au second tour. Passionné de politique, Didier Boulaud regarde avec attention les entretiens télévisés entre de Gaulle et Michel Droit. Et vers seize ans, il traîne déjà dans les escaliers du Conseil général à Moulins, puis réussit le concours d'entrée à l'École normale de cette ville. La voie royale pour le métier d'instit, l'ascenseur social rêvé aux yeux de ses parents. Il sera instituteur, puis conseiller en formation continue. Dix ans plus tard, en 1976, Didier Boulaud devient secrétaire départemental du Syndicat national des instituteurs, puis de la Fédération de l'Éducation nationale, deux organisations très liées au PS.

Il siège de 1981 à 1983 au Conseil économique et social régional d'Auvergne, tout en étant président départemental d'une mutuelle scolaire.

Il adhère au PS, à l'âge de vingt-sept ans en 1977, et gravit tous les échelons du parti jusqu'au comité fédéral du département. Militant de tendance Rocard, il observe longtemps ses « camarades » lui passer devant, lors de la constitution des listes électorales. Et en septembre 1983, la chance frappe à sa porte. Une de ses amies lui apprend que Pierre Bérégovoy, le tout nouveau maire de Nevers, cherche un chef de cabinet. La préfecture de la Nièvre n'est qu'à une cinquantaine de kilomètres de Moulins. Sur ordre de François Mitterrand (ex-président du Conseil général de la Nièvre), Béré, l'ancien ajusteur et cheminot, qui s'était « programmé » pour être élu maire de Clichy-sur-Seine dans la banlieue nord de Paris, venait d'être parachuté, à Nevers aux municipales de mars 1983. Le « parrain » Mitterrand avait décidé, le vassal Béré n'avait plus eu qu'à obéir. Et six mois plus tard, comme convenu, le ministre des Affaires sociales du gouvernement Mauroy, Pierre Bérégovoy, succède en douceur au maire de Nevers, le docteur Daniel Benoist, vieux cacique de la SFIO et ennemi intime de François Mitterrand, ex-maire de Château-Chinon. Dans son témoignage publié le 14 décembre 2008 par l'Institut François Mitterrand, Didier Boulaud n'emploie pas la langue de bois pour décrire les circonstances du parachutage pour le moins féodal de son parrain à Nevers : « Daniel Benoist qui a conquis cette ville contre la droite en 1971 n'en finit pas de ressasser ses rancœurs à l'égard du Président. Celles qu'il a accumulées au fil des années, lorsque la SFIO locale combattait avec des mots très durs le Maire de Château-Chinon (Nda : François Mitterrand était accusé d'être un "fasciste") qui avait également eu l'audace de lui souffler, en 1964, la présidence du Conseil général. Et qui plus est, le premier adjoint de Daniel Benoist est un fidèle parmi les fidèles de François Mitterrand, Michel Girand.

Les deux hommes ne se portent pas particulièrement d'affection. [...] Les clans s'organisent. Il faut pourtant songer aux municipales de 1983 qui vont être difficiles pour le pouvoir en place. [...] »

## « Boubou » fils spirituel de « Béré »

Ce sera donc un maroquin ministériel contre le fauteuil de maire de Nevers. En guise de remerciement donc, le bon docteur est nommé secrétaire d'État aux Personnes âgées avant d'en être brutalement déchu, six mois plus tard, par le simple bon plaisir du monarque président. Grâce à ce marché de dupes, Didier Boulaud va entrer en politique. L'instit n'a jamais mis les pieds dans une mairie, mais se jette à l'eau après un entretien d'une heure avec Pierre Bérégovoy. Le côté « ours » du ministre lui a flanqué la trouille. Mais Bérégovoy, « cet homme exigeant qui s'était forgé seul », le séduit aussi pour une tout autre raison, selon ses proches : « Didier Boulaud ayant perdu ses parents jeune, des liens filiaux se sont vite créés entre lui et le futur Premier ministre. » Il se contente de dire : « C'était un super patron, très dur, mais j'ai tout appris avec lui. » L'épouse de Didier Boulaud, Huguette Osmont, comme lui, major de sa promotion de l'École normale, lui a toujours apporté un soutien inconditionnel, tout en restant en retrait. « Sans elle, je ne serais pas arrivé là où je suis. » Ils ont deux filles : Laure, vingt-cinq ans, professeure agrégée de musique, et Maud, vingt-trois ans, de philosophie[1].

À la mairie, l'instit va vite apprendre son boulot de chef de cabinet pendant six ans. Puis, il sera élu conseiller municipal et nommé adjoint au personnel de la mairie de 1989 à 1993, avant de devenir député suppléant de Pierre Bérégovoy en mars 1993. Le 1er mai suivant, l'ancien Premier ministre se suicide à Nevers. Didier Boulaud lui

---

1. Entretien de l'auteur avec Didier Boulaud en juillet 2008.

succède aussitôt comme député et, conformément aux vœux du défunt, le conseil municipal de Nevers l'élit maire le 16 mai 1993. La suite est sans surprise dans cette terre nivernaise profondément socialiste : il est confortablement réélu député en 1997. Il fait enfin partie de la Caste. Mais, en 2001, à l'âge de cinquante et un ans, il démissionne de son mandat de député pour se faire élire sénateur, un mandat pour lequel son parrain en politique Béré n'avait pas « beaucoup d'estime et de considération ». Didier Boulaud vole aujourd'hui de ses propres ailes, il a retrouvé au Sénat son rêve d'adolescent : un côté hauteur de vue, sagesse et recul par rapport aux événements. Sauf que le passé et son parrain le rattrapent le 3 mai 2008 à l'occasion de la diffusion d'un documentaire de France 3, « La double mort de Pierre Bérégovoy », qui suggère que l'ex-Premier ministre ne s'est pas donné la mort, mais a été assassiné. Sujet central de cette émission, un carnet noir dans lequel Bérégovoy prenait des notes et étrangement disparu au lendemain de sa mort. À un tel point que sa veuve Gilberte devait mettre en doute la version officielle du suicide de son mari. En réalité, ce carnet noir n'a jamais été soustrait par des barbouzes. C'est Didier Boulaud qui l'a confié alors à un des gendres du défunt, Vincent Sol. Pourquoi ? Pour ne pas dévoiler à Gilberte Bérégovoy « l'existence de certaines relations de son mari ». Le sénateur-maire de Nevers, Didier Boulaud, avait livré cette confidence face à la caméra dans le documentaire de France 3. Un secret d'alcôve que le « fils spirituel » de Béré ne pouvait révéler publiquement qu'après le décès de Gilberte Bérégovoy.

Mimétisme ? Comme son mentor, « Boubou » a soigneusement préparé sa succession. Et de la même manière, en dehors de Nevers et de la Nièvre. En fait, il a été chercher un normalien. Une de ses filles lui a présenté l'oiseau rare, un Parisien, Florent Sainte-Fare-Garnot. À force de persuasion, le sénateur-maire de Nevers l'a d'abord convaincu de devenir son directeur de cabinet à la mairie de Nevers. Depuis les municipales de mars 2008, Florent Sainte-Fare Garnot est son premier adjoint chargé des finances, des ressources humaines et de la communication. Ressemblant à s'y méprendre au fils que Didier Boulaud n'a pas eu, ce maire-bis âgé de vingt-neuf ans tout juste, mais extrêmement brillant, porte aussi moustache, barbichette et lunettes... Seul problème : la compagne de Florent Sainte Fare Garnot ne veut pas quitter Paris pour Nevers. Début 2009, chaque week-end, le jeune homme rejoignait la capitale. Un futur membre de la Caste ?

## Un premier parrain pour François Fillon

L'actuel Premier ministre François Fillon a le même âge que Christian Estrosi : cinquante-trois ans. Mais, tout le sépare du « Motodidacte ». Ce dernier a abandonné la moto depuis belle lurette, mais se laisse volontiers photographier ou filmer, lors de randonnées en haute montagne ou à vélo dans le haut-pays niçois. Flegmatique, concentré et amateur de sensations fortes, le discret François Fillon pratique l'alpinisme, l'équitation et participe, lui, toujours, mais sans le moindre tapage médiatique, à des compétitions automobiles sur le circuit des 24 heures du Mans, situé dans sa circonscription. Au volant de bolides répliques de voitures de course construites entre 1930 et 1970, notamment des Ferrari 250 GT et des Alpine A-220. Un léger sourire aux coins des lèvres, pas un cheveu blanc sur une chevelure drue et épaisse, le visage juvénile un peu trop lisse, tendu et l'œil sombre, en bonne forme, l'ancien élève des jésuites a conservé intact son physique de jeune homme. Atout indéniable pour un professionnel de la politique qui apparemment n'a que des qualités. Et pour cause, les bonnes fées se sont penchées très tôt sur son berceau. Son premier parrain en politique le « coachait », alors qu'il n'avait que vingt-deux ans. Et surtout, François Fillon est né, en 1954 au Mans (Sarthe), avec une cuillère en argent dans la bouche contrairement à Christian Estrosi, Didier Boulaud ou Bertrand Delanoë. Son père Michel Fillon, vendéen, notaire à Cérans-Foulletourte, et Anne, sa mère basque et historienne, ont eu quatre garçons. Ces notables provinciaux sont gaullistes. Après l'obtention d'une maîtrise de droit public, en 1977, il est diplômé de Sciences Po Paris. François Fillon ne s'en cache pas, il n'avait pas la vocation de la politique, se voyant plutôt journaliste.

Mais, son « parrain » va en décider autrement. Ce dernier, Joël Le Theule, député-maire RPR de Sablé-sur-Sarthe, est un vieil ami de son père. Et il insiste. Finalement après avoir accompli au beau milieu de ses études trois ans de stages comme journaliste, notamment au bureau de l'AFP Madrid (où il se montrera un enragé « toujours discret » des corridas), le futur Premier ministre devient, en parallèle de ses études, l'assistant parlementaire de Joël Le Theule en 1976. D'origine modeste, ce professeur de géographie avait enseigné au Prytanée militaire de La Flèche avant de se lancer, à vingt-quatre ans, en politique. À partir de 1958, il fut constamment réélu député gaulliste de la Sarthe, maire et conseiller général de Sablé-sur-Sarthe. Fin politique et homosexuel avéré, il saura s'attirer de sérieuses inimitiés dans son propre camp. François Fillon (Fifi pour le RPR) rapporte notamment sans langue de bois : « Le Theule était haï de Chirac autant pour ses penchants que parce qu'il le soupçonnait d'avoir prêté la main dans l'affaire Markovic, qui déstabilisa Pompidou[1]. » Il avait été plusieurs fois ministre à partir de 1968, des DOM-TOM, secrétaire d'État chargé de l'Information, ministre des Transports, puis de la Défense dans le gouvernement

---

1. Voir Raphaëlle Bacqué, « François Fillon, l'ambitieux tranquille », *Le Monde*, 17 mai 2007.

Barre III. À ces postes, Joël le Theule pratiquait la stratégie de la « mouche piquante ». C'est-à-dire qu'il fallait toujours un peu critiquer de manière « soft » le Premier ministre ou le président de la République pour « exister » aux yeux des journalistes. François Fillon retiendra la leçon.

Aux législatives de mars 1978, Joël Le Theule teste son protégé en lui confiant la direction de sa campagne électorale avec un budget total de 50 000 francs de l'époque. Et le miracle se produit. Le jeune François soi-disant timide et renfermé, réservé et sérieux, se prend au jeu. Passionné, constamment sur le terrain, il garde un contact familier avec les gens, sait rire... Il faut l'avoir vu dans les réunions locales ou les comices agricoles, il connaît les gens par leur nom. Et il s'occupe de tout : des affiches aux journaux en passant par la distribution des tracts. Le journaliste « rentré » rédige le journal de campagne, le fait imprimer et loue un camion pour aller en prendre livraison à l'imprimerie. Joël Le Theule est réélu, François Fillon rayonne. Épaté par l'abattage de son protégé, le député lui renvoie très vite l'ascenseur : en avril 1978, le voilà promu chef adjoint du cabinet Joël Le Theule, nommé ministre des Transports de Raymond Barre. Puis, en 1980, il le suit au ministère de la Défense, au même poste. « Plus Joël Le Theule travaille avec François Fillon », écrit la journaliste de LCI Christine Kelly dans son ouvrage *François Fillon, Le secret et l'ambition* (Éditions du Moment-2007), « plus il voit en lui quelqu'un qui pourrait s'engager et devenir un homme politique d'avenir. Il en parle souvent aux parents de François ou à son équipe politique : "Ce sera lui mon successeur", un peu comme un père qui voit en François le fils qu'il n'a jamais eu. » Malheureusement pour le ministre, son souhait de voir François Fillon lui succéder un jour va se réaliser, mais beaucoup plus vite qu'il ne croit.

## Philippe Séguin en deuxième parrain

Le 14 décembre 1980, Joël Le Theule subit un premier malaise cardiaque, lors d'un déjeuner à Sablé-sur-Sarthe avec la ministre des Universités, Alice Saunier-Seité. Un médecin diagnostique un infarctus, mais le ministre refuse d'être conduit à l'hôpital. Dans la soirée, vu son grand état de faiblesse, François Fillon et son épouse Pénélope dorment chez lui. Joël Le Theule fait un nouvel infarctus en pleine nuit. Au téléphone, un cardio-logue expliquant qu'il faut le transporter le plus rapide-ment possible à l'hôpital, Pénélope et François Fillon le conduisent en voiture aux urgences. En descendant du véhicule, il perd connaissance dans les bras de François Fillon. Les médecins tenteront sans succès de le ranimer : le ministre était déjà mort. Il avait cinquante ans et domi-nait sa circonscription depuis vingt ans. Six mois plus tard, en juin 1981, le successeur désigné et fils spirituel est élu de justesse (avec 50,14 % des voix) dans la circons-cription de Joël Le Theule à Sablé-sur-Sarthe, juste au moment où la vague rose déferle sur l'Assemblée natio-nale. Âgé de vingt-sept ans, François Fillon est alors le benjamin de tous les députés. Toujours en 1981, il suit tranquillement les pas de son mentor et ami, étant élu conseiller municipal, adjoint chargé des affaires économi-ques (il sera maire en 1983 avec 68,05 % des voix) et conseiller général du canton de Sablé-sur-Sarthe. Poursui-vant son ascension, François Fillon devient, à trente-huit ans, président du Conseil général de la Sarthe en 1992, après avoir été brillamment réélu député en 1986 et 1988 (au premier tour alors que sa circonscription a voté Mitterrand à 58 %, un mois plus tôt). Sans l'aide du moindre gourou ou conseiller en communication, l'élève Fillon dépasse le maître Le Theule (qui n'a jamais été patron du Conseil général de la Sarthe) et devient ainsi un super cumulard. Et il a fait sienne la règle d'or de son mentor : pas de coups d'éclat médiatique, pas de coup bas, et beaucoup de travail. Mais il doit obtenir un maroquin ministériel pour jouer dans la cour des grands comme son parrain.

François Fillon et Philippe Séguin, jeune député lui aussi au début des années 1980, font alors partie du « Cercle », une association de jeunes députés libéraux ou partisans d'un « gaullisme social » prônant la rénovation de la vie politique. Philippe Séguin devient ainsi son nouveau mentor en politique, ses relations avec Jacques Chirac, le président du RPR étant médiocres en raison de sa proximité avec l'honni Joël Le Theule. À l'hiver 1990, il suit Philippe Séguin dans son alliance avec Charles Pasqua visant à contester la présidence du RPR à Jacques Chirac et le secrétariat général à Alain Juppé. Lors du congrès du RPR, la liste Pasqua-Séguin remporte 30 % des suffrages contre 70 % à la liste Chirac-Juppé. Durant l'été 1992, il mène campagne au côté de Philippe Séguin contre la ratification du traité de Maastricht. La victoire étriquée du Oui (51,05 %) sonne comme une demi-victoire. Lors des élections législatives de 1993, il est réélu dès le 1ᵉʳ tour avec 58,58 % des voix. C'est encore grâce à Philippe Séguin que François Fillon entre alors dans le gouvernement d'Édouard Balladur, où il devient ministre de l'Enseignement supérieur et de la Recherche. En 1995, contrairement à Séguin qui choisit de soutenir Jacques Chirac, François Fillon prend position en faveur d'Édouard Balladur lors de l'élection présidentielle. En dépit de l'échec de Balladur, il est l'un des rares balladuriens dans le premier gouvernement d'Alain Juppé en 1995, sous la présidence de Jacques Chirac. En juillet 1997, Séguin est élu président du RPR avec 78 % des voix, et Sarkozy en devient le secrétaire général. François Fillon fait partie de la garde rapprochée de Séguin et devient secrétaire national du RPR, chargé des fédérations puis porte-parole de la commission exécutive. En 1999, quand Séguin démissionne soudainement de la présidence du RPR peu de temps avant les élections européennes,

François Fillon soutient et seconde Nicolas Sarkozy, président par intérim. C'est le début de son compagnonnage avec le maire de Neuilly qui le mènera à l'hôtel Matignon. L'époque des parrains était révolue pour François Fillon devenu membre à part entière de la Caste. La preuve : il n'a jamais abandonné son mandat de président de la Communauté de communes de Sablé-sur-Sarthe.

## L'apparatchik « Bébert »
## à l'ombre de « Yoyo »

Homosexuel avoué, puissant et habile maire de Paris depuis 2001, roi de la com, chouchou des sondages, de la presse et de la télé, « Bébert roi du Monde » s'est pourtant ramassé une terrible gamelle, en décembre 2008, face à Martine Aubry pour la conquête du poste de patron du PS. La route de l'Élysée lui semble définitivement coupée. Une sorte d'enterrement en fanfare de la dernière grande ambition de Bertrand Delanoë, soixante ans, professionnel aujourd'hui aussi connu que Christian Estrosi ou François Fillon, et plus que Didier Boulaud. Il avait fallu près de trente ans à « Bertrand le Magnifique » pour accéder, dans la nomenclature socialiste, au grade d'éléphant et être enfin admis dans la Caste. Et aussi, à partir de 1977, la protection constante de « Yoyo », c'est-à-dire de Lionel Jospin, pour pouvoir postuler à la mairie de Paris, à la tête du PS et à la magistrature suprême. En fait, jusqu'à son élection de maire de Paris en 2001, « Bébert » fut un dirigeant socialiste effacé, pour ne pas dire de second ordre, connu surtout pour être dans l'ombre de « Yoyo ». Il n'a quasiment jamais su rien faire d'autre que du militantisme politique. Même dans la pub et la communication, il n'exploitera que son carnet d'adresses politique. Tout le rapproche de la culture d'apparatchik de parti de Christian Estrosi et Didier Boulaud. Tout le sépare de François Fillon et de sa culture de notable provincial.

« Mickey les grandes oreilles » a vécu jusqu'à l'âge de quatorze ans à Bizerte, en Tunisie, dans sa famille de condition modeste. Son père, Auguste, athée et cadet d'une fratrie de marins de Saint-Malo, exerçait la profession de géomètre, sa mère Yvonne très pieuse, issue d'une lignée de fonctionnaires catholiques et conservateurs, celle d'infirmière. Puis, ses parents quittent Bizerte pour la France, où ils se séparent, le père s'installe à Auch dans le Gers, la mère à Rodez dans l'Aveyron, où elle élève ses quatre enfants. Rien ne prédispose le futur maire socialiste de Paris à s'engager à gauche : à Rodez, il fréquente une institution religieuse et il est scout. Il passe son bac à dix-huit ans et manifeste déjà (les événements de mai 68 viennent de se produire) des idées plutôt de gauche face à ses copains, tous fils de notables de la ville. Dans la foulée, il s'inscrit à la fac de Toulouse pour y étudier l'économie. C'est là, semble-t-il, que la politique l'attire, ou plutôt la carrière politique, bien qu'il s'en défende. Il hésite entre le PSU et la SFIO pour finalement prendre sa carte du PS à Rodez en 1971. Il a vingt et un ans.

En raison de son côté beau parleur, toujours habillé à la dernière mode pour faire oublier ses origines modestes, de son goût pour la fête, mais aussi de sa discrétion, la fédération PS de l'Aveyron lui confie rapidement le secteur de la propagande. Moins de deux ans plus tard, deux sergents recruteurs de François Mitterrand (qui ratissent toutes les fédérations de l'Hexagone) tombent sur ce jeune militant aux cheveux longs et pantalon pattes d'ef, hâbleur, pressant, « très efficace dans le travail, soucieux de faire carrière et de se constituer un carnet d'adresses[1] ». La politique est une chose sérieuse. Aussi, le sentant très motivé, les deux fidèles de Mitterrand lui proposent d'être le représentant local du courant favorable au premier secrétaire du PS de l'époque, et l'invitent

---

1. Voir Philippe Martinat, *Bertrand Delanoë. Qui c'est ce garçon ?*, Belfond, 2004.

à venir à Paris suivre les cours de formation politique du parti. Pragmatique jusqu'au bout des ongles, Bertrand Delanoë a déjà fait le tour des différentes chapelles et courants du PS, notamment au congrès du parti début 1973 à Grenoble. Son intuition politique (qui deviendra légendaire parmi ses fidèles) lui a alors permis de deviner très vite que François Mitterrand représente son avenir. Vite fatigué de ses allers et retours incessants entre Rodez et la capitale, il déménage à Paris, y trouve un job de représentant dans une société de BTP et réalise son rêve en juillet 1974 : il est engagé comme permanent salarié au secteur entreprise du PS. Il a vingt-quatre ans. Parallèlement, François Mitterrand le « colle » avec Lionel Jospin à la section du XVIIIᵉ arrondissement, l'unique point fort des mitterrandistes à Paris, que dirige le journaliste Claude Estier. À partir de cette époque, le camarade introverti, énarque et troskiste « Yoyo » devient le parrain, le grand frère, le mentor du petit gars de Bizerte au sang chaud. Le futur Premier ministre pistonne l'élève Delanoë, mitterrandiste convaincu, opportuniste talentueux, mais souvent autoritaire et insupportable, déjà trop connu pour ses coups de gueule. Il accomplit son service militaire à la base aérienne de Villacoublay (point de chute favori des fils de l'establishment parisien), devient l'assistant parlementaire du sénateur-maire de Clermont-Ferrand, Roger Quilliot, proche de Gaston Defferre et de Pierre Mauroy, et se fait investir dans le XVIIIᵉ pour les municipales de 1977[1].

À vingt-six ans, il est ainsi élu avec son mentor « Yoyo » au Conseil de Paris. Sa montée en puissance suit aussi celle de son parrain. En fait, le professeur Jospin pondère l'élève Delanoë, lui enseigne la rigueur et le réalisme, lui transmet sa vision dialectique de l'histoire, son goût pour les rapports de force. L'élève écoute reli-

---

1. Voir Frédéric Charpier, *Bertrand Delanoë : une irrésistible ambition*, Presses de la Cité, 2008.

gieusement, et la récompense arrive bien vite. En 1979, Lionel Jospin est nommé n° 2 du PS. Immédiatement, « Bébert » est aspiré vers les sommets, promu délégué général du PS à la coordination. Plus question de changer de cheval et de s'amarrer au rocardisme défait par les mitterrandiens au congrès de Metz. En mai 1981, Jospin devenu premier secrétaire du PS, donc numéro 1 du parti, n'oublie pas son protégé. Bertrand Delanoë reçoit l'investiture du parti, est élu député du XVIIIᵉ, succède comme porte-parole du PS à Laurent Fabius et se retrouve catapulté secrétaire national adjoint. L'étiquette de protégé, de chouchou de Lionel Jospin commence à lui coller à la peau. En 1982, ses nouvelles fonctions de patron de la communication du parti lui permettent de diriger la lettre politique du PS (« PS Aujourd'hui ») et d'en signer les éditoriaux. Et en 1983 (il a seulement trente-trois ans), le professeur Jospin l'élève à un grade supplémentaire : le petit gars de Rodez est nommé secrétaire national aux fédérations. Ce numéro 2 du parti a la haute main sur les investitures aux différentes élections[1].

## « Yoyo » passe le témoin à « Bébert »

À ce titre, Delanoë se rend tous les mardis à la réunion du secrétaire général de l'Élysée, Jean-Louis Bianco, destinée à maintenir la cohérence de la ligne politique entre parti et gouvernement. Jean-Louis Bianco explique : « François Mitterrand avait demandé à Lionel Jospin, secondé par Delanoë, de garder le parti[2]. » Revers de la médaille pour le jeune protégé de « Yoyo » : trop proche de lui, Bertrand Delanoë n'obtiendra jamais un poste de ministre de la part du Premier ministre, Laurent Fabius, qui ne s'entend pas du tout avec son

---

1. Voir Yvan Stefanovitch, *Bertrand le Magnifique : enquête au cœur du système Delanoë*, Flammarion, 2008.
2. Voir Marion Mourgue, « Bertrand Delanoë, jamais ministre, toujours candidat socialiste », *Backchich*, 26 août 2008.

rival Lionel Jospin. Et en 1986, de peur de perdre son siège à Paris, « Bébert » ne s'y représente pas aux législatives. Deux ans plus tard, dans le XVIII<sup>e</sup> à Paris, il est battu par Alain Juppé qui est élu député. C'est alors le début de la traversée du désert pour le « roi Bébert » dépourvu de mandat électif. Il abandonne toutes ses fonctions au sein du PS, mais accepte de récupérer le siège de conseiller de Paris de son parrain « Yoyo », parti en Haute-Garonne. Durant huit ans, son fantastique carnet d'adresses politique lui permettra de gagner sa vie très correctement dans la publicité et la communication politique.

L'année 1993 marque le grand retour de « Bébert », qui a gommé son image d'ex-numéro 2 du PS irascible et autoritaire, pour amadouer les grands barons socialistes parisiens : Bertrand Delanoë est élu président du minuscule groupe socialiste au Conseil de Paris (16 élus sur 161 au total). Il succède ainsi au chevènementiste Georges Sarre, parti fonder un nouveau petit parti à la gauche du PS, le MDC (Mouvement des Citoyens). Deux ans plus tard, aux municipales de 1995, sa liste reprend six arrondissements à la droite et il devient sénateur de Paris. Pour appartenir à la Caste, il lui faut décrocher le mandat de patron d'un exécutif local, ce sera le fauteuil de maire de Paris. Aux municipales de 2001, « Yoyo » lui donne encore un sacré coup de main pour neutraliser le seul autre candidat socialiste à la mairie, Jack Lang. Lequel se voit offrir par Lionel Jospin le poste de ministre de l'Éducation nationale. Mister Jack ne peut pas refuser, car « Yoyo » lie la nomination de Laurent Fabius à Bercy, au ministère des Finances, à la sienne à l'Éducation nationale. Un beau coup de billard. Jack Lang se retrouve complètement coincé, pris au piège. En effet, ses appuis fabiusiens au sein de la fédération de Paris du PS lui sont absolument nécessaires pour être désigné candidat par le vote des militants.

Élu maire de Paris en 2001, Bertrand peut soigner son look d'honnête homme en démissionnant, comme promis, de son mandat de sénateur. Le fauteuil de maire de Paris lui suffit pour appartenir à la Caste. Réélu en 2008, le petit gars de Bizerte, porté par les sondages et sans cesse adoubé par son mentor, fait figure de meilleur candidat pour le poste de premier secrétaire du PS, marchepied pour sa candidature à la présidence de la République en 2012. « Yoyo » va tout faire pour dynamiter la seule candidature rivale de son protégé, celle de Ségolène Royal. Le 24 septembre 2008, il publie chez Flammarion un ouvrage au titre clair (*L'Impasse*) dans lequel il s'en prend à Ségolène Royal, « candidate qui était la moins capable de gagner » à la présidentielle de 2007. Il relègue cette dernière au rang de « figure seconde de la vie politique », considérant qu'elle « n'a pas les qualités humaines ni les capacités » pour prendre la tête du PS. Ce témoignage de « Yoyo » en faveur de son protégé a toute l'allure d'un passage de témoin du professeur à l'élève, du parrain politique à son vassal ou poulain. Ce parrainage n'a pas suffi.

## L'anti Caste : Jean-Louis Borloo

Le manque de parrainage pour être intronisé dans la Caste a surtout touché les stars de la société civile qui, en outre, ne sont pas familières des codes et rouages de ce petit monde. La liste est longue des « victimes du suffrage universel » ou de leur inexpérience de la politique. Il existe pourtant quelques prestigieuses exceptions. Leurs acteurs n'ont pas eu besoin de la Caste, de ses méthodes malthusiennes et surtout de son parrainage. Ainsi, Jean-Louis Borloo, cinquante-huit ans, qui a commencé son itinéraire politique après avoir dirigé, pour s'amuser, le club de football de Valenciennes depuis 1986. À l'inverse des autres membres de la société civile débutants en poli-

tique, l'ancien avocat d'affaires a appliqué la méthode de
la Caste, c'est-à-dire le cumul des mandats. Sans la
moindre étiquette politique, il est élu en 1989, à l'âge de
trente-huit ans, maire de Valenciennes, député en 1993,
conseiller régional, puis président de l'agglomération.
Devenu un des rois du cumul, l'avocat est resté insensible
aux privilèges, pouvoirs et avantages financiers de la
Caste. Et pour cause ! Il était l'un des avocats les mieux
payés au monde, spécialisé dans les fusions acquisitions
d'entreprises notamment avec son client Bernard Tapie.

Et dès 2001, c'est le virage à 180° : il a préféré devenir
premier adjoint et laisse le fauteuil de maire de Valenciennes à son ex-premier adjoint Dominique Riquet, qui
lui continuait à exercer son métier de chirurgien. Lequel est
devenu cumulard, après avoir été député européen en
2009. À partir de 2002, Jean-Louis Borloo sera sans cesse
ministre et va dès lors abandonner, progressivement et
volontairement, tous ses mandats locaux. Aujourd'hui, il
est député ou ministre et rien d'autre. Il n'a pas besoin de
la politique pour vivre. Il perd plutôt de l'argent. Un genre
de « désintéressement » honni par la Caste. Pas question de
se retrouver sans mandat, sans revenus et voiture avec
chauffeur, si l'on est battu aux législatives ou à la tête de sa
ville. Le seul autre exemple comparable est celui de Christine Lagarde, ministre de l'Économie, de l'Industrie et de
l'Emploi âgée de cinquante-trois ans et ayant commencé en
politique comme ministre du Commerce extérieur en
2005. Cette ancienne brillante avocate d'affaires internationale, qui a vécu vingt ans en dehors de l'Hexagone, est
également depuis mai 2008 conseillère UMP de Paris. À
l'automne 2009, elle était considérée comme première
ministrable au même titre que Jean-Louis Borloo.

En compagnie d'autres stars de la société civile
(Rama Yade, Bernard Kouchner et Fadela Amara), Jean-
Louis Borloo et Christine Lagarde figurent aujourd'hui
parmi les ministres les plus populaires, selon tous les
sondages. Aucun d'entre eux n'est le patron d'un exécutif

local. Ce n'est pas un hasard. La Caste écarte discrètement ou décourage tous ceux qui ne sortent pas de ses
rangs. Presque tous les autres membres du gouvernement
Fillon IV, c'est-à-dire vingt-quatre sur trente-huit, sont
aussi des patrons d'exécutifs locaux. Et pour cause : le
bon peuple en redemande, dit-on... Tout content que
son député-maire, sénateur-maire ou président de Conseil
général ou régional et parlementaire soit capable de
défendre rapidement les intérêts de sa ville, de sa région
ou de son département auprès des plus hautes instances.

Depuis un quart de siècle, la Caste a parrainé, aux
élections législatives, une seule star de la société civile. Sans
son feu vert, l'ancien judoka David Douillet, qui n'a pas la
moindre expérience politique mais l'amitié indéfectible de
Bernadette Chirac, n'aurait jamais été élu, en
octobre 2009, député UMP de Poissy (Yvelines). Il
remplace aujourd'hui un éminent membre de la Caste,
l'UMP Jacques Masdeu-Arus, maire et député de Poissy
depuis respectivement 1983 et 1988. Celui-ci avait été
condamné à dix ans d'inéligibilité pour corruption passive
et recel d'abus de biens sociaux. La Caste, en la personne
de Xavier Bertrand, secrétaire général de l'UMP, adjoint au
maire et député de Saint-Quentin, Valérie Pécresse,
ministre de l'Enseignement supérieur et de la Recherche,
conseillère régionale d'Île-de-France et patronne de l'UMP
dans les Yvelines, et Gérard Larcher, président du Sénat et
maire de Rambouillet, a imposé très officiellement le parachutage de l'ancien judoka dans la 12ᵉ circonscription des
Yvelines. Le grand zélateur depuis 1997 de l'opération
« Pièces Jaunes » en compagnie de Mme Chirac a été
préféré aux deux successeurs légitimes du député
condamné. Deux petits élus locaux pourtant très ancrés sur
leur territoire : un vice-président du Conseil général des
Yvelines et le maire de Plaisir. Indignes sans doute de faire
partie de la Caste face à une des personnalités préférées des
Français, selon les sondages. Conclusion : le cumul des
mandats ouvre désormais les bras à David Douillet.

*3.*

# Assistantes sociales
# et « entrepreneurs de la politique »

En dehors de son origine sociale, de son éventuel premier métier, de son parti et du parrain qui lui a mis le pied à l'étrier ou a inspiré son action politique, chacun des membres de la Caste (parlementaires ou ministres cumulards) se définit par la manière dont il fait de la politique dans son fief. La construction de l'Europe et le cumul des mandats ont changé la donne depuis la fin du siècle dernier. Les parlementaires français ne s'étendent pas trop sur le sujet, mais les nouvelles conditions d'exercice de leur métier provoquent un terrible absentéisme. Pour trois raisons principales. D'abord, les trois quarts des textes votés par le Parlement français sont issus de directives européennes. Ensuite, le cumul des mandats les amène à privilégier leur rôle local ou régional d'« entrepreneur de la politique », sorte d'animateur de la vie économique et de la lutte contre les délocalisations. Troisième raison très technique liée à la Constitution de la V$^e$ République : la forte maîtrise gouvernementale de l'ordre du jour alliée aux règles imposées par le vote majoritaire transforme les parlementaires en « godillots » de gauche ou de droite. Ainsi, les députés et sénateurs de l'opposition « démissionnent » de leurs deux fonctions principales, c'est-à-dire légiférer et contrôler l'action du gouvernement. Leurs collègues de la majorité restent soumis à ce même gouvernement et à l'Élysée (sauf en cas de cohabitation) de peur de ne pas être investis à la prochaine échéance électorale par le parti du président.

Comme le dit brutalement le député de la Marne et rapporteur spécial de la commission des Finances, Charles-Amédée du Buisson de Courson (Nouveau Centre), cinquante-six ans : « Le pouvoir n'est plus ici à l'Assemblée nationale, et encore moins au Sénat, mais dans les cabinets ministériels, à l'Élysée et au Parlement européen à Bruxelles ou Strasbourg, où quelques dizaines de hauts-fonction-naires ou "conseillers de notre roi républicain" et certains députés européens sont plus influents que bien des minis-tres, députés et sénateurs[1]. » Résultat : sur 577 députés à l'Assemblée, 150 d'entre eux ne sont que des « députés fantômes ». 120 sénateurs (sur 343 au total) jouent aussi les courants d'air au Palais du Luxembourg[2]. De plus, compte tenu des allers et retours depuis leur circonscription, les parlementaires les plus assidus ne disposent au mieux que de trente-six heures, du mardi matin au mercredi après-midi, pour légiférer et contrôler l'action d'un hyper-prési-dent et d'un gouvernement très actif. Ce qui est matérielle-ment impossible. Certes, les sénateurs s'en tirent mieux. Ils dépendent beaucoup plus de la Caste que du parti du président pour assurer leur réélection et eux n'hésitent pas à pointer du doigt les incohérences de la loi, comme l'ont montré de récents débats au Palais du Luxembourg : le fichier ADN, les OGM, la réforme des collectivités locales et la suppression de la Taxe Professionnelle.

Députés et sénateurs en sont donc quasiment réduits à jouer les assistantes sociales au service de leurs électeurs. En cette époque de crise profonde, les requêtes (dont ils

---

1. Entretien avec l'auteur en avril 2009.
2. Voir Hélène Constanty et Vincent Nouzille, *Députés sous influence*, Fayard, 2006 ; Robert Colonna d'Istria et Yvan Stefanovitch, *Le Sénat : les super privilégiés de la République*, op. cit.

font l'objet) se multiplient tous azimuts : logement HLM, emploi dans une collectivité locale de préférence, place en crèche ou maison de retraite, recherche de solution pour un parent souffrant de la maladie d'Alzheimer, piston pour débloquer un dossier en préfecture ou au Conseil général, maintien d'un hôpital, d'un régiment, d'une école, d'une perception, d'un tribunal, sauvetage d'une entreprise. « Nous sommes souvent le dernier recours pour des gens désespérés qui, en ces temps de crise, sont de plus en plus nombreux », explique le sénateur-président du Conseil général de la Manche, Jean-François Le Grand (UMP), soixante-six ans. « La crise économique et le désarroi social aidant, ils ont frappé à toutes les portes sans succès et ont simplement besoin de parler à quelqu'un. Le sénateur ou le député devient alors une sorte de confesseur de ces électeurs en détresse profonde. Parallèlement à ces sortes de thérapie, on essaie de les aider d'une manière très pragmatique[1]. » Élus de la Nation et non pas d'un département ou d'une ville, ces députés et sénateurs sont là en principe pour faire la loi et contrôler l'action du gouvernement. Pas pour jouer les assistantes sociales.

## Deux assistantes sociales de choc : Maxime Gremetz et Didier Julia

Dernier représentant du monde ouvrier à l'Assemblée nationale (son père était bûcheron, sa maman mère au foyer de neuf enfants) et communiste depuis l'âge de seize ans, Maxime Gremetz, soixante-huit ans, est député de la 1re circonscription de la Somme depuis trente et un ans et conseiller régional (élu en 2004). Un brin provocateur et habitué des coups d'éclat, « Minime » (son surnom au parti) est un parlementaire apparenté communiste assidu à l'Assemblée et un gros travailleur qui n'a pas de mot trop dur, avec son bel accent picard rocailleux, pour

---

1. Entretien avec l'auteur, avril 2009.

fustiger le manque de conviction de certains de ses collègues : « Depuis les législatives de 2002, je crois que
l'ambiance conviviale a changé à l'Assemblée nationale
avec l'arrivée d'une centaine de nouveaux députés, de droite
et de gauche, dont les dents rayent le parquet de l'Assemblée. Je les appelle des "bifteckards", ils sont prêts à tout
pour faire parler d'eux, même à se battre entre eux, dans
l'espoir de se faire réélire. Un parmi tant d'autres, le prof
de philo et député européen Vincent Peillon, ancien
député socialiste de la Somme, battu en 2002 et 2007,
pensait qu'il suffisait de montrer souvent sa tête à la télévision pour être élu. Beaucoup de ces professionnels
s'appliquent à réaliser un plan de carrière de cumulard de
la politique, dès qu'ils obtiennent un mandat, ils en
veulent un autre en supplément, pour des raisons tout
bonnement financières et parce que tout député est assis
sur un siège éjectable. Pour la plupart, ils gagneraient
nettement moins bien leur vie, s'ils étaient restés dans
leur ancienne profession, fonctionnaires, où ils servaient
l'État dans leur grande majorité. Vous n'avez aucune
chance de les voir dormir une seule fois, comme moi et
quelques autres, dans le lit que la présidence de l'Assemblée nous a installé dans nos bureaux. Eux, c'est luxe,
calme et volupté, ils se font rembourser l'hôtel par le
contribuable dès que leur note dépasse 30 euros par
nuit[1]. »

Ce manque de lisibilité croissant entre la droite et la
gauche profite à Maxime Gremetz, comme il le reconnaît
lui-même : « Une partie des électeurs de droite ont voté
pour moi aux législatives de 2007. » À la présidentielle 2007, Ségolène Royal n'a obtenu que 54 % des voix
sur le ressort de sa circonscription, alors que lui a totalisé
près de 60 % des suffrages exprimés, quelques semaines
plus tard aux législatives. Pour réussir cet exploit, ce dissident du PCF, sous l'étiquette « communiste en Somme »,

---

1. Entretien avec l'auteur, février 2009.

avait réglé leur compte à un candidat communiste officiel, à trois militants d'extrême gauche bien implantés, à
une socialiste et à un dernier candidat soutenu par
l'UMP. Maxime Gremetz l'avait parié en jouant au
gestionnaire au-dessus des partis : « Les électeurs me
jugeront sur mon travail et sur rien d'autre. » Et, là-
dessus, « Minime » se sait depuis toujours imbattable.
Ce gardien du temple communiste et grand ami de feu
Georges Marchais est le vice-champion des prises de
parole ou questions à l'Assemblée nationale et on fait
toujours la queue à sa permanence parlementaire deux
fois par semaine ! De quoi faire oublier ses procès aux
prud'hommes avec ses anciens assistants, sa grâce
accordée, en 2002, par Chirac après un incident en
voiture avec un gendarme et son côté un brin populiste,
qui a fait de lui un défenseur acharné des chasseurs de la
baie de Somme.

À l'exemple de l'incontrôlable Maxime Gremetz, les
parlementaires n'ont aucun pouvoir direct dans leur
circonscription. « Mais, nous possédons un sacré pouvoir,
si nous prenons le temps de recevoir les doléances de nos
concitoyens », affirme Didier Julia, député UMP du sud de
la Seine-et-Marne, soixante-treize ans, et doyen de l'Assemblée nationale. Principalement connu pour ses interventions dans les affaires de libération d'otages français détenus
en Irak suite à l'invasion américaine de 2003, ce fils de
médecin rural et ancien professeur de philo à la Sorbonne a
été constamment réélu au premier tour (sauf en 2002
et 2007) depuis 1967. Ce chaud partisan du président
Nicolas Sarkozy s'est fait élire pour la première fois, à l'âge
de vingt-huit ans, sous « l'amicale pression » de deux de ses
amis, le député de Paris, René Capitant (professeur de droit
constitutionnel rencontré à l'université), et le président de
l'Assemblée nationale Jacques Chaban-Delmas (connu sur
le court de tennis de Roland-Garros). Ce vieux gaulliste
explique son métier de professionnel de la politique qui n'a
pas changé depuis plus de quarante années : « Chaque

semaine, je reçois une cinquantaine de lettres et tiens deux permanences dans ma circonscription rurale de 125 000 habitants, qui comprend aussi les villes de Fontainebleau, Nemours et Avon. Je visite chacun de mes cinq cantons au moins une fois par mois et mes soixante-quatorze communes une fois par an. Et je satisfais les doléances de mes électeurs à hauteur de 85 %. Comment ? Je suis plus qu'une assistante sociale à mes yeux, je suis une sorte d'ouvreur de porte. Mon pouvoir, en dehors de faire la loi et de contrôler si possible l'action du gouvernement, c'est surtout de décrocher mon téléphone pour appeler le préfet de Seine-et-Marne, tous ses grands directeurs et ceux du Conseil général, les responsables idoines dans les ministères à Paris et les maires de ma circonscription. Et croyez-moi, ils m'écoutent. En fait, je permets à mes électeurs de voyager au mieux dans le millefeuille administratif français. Et ils me le rendent bien. Bien des communes ou cantons votent communiste ou socialiste, mais aux législatives, ils votent pour moi, donc à droite[1]. »

## France 3 et les champions de l'absentéisme

Dépossédés de la quasi-totalité de leur pouvoir par Bruxelles, accaparés par d'autres mandats et donc incapables de faire leur job de législateur et de contrôle du gouvernement, les députés-assistantes sociales essaient d'exister médiatiquement aux yeux de leurs électeurs. Premier moyen : être aperçu dans l'hémicycle lors des questions orales d'actualité, retransmises en direct sur France 3 les mardi et mercredi de 15 heures à 16 h 15. Pour être certains de ne pas échapper aux caméras, les députés ont trouvé une astuce. Ils n'abaissent pas leur strapontin, restant assis dessus, ils sont ainsi quasiment debout. Le plus assidu sur France 3 est un membre discret de la Caste, Lucien Degauchy, député de l'Oise, maire de Courtieux,

---

1. Entretien avec l'auteur en avril 2009.

conseiller général et président de la communauté de communes d'Attichy. Cet horticulteur et super-cumulard gaulliste enfile toujours une veste jaune canari pour mieux attirer les caméras. S'ils prennent la parole, ses collègues veillent seulement à se protéger de leurs voisins, qui n'hésitent pas à se rapprocher pour être dans le champ des caméras. Élus par les maires et les conseillers généraux ou régionaux, les 343 sénateurs n'ont pas besoin, eux, de se montrer sur France 3 le jeudi vers 15 heures, lors des questions orales au gouvernement : ils visitent régulièrement leurs maires-électeurs.

Deuxième obligation des députés vis-à-vis de leurs électeurs : être vus sur le terrain dans leur département. Une présence qui reste essentiellement mesurable à la lecture du journal local. Ce savoir-faire particulier, à base d'écoute, d'observation et d'intervention auprès de toutes les administrations et d'autres élus, ne s'apprend dans aucune école. Bien évidemment, le terrible absentéisme parlementaire reste difficilement perceptible pour le Français moyen. Les caméras n'entrent que rarement à l'Assemblée ou au Sénat, en dehors des horaires consacrés aux questions au gouvernement, pour montrer la petite trentaine de parlementaires (ou quelquefois moins) présents en séance. Ces mêmes caméras ne pénètrent presque jamais au Parlement pour filmer le travail des commissions, un travail indispensable, mais ingrat et fastidieux d'accouchement de la loi et de contrôle de l'action du gouvernement. Alors que le règlement du Parlement le permet. Députés et sénateurs n'ont aucune envie de montrer leur manque d'assiduité. Un quart seulement des membres des commissions (formées chacune de 40 à 100 personnes) assistent régulièrement à leurs travaux.

Malgré leur absentéisme endémique, les députés « s'agitent » donc beaucoup plus que les sénateurs. Mais, à côté des parlementaires lambda existe un petit groupe de super « agités », fort d'une cinquantaine d'élus à l'Assemblée nationale comme au Sénat. Ces bourreaux de travail sont les présidents et vice-présidents de commissions, les rapporteurs de ces mêmes commissions et les parlementaires chargés d'une mission par le gouvernement. Excepté l'UMP René Arthuis, président de la commission des Finances du Sénat, son alter ego de l'Assemblée nationale, Didier Migaud (PS), Charles-Amédée du Buisson de Courson (UMP) et quelques autres, nombre de ces « agités » ne pourraient pas rédiger le moindre rapport sans l'aide constante des centaines d'administrateurs du Sénat ou de l'Assemblée nationale. Nous ne donnerons ici qu'un seul exemple. Ancien berger dans la vallée d'Ossau au cœur du Béarn dans les Pyrénées-Atlantiques, le sénateur UMP Auguste Cazalet (élu depuis 1983), soixante et onze ans, est membre de la prestigieuse commission des Finances du Sénat. Bien que maire de Sévignacq-Meyracq, il est très présent chaque jour en séance au Sénat et ne manque jamais une réunion de cette commission qui se tient, à huis clos, tous les mercredis matin. Chaque année ou presque, le brave sénateur est le signataire d'un rapport sur une partie du projet de la loi de finances. Un fascicule budgétaire de plusieurs centaines de pages, illisible pour le commun des mortels. Question naïve : Auguste Cazalet est-il bien le véritable rédacteur de ces rapports ? Il nous a assuré que oui[1].

## Le plus important : savoir parler à la caméra

Des parlementaires plus « médiatiques » que le brave Auguste Cazalet roulent aussi pour la Caste. Les micros et les caméras envahissent périodiquement deux endroits qui leur sont réservés : la salle des Quatre Colonnes à l'Assemblée et le grand salon rouge du Sénat. Au Palais du Luxembourg, ce théâtre n'est ouvert que rarement. À l'Assemblée, c'est presque quotidien. Députés cumulards et francs-

1. Entretien avec l'auteur en juin 2007.

tireurs de la majorité, les UMP villepinistes Hervé Mariton, Georges Tron, Jean-Pierre Grand et François Goulard, passent chacun en moyenne deux à trois fois par semaine sur le petit écran. En service commandé, Benoist Apparu (nommé depuis secrétaire d'État au Logement) et Jérôme Chartier font de même pour Xavier Bertrand, secrétaire général de l'UMP. Les PS Pierre Moscovici, Manuel Valls, Arnaud Montebourg et le vert Noël Mamère sont eux aussi de très bons clients des journalistes. Les interviews s'enchaînent, les caméras se posent et les confidences filent. À l'occasion, chacun de ces députés est capable, une heure et demie durant, de répéter la petite phrase de dix ou quinze secondes qui sera reprise au journal de 20 heures. Tous manient habilement le « on » et le « off ». Tout député doit obligatoirement passer par ce vestibule décoré de quatre colonnes avant de pénétrer dans l'hémicycle. Sauf que la majorité des députés pressent le pas à la vue des caméras, jugeant qu'ils n'ont pas été élus pour ça. L'actuelle secrétaire d'État à la Famille, Nadine Moreno, y a gagné ses galons de grande gueule en tant que députée de Meurthe-et-Moselle, avant de camper comme aujourd'hui sur les plateaux télé pour prêcher la bonne parole sarkozyste. Comme elle nous l'a confié, un peu « naïvement », en présence de « son copain » qu'elle embrasse sur les deux joues, le député communiste Maxime Gremetz, au café de l'Assemblée nationale, situé rue Aristide-Briand : « Quand j'étais assistante parlementaire du député Gérard Léonard, je rêvais d'être députée, quand j'ai été élu députée, je rêvais d'être secrétaire d'État et aujourd'hui, je rêve d'être ministre. La télé et la radio m'ont bien aidée aux Quatre Colonnes, il faut dire qu'à l'Assemblée, j'étais la seule fille d'ouvrier avec Maxime. Les journalistes adorent[1]. »

En marge de ce « cirque médiatique », les parlementaires se sont peu à peu installés dans leur rôle d'« assistantes sociales » de la République. Cumulards ou pas, les

---

1. Entretien avec l'auteur en février 2009.

maires des villes de plus de 3 500 habitants et les présidents de Conseils généraux ne font plus aujourd'hui le
même métier que leurs prédécesseurs dans les années
1950 et 1960. « Avant ces élus venaient une fois par
jour à la mairie ou au Conseil général », raconte Michel
Thiollière, cinquante-trois ans, sénateur UMP de la Haute-
Loire et maire de Saint-Étienne de 1994 à 2008. « Ils arri-
vaient le matin vers 11 heures et repartaient deux heures
plus tard pour déjeuner. Le préfet local décidait, le maire
ou le président de Conseil général signait. Et les fonctionnaires ne revoyaient plus de la journée ces patrons
d'exécutif. D'ailleurs, tous ces élus ont été payés par la
République seulement à partir de 1942. Depuis les lois
Defferre sur la décentralisation, ces maires sont passés
d'un monde de tutelle à un monde de responsabilité. La
conséquence : aujourd'hui, leurs successeurs sont des
bourreaux de travail pour la plupart avec des journées de
8 à 10 heures d'affilée en moyenne. Ils décident de tout
ou presque dans un monde, où tout va beaucoup plus
vite[1]. » Sont logés aujourd'hui à la même enseigne les
présidents de Conseils régionaux et de Communautés de
communes. Nombre de ces patrons d'exécutif cumulent
ce mandat local avec un mandat parlementaire « d'assistante sociale », ce qui n'arrange pas leur emploi du temps,
mais bétonne leur carnet d'adresses bruxellois et parisien.

### Les « entrepreneurs de la politique »

Les parlementaires cumulards et « assistantes sociales »
peuvent aussi jouer un rôle d'« entrepreneurs de la politique ». Des entrepreneurs chargés d'améliorer la vie quotidienne des Français dans beaucoup de domaines : l'aide
sociale, les transports locaux et régionaux, les routes, les
écoles, collèges et lycées, le développement durable,
l'emploi à travers des politiques économiques ambitieuses,

---

1. Entretien avec l'auteur en mars 2009.

et enfin la gestion de « l'offre culturelle », comme l'écrivent si joliment les fonctionnaires des collectivités locales. On aurait tort de confondre ces membres de la Caste avec la grande masse des 34 000 maires ruraux (il existe un peu moins de 37 000 maires en France) et avec les parlementaires non cumulards souvent réduits à jouer à l'« assistante sociale ». Pour arriver à tirer des « profits politiques » de sa carrière, le parlementaire (également maire, président de Communauté ou d'Agglomération urbaine, de Conseil général ou régional) exerce le rôle d'une sorte de médiateur entre les besoins et attentes de ses électeurs d'une part, et les ressources financières et fiscales que son mandat lui confie. Ce prototype d'élu « gère » localement, chaque jour, des groupes très hétérogènes : des militants de son propre parti aux chefs d'entreprise, des membres d'association aux directeurs d'école, des électeurs aux étrangers, de sa propre majorité politique à son opposition, de son personnel communal aux représentants de l'État, etc. Ce qui requiert une certaine gymnastique d'esprit, et un emploi du temps souvent élastique.

Les lois sur la décentralisation ont donné, dès 1982, beaucoup de pouvoir à ces élus dirigeant des exécutifs locaux français. D'autre part, ces 450 et quelques parlementaires cumulards de la Caste sont rarement connus au niveau national, tout en étant localement très puissants. Professeur de droit constitutionnel et spécialiste de l'Europe, Jacques Ziller confirme cette toute-puissance de la Caste de cumulards : « La France apparaît comme le pays le plus décentralisé d'Europe, celui où le contrôle administratif est le plus faible, où la marge de manœuvre en matière d'acquisition et d'utilisation de ressources financières est la plus large et celui où les élus ont la plus grande liberté pour exercer leurs compétences locales[1]. » Il

---

1. Voir Jacques Ziller, « L'administration territoriale en Europe », *Administration*, octobre-décembre 1995.

oublie de dire que les patrons des collectivités locales tiennent une bonne partie de leur pouvoir de Paris et de leur mandat national.

Le patron d'un exécutif représente la part réelle, créatrice, noble, exaltante de l'exercice du pouvoir face à celui – presque virtuel – de ceux dont la tâche est de légiférer et de contrôler le gouvernement. Et ce pouvoir – de dépenser surtout –, la Caste entend l'exercer seule tout particulièrement derrière le paravent illusoire des commissions d'appel d'offres. D'essence monarchique pour des raisons historiques, le maire français ou patron de tout exécutif est réellement le patron de sa collectivité contrairement à ses collègues de la plupart des pays européens, qui n'ont qu'un rôle de secrétaire de mairie. Et l'activité de ces professionnels, au cœur de la réforme « Balladur » des collectivités locales, ne peut être séparée des réseaux clientélistes (essentiellement des associations) en contact avec eux. Pour illustrer notre propos, nous avons enquêté sur trois super gestionnaires politiques qui vivent à l'heure de Bruxelles et ses subventions ou financement au sein d'une Europe des régions : le sénateur Daniel Percheron, président socialiste du Conseil régional Nord/Pas-de-Calais, le sénateur Jean-François Le Grand, sénateur et président UMP du Conseil général de la Manche, et le sénateur PS Roland Ries, maire de Strasbourg. Trois responsables de la Caste, qui trouvent aussi le temps de jouer par force à l'assistante sociale, mais eux trois ne s'en vantent pas. L'important pour eux n'est pas là.

Professeur certifié d'histoire-géographie et grand timonier du PS dans le Pas-de-Calais depuis quarante ans, Daniel Percheron, soixante-six ans, est l'un des meilleurs exemples de l'évolution d'un membre de la Caste vers ce rôle « d'entrepreneur de la politique ». Le Pas-de-Calais, place forte historique du parti socialiste, compte près de 15 000 militants en carte, soit 8 % des mandats lors du congrès de Reims qui, en 2008, a investi Martine Aubry premier secrétaire du PS. Une fédération départementale qui se veut traditionnellement faiseur de roi ou plutôt aujourd'hui de reine du parti socialiste. Ce cinquième département français avec 1,4 million d'habitants, représente encore le principal réservoir de voix et d'élus de la gauche dans l'Hexagone : 12 députés sur 14, 3 sénateurs sur 7, la grande majorité des 897 maires et des 77 conseillers généraux. Un État dans l'État, où la droite ne fait que de la figuration. Au premier tour de la présidentielle de 2007 dans le Pas-de-Calais, Nicolas Sarkozy a fait l'un de ses plus mauvais scores (27,92 %). En janvier 1981, François Mitterrand y avait été investi, pour l'élection présidentielle, avec le meilleur score de France (96,18 %) par les sections PS du Pas-de-Calais.

**Aucun charisme,
mais un super gestionnaire « politique »**

En réalité, Daniel Percheron tire toujours aujourd'hui les ficelles de sa fédération du Pas-de-Calais, une redoutable machine à gagner les élections. Pourtant, ce membre du Conseil national du PS (le parlement du parti) et sénateur depuis 1983 n'est plus le patron officiel de cette « fédé » depuis 1997. Alors Premier ministre, Lionel Jospin le trouvait trop indépendant et avait exigé son départ, estimant que la fédération du Pas-de-Calais ne rétrocédait pas suffisamment d'argent à sa maison mère de la rue de Solferino. Un peu plus de dix ans plus tard, tel un marionnettiste de génie, « Perch' » (comme on le surnomme au PS) a réussi à sauvegarder ses fonctions de préfet de la congrégation pour la doctrine de la foi socialiste dans le Pas-de-Calais. Sans état d'âme, ce professionnel y sert d'abord les intérêts de ses affidés, de ses fidèles et de son parti. Seule coquetterie qu'on lui connaisse, ce sobriquet de Guy Roux de la politique dont il s'affuble volontiers. Élevés au « biberon Percheron », ils s'appellent Jean-Pierre Kucheida, député-maire de Liévin, Jacques Mellick, ex-député-maire de Béthune (condamné dans l'affaire OM-VA pour faux témoignage au bénéfice de Bernard Tapie), et Dominique Dupilet, président du Conseil général du Pas-de-Calais. Ces barons du Pas-de-Calais, Daniel Percheron les défendra pied à pied, même lorsque la justice les rattrape ou leur tourne autour.

Le clan socialiste du Pas-de-Calais se souvient encore des affaires qui les ont décimés dans les années 1990 pour cause de gestion calamiteuse d'associations subventionnées : parmi eux, Noël Josèphe, l'un des prédécesseurs de « Perch » à la présidence de la région, a été condamné. À l'inverse, lorsque l'un d'eux discute l'autorité de « Perch », il sort bien vite du jeu. Ainsi, l'ancien ministre et ex-député-maire de Boulogne-sur-Mer, le rocardien Guy Lengagne (qui refusait de se ranger derrière Fabius comme l'exigeait Daniel Percheron) a perdu tous ses mandats dans les années 1990 avant de réussir à remettre en selle de justesse son dauphin Frédéric Cuvillier, l'actuel député-maire partisan de Bertrand Delanoë. Au beau milieu de cette bagarre, le siège de député de la sixième circonscription de Boulogne-sur-Mer (son titulaire, le percheroniste Dominique Dupilet troquant son fief contre le fauteuil de patron du Conseil général du Pas-de-Calais) est devenu vacant en 2002, Daniel Percheron a alors appelé François Hollande à l'aide qui lui a envoyé Jack Lang, réélu en 2007. À l'occasion des élections, le système Percheron démontre sa discrète efficacité. « Ici, à chaque cantonale ou municipale, nous a expliqué un maire conseiller général dans le bassin minier, j'ai une équipe de 200 militants bénévoles à ma disposition pour coller mes affiches. Tous sont courageux, dynamiques et ponctuels. Ils peuvent. Tous ont eu des facilités pour obtenir des places en crèche, un appartement HLM et pour décrocher un boulot dans une mairie ou une inter-communalité. Le PS fait la même chose dans les départements des Bouches-du-Rhône et du Nord[1]. »

1. Entretien avec l'auteur en janvier 2009.

Ses nouvelles fonctions de président du Conseil régional Nord/Pas-de-Calais ont permis à Daniel Percheron d'accroître son pouvoir. Tel une sorte de super chef d'entreprise gestionnaire de la région, l'ancien prof passionné d'histoire y est devenu incontournable dans toutes les négociations entre les grands acteurs de la région privés ou publics et les hauts fonctionnaires parisiens et bruxellois. Et cela ne date pas d'hier. Depuis 1986, ce Mazarin du Pas-de-Calais, comme le dit Marc Prévost dans une chronique de la vie politique régionale[1], a été vice-président du Conseil régional chargé des transports, jusqu'à son accession à la présidence en 2001. En gros depuis vingt-trois ans, les décisions d'investissements publics les plus importantes dans la région Nord/Pas-de-Calais ont été à son initiative ou sont passées à un moment ou à un autre par lui. Et il ne s'est pas privé de les formater selon son bon vouloir, même si les maîtres d'œuvre s'appelaient Pierre Mauroy ou Michel Delebarre. Ainsi, ce Conseil régional reste le seul en France, et au monde, à faire rouler des Trains Express Régionaux à Grande Vitesse (TER-GV) à 300 km/h sur des lignes à grande vitesse. Entièrement financé par la région et utilisant les premières rames orange du TGV sud-est rénovées, ce système rapproche les villes du littoral (Calais, Boulogne et Dunkerque) et Arras de la métropole lilloise. Calais est ainsi à une demi-heure de Lille au lieu d'une heure et demie. Le président du Conseil régional envisage de financer, avec l'État et la SNCF, la construction des lignes à grande vitesse régionales. Le tunnel sous la Manche, l'Eurostar et le TGV Paris-Lille, la nouvelle gare de Lille et son quartier de bureaux « Euralille » à mi-chemin entre Paris et Bruxelles ou Londres, les deux universités du Pas-de-Calais, les nouvelles autoroutes, cette année le soutien financier aux stades de foot, son sport fétiche, ou la copieuse contribution à la télé numé-

---

1. *Le Petit Théâtre de Pierre Mauroy*, Éditions Les lumières de Lille, 2007.

rique du groupe *Voix du Nord*, autant d'énormes investissements publics, qui ont permis à Daniel Percheron d'acquérir une légitimité nationale en dehors du PS et du Pas-de-Calais. On en oublie sa carte politique, son côté militant jusqu'au bout des ongles.

Daniel Percheron n'a rien d'un leader charismatique. Il ne fait pas le moindre effort pour plaire ou séduire. Avec beaucoup moins de militants chacun dans leur empire respectif, Christian Estrosi (Nice), Jean-Claude Gaudin (Marseille), Gérard Collomb (Lyon), Georges Frêche (Montpellier), Jean-Marc Ayrault (Nantes), Vincent Peillon (Somme), Claude Bartolone (Seine-Saint-Denis), Manuel Valls (Évry) et Jean-Noël Guérini (Bouches-du-Rhône) sont beaucoup plus connus que lui. Derrière ses fines lunettes cerclées d'acier doré et ses longs cheveux plaqués couleur poivre et sel, ce sosie sans moustache de Jean Rochefort cultive un look passe-muraille. Son éternelle cravate bleue, sa chemise blanche et son costume bleu pétrole sans style collent à sa bonhomie apparente, à sa courtoisie de bon aloi et à son flegme très british. Mais ce fin stratège donne le change avec brio, cachant sa passion viscérale de la politique, le feu sous la glace. Un véritable serial-killer qui, de 1973 à 1997, a tenu d'une main de fer le poste de premier secrétaire de la fédération du PS du Pas-de-Calais. Un bon exemple de dirigeant de la Caste, version bonne gouvernance sous le drapeau du socialisme municipal, où la préservation d'un empire local semble prioritaire par rapport à l'arrivée d'un président socialiste à l'Élysée. À l'image d'un bon nombre de parlementaires cumulards socialistes qui, auréolés d'une image de gestionnaire soucieux des deniers du contribuable, règnent aujourd'hui dans l'Hexagone sur vingt régions, cinquante-huit Conseils généraux et la majorité des grandes villes françaises excepté Nice, Bordeaux et Marseille. Dans son bureau de directeur de l'EHESS (École des Hautes Études en Sciences Sociales), le sociologue Alain Touraine, quatre-vingt-trois ans, père de la députée aubryste d'Indre-et-

Loire Marisol Touraine, proche tout à la fois de Michel Rocard et de Ségolène Royal, ne dit pas autre chose : « Le parti ne sait pas ce qu'il veut. Sauf lorsqu'il gère des collectivités locales, il ne s'occupe plus de la société française[1]. » Une bonne définition des effets pervers de la Caste.

## Le « théorème » Percheron

Dans *Le Nouvel Observateur* du 6 mars 2008, sous le titre « Le théorème Percheron », François Bazin décrivait dans un article l'opportunisme tous azimuts de ces professionnels du socialisme municipal : « Ce genre d'affaire (il s'agit d'une alliance Modem-PS pour les municipales dans une localité d'Indre-et-Loire) souligne en effet le désir d'autonomie d'élus locaux qui n'attendent pas que Paris fixe la ligne – quitte à la faire évoluer –, mais qu'on les laisse travailler en paix. Chacun dans son coin, chacun à sa main. Ici avec la gauche à l'ancienne. Là en solitaire. Ici encore avec les centristes. Au bout du chemin, il y a davantage qu'un parti à la carte. Nombre de barons du PS, qui contrôlent à la fois une grosse collectivité locale et une fédération, ont dans la tête un théorème affiché sans complexe par l'un d'entre eux il y a plusieurs années. Pour Daniel Percheron, président de la région Nord-Pas-de-Calais, il est devenu impossible d'assumer sur le plan électoral "la double majorité". Soit on gagne la présidentielle, soit on gagne les scrutins locaux. Car on ne peut plus être victorieux sur les deux plans à la fois. C'est peu de dire que Percheron ne souhaitait pas l'élection de Royal. Les candidats socialistes qui montent à l'assaut des mairies lui ressemblent. Inutile de leur demander s'ils soutiendront demain Ségolène ou Bertrand dans la course à l'Élysée. Dans un coin de leur tête, ils sont tous devenus percheronnistes. » Comme quoi Daniel Percheron est devenu l'incar-

---

1. Voir Michel Revol, « Alain Touraine, l'aiguillon du PS », *Le Point.fr*, 15 juillet 2008.

nation même de la Caste. Certes, Martine Aubry, le maire de Lille « représente la gauche », et c'est donc autour d'elle que le parti socialiste doit constituer « une véritable colonne vertébrale », estimait-il dans un entretien au quotidien *Libération* du mardi 3 juin 2008 : « Le génie politique de François Hollande a été tel que le parti, depuis 2002, a pu prendre l'habitude de fonctionner sans courant majoritaire, sans colonne. Il faut aujourd'hui effacer ce puzzle fragile, et constituer une véritable colonne vertébrale au parti », ajoutait-il. En clair, ce dernier voudrait voir une seule ligne, une seule tête pour le PS à l'image du parti socialiste dans le Pas-de-Calais.

À l'inverse de Christian Estrosi, Didier Boulaud, François Fillon, Bertrand Delanoë et de la quasi-totalité des seigneurs de la Caste, « Perch' » s'est fait tout seul. Il n'a jamais eu besoin d'un parrain pour asseoir sa légitimité. Certes, il a deux parrains spirituels François Mitterrand, depuis 1965, et Jules Guesde, l'ancien grand dirigeant historique de la SFIO[1]. Sans l'appui discret depuis trois ans de Daniel Percheron, Martine Aubry n'aurait jamais pu être élue Première secrétaire du parti socialiste. Elle lui doit une partie de sa couronne (comme ses prédécesseurs Laurent Fabius ou Lionel Jospin), lui rien. Ce n'est pas par hasard si « la reine Martine » a présenté, pour la première fois, aux militants de la section de Liévin, le 26 juin 2008, sa contribution pour le congrès de Reims, un texte cosigné par les élus de la région Nord/Pas-de-Calais, dont Daniel Percheron. Lequel a commencé sa vie de militant à la même section de Liévin. Tour à tour mauroyiste, rocardien, fabiusien, jospinien, hollandais et aujourd'hui aubryste, il a refusé plusieurs fois d'être ministre ou premier secrétaire du PS, pour mieux garder son indépendance et ses privilèges. Et vieil anticommuniste viscéral, « Perch' » a aujourd'hui fini de chasser en meute « les rouges », ses anciens concurrents

---

1. Mort en 1922, et opposé à la ligne, jugée « réformiste », de Jean Jaurès.

devenus une toute petite force d'appoint au PS dans le Pas-de-Calais et dans tout le nord de la France.

Né à Beauvais dans une famille d'enseignants de gauche, l'ancien prof Daniel Percheron vit aujourd'hui dans sa région du Nord-Pas-de-Calais, où il avait obtenu son premier poste. Il fait corps avec elle comme avec son parti. Persuasif en réunion, il sait prendre le temps de débattre, de répondre, de convaincre, avec juste ce qu'il faut de dose de mauvaise foi teintée d'humour. Son dernier coup de génie : le film *Bienvenue chez les Chtis*. Le président socialiste de la région avait bien pressenti le succès de ce long métrage qui a fait rire depuis plus de 20 millions de Français. Il avait fait voter, non sans mal (le PS et le FN votant pour, l'UMP s'abstenant, le PC étant contre) par le Conseil régional, une subvention de 600 000 euros à « Pathé Production », société productrice du film. Non pour le film, mais pour sa promotion, il espérait ainsi faire de Dany Boon un ambassadeur de la région Nord-Pas-de-Calais. La manne a servi notamment à financer l'organisation d'une avant-première à Lille le 18 février 2008 et la réservation d'un TGV spécial pour transporter les invités. Daniel Percheron justifie aujourd'hui son pari : « Avant le film, nous étions la seule région de France en difficulté sur deux tableaux. Premier tableau : la bataille économique de la mondialisation (textile, sidérurgie, charbon). Bataille douloureuse. Les Français savent que nous en payons encore le prix. Mais en même temps, notre région n'était pas comme la Creuse ou l'Hérault, où l'attractivité (Nda : touristique) pouvait compenser les difficultés de la bataille économique. On n'attachait pas sa caravane pour monter dans le Nord. Sur les deux domaines, nous étions en difficulté. Maintenant, nous pouvons plaider la cause du Nord-Pas-de-Calais. Et nos projets comme l'antenne du musée du Louvre à Lens, nos réalisations comme Nausicaà (Nda : gigantesque aquarium de 3 500 m$^2$ à Boulogne-sur-Mer), nos rêves comme la métropole multilingue prennent leur sens. Ce film est un formidable outil de communication et de réhabilitation de la région[1]. »

## Près de 500 000 emplois perdus en trente ans

En une génération, aucune région française, il est vrai, n'a eu à surmonter une situation économique aussi catastrophique depuis la fin des années 1970. 220 000 emplois directs dans la mine liquidés en trente ans. 160 000 dans le textile livrés à l'hémorragie des accords commerciaux internationaux sur les multifibres. 100 000 dans la sidérurgie et la métallurgie sacrifiés (voir actes du colloque éco-régions le 1er avril 2008 à Lille). L'économie du Nord-Pas-de-Calais était devenue obsolète. On imagine la Côte d'Azur perdant près de 500 000 emplois. Trente années ont passé, mais curieusement Daniel Percheron et le PS n'ont rien perdu de leur influence dans la région. À quelques notables exceptions près (Arras a un maire MoDem, Calais gagnée par l'UMP était communiste jusqu'en 2008 et Béthune, dont le nouveau maire a rejoint le PRG après son élection), les socialistes sont toujours aux commandes des grandes collectivités locales du Pas-de-Calais. Et le parti socialiste y a conservé l'ensemble de ses mandats parlementaires. La méthode de Daniel Percheron se révèle très structurée, pensée, efficace et astucieuse, mais aussi féodale et cruelle. En fait, ce patron de la Caste dans le Pas-de-Calais s'y est coulé dans la tradition « guesdiste » : idéologie de masse d'inspiration marxiste, culture du chef au niveau de chaque section du parti et de la fédération départementale, les courants du PS n'existent pratiquement pas sauf celui choisi par le chef (pas question de répartir les sièges de responsables de la fédération du Pas-de-Calais à la proportionnelle en fonction d'une logique de courants comme dans le reste de l'Hexagone), plus de 80 % des militants sont des élus ou des fonctionnaires employés par les collec-

---

1. Interview de Daniel Percheron dans *La Voix du Nord* du 9 avril 2008.

tivités socialistes, ces mêmes élus sont considérés comme des demi-dieux par les militants et les sympathisants. Alors que ce système clientéliste nourrisse ses propres déviances, comme on l'a encore vu lors du congrès de Reims, où les fédérations du Pas-de-Calais et du Nord ont été montrées du doigt pour leurs drôles de pratiques démocratiques, n'a rien de surprenant. Sans elles, la première secrétaire du PS serait aujourd'hui Ségolène Royal. Le socialisme municipal est ici une fin en soi.

Cette tradition « guesdiste », « Perch' » et ses « camarades » l'ont mariée aux particularités du département du Pas-de-Calais. La première : l'extraordinaire émiettement urbain qui ne peut que susciter des rivalités entre élus. Une seule ville, Calais, compte plus de 50 000 habitants, sept autres entre 20 000 et 45 000 et un peu moins de 500 000 individus vivent dans l'ancien bassin minier constellé d'une myriade de communes comptant entre 5 000 et 15 000 âmes. En février 2009, le taux de chômage était de 11 % dans le Nord/Pas-de-Calais contre 7,8 % en moyenne dans l'Hexagone. Deuxième caractéristique du Pas-de-Calais : l'origine sociale modeste de la majorité des habitants. Troisième donnée : le très faible potentiel fiscal des petites communes (malgré la manne donnée par l'État pour la reconversion du bassin minier) limite les capacités d'investissement des collectivités. Enfin, face au dynamisme économique du puissant voisin, le département du Nord, les élus du Pas-de-Calais ont toujours joué les parents pauvres. De plus, ils n'ont jamais eu de professionnels désireux et capables d'occuper des positions ministérielles de poids face aux leaders politiques comme Pierre Mauroy et Jean-Louis Borloo, les « hyper maires » de Lille et Valenciennes.

## Un seul Dieu pour le « Perch' » : François Mitterrand

Au milieu de ce territoire balkanisé, constitué de multiples petits fiefs socialistes aux mains de barons très jaloux les uns des autres, Daniel Percheron parvint à s'imposer comme grand patron dès 1973, à l'âge de trente et un ans. C'est-à-dire en quatre ans de militantisme seulement d'abord à la SFIO, puis au PS. Et le professeur d'histoire-géographie continuait de mettre ses pas dans ceux de François Mitterrand. La CIR (Convention des Institutions République), petit parti créé par Mitterrand et dont « Perch' » fut membre de 1965 à 1969, s'était donné deux missions essentielles : réduire l'influence du parti communiste et celle des partisans de Guy Mollet. Ancien président du Conseil et ex-professeur d'anglais, Guy Mollet tenait alors non seulement sa fédération du Pas-de-Calais, mais aussi le parti qui s'appelait encore la SFIO. Au congrès fondateur du PS à Épinay en 1971, la motion Mollet avait recueilli 310 mandats des délégués du Pas-de-Calais sur 343 au total contre deux seulement pour la motion soutenue par François Mitterrand. Même « Perch' », nouveau venu à la SFIO depuis 1969, avait voté cette motion Mollet obéissant ainsi à la pratique unitaire locale en usage depuis le début des années 1950. François Mitterrand une fois bien installé aux manettes du PS, Daniel Percheron retournera cette pratique contre Guy Mollet. En 1973, il fut nommé premier secrétaire du PS pour le Pas-de-Calais réussissant à déstabiliser Guy Mollet qui mourut deux ans plus tard. En jeune mais déjà bon professionnel, « Perch' » avait utilisé les réseaux traditionnels du parti socialiste pour écarter l'ancien président du Conseil.

Ces réseaux, le SNI (Syndicat National des Instituteurs), la FEN (Fédération de l'Éducation Nationale), la FOL (Fédération des Œuvres Laïques), FO (Force Ouvrière) et les francs-maçons d'obédience Grand Orient avaient dénoncé le péché impardonnable de Guy Mollet : avoir envoyé le contingent en Algérie pour faire une politique de droite. Près de trente ans plus tard, en 1997, ces réseaux existent toujours et font la force du PS dans le Pas-de-Calais. Plus de 60 % des élus et responsables du PS du Pas-de-Calais ont milité dans une de ces associations contre

30 % en Ille-et-Vilaine et 16 % dans le Var[1]. De plus, la spécificité de ces professionnels apparaît toujours par rapport à leurs « collègues » des autres départements de l'Hexagone. Ils n'ont presque aucun lien avec le monde agricole, pas plus qu'avec celui des cadres supérieurs ou des professions libérales. Près de 60 % de ces professionnels ont adhéré au PS avant 1971. Pour la plupart, fils de syndicalistes mineurs du bassin houiller, ils ont choisi le métier d'instituteur ou de professeur de collège en raison tout d'abord de la gratuité des études. Dans les années 1960, ils ont utilisé cet ascenseur social, qui était en fait la seule voie de promotion pour ces bacheliers et fils de l'aristocratie ouvrière. Le plaisir d'enseigner semblait le meilleur moyen de conserver du temps libre pour concilier activisme associatif, fidélité à leur région et à leur milieu d'origine.

Déjà élu député européen en 1979, Daniel Percheron a dépassé les trente années de mandat. Il a su cultiver son emprise sur l'univers socialiste et militant des deux fédérations, du Pas-de-Calais surtout, mais aussi du Nord. Aucune négociation d'importance n'a lieu sans lui. Ainsi pendant le récent vaudeville d'Hénin-Beaumont (l'ancien maire PS, Gérard Dalongeville, est en prison depuis avril 2009 pour corruption) qui a vu l'épuisement d'un système « libanisé » dont a bien failli profiter le Front national de Marine Le Pen. La « fédé » socialiste est un champ de ruines, dévastée par les querelles de clochers et les rivalités de barons jaloux qui en viennent à se traîner maintenant devant les tribunaux, mais l'influence de Monsieur Percheron reste intacte. Divisée mais unie ! Unie sous la coupe de ce *deus ex machina* qui collectionne toujours les allégeances et sait intriguer en coulisses et convaincre à huis clos. Comme il sait obliger les personnalités : on ne compte plus les caciques du clan Mauroy qui ont rejoint le Conseil régional, Audrey Linkenheld, la jeune

1. Voir Frédéric Sawicki, *Les réseaux du parti socialiste : sociologie d'un milieu partisan*, Belin, 1997.

protégée de Martine Aubry à la mairie de Lille, qui veille sur la section socialiste lilloise, conseille le président Percheron sur l'action économique. Même Daniel Duquenne, le nouveau maire divers gauche d'Hénin-Beaumont, en rupture de ban socialiste, est salarié du Conseil régional et confesse son respect pour l'ancien patron de la « fédé ». Une véritable assurance-vie au PS de Martine Aubry, dont la majorité et la légitimité ne tiennent qu'à un fil, et qui doit une grande partie de sa « victoire » du congrès de Reims aux bataillons nordistes. Une tactique partagée par son homologue au Conseil général du Nord, le député socialiste et mauroyiste Bernard Derosier, qui, lui aussi, ne manifeste aucun signe de lassitude et affiche la même longévité. La Caste a encore de beaux jours devant elle dans le Nord-Pas-de-Calais, même si Martine Aubry a décidé très officiellement de s'attaquer à son fonds de commerce. C'est-à-dire au double mandat.

## Don Le Grand de la Manche

Avec une culture pourtant très différente et la carte de l'UMP dans sa poche, Jean-François Le Grand, sénateur et président du Conseil général de la Manche, n'a pas que l'âge (soixante-six ans) en commun avec le socialiste Daniel Percheron. Ce vieux gaulliste « manchois » réalise lui aussi de grands projets vecteurs d'emplois, de développement économique et d'amélioration de la qualité de vie. Jean-François Le Grand est, pourrait-on dire, « percheronniste » : il n'a aucune ambition nationale, mais il est le patron local de la Caste. Son département passe avant toute chose, même la réunification de la Normandie, il s'en méfie. Père d'une infirmière, d'une hôtesse de l'air et d'un informaticien, ce vétérinaire de profession a eu le général de Gaulle comme parrain spirituel en politique. Sa fibre gaulliste lui a été transmise par ses parents, qui ont vécu le débarquement et la Libération. « Il n'y a pas de fatalité, il ne saurait y avoir que des renoncements » : pour lui, tout se résume à cette phrase du général de Gaulle, son mentor. « Mais, je suis totalement opposé au système du parrain politique qui vous sélectionne avant de vous mettre le pied à l'étrier et de vous protéger, explique Le Grand, ... c'est-à-dire à un système clanique, féodal, organisant une vie politique à l'opposé de ma vision de la politique, basée sur une conviction. La conviction de pouvoir rendre aux autres la chance fabuleuse que j'ai eu de faire la politique[1]. » Il se définit ainsi comme un vrai professionnel, soucieux de l'intérêt général. Le long et tranquille parcours de cet infatigable grand costaud d'un mètre quatre-vingts, à la tête carrée et au cou puissant, le démontre à merveille. Fils du conseiller général et maire de Lessay Albert Le Grand, il suit ses études chez les oratoriens, puis à l'École nationale vétérinaire de Toulouse, avant de s'installer professionnellement en 1970 dans sa commune natale, Lessay, un petit bourg de 1 300 habitants du département de la Manche. Il entre, sans étiquette, au conseil municipal de Lessay en 1971, devient conseiller général du canton en 1976, militant RPR en 1978, maire entre 1989 et 1996. Lorsqu'il a été élu maire pour la première fois, sa grand-mère paternelle le rappelle discrètement à l'école de la modestie en lui demandant : « C'est lequel de tes frères qui a été élu maire dimanche dernier ? » On est à mille lieues des « bifteckards » fustigés par Maxime Gremetz.

Pour donner une idée de sa vraie réussite, rappelons simplement quelques chiffres à propos de son bourg natal de Lessay, une commune située à 3 kilomètres de la mer au milieu de la presqu'île du Cotentin, juste en face du paradis fiscal de l'île de Jersey. Dieu n'a pas bien situé Lessay sur la carte, la commune étant à l'écart de tout carrefour routier ou ferroviaire. Certes, le climat et le relief local lui ont donné deux atouts : c'est le paradis des cultures maraîchères et des vaches laitières. Pourtant,

---

1. Entretien avec l'auteur en décembre 2008.

lorsque Jean-François Le Grand est élu conseiller général du canton de Lessay en 1976, puis maire adjoint de la commune du même nom l'année suivante, ce bourg compte 1 300 habitants et vingt-neuf emplois. Aujourd'hui, trente-trois ans plus tard, la population du bourg de Lessay s'élève à 2 000 habitants pour 1 300 emplois. Plusieurs créations industrielles se sont greffées sur les cultures maraîchères et « l'or blanc » des vaches. Créée par des gens du cru, la société Selco, qui commercialise des salades sous vide sous la marque Florette, emploie 2 300 salariés, dont 750 au siège social de Lessay. Autre grande réussite dans le même bourg : une petite société d'une quinzaine de salariés était menacée de disparition. Elle fabriquait des bidons de lait, dont on ne sert plus. Aujourd'hui, cette entreprise possède quatre usines, dont une au Mexique. Utilisant de l'inox et de l'aluminium, ses ouvriers se sont reconvertis dans la fabrication de fûts à bière, de citernes de camions semi-remorque et de cylindres pour stocker les déchets nucléaires traités par le groupe Areva, à La Hague près de Cherbourg. Parallèlement, d'autres PME sont nées à Lessay dans l'agro-alimentaire, l'imprimerie et les nano-technologies.

## À fond pour le nucléaire...

En raison de cette diversification, la crise se fait peu sentir dans la Manche, particulièrement à Lessay, où le chômage résiduel ne dépasse pas 4,5 % pour atteindre aujourd'hui 6 %, sous l'effet de la crise. Sénateur de la Manche depuis 1982, Jean-François Le Grand a été élu président du Conseil général de la Manche en 1998. Parallèlement, il fut président de la « Communauté de communes du canton de Lessay », entre 1993 et 1998. Et ce qu'il a réussi dans son bourg de Lessay, il essaie de le repro-duire dans tout le département de la Manche. « Pour moi, le rôle d'un professionnel de la politique qui dirige un exécutif local, explique-t-il, c'est avant tout de maintenir, voire d'améliorer la qualité de vie de ses administrés, donc de développer l'emploi en attirant des entreprises grâce à un réseau routier et portuaire facile d'accès et en bon état. Ce rôle d'entrepreneur de la politique, d'intermédiaire incontournable pour l'implantation d'entreprises dans une région, un département ou une ville, n'a plus grand-chose à voir avec votre étiquette politique. Par exemple, sur le plan du nucléaire, à part les Verts, tous les élus travaillent ensemble[1]. » Et Jean-François Le Grand de raconter son étonnante visite, en juillet 2004, au ministre d'État, de l'Économie, des Finances et de l'Industrie à l'époque, Nicolas Sarkozy. Il n'est pas seul, mais accompagné de dix autres parlementaires ou maires du département de la Manche, dont deux élus du PS, le député-maire et président de la Communauté urbaine de Cherbourg, Bernard Cazenave, et le sénateur de Cherbourg, Jean-Pierre Godefroy.

Au grand étonnement du ministre qui l'interroge à ce sujet, Jean-François Le Grand s'adresse à lui au nom de l'ensemble de la délégation, toutes étiquettes politiques confondues. En patron local de la Caste. Partisans unanimes du nucléaire, ces onze élus sont venus demander à Nicolas Sarkozy de faire installer le premier nouveau type de réacteur EPR à la centrale EDF de Flamanville dans la Manche. Et ils ont gagné face à trois autres sites possibles dans le reste de l'Hexagone. Commencé en 2007, le chantier de l'EPR emploie aujourd'hui à Flamanville 2 000 personnes, chiffre qui retombera à 300 à partir de la mise en route du réacteur, prévue fin 2012. Cette mise en service améliorera les finances du département de la Manche. En effet, la Communauté de communes des Pieux (où est située la centrale de Flamanville sur le territoire de la commune du même nom) va apporter, à partir de 2014, au département de la Manche une somme annuelle de 6 millions d'euros correspondant à la moitié de ce qu'elle doit toucher comme Taxe professionnelle (TP)

1. Entretien avec l'auteur en décembre 2008.

de la part d'EDF. En fonction d'une convention signée avec Jean-François Le Grand, Philippe Aucher, président sans étiquette de la Communauté de communes des Pieux, a souhaité lui aussi mutualiser l'argent du nucléaire « au profit du développement économique » du département. La TP étant supprimée à partir de 2010, l'État versera, à partir de 2014, la « somme prévue » correspondant à cette exonération.

## … Mais pas fanatique des OGM, ni de Sarko

Jean-François Le Grand et ses collègues ont décroché un petit plus : de 2009 à 2011, pas moins de 109 millions d'euros (dont 30 financés par EDF) seront dépensés au profit de collectivités locales de la Manche dans le cadre gouvernemental du « plan d'équipements du Grand Chantier EPR de Flamanville ». Un plan qui va financer des programmes d'habitation, des aménagements routiers, portuaires, sportifs, scolaires ou encore culturels[1]. Ce plan concerne en partie la communauté urbaine socialiste de Cherbourg. Mais Jean-François Le Grand n'a pas d'états d'âme à ce sujet. Il a mutualisé les ressources nucléaires au niveau du département, des communautés de communes et des communes, toutes étiquettes politiques confondues. Ainsi, en 2007, 24,8 millions d'euros ont été payés par EDF en taxe professionnelle pour le fonctionnement des deux réacteurs classiques de la centrale de Flamanville. Par contrat, un tiers de cette manne a abouti dans les caisses du département de la Manche, un deuxième tiers a enrichi la Communauté de communes des Pieux (où est située la centrale de Flamanville sur le territoire de la commune du même nom) et le

---

1. Voir « EPR : 109 millions d'euros pour le Cotentin », *La Manche Libre*, 30 mars 2009, et Thierry Dubillot, « EDF : le grand chantier modèle le territoire », *Ouest-France*, 31 mars 2009.

troisième tiers a été partagé entre plusieurs communes, dont Flamanville.

Cette manne « nucléaire » a permis à Le Grand d'installer le haut-débit dans tout le département de la Manche. 99,6 % de ses 500 000 habitants (contre une moyenne de 75 % dans l'Hexagone) peuvent aujourd'hui se connecter par l'ADSL à trois fournisseurs d'accès internet. Première en France dans un département rural, cette opération a été financée par le Conseil général et les Communautés de communes de la Manche à hauteur de 40 millions d'euros. De plus, une cinquantaine de bornes administratives internet avec scanner ont été installées dans autant de communes du département. Sans se déplacer, la population peut accéder à différents services publics et se faire délivrer les documents en temps réel par les services sociaux, d'emploi, de formation, des registres d'état civil...

Se définissant comme « violemment modéré » selon les mots utilisés par Alexis de Tocqueville pour qualifier les habitants de la Manche, Jean-François Le Grand a beau appartenir à la Caste, il est tout sauf un godillot. Plutôt « grande gueule », il est simplement pro-nucléaire. Et, le métier de professionnel de la politique se marie chez lui à l'indépendance d'esprit. Pas question de céder à la pensée unique ou au politiquement correct. Nommé président du groupe de travail national consacré à la biodiversité pour le Grenelle de l'environnement en 2007, puis de la Haute autorité provisoire sur les OGM, Jean-François Le Grand avait émis des doutes vis-à-vis des OGM. Il est alors mis en minorité lors de la première lecture du projet de loi sur les OGM au Sénat, notamment par le rapporteur Jean Bizet, autre sénateur UMP de la Manche. Puis, à l'occasion de l'examen du projet de loi devant les députés, il accusait les lobbies pro-OGM d'influencer les parlementaires, propos condamnés à l'unanimité par le bureau de l'Assemblée nationale. Cela lui valut d'être quelque temps isolé au sein de son groupe au Sénat, malgré le soutien de la population.

Une autre affaire montre l'indépendance de ce professionnel de la politique. Nicolas Sarkozy était reparti très énervé après sa visite à Saint-Lô, le 12 janvier 2009. Des chaussures et autres projectiles avaient volé au passage du cortège présidentiel, lancés par une vingtaine de manifestants qui avaient franchi le cordon de sécurité formé de 500 CRS. Des sifflets avaient également émaillé son discours. Lors du Conseil des ministres du 27 janvier 2009, la sanction est tombée. Nommé depuis six mois seulement, le préfet du département de la Manche, Jean Charbonniaud, était alors placardisé, étant placé hors-cadre auprès du Conseil supérieur de l'administration territoriale de l'État. Le lendemain, Philippe Bourgade, directeur départemental de la sécurité publique pour la Manche, s'est vu « proposer une nouvelle affectation ». Interrogé le 28 janvier 2009 sur France 3, Jean-François Legrand manifestait son mécontentement : « Je trouve parfaitement lamentable qu'on puisse utiliser un représentant de l'État, comme si on utilisait un Kleenex. C'est scandaleux. » Le lendemain, le président du Conseil général de la Manche remettait le couvert sans prendre davantage de gants : « Lors de la visite du Président, le préfet a cherché à assurer la sécurité et il l'a fait. Cette décision est disproportionnée. Je trouve que c'est aussi faire fi avec beaucoup de légèreté de la représentation de l'État dans les départements. Et c'est aussi très contre-productif sur le plan politique[1]. » On peut donc faire partie de la Caste et conserver son indépendance d'esprit.

## Monsieur Tramway

Le sénateur-maire PS de Strasbourg depuis mars 2008, Roland Ries, soixante-trois ans, n'a en principe rien de

---

1. Nicolas Denoyelle et Christian Lerosier, « Sarkozy chahuté : le préfet de la Manche muté », *Ouest-France*, 29 janvier 2009.

commun avec Daniel Percheron et Jean-François Le Grand. Mais il porte lui aussi tous les signes d'appartenance à la Caste : cumulard, discret, travailleur, homme de consensus, élu local avant tout et « entrepreneur politique » incontournable en matière de projets économiques dans sa région. Aujourd'hui encore, ce rocardien pure souche ne porte pas vraiment François Mitterrand dans son cœur et n'a rien d'un vieux gaulliste. « Comment le jeune homme timide que j'étais à la fin des années 1960, peu ouvert à ses semblables, sans aucune conscience politique que livresque et, de plus, plutôt marquée à droite à la suite d'une scolarité de dix années au petit séminaire de Strasbourg, a-t-il pu s'engager en politique, qui plus est à gauche, et exercer des responsabilités locales et nationales importantes ? » s'interroge le principal intéressé dans son ouvrage *L'Alsace et la gauche*[1]. Cet ancien professeur de lettres modernes, belle barbe et grosses lunettes, a troqué cheveux longs et cartable contre un look de bon père de famille, avec de grands yeux malins qui vous scrutent derrière sa monture d'écaille. Ce chef d'entreprise de la politique possède en fait bien des points communs avec Daniel Percheron et Jean-François Le Grand. Comme eux, il travaille en moyenne quinze heures par jour et ne court pas après les caméras ni les micros.

Son père était sous-officier de carrière (incorporé pendant la guerre de force dans l'armée nazie) et sa mère femme au foyer de sept enfants. Le papa avait plutôt des sympathies pour de Gaulle, à l'exemple de la majorité des Alsaciens. Sa mère n'espérait pas grand-chose des politiques, simplement qu'ils donnent « une situation » à ses enfants[2]. Au village natal de la famille, Niederlauterbach, à 60 kilomètres au nord de Strasbourg en limite de la frontière avec l'Allemagne, c'est son grand-père

1. Le Verger éditeur, 2007.
2. *Ibid.*

maternel, Franz-Joseph Heintz, qui lui a donné le goût de la chose publique : « Paysan assez aisé, il faisait partie des notables du village et gérait, à sa manière, autoritaire et un peu cynique, une clientèle électorale pour faire gagner son clan aux élections municipales[1]. » En 1971, enseignant à Saint-Avold en Moselle, il adhère au PSU à l'âge de vingt et un ans, puis six ans plus tard à Sélestat (Bas-Rhin), au PS dans le sillage de Michel Rocard avec une idée forte : « La gauche sociale-démocrate girondine colle mieux au particularisme alsacien que la gauche mitterrandienne nationale, jacobine et anticléricale[2]. » Il est alors professeur au lycée Louis Pasteur à Strasbourg avec son épouse, rencontrée sur les bancs de la faculté. Secrétaire de section à Strasbourg (dont il fait un bastion rocardien), puis premier secrétaire de la fédération PS du Bas-Rhin, il est élu aux municipales de Strasbourg, en 1983, sur la liste d'opposition PS qui aura huit conseillers municipaux. Trois rocardiens, trois mitterrandistes et deux chevènementistes. Au beau milieu de terribles divisions entre socialistes strasbourgeois liées au congrès de Metz en 1979 (qui scella l'alliance Mitterrand-Chevènement), Roland Ries va trouver sa carte maîtresse qui fera de lui un grand « entrepreneur de la politique ». Le tramway. En effet, au sein de l'opposition, il réussit à se faire attribuer le secteur dit de la « mobilité urbaine ».

Faisant fi du scepticisme ambiant sur le tram, Roland Ries a su faire preuve de détermination pour porter ce projet à Strasbourg, pendant onze années d'affilée de 1983 à 2001. Quoi de plus normal pour celui qui rêvait gamin de devenir footballeur professionnel et qui, à soixante-trois ans, ne rate jamais sa partie hebdomadaire de tennis ? En fait, il était persuadé d'avoir trouvé là de quoi faire tomber la municipalité de droite. En 1960, le seul grand professionnel de la politique que l'Alsace ait jamais eu, l'avocat Pierre Pflimlin, maire MRP de Strasbourg (jusqu'en 1983)

---

1. Rolland Ries, *L'Alsace et la Gauche*, op. cit.
2. Entretien avec l'auteur en mars 2009.

et ministre de la Coopération, ex-président du Conseil et futur président du Parlement européen, cède à la pensée unique du « tout voiture ». À l'exemple de la quasi-totalité des maires de l'Hexagone de gauche comme de droite à l'époque, il fait arracher les rails des tramways dans les rues. Vingt ans plus tard, le sénateur centriste du Bas-Rhin Daniel Hoeffel, également avocat de profession, ministre des Transports de Raymond Barre, et le même Pierre Pflimlin, toujours maire de Strasbourg, comprennent que la suppression du tram a été une décision stupide. Daniel Hoeffel débloque des crédits d'études et met à l'étude un plan de remise en place du tramway. Mais, les commerçants strasbourgeois, persuadés qu'ils vont perdre la clientèle des automobilistes, font échouer le projet de tram qui, en 1983, au moment de l'élection de Roland Ries au conseil municipal, est remplacé par celui du « VAL », c'est-à-dire un métro léger entièrement automatisé et sans conducteur à bord. La construction du « VAL » est alors bloquée à son tour par d'incessants recours administratifs.

## Catherine Trautmann, la super cumularde

Après bien des travaux, Roland Ries démontre la supériorité du tram sur le « VAL » pour deux raisons essentielles : le tramway est moins cher et permet de chasser en grande partie la voiture du centre, tout en remodelant l'urbanisme autour des voies du tram. Sa grande idée : « raccourcir et faciliter les trajets domicile-travail ». Et en mars 1989, la liste socialiste dirigée par Catherine Trautmann (alors âgée de trente-huit ans seulement) gagne les municipales de Strasbourg notamment grâce à « son programme de réalisation d'un tram pour, entre autres, sortir la ville d'une impasse urbanistique ». Dès lors, premier adjoint de Catherine Trautmann, il se consacre quasi exclusivement à la construction et à la mise en service de deux lignes de tramway à Strasbourg. Aux municipales de 1995, la liste Trautmann écrase la droite au premier tour en recueillant 52 % des suffrages, alors que Chirac vient d'être élu président avec un score de 54 % dans la capitale alsacienne. La première ligne de tram venait d'être inaugurée à la grande satisfaction des Strasbourgeois. Mais, surtout contre Trautmann, la droite chiraquienne avait choisi la plus mauvaise tête de liste possible en la personne d'un élu terrien alsacien classique qui était un joyeux inconnu dans la capitale alsacienne : le directeur d'école Philippe Richert (qui a reçu depuis son bâton de maréchal de premier questeur du Sénat), sénateur et conseiller général de La Petite-Pierre, canton situé à plus de 50 kilomètres au nord-ouest de Strasbourg. Le but de ce jeu suicidaire : les chiraquiens voulaient éliminer le balladurien et strasbourgeois Daniel Hoeffel, ancien ministre UDF de l'Aménagement du territoire auprès de Charles Pasqua et président du Conseil général du Bas-Rhin.

Deux ans plus tard, en 1997, tout auréolée de ce succès, la maire de Strasbourg, Catherine Trautmann, « pète les plombs ». Quelques jours avant d'être nommée ministre, elle avait été élue député du centre ville, alors qu'elle cumulait déjà les mandats de maire, de présidente de la Communauté urbaine de Strasbourg, et de députée européenne. Lors de sa nomination au gouvernement Jospin le 4 juin 1997, elle se déclare « fière » d'appartenir à un gouvernement opposé au cumul. Et démissionne donc de ses mandats de maire et de député pour exercer les fonctions de ministre de la Culture et de la Communication de Lionel Jospin. Nommée également porte-parole du gouvernement, elle demeure simple conseiller municipal, mais ne met plus les pieds à la mairie, où Roland Ries lui a succédé dans le fauteuil de maire. Brutalement remerciée du gouvernement en 2000, l'ancien ministre demande alors à Roland Ries de lui rendre son fauteuil de maire, conformément à l'accord passé trois ans plus tôt avec lui. Mais ce dernier se fait prier : « J'avais acquis légitimité politique de maire, elle l'avait perdue, explique aujourd'hui Roland

Ries. Mais je me suis incliné, je lui ai laissé le fauteuil de maire, de présidente de la Communauté urbaine de Strasbourg et la tête de liste pour les municipales de 2001. Une décision mortelle… Les électeurs nous ont sanctionnés. Ils pensaient, c'est lui, c'est-à-dire moi, qui ait fait le boulot, il doit rester. J'avais cru à la possibilité du cumul des mandats, j'y crois moins aujourd'hui[1]. » Tête de liste socialiste aux municipales de 2001 à Strasbourg, Catherine Trautmann sera écrasée par son adversaire UMP, la polytechnicienne Fabienne Keller (UMP), qui devient maire de Strasbourg à l'âge de quarante et un ans.

### Roland Ries « percheronniste » ?

Redevenu simple conseiller municipal en 2001 comme Catherine Trautmann, Roland Ries vivra alors une longue traversée du désert jusqu'en 2008, attendant patiemment que « l'autoritarisme de Fabienne Keller fasse son œuvre ». Il reprend d'abord un poste à l'Éducation nationale, mais doit y renoncer au bout d'un an, ayant perdu le goût du métier de professeur. L'ex-maire crée alors une société de conseil pour l'aide à la création de réseaux de tram dans l'Hexagone. Il participe, entre autres, à la mise en place du tramway alsacien sur pneus (de marque Lohr) à Clermont-Ferrand, et à celui de Paris. Nommé tête de liste PS pour les municipales de mars 2008 à Strasbourg, Roland Ries promet une nouvelle ligne de tramway et insiste beaucoup dans sa campagne sur « la démocratie de proximité », qui doit permettre de rapprocher les prises de décision des attentes quotidiennes des Strasbourgeois. C'est le talon d'Achille de la maire sortante. Le 16 mars 2008, il remporte les élections municipales au second tour avec 58 % des voix, un score jamais atteint par un candidat socialiste dans la capitale alsacienne. Peu rancunier, le nouveau sénateur-

---

1. Entretien avec l'auteur, en mars 2009.

maire de Strasbourg fait élire la députée européenne Catherine Trautmann deuxième vice-présidente de la Communauté urbaine de Strasbourg (dirigée par Jacques Bigot), en charge de l'université et du développement économique.

Se sachant surtout légitimé par son action privilégiée en faveur du tramway qui redessine la ville, il tient à ce que cette politique ne se fasse pas sans une vraie concertation avec les citoyens et les élus. Et pas de danger qu'il abandonne les Strasbourgeois pour un maroquin ministériel. Comme Jean-François Le Grand, Roland Ries se sent « percheronniste » : « Certains élus se désintéressent d'une possibilité de victoire de leur parti aux élections présidentielles. Il est vrai, l'expérience le montre, qu'on a plus de difficultés à obtenir des crédits de Paris ou d'un ministère quand un représentant de son propre parti gouverne. Je le vois bien ici dans la région Alsace, où les élus UMP tiennent depuis 2002 ce discours. Ils prétendent que nous avons, nous socialistes, plus de chances d'obtenir des financements. C'est pour ça, qu'une fronde de ces élus de la majorité n'est pas à exclure aujourd'hui. À les entendre, le gouvernement les considère souvent comme des godillots qui n'ont qu'à se taire. Ce même discours a existé au PS de 1997 à 2002. Aujourd'hui, pour moi, la priorité des priorités reste la ville de Strasbourg et sa Communauté urbaine. L'exemple ministériel de Catherine Trautmann a été une sévère leçon pour moi[1]. » On peut faire partie de la Caste et rester aussi lucide qu'insensible aux attributs du pouvoir.

---

1. Entretien avec l'auteur, en mars 2009.

# 4.

# Les empereurs intouchables

Georges Frêche, Philippe de Villiers et Gérard Miquel, d'éminents représentants de la Caste, lui font beaucoup de tort. Le président de la région Languedoc-Roussillon, le président du Conseil général de la Vendée et son homologue du Lot sont des cumulards de choc. Le premier préside aussi la Communauté d'aggloméra-tion de Montpellier (412 000 habitants), le deuxième est député européen et le troisième sénateur. Totalement typiques de la Caste, ces trois autocrates en illustrent parfaitement les travers. À l'inverse de la quasi-totalité des cinq cents membres de la Caste, il leur manque deux qualités essentielles : le culte de la discrétion et du consensus. Chacun des trois contrôle son exécutif d'une main de fer et se moque du tiers comme du quart de ce que « pensent Paris », leurs amis politiques et leurs adversaires. Les deux premiers raffolent, chacun dans leur style, du dérapage verbal et le troisième vient d'attirer les foudres de la justice sur lui. Au final, tous les trois donnent une image peu flatteuse de la Caste. Commençons par le plus caricatural, le « roi de Septi-manie », Georges Frêche.

« Ah, mais si les gens fonctionnaient avec leur tête, mais les gens ils ne fonctionnent pas avec leur tête, ils fonctionnent avec leurs tripes. La politique c'est une affaire de tripes, c'est pas une affaire de tête, c'est pour ça que moi quand je fais une campagne, je ne la fais jamais pour les gens intelligents. Des gens intelligents, il y en a 5 à 6 %, il y en a 3 % avec moi et 3 % contre, je change rien du tout. Donc je fais campagne auprès des cons et là je ramasse des voix en masse [...] Alors moi, je mets beaucoup d'argent sur les digues du Rhône, mais ça ne me rapporte pas une voix, par contre si je distribue des boîtes de chocolat à Noël à tous les petits vieux de Montpellier, je ramasse un gros paquet de voix [...] Les gens, ils disent pas merci, d'ailleurs les gens ils disent jamais merci. Les cons ne disent jamais merci. Les cons sont majoritaires, et moi j'ai toujours été élu par une majorité de cons et ça continue parce que je sais comment les "engranger", "j'engrange" les cons avec ma bonne tête, je raconte des histoires de cul, etc. Ça a un succès fou. »

Exclu du PS en janvier 2007 pour ses propos « inacceptables » et « humiliants » sur le trop grand nombre de joueurs noirs (neuf) dans le onze tricolore et relaxé ensuite par la justice pour avoir traité, en février 2006, les harkis de « sous-hommes », le président de la région Languedoc-Roussillon et de la Communauté d'agglomération de Montpellier, Georges Frêche (divers gauche), soixante et onze ans, est l'auteur de cette déclaration publique. Le professeur à la faculté de Montpellier faisait ce jour-là son cours d'histoire du droit, comme tous les lundi matin depuis presque quarante ans, de 8 à 11 heures. À cette occasion, tout juste avant de prendre sa retraite en juin 2008, ce grand spécialiste du droit romain a fait un nouveau dérapage verbal. Et il ignorait bien sûr qu'un de ses étudiants enregistrait ses propos sur son portable. Plus de six mois plus tard, le décryptage de cet enregistrement a été mis en ligne sur un site perpignanais (« Perpignan tout va bien »), dont les hommes politiques de gauche sont les cibles privilégiées. Le responsable de ce site affirme que l'enregistrement « est certifié conforme ». Nous nous en sommes procuré une copie. La voix torrentielle, chaleureuse, enjouée et percutante de Georges Frêche semble reconnaissable, mais l'auteur de cet enregistrement ne tient pas à se faire connaître.

## Georges Frêche :
## « Les Catalans me font chier »

Si les mots sont choquants, ils n'en ont pas moins déclenché de nombreux éclats de rire dans l'amphithéâtre, comme en témoigne l'enregistrement. Grand amateur du politiquement incorrect, le président de la région Languedoc-Roussillon a poursuivi « son cours » avec une « sortie » sur les Catalans. S'il n'a de cesse que de répéter sur les écrans de télévision et aux radios que « Les Catalans sont des gens charmants », ce jour-là devant ses étudiants, « Frechus Magnificus » s'est laissé aller : « Là, les Catalans me font chier, mais je leur tape dessus parce qu'ils m'emmerdent, mais dans deux ans, je vais me mettre à les aimer je vais y revenir, je vais leur dire, mon Dieu, je me suis trompé, je vous demande pardon, ils diront : qu'il est intelligent, ils me pardonneront, ils en reprendront pour six ans... C'est un jeu, qu'est-ce que vous voulez, il faut bien en rire. » En fait, Georges Frêche n'a toujours pas digéré la fermeté des Catalans et de leurs élus qui se sont opposés avec succès, en 2005, à sa volonté de remplacer le nom de région Languedoc-Roussillon par celui de région de Septimanie (qui désignait au V$^e$ siècle une partie du sud de la Gaule). Toujours avec les mêmes mots décapants, Georges Frêche a également donné à ses étudiants sa conception du mandat municipal : « deux ans d'impopularité, deux ans pour souffler et deux ans de fontaines et de bonnes paroles pour être réélu ». Des propos qu'il tient depuis des lustres régulièrement, dans un langage certes plus politiquement correct, en conférence de presse.

Interrogé par des journalistes locaux à plusieurs reprises à propos de cet enregistrement, Georges Frêche a toujours affirmé ne « plus se souvenir de ce cours ». Dans l'édition du *Midi Libre* du vendredi 27 février 2009, il se contente de cultiver le mystère : « Ce sont des modalités fascistes. Je ne dirai rien de plus. » Quelques jours auparavant, le 23 février 2009, lors d'une séance publique du Conseil régional du Languedoc-Roussillon, à Montpellier, au conseiller régional catalan Pierre Becque (Nouveau Centre), qui lui demandait des comptes, Georges Frêche a répondu de manière lapidaire : « Vous évoquez un torchon qui paraît dans les Pyrénées-Orientales et donc l'instigateur est l'ancien directeur de cabinet d'une personnalité politique importante. Je n'en dirai pas plus. » Ancien ingénieur à la mairie de Montpellier, le président socialiste du Conseil général des Pyrénées-Orientales et vice-président de la région, Christian Bourquin, a aussitôt volé au secours de son ex-employeur et « modèle politique », accusant notamment Pierre Becque de fouiller « au fond des poubelles ». Une tentative de discrédit qui semble sans objet : le site internet perpignanais « Perpignan tout va bien » est réputé pour ses enquêtes fouillées. Dans l'entourage du président du Conseil régional, on regrette qu'« une fois encore, le président ne soit pas jugé sur ses actes, mais sur des propos qu'il aurait tenus en cours. Il ne parlait pas en tant qu'élu, mais comme professeur. On peut imaginer qu'il donnait un cours sur le machiavélisme en politique… ».

### Le règne du clientélisme et de la terreur

Le voile se lève ainsi peu à peu sur les excès d'un membre éminent de la Caste doublé d'un homme de gauche, censé représenter les valeurs d'humanité, de solidarité et de respect des autres. Aujourd'hui, Georges Frêche n'est plus seulement la star politique, chouchou des médias nationaux, cité en exemple depuis les années 1990 pour le fantastique développement démographique et économique d'une région de plus de 2,5 millions d'habitants et la rénovation architecturale très volontariste, plutôt réussie de sa ville, Montpellier. Il est aussi la caricature de l'élu local surpuissant qui, grâce aux lois de décentralisation de 1982, ne laisse pas le moindre espace d'expression à ses opposants, qu'ils soient de gauche ou de droite. Pourtant, il s'est toujours présenté comme le prototype du technicien de la politique et manager de l'action locale par opposition aux notables politiques. Ce père de cinq filles fait partie, il est vrai, de ces nouveaux « entrepreneurs de la politique » qui travaillent dix à douze heures par jour, compétents, dynamiques, visionnaires, magiciens des politiques publiques. Mais, contrairement à ses pairs Daniel Percheron, Jean-François Le Grand et Roland Ries, Georges Frêche est devenu un autocrate incontrôlable, qui fait vivre les élus du Languedoc-Roussillon « sous le règne du clientélisme et de la terreur », comme le dénonce très officiellement son ancien bras droit le député PS et président du Conseil général de l'Hérault, André Vézinhet[1].

Certes, assumant son côté provocateur jusqu'aux bouts des ongles (« sinon on n'est pas entendu » ne cesse-t-il de répéter), Georges Frêche est sans doute le membre de la Caste le plus drôle de France. Hier, à la mairie de Montpellier, aujourd'hui à la Communauté d'agglomération et à la région, son vocabulaire fait pleuvoir, en séance publique, des armées d'invectives sur tout contestataire : « faux culs », « tarés », « crétins », « maîtres chanteurs », « bourriques », « nullards »[2]... Même Charles Pasqua, avec sa faconde et sa gouaille pagnolesque, ne lui arrive pas à la cheville. L'empereur du Languedoc-Roussillon, lui, s'adressait durant son cours aux électeurs « les cons (qui) ne disent jamais merci », nous « les cons majoritaires » grâce à qui il a été élu, avec son insupportable sagesse d'homme qui a tout vu, tout compris et, surtout, comment nous

1. Voir interview d'André Vézinhet par François Martin, *Midi-Libre*, 20 juin 2008.
2. Voir Jacques Molénat, *Le Marigot des pouvoirs en Languedoc-Roussillon*, Éditions Climats, 2004.

embobiner… tout en nous le jetant à la figure. Un vrai manuel de savoir-faire, en hommage à son modèle politique très officiel, le roi Louis XI. Tel un empereur, du haut de son presque double mètre, cet imposant roi des mégalos trône dans un palais d'architecture romaine (le Conseil régional) édifié par Ricardo Bofill, « son architecte ». Aujourd'hui, le roi de la Septimanie ne songe qu'à une chose : être réélu, en 2010, président de la région Languedoc-Roussillon. Aussi, ses proches le mettent en garde dix fois par jour : « Georges, tu es ton plus dangereux ennemi. » Des proches qui tentent d'éviter l'irréparable. Un médecin veille à son poids, un avocat essaie de désamorcer ses coups de gueule, ses menaces publiques, ses insultes et ses éclats, un communicant tente de gommer la dictature qu'il fait régner sur l'univers politique languedocien. Mais rien à faire. Certes, vrai seigneur féodal brillant et visionnaire, il a arraché une ville moyenne à un destin moyen. Selon les chiffres officiels, Montpellier est devenue la huitième commune de France par la population ; avec l'arrivée d'un millier de nouveaux habitants chaque mois, ce qui constitue un record de France. En 2006, par rapport à la fin des années 1970, avec respectivement 254 000 et 412 000 habitants, la ville a doublé et l'agglomération triplé.

## « La ville, c'est moi »

Un tantinet modeste, l'historien Georges Frêche est persuadé d'y avoir ressuscité la gloire de la Rome de César, la Cordoue des Omeyyades et la Florence des Médicis réunies. Il obéit en quelque sorte à une devise inconsciente : « La ville, c'est moi. » En oubliant qu'il a séduit une ville jeune, où vivent nombre de non-Montpelliérains (notamment les pieds-noirs, dont il a fait l'un de ses principaux soutiens), prêts à tout dans cette agglomération universitaire sans histoire et tradition, mais réputée pour sa douceur de vivre. Certes, il n'est pas ques-

tion de discuter des qualités du maire et président de la
Communauté urbaine, un professionnel charismatique,
intrépide, intelligent, visionnaire et sensible. Bien avant
Bertrand Delanoë, Gérard Collomb ou Roland Ries, cet
ancien responsable maoïste trois ans durant à la Fédération des Cercles Marxistes-Léninistes (sous le pseudo-
nyme de Georges Lierre), mais aussi ex-élève d'HEC
(promotion 1961), a su convaincre ses partenaires communistes, radicaux, verts et les électeurs qu'on pouvait être de
gauche et montrer d'ambitieuses prétentions en matière
de gestion. Une vraie révolution silencieuse pour
l'époque. Avec le publicitaire local, Daniel Boulet, et son
directeur de cabinet, François Delacroix, il a aussi inventé
la communication politique municipale. Ses campagnes
successives, « Montpellier, 200 000 ambassadeurs », « Montpellier, la surdouée », ou encore « Montpellier, le Sud que
j'aime », ont marqué les années 1980. C'est encore le
génie Frêche, homme de coups et de prodigieuses intui-
tions. Une saga qui en avait fait l'un des plus beaux fleu-
rons de la Caste, à ses débuts.

En 1969, lors de son affectation comme professeur à
l'université de Montpellier, il avait tout de suite eu
l'intuition géniale d'adhérer au PS. À l'époque, l'unique
section du parti pour tout Montpellier, qui vivotait tranquillement sur ses soixante membres (contre plus d'un
millier aujourd'hui), était facile à conquérir pour tout
arrivant un peu culotté, malin et amateur de rapports de
force. Quatre ans plus tard, en 1973, il est élu député à
l'âge de trente-cinq ans, et quatre autres années après
seulement, en 1977, maire de Montpellier en battant le
maire sortant de droite. Explication. Georges Frêche n'a
pas pris le pouvoir au PS à Montpellier, puis dans sa
circonscription législative et la ville, grâce à sa notoriété
de professeur couvert de parchemins universitaires, mais
en multipliant les sections et les adhérents à sa dévotion.
Un grand stratège qui, sur une ligne mitterrandienne, a
balayé les derniers partisans de l'ancienne SFIO, avant de

ravir le pouvoir aux fabiusiens, au niveau du département de l'Hérault, à la fin des années 1980.

## Un pionnier en matière d'urbanisme

Fort bien conseillé par le député-maire socialiste de Grenoble, Hubert Dubedout, Georges Frêche, une fois patron du PS à Montpellier, ne s'est pas endormi sur ses lauriers. Il fut incontestablement un pionnier en matière d'urbanisme dès son arrivée à la tête de la mairie en 1977. Par le bais d'une association d'habitants et avec la collaboration pendant vingt-cinq ans d'un géographe-urbaniste Raymond Dugrand, ce flamboyant bâtisseur a posé les vrais enjeux d'une ville. Encore une révolution pour l'époque. C'est-à-dire penser tout à la fois à l'urbanisme commercial, au réaménagement du centre ville avec l'idée forte d'y ramener de l'habitat social, au rééquilibrage de l'agglomération divisée entre ses HLM à l'ouest et ses emplois à l'est, à la maîtrise du développement urbain à travers l'achat d'énormes réserves foncières (alors non constructibles) avant de les revendre aux promoteurs privés avec d'énormes plus-values, au financement des logements sociaux avec ces plus-values, à la vision historique de la ville occitane et enfin à la naissance d'une deuxième ville à l'est de l'ancienne, c'est-à-dire vers la mer. Un sacré programme. Mais le modèle frêchiste, autocratique s'il en est, jette le masque à l'évocation des trente dernières années de Montpellier sur le site informatique de la ville : « Le 25 mars 1977, Georges Frêche, député et professeur à la faculté de droit, est élu maire. Pendant un quart de siècle il va modeler et incarner ce nouveau visage de Montpellier : celui d'un souffle nouveau pour la cité. La création du quartier neuf d'Antigone – lancé en 1983 – reste l'empreinte la plus emblématique de cette volonté de transformer une ville somnolente en métropole moderne, qui passera en moins de trente ans de la 25$^e$ à la 8$^e$ place des villes françaises.

Elle devient "la surdouée" qui brûle les étapes pour se retrouver aux avant-postes de la modernité : technologies de l'information, informatique, biotechnologies constituent ses principaux axes de développement. »

La leçon est bien retenue. C'est Georges Frêche tout seul, et non pas l'architecte catalan Ricardo Boffil, qui a conçu par exemple le nouveau quartier Antigone. Or, si l'on se reporte aux documents municipaux et aux déclarations du maire de Montpellier à l'époque, la réalisation d'Antigone, c'est le choix de Ricardo Boffill. Celui-ci venait d'être exclu par le nouveau maire de Paris, Jacques Chirac, de la direction de l'aménagement du trou des Halles. « Crime » de l'architecte : le président de la République, Valéry Giscard d'Estaing, lui avait déjà confié ce projet... À l'époque, au début des années 1980, l'idée de Georges Frêche et de son conseiller Raymond Dugrand est simple : il faut reconquérir le centre ville et y reloger les classes modestes qui en sont parties depuis bien longtemps. Dans son ouvrage *Georges Frêche, grandes heures et décadences*[1], le journaliste de *Midi-Libre* Karim Maoudj précise : « Ricardo Boffil sera le vecteur sur lequel toute la communication de la ville va se développer dans et hors Montpellier. Pour les architectes contemporains, Ricardo Bofill est celui qui propose du beau pour les pauvres. » Dans son livre *Espaces d'une vie*[2], Ricardo Boffil laisse, lui, transparaître une certaine amertume de sa collaboration avec « l'empereur romain » Georges Frêche : « La faiblesse du statut de l'architecte en France se traduit par une excroissance du politique [...] L'architecture reste le signe d'un programme politique [...] Dès le début, sur les opérations HLM, j'ai tenté d'inverser les rapports de force, de jouer au moins à égalité avec les hommes de pouvoir. Les projets réussis sont ceux qui reposent sur un rapport de complicité et de confiance. Sauf qu'ici, c'est

---

1. Éditions de Paris, 2007.
2. Odile Jacob, 1989.

l'homme politique, et non le financier, qu'il faut gagner à sa cause. »

## « Le féodalisme démocratique »

L'identification entre le maire et Montpellier est telle qu'aucun débat n'existe. Il n'y a place que pour des non-dits ou des coups de gueule en public. Grand timide et hypersensible se barricadant derrière son rôle de brillant magicien de la politique, Georges Frêche attaque ses amis, ennemis ou collaborateurs, toujours en public, jamais en privé. « Georges n'a pas sans doute liquidé ses complexes vis-à-vis d'une mère institutrice très autoritaire », explique un de ses anciens proches. « Une mère récemment décédée qui l'a élevé seule pendant la guerre, il avait entre deux et sept ans, en l'absence du père, un grand résistant officier dans les corps francs. D'où ses fréquentes crises d'autoritarisme et son côté tyrannique[1]. » Clé de voûte du système Frêche : aucun conseiller municipal ou adjoint à la ville n'a de pouvoir réel, comme aucun vice-président ou conseiller territorial à la Communauté d'agglomération. « Nous sommes dans une démocratie fusionnelle et non participative, où l'on ne discute jamais d'égal à égal », explique Dominique Rousseau, professeur de droit et membre de l'Institut universitaire de France. « Frêche est la ville. Il sait ce qui est bon pour elle. Défendre une autre conception de la cité est donc impossible, car c'est une atteinte à sa personne. Celui qui s'y risque est immédiatement injurié, caricaturé, vilipendé. Avec la longévité des mandats, les gens eux-mêmes finissent par croire que la ville ne leur appartient plus. C'est ce que j'appelle le féodalisme démocratique[2]. » Redoutable professionnel de la politique, Georges Frêche

---

1. Entretien avec l'auteur en décembre 2008.
2. Voir Romain Rosso, « Frêche, le pouvoir absolu », *L'Express*, 16 novembre 2000.

illustre en fait à plus de soixante-dix ans tous les défauts du métier. Une dérive autocratique qui ne peut être stoppée de l'intérieur. Égocentrique, tyrannique, il décide de tout et contrôle tout.

Mais, confortablement installé dans un des seuls chars à quatre roues capable d'accueillir son physique à la Gulliver, un énorme Volkswagen Touareg noir de fonction, l'imperator de la région Languedoc-Roussillon ne semble plus contrôler grand-chose. Ainsi, le quotidien *L'Indépendant de Perpignan*, dans son édition du 26 septembre 2008, rapporte : « Sur l'A61 (autoroute des deux mers) la voiture du président de la région Languedoc-Roussillon a été flashée au radar sur la commune de Montréal, jeudi après-midi. Il était environ 17 h, Georges Frêche était à bord de la voiture. Il venait d'inaugurer une nouvelle usine de production de la conserverie Sodicas à Castelnaudary et regagnait Montpellier. C'est son chauffeur qui était au volant, appuyant, semble-t-il, un peu trop sur le champignon. En effet, les gendarmes de l'autoroute ont pu relever sur leur radar que le véhicule roulait à une vitesse de 199 km/h ! (vitesse retenue à 189 km/h). Le chauffeur s'est vu retirer son permis de conduire sur-le-champ. Toutefois, la voiture n'a pas été immobilisée. » En fait, le roi Frêche a bien transformé l'agglomération de Montpellier, ville millénaire, en une magnifique et moderne citadelle, qui est devenu son donjon au fil du temps. Et de plus en plus souvent, lorsqu'il tente de sortir de ses terres à bord de son somptueux 4 × 4, il subit une vraie humiliation qui va bien au-delà d'un simple excès de vitesse.

## « TSF » ou Tout Sauf Frêche

La série noire a commencé en 1993. Les méthodes pour le moins autocratiques de « Frechus Magnificus » ont suscité la naissance d'une nouvelle catégorie de professionnels de la politique, recrutant à gauche et à droite : les TSF (Tout Sauf Frêche). Aux législatives de 1993, sous l'étiquette du PS, il est battu par un dissident socialiste et opposant farouche, Gérard Saumade, ancien député PS de la circonscription et président du Conseil général de l'Hérault. Cinq ans plus tard, il échoue aux régionales face au président UDF du Conseil régional du Languedoc-Roussillon depuis 1986, le médecin psychiatre de Lozère Jacques Blanc. La gauche a obtenu 31 sièges, la droite 26 et le Front national 8. Plutôt que de voir Georges Frêche « capable de tout, même du plus odieux[1] » s'installer aux manettes de président de cette institution, Jacques Blanc a préféré « s'allier avec le diable », c'est-à-dire le Front national. « Maire de Montpellier, Frêche a une vision centralisatrice : c'est un ogre si on le laisse faire, écrit-il, je suis au contraire partisan d'un développement multipolaire de la région autour de sa capitale incontestée. » En 2002, le clan « TSF » accueillait un nouveau venu en politique l'UMP Jacques Domergue, un chirurgien réputé de cinquante ans, qui bat Georges Frêche de 200 voix seulement aux législatives, au terme d'une terrible campagne. Ses ennemis avaient traité Georges Frêche « d'islamo-phobe », voire de raciste, de « Le Pen de gauche ». Dans un article titré « Frêche : l'heure de la revanche » publié dans *Le Nouvel Observateur* du 26 février 2004, Claude Askolo-vitch volait au secours du maire de Montpellier : « Le candidat Domergue avait passé un pacte faustien avec un petit groupe islamo-gauchiste, le Centre de Recherche et d'Innovation qui s'employait à saper l'image du maire dans la Montpellier franco-maghrébine. Et ce dernier payait au prix fort pour une blague lancée un jour d'inauguration de tramay en regardant une femme voilée : "Elle a les oreillons." »

Autre nouveau membre du groupe TSF : un membre des « 400 », le député PS de Montpellier et président du Conseil général de l'Hérault, André Vézinhet. La succes-sion de ce dernier au Sénat (il venait d'être élu député)

---

1. Voir Jacques Blanc, *La France dans le bon sens*, éditions du Rocher, 2003.

avait déclenché, en août 2007, une querelle très officielle entre les deux hommes. André Vézinhet avait sa candidate. Georges Frêche, une autre. Résultat : Raymond Couderc, maire UMP de Béziers, les a tous les deux mis d'accord, en profitant de cette division pour se faire élire au siège de sénateur qui, mathématiquement, ne pouvait pas échapper au PS. « Frechus Magnificus » n'en est pas resté là. Pour obliger le département de l'Hérault à cofinancer la ligne TGV entre Montpellier et Perpignan à hauteur de 30 millions d'euros, il a tout simplement menacé, le 16 juin 2008, de bloquer les aides attribuées par le Conseil régional au Conseil général de l'Hérault. « Chaque année, on verse 9 millions d'euros au département de l'Hérault, a expliqué Georges Frêche lors d'une conférence de presse. Si Vezinhet ne veut pas payer la LGV, on bloquera les subventions à son département pendant trois ans, ce qui, grosso modo, couvrira sa participation au projet. » Et André Vézinhet de lui répondre vertement quatre jours plus tard : « Où allons-nous ? Il veut me punir ? Il manie le fouet de la punition ? C'est dérisoire, stupide. Mais nous sommes habitués avec lui. Ses dérapages, quotidiens, sont insupportables. Je ne fais pas face au Père Fouettard qui, à chaque fois que je vais lui déplaire, va me rentrer dedans[1]. »

## Un professionnel de la « combinazione »

Cette guerre entre les « TSF » et Georges Frêche a connu son paroxysme aux sénatoriales de septembre 2008. L'Hérault a été le seul département de France, où le PS a reculé en sièges, sous l'effet de ce conflit. Sur les quatre sièges à pourvoir, l'UMP en a raflé deux (aux dernières élections en 2005, elle n'en avait aucun), le dissident socialiste Robert Tropéano (en congé du PS et ami d'André Vézinhet) un et le PS Robert Navaro, ami de Georges

---

1. Voir interview d'André Vézinhet par François Martin, *Midi-Libre*, 20 juin 2008.

Frêche (exclu du PS, mais tout de même cinquième sur cette liste officielle Navaro), un de justesse. Tête de liste UMP, le maire de Béziers Raymond Couderc (qui n'a recueilli que 648 suffrages sur les 2 048 exprimés) a profité de la division de la gauche qui, avec ses cinq listes, totalise plus de 1 300 suffrages. Le score de la liste de Raymond Couderc a permis à Marie-Thérèse Bruguière, maire (sans étiquette) de Saint-Aunès près de Montpellier, de remporter également un siège. Et dans une vidéo de la chaîne « 7L TV » mise en ligne sur le site de *Marianne 2* le 30 septembre 2008, Georges Frêche (filmé à son insu) se vante auprès de François Commeinhes, maire UMP de Sète, d'avoir « inventé » la liste de Gérard Delfau et de Ferdinand Jaoul (présentée comme la liste « des chasseurs »). Son but : provoquer à gauche un émiettement des voix permettant à la liste PS de Robert Navaro de se hisser en quatrième position et de décrocher le siège qui serait revenu à Christine Lazerges, la colistière du candidat dissident Robert Tropéano, soutenu par André Vézinhet. Le site de *Marianne 2* précise : « Le lendemain de sa diffusion par cette télévision locale, Caroline Rossignol, la journaliste qui a tourné le sujet, a été prise à partie par Frêche qui lui a assuré que "ça allait se payer". »

Circonstance aggravante aux yeux de Georges Frêche, partisan inconditionnel de Ségolène Royal : le président du Conseil général de l'Hérault, André Vézinhet, et son ami le nouveau sénateur, Robert Tropéano, ont soutenu Bertrand Delanoë. Celui-ci a recueilli dans ce département, au premier tour, seulement 20 % des voix contre 53 % à Ségolène Royal, au scrutin de désignation du Premier secrétaire du PS. La régularité de ce scrutin pose problème comme le prévoyait Michel Revol, sous le titre « Parti socialiste : la loi des caïds », dans *Le Point* du 28 août 2008 : « Comme souvent, la direction du PS détourne le regard. Pas question de froisser Frêche et les 5 000 militants acquis à sa cause. Rue de Solferino, les Saint-Just ont l'habitude d'avaler les couleuvres héraultaises. Tous les trois

ans, par exemple, réapparaît la « section hors sol » de
l'Hérault, comme l'appelle un membre de la direction. À
chaque congrès du PS, elle pèse entre 200 et 400 voix et se
range derrière le candidat choisi par Frêche. Mais personne,
à part quelques initiés locaux, ne sait où elle se réunit, ni
quand, ni avec qui... Au sein du parti, la « section secrète »
fait sourire, comme si elle faisait partie d'un folklore obligé.
Les démocrates, eux, s'étranglent. »

## « Nia prou ! »
### (« il y en a assez » en occitan)

Le 24 mars 2009, quatre élus « TSF » se sont opposés
publiquement à la réélection du président du Conseil
régional en 2010, lors d'une conférence de presse[1]. François Liberti, soixante et un ans, vice-président communiste
du Conseil général de l'Hérault, ancien maire et ex-député
de Sète, Jean-Louis Roumegas, quarante-six ans, leader des
Verts à la municipalité de Montpellier (dirigée par une
alliance PS-Modem-PRG-PCF), René Revol, soixante et
un ans, maire de Grabels et membre du bureau national du
Parti de gauche de Jean-Luc Mélenchon, et Christine
Lazerges, soixante-cinq ans, professeur de droit pénal à
Paris 1 Panthéon-Sorbonne, ancienne adjointe au maire de
Montpellier et ex-députée PS de cette ville, ont appelé « au
respect des élus, des formations politiques et des électeurs
qui ne sont pas des cons ». Dans une déclaration portant le
titre « Nia prou ! » (« il y en a assez » en occitan), ils stigma-
tisent les « dérives inadmissibles » de l'imperator du
Languedoc-Roussillon : « Georges Frêche s'est disqualifié,
au plan régional comme au plan national, au point d'être
exclu de son propre parti. Au terme de quarante années de
vie politique, il n'incarne plus qu'un système clientéliste et
clanique à bout de souffle. Nous refusons la perspective de
sa candidature aux prochaines élections régionales. Pour

---

1. Voir le *Midi-Libre* du 25 mars 2009.

gagner, la gauche doit s'unir. Il la divise. Pour gagner, la gauche doit s'engager sur ses valeurs. Il les renie. »

Parmi ces quatre « TSF », la présence la plus gênante pour Georges Frêche reste celle de Christine Lazerges, qui a débarqué à Montpellier en 1979, en provenance d'Abidjan. Adhérente à la section PS du premier canton de la ville, elle y a vite rencontré son collègue de la faculté de droit, le maire. Par un beau de jour de 1983, dans la salle des professeurs, Georges Frêche lui a proposé de venir sur sa liste aux prochaines municipales. Le professeur d'histoire du droit n'y est pas allé par quatre chemins : « Je te veux sur ma liste pour les municipales qui arrivent. Tu as quatre enfants et tu es protestante, c'est exactement ce qu'il me faut dans mon patchwork[1]. » La jeune femme a vite compris qu'elle n'avait pas été choisie sur des critères de sympathie et de compétence en matière de criminalité son domaine. Elle a accepté malgré tout le poste d'adjoint aux affaires sociales, la gestion d'un mandat local l'intéressant. Tout au long des deux mandats successifs de 1983 à 1995, elle est restée l'une des rares élus à manifester son désaccord, de manière assez vive, auprès du maire qui, semble-t-il, ne pouvait pas comprendre qu'un professeur de droit, comme lui, ne soit pas d'accord avec sa conduite des affaires de la mairie.

En 1997, elle s'est définitivement fâchée avec son collègue en démissionnant de son poste d'adjoint en charge de l'enfance, de la jeunesse et de la prévention de la délinquance. En effet, elle venait d'être élue députée sur la 3ᵉ circonscription de l'Hérault Montpellier Nord-Lunel. Leur différend : Christine Lazerges, en application du règlement interne du PS, a toujours été opposée au cumul des mandats, dont son collègue professeur se montre depuis toujours un partisan acharné, en vrai professionnel de la Caste. Au final, sa démission s'assimilait à « un manque de loyauté » à l'égard du maire. Pis, après une rapide ascension

---

1. Voir Karim Maoudj, *Georges Frêche, grandes heures et décadences*, op. cit.

à l'Assemblée nationale, elle est nommée en juin 1997 vice-présidente de la commission des Lois et en juin 2000, première vice-présidente de l'Assemblée nationale. Éternel député de base, « Frechus Magnificus » est devenu fou de rage, rage décuplée par le fait que Christine Lazerges avait bien failli être nommée en 1997 ministre de la Justice par Lionel Jospin. Le Premier ministre avait finalement préféré nommer un ministre, Marylise Lebranchu, avec laquelle il avait déjà travaillé. Battue aux législatives de 2002, Christine Lazerges a repris ses cours, cette fois à la faculté de Paris 1 et a été élue conseillère municipale PS d'une commune de la banlieue de Montpellier.

## La « haine glaciale » de François Mitterrand

Or, l'empereur de Septimanie lui n'a surtout jamais été ministre. Un cas unique en France pour un cumulard de la Caste des 500 arrivé à un tel niveau de pouvoir local. Le professeur d'histoire du droit a longtemps rêvé d'un destin national qu'il aurait tout à fait mérité en raison de sa stature intellectuelle. Comme François Mitterrand, ce professionnel voulait laisser à la postérité l'image d'un homme d'État, d'un grand stratège de la politique. En fait, le drame de « Frechus Magnificus » a été de s'opposer au patron du PS. Le président de la République lui en vouait une « haine glaciale ». Premier épisode : à l'élection présidentielle de 1965, le CMLF (Centre Marxiste Léniniste de France), dont le futur maire de Montpellier est un des dirigeants, appelle à voter de Gaulle contre Mitterrand, « le candidat américain[1] ». Le 16 janvier 1966, lors d'une conférence nationale, le CMLF se félicitera de la défaite de François Mitterrand. Celui-ci n'oubliera jamais. Deuxième épisode : en 1974, le Premier secrétaire du PS propose au jeune député un

---

1. Voir Christophe Bourseiller, « Georges Frêche, itinéraire d'un jeune militant prochinois », *Les Cahiers d'histoire sociale*, 1997.

beau poste au sein du parti, le secrétariat national aux libertés publiques. Déjà trop sûr de lui, Georges Frêche envoie paître François Mitterrand en lui répondant qu'il veut d'abord être élu maire de Montpellier avant se lancer dans une carrière nationale. Au Premier secrétaire du PS qui lui avait prédit qu'il ne serait jamais maire de Montpellier, une ville « verrouillée par la droite », l'imperator a lancé en 1978 en présence de plusieurs élus de l'Hérault : « Vous voyez, je suis maire de Montpellier et vous n'êtes toujours pas président de la République. »

Troisième épisode, de loin le plus grave : au congrès de Metz, en 1979, représentant officiel de François Mitterrand, il l'a trahi discrètement au profit de la motion Rocard-Mauroy. Le face-à-face entre les deux hommes a eu lieu devant des responsables PS de l'Hérault. « Dans toute tragédie grecque, il y a un traître, vous en portez aujourd'hui le masque », lui lança le Premier secrétaire en lui présentant la liste des signataires de la motion Rocard-Mauroy. Exemple de professionnel de la politique particulièrement imprudent, maladroit et gonflé d'orgueil, Frêche ne s'excusera jamais auprès de François Mitterrand qui, en outre, n'appréciait pas du tout l'homme en raison de la brutalité de ses méthodes. Une sorte de catcheur de la politique, porté par un ego démesuré qui le porte à agir, bâtir, mais aussi à écraser, dominer avec une vitalité stupéfiante et une capacité de mauvaise foi hors du commun. L'imperator de Montpellier ne met donc jamais d'eau dans son vin. Quand à Lionel Jospin, il jugera toujours Georges Frêche comme un élu incontrôlable, juste capable de quadriller un territoire avec le PS, de le labourer grâce à un réseau de fidèles et d'obligés. Bien plus tard, le 22 mars 2007, dans une interview accordée au journal *Midi-Libre* à l'occasion de l'anniversaire des trente ans de son élection comme maire de Montpellier, l'imperator portait atteinte sans vergogne à l'image du président homme d'État désormais décédé : « Il faut savoir qu'humainement, je n'ai jamais été proche de François Mitterrand. Pour moi, fils de résistant, il restera toujours un Vichyssois. » Déclarant toujours avoir été « loyal » à l'égard du président de la République dans la même interview, « Frechus Magnificus » n'a pas résisté au plaisir d'abîmer l'image de celui qui lui a permis de devenir le plus grand féodal du PS : « Si on le compare à Chirac, c'est un géant, mais si on le compare à de Gaulle, c'est un nain. »

## Professionnel du bocage et provocateur

Georges Frêche reste plutôt inconnu du Français moyen, en dehors du Languedoc-Roussillon. Son nom s'identifie surtout à ses déclarations provocatrices sur le onze tricolore ou les harkis. Et en Languedoc-Roussillon, son pouvoir despotique sur le PS commence à vaciller sous les coups des « TSF ». À l'inverse, si les Français boudent de plus en plus le vicomte Philippe le Jolis de Villiers de Saintignon dit de Villiers, la Vendée (587 000 habitants en 2005) adoube, depuis vingt ans d'affilée et sans la moindre défaillance, le président du MPF (Mouvement pour la France), âgé aujourd'hui de soixante ans. À la dernière présidentielle en 2007, il n'a obtenu que 2,7 % des voix dans l'Hexagone (contre 4,7 % en 1995), se classant sixième juste derrière Olivier Besancenot et Jean-Marie Le Pen. Dans son fief, le département de la Vendée, à la même élection, il est arrivé quatrième avec 11,5 % des voix derrière François Bayrou, Ségolène Royal et Nicolas Sarkozy. Aux européennes de 2004, ses listes n'ont obtenu que 6,7 % des suffrages sur le plan national, et seulement trois élus, dont lui-même. En Vendée, aux mêmes élections, il écrase ses concurrents avec 38,7 % des voix, mieux qu'en 1999 (31,9 %), où il était pourtant allié avec Charles Pasqua, et qu'en 1994 (34,7 %).

Aux européennes de 2009, c'est la descente aux enfers. Alliées au mouvement « Chasse, Nature, Pêche et Tradition », ses listes atteignent seulement 4,80 % dans l'Hexagone. Elles obtiennent un seul siège, le sien, dans la circonscription ouest, où il fait tout de même 10,27 % des voix. Député européen ou à l'Assemblée nationale, Philippe de Villiers (une fine fleur de l'absentéisme parlementaire parmi beaucoup d'autres) n'a jamais eu le moindre souci à se faire pour sa réélection à la tête du Conseil général de Vendée qu'il préside depuis 1988. À l'issue des dernières élections cantonales de 2008, sa majorité conserve 27 sièges (18 divers droite, 8 MPF, un UMP) sur 31 au total en emportant 13 des 15 cantons, où l'on votait. La gauche a péniblement grignoté un seul canton, et occupera désormais quatre sièges.

Pourtant, Philippe de Villiers semble être devenu un plus grand provocateur que Georges Frêche. Formé à l'ENA et dans la préfectorale, c'est aujourd'hui le seul membre de la Caste des 500 à oser s'attaquer aux sujets de société les plus délicats, tout en prônant l'immigration zéro. Non à Maastricht, non à l'entrée de la Turquie dans l'Europe, non au mariage des homosexuels, non à « l'islamisation de la France ». En un mot, il se positionne comme le dernier rempart de la chrétienté contre le djihadisme. En quelque sorte un Le Pen non en gants de boxe, mais en gants blancs. Son nouveau combat a commencé en 2005, lorsqu'il a pris la tête à droite de la croisade finalement victorieuse contre le « non » au référendum européen (les Vendéens ne l'ont pas suivi pour une fois, puisqu'ils ont voté oui), abandonnant ainsi son souverainisme de bon aloi. Comme l'écrivait Alain Duhamel dans *Libération* du 26 avril 2006 : « L'expérience de la campagne européenne a convaincu Philippe de Villiers que la droite parlementaire était fragile, que le chiraquisme agonisait, que la gauche se déchirait profondément et que Jean-Marie Le Pen vieillissait. Il a donc cru son heure venue pour devenir le nouveau fédérateur de la droite extrême et de l'extrême droite, pour peser enfin à l'échelle nationale comme une puissance avec laquelle il faut compter. » Son piètre score à la présidentielle de 2007 (2,7 %) n'a pas du tout « validé » cette sorte de lepénisme new-look, qui avait déjà été siphonné par le sarkozysme. Le vicomte a abandonné au passage la vraie spécificité du villiérisme et son fonds de commerce : dénoncer les grands gaspillages d'État, les « affaires » et rester intransigeant sur l'éthique de nos politiques, hauts fonctionnaires et chefs d'entreprise.

## Vicomte et génial « entrepreneur de la politique » en Vendée

Seul énarque dans l'entourage du vicomte, le député MPF de la 5ᵉ circonscription de la Vendée, Dominique Souchet, soixante-deux ans, est un représentant beaucoup plus classique de la Caste que son patron. Ce grand professionnel discret et secret cache l'aspect terriblement efficace du « villiérisme », uniquement gestionnaire et « entrepreneur de la politique » en Vendée. Oublié le drapeau anti-européen, antirévolutionnaire et catholique. Cet ancien diplomate ne se gargarise pas de mots et de slogans lepénistes, mais lutte pied à pied, dans la discrétion la plus totale, contre les délocalisations et pour imposer ainsi un contre-modèle économique vendéen. À lui d'assurer l'avenir de « l'Empire » villiériste. « Sur le bocage, les marais, les plaines et les côtes rocheuses, les communes sont remarquablement réparties en Vendée, explique-t-il, 282 communes et 31 cantons, avec une moyenne de 10 communes par canton, constituent la bonne échelle pour les investissements, chacun de nos cantons n'ayant pas moins de 5 000 habitants. Casser les cantons et les départements avec la réforme Balladur serait un crime[1]. » Bien sûr, Dominique Souchet oublie de préciser que ces cantons et le département de la Vendée ont été créés de toutes pièces par la République, il y a plus de deux cents ans, afin de pacifier ce département meurtri par les guerres nées de la Révolution et de la révolte des chouans. En bordure nord du marais

---

1. Entretien avec l'auteur en mars 2009.

poitevin (fief de Ségolène Royal), le maire de Luçon jusqu'en 2001, conseiller général du canton du même nom (Richelieu y fut évêque) et député, est invisible les mardi et mercredi. Il travaille à l'Assemblée nationale « essentiellement pour voir ce que les directives européennes risquent de chambouler dans le quotidien des entreprises vendéennes. Un exemple très actuel : le projet de Bruxelles de mélanger vin blanc et rouge pour faire du rosé menace la viticulture en Vendée[1] ».

« J'ai abandonné le métier de diplomate pour embrasser celui de professionnel de la politique », explique cet élu qui se veut avant tout, non pas villiériste, mais entrepreneur d'une politique publique efficace. « Je suis essentiellement mû par la passion d'agir au niveau local qui, certes, s'est beaucoup complexifiée sous la lourdeur croissante des procédures administratives, aussi bien la réglementation européenne que française. C'est pourquoi, nous sommes obligés de faire des études d'impact de plus en plus poussées. S'engager dans la vie politique suppose un choix de vie. Je le savais dès le départ. Ce que veut dire le choix d'une profession très exigeante, où l'on ne ménage pas son temps. Plus de soirées, plus de week-end. L'on peut préserver quelques niches pour sa famille, mais c'est très difficile[2]. » Et il n'est pas peu fier d'avoir vu son canton de 20 000 habitants enregistrer une croissance d'un millier d'emplois depuis 1995. « Il n'y a pas de recette miracle pour attirer des PME et PMI dans chacun des trente et un cantons de Vendée sans vouloir les concentrer plus sur un que sur les autres, il faut bosser et ne pas compter prioritairement sur l'État, la région ou l'Europe, mais sur nous, affirme-t-il, nous avons créé ici à partir de 1992, en Vendée, les "vendéopôles", c'est-à-dire des petites zones artisanales de chaque canton qui ont pour fonction de dorloter les PME ou PMI dans le cadre du développement durable. Dans un département

1. Entretien avec l'auteur en mars 2009.
2. *Ibid.*

désenclavé grâce à trois autoroutes et à la construction par le
département de 500 km de routes à quatre voies, chaque
vendéopôle offre une grande qualité architecturale, tous les
réseaux enterrés (électricité, gaz, eau, assainissement et téléphone), un environnement paysager de qualité, une
connexion parfaite au haut débit internet et une cellule
d'intelligence économique capable d'organiser des synergies
entre entreprises pour découvrir de nouveaux marchés[1]. »
Résultat de cet effort en faveur d'une agriculture à forte
valeur ajoutée, d'une industrie conquérante et de pôles de
recherche et de services de pointe, le conseiller général
Dominique Souchet a été réélu en 2008, au premier tour,
avec 54,81 % des voix (9 682 voix) contre 30,88 % (3 409)
à Claudine Goichon (Verte), 7,61 et 6,70 % respectivement
aux candidats FN et PCF.

Pour tout le département de la Vendée, ces « vendéopôles » (dont les communes et le département mutualisent
les coûts et les profits fiscaux de la Taxe professionnelle)
avaient attiré, fin 2007, 160 entreprises créatrices de plus
6 000 emplois. Un tissu économique qui donne une entreprise pour quatorze habitants, contre une pour vingt-deux
dans le reste de l'Hexagone. Selon les statistiques de la
Chambre de commerce et d'industrie de la Vendée, la population active du département est passée de 114 682 en 1994
à 156 782 en 2003, soit une progression de 42 000 emplois
(+36,79 %) contre 26 % en moyenne pour le reste des
départements de la région des Pays de Loire. Curieusement,
Philippe de Villiers emploie, mais de manière fort discrète,
une rhétorique quasi gauchiste pour expliquer ce miracle
économique vendéen dans son ouvrage *Une France qui
gagne*[2] : « La première tenaille, celle de la mondialisation,
comprime le travail qui part en Chine. Et la seconde tenaille,
la mutation vers un capitalisme financier, comprime le
pouvoir d'achat des salariés […] La réussite de la Vendée a

1. *Ibid.*
2. Éditions du Rocher, 2007.

été, précisément depuis vingt ans, d'échapper à cette double tenaille : elle résiste à la mondialisation et elle n'est pas touchée par le capitalisme de rente, le capitalisme dévoyé. » Les chiffres officiels recoupent les affirmations de Philippe de Villiers. L'entreprise patrimoniale, voire familiale, domine en Vendée, où sur 31 000 entreprises, 91 % comptent moins de neuf salariés. Et 29 % des salariés vendéens dépendent de centres de décisions extérieurs au département contre une moyenne de 45 % en France. Quant aux revenus des ménages vendéens, ils ont progressé de 27 % de 1990 à 2000, contre 21 % en moyenne dans le reste du pays.

## Mais professionnel de la chape de plomb ?

Au-delà du succès des deux locomotives villiéristes de la Vendée qui ne coûtent pas un centime au contribuable, le Puy-du-Fou (un million de spectateurs chaque année) et le « Vendée-Globe », le contre-modèle économique vendéen rallie depuis toujours les suffrages de la presse nationale. Dans son enquête « Où vit-on le mieux ? » *L'Express* du 19 juin 2008 classe la Vendée au troisième rang, derrière la Corse du Sud et l'Hérault de Georges Frêche, en matière de dynamisme économique. Les autres départements bien classés ont un point commun avec la Vendée : un cadre de vie exceptionnel, avec la mer ou la montagne, et parfois les deux, en opposition avec les plus mal lotis, le nord du Massif central (Allier, Indre, Nièvre et Cher), la Champagne-Ardennes et la Lorraine. Plus précisément, la Vendée s'en tire bien dans la plupart des compartiments de vie : réussite au bac (5ᵉ), sécurité (10ᵉ), social précarité (14ᵉ), cadre de vie (30ᵉ), culture (37ᵉ), puissance économique (50ᵉ). Ses plus mauvais scores : l'enseignement supérieur (60ᵉ) et l'offre de soins (93ᵉ), qui ne dépendent pas uniquement, il est vrai, du volontarisme du président du Conseil général de la Vendée et de ses fidèles. Y a-t-il un revers de la médaille au succès du contre-modèle économique vendéen et de son « entrepreneur politique »

Philippe de Villiers ? Jacques Auxiette, ancien maire PS de la préfecture de la Vendée et président du Conseil régional des Pays de Loire, accuse : « Philippe de Villiers se comporte comme les hobereaux avec leurs métayers[1]. » Mais Jacques Auxiette se contente de ce coup de griffe. Sur tous les grands dossiers départementaux, ces deux membres de la même Caste, Philippe de Villiers et Jacques Auxiette, pratiquent en réalité l'entente cordiale ou plutôt le consensus « républicain » : rééquilibrage économique entre le nord et le sud du pays autour de La Roche-sur-Yon, implantation d'un incinérateur et de centres d'enfouisse-ment des déchets, désenclavements routier et ferroviaire. « C'est le charme et la peur », résume un élu. « Ici, c'est l'omerta, la critique est interdite, les maires s'emploient avant tout à préserver leurs subventions du Conseil général », affirme un autre.

Au moment où « Monsieur le vicomte » vient d'adhérer au comité de liaison de la majorité présiden-tielle, il faut en Vendée se tourner plus vers l'UMP que vers le PS pour recueillir des critiques sur Philippe de Villiers. Les relations entre le MPF et l'UMP demeurent conflictuelles dans le département, sans cesse soumises à des arbitrages élyséens ou du Premier ministre pour le choix des candidats aux élections. Le sénateur UMP Jacques Oudin a ainsi perdu son siège de sénateur, en 2004, dans des conditions pour le moins rocambolesques avec le double soutien officiel de l'UMP et du MPF ! Pour éviter ce genre de couac, Philippe de Villiers s'était déjà rendu à l'Élysée, fin octobre 2008, pour y rencontrer « dans la plus grande discrétion », en tête à tête, le prési-dent de la République comme l'annonçait le quotidien *Le Monde* dans son édition du samedi 1er novembre 2008. Opposant local numéro 1 de Philippe de Villiers et suspendu de l'UMP « pour collusion avec le PS », Stéphane Frimaudeau a publié, en février 2008, à compte

---

1. Romain Rosso, « Le mystère de Villiers », *L'Express*, 25 octobre 2004.

d'auteur *Le Mouton noir (réflexion pour une Vendée républicaine)*, un violent réquisitoire de 220 pages en vente dans les librairies du département de la Vendée. Dans son ouvrage (qui n'a pas été attaqué en justice), Stéphane Frimaudeau dénonce « la chape de plomb qui pèse sur le département de la Vendée et qui rend serviles tous les élus, au garde à vous devant le président du dit département : Philippe de Villiers [...] Beaucoup d'autres élus départementaux n'osent pas bouger une oreille lorsque le Guide les harangue à coups d'apophtegmes bien sentis ».

## Un Rastignac agricole :
## « Mickey » roi du Lot

Gérard Miquel, soixante-trois ans, est un membre éminent de la Caste des 500, version boule d'énergie. Le sénateur et président du Conseil général du Lot, un petit homme sec, épuise ses collaborateurs et ses proches. Ils l'ont naturellement surnommé « Mickey », en raison de son éternelle jeunesse, de ses grandes oreilles et de ses sourcils noirs broussailleux. Tous ont poussé un ouf de soulagement en apprenant, en octobre 2008, que leur patron n'exercerait plus les fonctions de questeur du Sénat. Pendant quatre ans, le très secret Gérard Miquel avait été le questeur PS (les deux autres sont UMP), choisi par les sénateurs socialistes pour s'opposer au renouvellement du mandat du tonitruant Michel Charasse. À ce poste très convoité (attribuant une voiture de fonction avec chauffeur et un appartement de 340 m$^2$ donnant sur le jardin du Luxembourg), mais peu médiatique, « Mickey » avait géré l'administration, le personnel et les finances du Sénat, soit à l'époque environ 300 millions d'euros par an. Mais, comme on le lui demandait, et tout particulièrement ses amis sénateurs franc-maçons, dans la discrétion et l'opacité la plus totale.

À l'inverse de « Frechus Magnificus » et du vicomte vendéen, Gérard Miquel n'a jamais cherché à jouer au patron médiatique. Ce ne n'est pas le genre de la maison. Et on ne se refait pas pour céder à des sirènes parisiennes. Mais comme ces deux féodaux sur leurs terres de Septimanie et de Vendée, Gérard Miquel tient son royaume du Lot d'une main de fer dans un gant de velours. Et sans le moindre contre-pouvoir médiatique, préfectoral ou politique. « Mickey » passe encore en principe deux jours par semaine au Sénat, mais consacre dorénavant toutes ses autres journées à son Lot, un charmant petit département, peuplé de 170 000 habitants qui, loin de tout car enclavé entre le Massif central et Toulouse, survit doucement. Le contexte local donne encore quelques atouts à ce petit bout d'Hexagone : un taux de chômage de 7,2 % en 2008 (contre une moyenne de 7,8 % en France), un tourisme en pleine croissance, de nombreux emplois de fonctionnaires, mais seulement deux grandes entreprises : « Ratier » (800 emplois à Figeac) et « Maec » (500 salariés à Cahors). Ici, en 2004, sur les terres du Quercy, réputées pour leurs vins, leurs truffes et leur douceur de vivre, Gérard Miquel a réussi à faire tomber, dans le département du Lot, l'une des principales bastides du radicalisme de la région Midi-Pyrénées. Il a été élu président du Conseil général. Depuis soixante-dix ans, les notables radicaux, plutôt de droite, tenaient le haut du pavé dans le département du Lot. Ainsi, en 1936, les députés radicaux du Lot s'étaient opposés dans leurs votes au gouvernement du Front populaire, auquel participait pourtant le parti radical. Et pour cause de flirt un peu trop poussé avec le pétainisme dans le département, les notables radicaux ont dû, à la Libération, céder leurs mandats au Parlement, au Conseil général et dans les mairies à des socialistes et communistes.

En membre éminent et aguerri de la Caste, Gérard Miquel contrôle aujourd'hui parfaitement les 800 adhérents du PS lotois et les 364 maires et présidents des communautés de communes du département. Marque d'un professionnel expérimenté : les premiers désignent les candidats du parti à toutes les élections, les seconds

élisent les sénateurs. Malgré sa peu voyante C5 de fonction, ses costumes sombres, tristes, et sa discrétion légendaire, Gérard Miquel fait toujours tache dans la bonne
société locale. Petit, maigre, lunettes d'écaille sur un
visage carré et une coupe de cheveux militaire, ce
passionné de politique a commencé très jeune par garder
les vaches de son père à Nuzéjouls. Son village natal de
300 habitants à 20 kilomètres au nord-ouest de Cahors,
dont il deviendra maire en 1971, à l'âge de vingt-cinq ans.
Les fameuses blondes d'Aquitaine recherchées pour leur
viande ne suffisaient pas pour nourrir sa famille. Aussi,
très vite, le débrouillard petit « Mickey » s'est fait engager
comme employé à l'abattoir municipal de Cahors. Muni
de son seul diplôme, le brevet professionnel agricole de
l'école d'agriculture de la ville, il tamponnait le cul des
vaches.

### Dans l'ombre de Maurice Faure

À l'âge de vingt ans, en 1966, le chevillard Gérard
Miquel voulait déjà se lancer en politique. Mais l'avenir ne
s'annonçait pas rose pour ce Rastignac agricole. Les notables radicaux avaient remis la main sur le département du
Lot grâce à un talentueux, humaniste bon vivant, le radical
Maurice Faure, professeur agrégé d'histoire et docteur en
droit. Son éloquence, son habileté politique, sa patience
calculée de rassembleur, sa convivialité, son mélange de
tolérance et d'autorité lui permettaient de gouverner le
département comme une République du compromis, allié
aux centristes du MRP et avec la neutralité bienveillante
des socialistes. En même temps, il collectionnait les postes
de ministre, les mandats de député et de maire de Cahors.
Seul accident de parcours, sous la menace de la jeune garde
pompidolienne (notamment Bernard Pons et Jean-Jacques
Danaud), Maurice Faure avait dû, aux législatives de 1967,
pour se sauver entre les deux tours, troquer définitivement
son étiquette de radical centriste contre celle de radical de

gauche. Un socialiste, qui le menaçait, avait été « obligé » de se retirer, fermement encouragé par François Mitterrand, grand ami de Maurice Faure. Quelques années plus tard, le paysan-fonctionnaire Gérard Miquel avait adhéré au RPR, comme nombre d'agriculteurs naturellement de droite et plutôt séduits, en 1972, par le charisme de Jacques Chirac, ministre de l'Agriculture et député de la Corrèze, département limitrophe.

Puis, vu ses faibles chances de se faire élire conseiller général sous l'étiquette RPR, « Mickey » a abandonné les gaullistes pour adhérer en même temps au PS (courant Rocard). Ce passionné de politique pouvait-il faire un autre choix ? Difficile. Dans le Lot, s'affrontaient depuis toujours, à fleurets mouchetés, les élus radicaux fils de la bonne bourgeoisie vivier des professions libérales (médecins, pharmaciens, notaires, avocats) et leurs « adversaires et amis » socialistes recrutant, essentiellement, dans la fonction publique et les collectivités territoriales. Les élites locales vivaient dans le souvenir des gloires du terroir où des « VIP » avaient des résidences secondaires : Françoise Sagan (née à Cajarc), Louis Malle, Alain-Dominique Perrin, Charles Boyer, Henri de Montpezat, Charles Dumont, Georges Pompidou (conseiller municipal de Cajarc de 1961 à 1969), Bernard Pons, François Furet, et surtout Maurice Faure. Le chevillard était royalement ignoré de ce monde de notables radicaux et de personnalités. Et pour bien marquer son opposition à ces élus nés avec une cuillère d'argent dans la bouche, il a fait son entrée au Conseil général en tuant politiquement l'un des leurs. En effet, Gérard Miquel était élu, en 1982, conseiller général de Catus, en battant à la surprise général un radical bon teint, Me Philippe Mercadier, dont le père le conseiller général Henri Mercadier, ancien bâtonnier de Cahors, maire de Parnac et grand ami de Maurice Faure, venait de mourir. À la différence de son malheureux concurrent, le futur président du Conseil général du Lot avait mené une vraie campagne, rendant visite à tous les habitants du canton rural de Catus, soit à un peu plus de 4 500 personnes à l'époque. En professionnel de la politique déjà à l'âge de trente-six ans, il avait innové, les radicaux ne pratiquant pas du tout le porte-à-porte, faisant simplement campagne sur leur nom ou celui de leur père. Trois ans, plus tard, il est élu conseiller régional.

## Un professionnel de l'élimination « en douceur »

Un peu plus de dix ans plus tard, en 1994, la chance a vraiment souri à Mickey. Âgé aujourd'hui de quatre-vingt-sept ans, Maurice Faure (victime à l'époque d'un grave infarctus) décidait d'arrêter toute activité politique et confiait ses mandats et le département à ses héritiers radicaux de gauche : le pharmacien Bernard Charles, député et maire de Cahors (1981-2001), le médecin et sénateur André Boyer (décédé le 24 septembre 2008), ancien patron d'une petite usine de textile, Daniel Maury, conseiller général du fief de Maurice Faure, le canton de Montcuq, et le pharmacien Jean Milhau, son successeur à la tête du département en 1994. L'ancien employé de l'abattoir municipal de Cahors va les neutraliser, un par un, pour se glisser dans les habits de Maurice Faure, ancien grand patron politique du département. Il lui faudra quatorze ans pour reprendre tous ces mandats directement ou par le bais d'un de ses lieutenants au PS. Première étape : à l'issue des cantonales de 2004, les quatorze conseillers généraux socialistes sont enfin majoritaires ; l'apport des voix de droite ne permettant plus au radical de gauche Jean Milhau d'être élu président du Conseil général du Lot. Gérard Miquel est élu à son fauteuil. Quatre ans plus tard, en avril 2008, le directeur de cabinet de « Mickey » au Conseil général, Jean-Marc Vayssouze, un apparatchik du PS de quarante ans, est élu maire de Cahors (à la tête d'une liste PS-PC-Extrême gauche), battant à la fois la droite et la candidate radicale de gauche, qui ne sera pas sur sa liste au second tour. Dans un communiqué, celle-ci, Dominique Orliac, médecin et députée de Cahors, ne décolère pas : « Le PS nous reproche de n'avoir pas respecté un accord alors qu'il nous a proposé à nouveau, et donc par deux fois, l'inacceptable. La stratégie du PS est bien d'éradiquer les Radicaux de Gauche et d'éliminer toutes les autres sensibilités politiques de gauche. » Entre-temps, le seul rival possible de « Mickey », l'ex-journaliste de *La Dépêche du Midi*, députémaire PS de Figeac, conseiller général de Vayrac et ancien ministre du Budget, Martin Malvy, soixante-deux ans alors, avait été élu, en 1998, président du Conseil régional de Midi-Pyrénées. La même année, devenu vice-président du Conseil général, Gérard Miquel s'était fait élire conseiller général non plus de Catus, mais de Cahors sud, dans l'espoir de conquérir la mairie de cette ville préfecture. Six années plus tôt, en 1992, Gérard Miquel avait déjà pris le contrôle de l'appareil du PS dans le Lot. En effet, il est élu sénateur à la place de l'un des deux sénateurs sortant du Lot (qui, à cinquante-sept ans, ne se représentait pas, contre toute attente), le garagiste PS Marcel Costes, bras droit de Martin Malvy à la mairie de Figeac. Ce dernier ne garde pas un très bon souvenir de cette élection. Il est le petit-fils de Louis Malvy, ancien député-maire radical de Figeac, dix fois ministre sous la III$^e$ République, notamment de l'Intérieur, et qui avait voté, comme tant d'autres, les pleins pouvoirs au maréchal Pétain, le 10 juillet 1940.

Pour mener à bien sa conquête du Conseil général du Lot, Gérard Miquel a fondé en 1996 le Syded (Syndicat départemental d'élimination des déchets) du Lot. Derrière ce nom un peu barbare se cache un fabuleux outil d'utilité publique, au budget en 2008 de 13 millions d'euros. Cet organisme parapublic emploie près de 200 salariés (il fait ainsi partie des dix premières entreprises du département), gère près de trente déchetteries et trois centres de tri à partir desquels les ordures ménagères et industrielles sont recyclées, valorisées, incinérées ou enfouies. Le Syded travaille en régie directe mis à part l'incinération confiée au groupe Suez, l'enfouissement à la Saur, certaines valorisations à Paprec et les marchés de transport d'ordures (à partir des centres de tri) à Veolia. Les adhérents et utilisateurs du Syded sont six syndicats de ramassage et de traitement des ordures et neuf communautés de communes, entités qui regroupent en fait les 340 communes du Lot. Selon nos informations, le Syded est le seul organisme en France à détenir le monopole de fait du ramassage et du traitement des ordures dans un département rural ; et à un moindre titre des réseaux de chaleur chauffés au bois de récupération (bâtiments communaux et HLM) et du recyclage des boues des stations d'épuration.

Et il est également le seul organisme de ce type (sous le régime d'un Epic, Établissement public à caractère industriel et commercial) à être présidé par le patron de l'exécutif local, en l'occurrence Gérard Miquel qui vient d'en abandonner la présidence début 2009, après l'avoir occupée pendant douze années. À ce poste de responsabilité, « Mickey » était l'interlocuteur incontournable de tous les maires et conseillers généraux, désireux de détenir une déchetterie dans leur canton, un centre de tri ou un emploi pour un ami… Tout cela était et reste légal. Mais, est-ce bien un hasard si le centre de tri à Catus (canton dont « Mickey » a été conseiller général de 1982 à 1998) emploie encore aujourd'hui le plus de personnel au sein du Syded avec 44 salariés ? Est-ce encore bien un hasard si la petite ville de Catus (906 habitants) abrite le siège social du Syded ? En fait, le Syded a toujours été et reste un observatoire et un lieu de rencontre idéal entre les élus, l'administration préfectorale et les trois grands privés de la propreté et de la distribution d'eau potable, au nom bien entendu d'un objectif unique, le service de la collectivité.

## L'appel du 18 juin de Gérard Miquel

Et le futur président du Conseil général du Lot ne pouvait qu'en imposer à tous les élus et fonctionnaires :

ce grand professionnel de la Caste, et c'est rare à son niveau de responsabilité, possède véritablement un savoir encyclopédique en matière de développement durable. En effet, sous sa casquette de sénateur, Gérard Miquel fait partie de l'Opecst (Office parlementaire d'études des choix scientifiques et techniques). À ce titre, en compagnie du député UMP de Loire-Atlantique, Serge Poignant, il a rédigé et publié, le 9 juin 1999, un rapport très complet sur « les nouvelles techniques de recyclage et de valorisation des déchets ménagers et déchets industriels banaux ». Seul petit problème passé sans doute inaperçu aux yeux des Lotois et de leurs élus : Gérard Miquel s'était fait, dans ce rapport, le défenseur acharné de la destruction des ordures par thermolyse. Ce procédé consiste théoriquement à chauffer les déchets jusqu'à 750 °C en l'absence d'air, opération au cours de laquelle les matières organiques sont décomposées, puis réutilisées en énergie sous forme de gaz. Malheureusement pour lui, la seule usine de thermolyse existant en France à Arras a dû cesser définitivement son exploitation en février 2009. Elle n'a jamais fonctionné correctement et a coûté 20 millions d'euros aux contribuables des cent trente communes de la région d'Arras[1]. Et heureusement pour eux, les 170 000 habitants du Lot qui n'entendent plus parler d'une possible installation de ce système « révolutionnaire » dans leur département, de la bouche de Gérard Miquel.

Mais rien n'arrête l'infatigable et passionné sénateur « Mickey », devenu également spécialiste de la gestion de l'eau potable et de la récupération des eaux usées. En effet, il a publié, le 18 mars 2003, un nouveau rapport de l'Opecst sur « la qualité de l'eau et de l'assainissement en France ». Dans la foulée de ce document très complet, le président du Conseil général du Lot a fait adopter, le

1. Voir Emmanuelle Crépelle, « Le traitement des déchets par thermolyse à Arras n'aura duré que quatre ans », *La Voix du Nord*, 4 février 2009.

18 juin 2007, par sa commission permanente une délibération autorisant le Syded à gérer dorénavant la production et
la distribution d'eau des communes ou communautés de
communes qui en feraient la demande dans le département. Résumons, car l'affaire est compliquée à souhait...
En un mot, Gérard Miquel, président du Syded, s'est fait
voter par Gérard Miquel, président du Conseil général, la
compétence de distribution et de production de l'eau sur le
département. À l'époque, « Mickey » avait comme bras
droit son directeur de cabinet, Jean-Marc Vayssouze,
surnommé « Oui-Oui » en raison de la fidélité légendaire
envers son patron. Et le 19 janvier 2009, la nouvelle municipalité PS de Cahors (dont le maire est Jean-Marc Vayssouze depuis avril 2008) décide par sa délibération n° 22
d'adhérer au Syded pour la gestion de sa production d'eau.

Fait appartemment anodin, le rapporteur de cette
délibération au conseil municipal de Cahors est le socialiste
Daniel Coupy, qui officie tout à la fois comme vice-président rémunéré du Syded et sixième adjoint avec indemnité
à la mairie de Cahors chargé de l'eau. Pourtant, l'article
L. 2131-11 du code général des collectivités territoriales
stipule : « Sont illégales les délibérations auxquelles ont pris
part un ou plusieurs membres du conseil intéressés à
l'affaire qui en fait l'objet, soit en leur nom personnel, soit
comme mandataires. » La double qualité de Daniel Coupy,
vice-président indemnisé du Syded et de 6ᵉ adjoint rémunéré à la mairie, risque fort de rendre illégale cette délibération du simple fait que celui-ci a pris part au deux votes, du
18 juin 2007 et du 19 janvier 2009. Dans son para-
graphe 21, l'article L. 2131-11 ajoute : « La qualité de
rapporteur du projet de délibération confirme tout particulièrement la présomption d'influence effective. »

### L'erreur de « super écolo »

Empêcheur de tourner en rond et retraité de la
poste, Louis Blanc a adressé une requête au tribunal

administratif de Toulouse, en vue d'annuler deux délibérations de Gérard Miquel, président du Conseil général,
pour « excès de pouvoir », En un mot, Gérard Miquel, président du Syded, s'est fait voter par Gérard Miquel,
président du Conseil général, la compétence de distribution et de production de l'eau sur le département. C'était
illégal[1]. Le même contribuable Louis Blanc a déposé
plainte, le 22 mai 2009, auprès du procureur de la République de Cahors pour « prise illégale d'intérêts » contre
Daniel Coupy, vice-président du Syded[2]. Cette délibération sur l'eau prise par la ville de Cahors va bien évidemment dans le sens du rapport Miquel sur l'eau qui prône
une tarification unique de l'eau, *via* une mutualisation de
la ressource, dans chaque département ou région. Or, la
ville de Cahors possède une ressource d'eau potable
inépuisable et facile d'accès, la Fontaine des chartreux. À
l'inverse, les quatre-vingts communes et trente syndicats
d'adduction d'eau du Lot disposent de sources d'eau
potables beaucoup moins importantes et plus coûteuses,
car plus difficiles d'accès... On peut s'étonner qu'aucun
des trois « majors » français de l'eau (« Veolia », « Suez-
Environnement » ou la « Saur ») n'ait déposé un recours
devant le tribunal administratif de Toulouse contre le
Syded et le Conseil général du Lot pour entrave à la
concurrence.

Le super professionnel de la politique Gérard Miquel
serait-il passé du marigot des pouvoirs, où il excellait, à une
passion pour le développement durable et donc l'intérêt
général ? Il lui reste quelques progrès à faire avant d'enfiler
ses nouveaux habits de super écolo. Dans un département
qui abrite un bataillon de résidences secondaires (20 % des
habitations du Lot) avec piscines et arrosage automatique
intégré, « Mickey » se prend les pieds dans le tapis lorsqu'il
préconise : « L'idée est d'obtenir un prix unique sur le

---

1. Voir copie de la requête.
2. Voir copie de la plainte.

département et une tarification qui incite financièrement à une gestion plus économe de l'eau[1]. » En effet, supprimer l'abonnement actuel (partie fixe) conduirait à faire payer aux habitants permanents les équipements nécessaires à toutes les habitations, y compris les résidences secondaires. En gros, le professionnel Gérard Miquel voudrait en revenir à la tarification progressive en fonction de la consommation qui, sous Napoléon III, frappait surtout les familles nombreuses et modestes[2]. Aujourd'hui, en milieu rural comme dans le Lot, cela reviendrait à doubler, voire plus, la facture d'eau des « sédentaires » et ce serait tout bénéfice pour les « vacanciers ». Belle performance pour un président de Conseil général, élu sous l'étiquette socialiste.

Toute collectivité locale a des charges fixes à payer, notamment les emprunts contractés pour mener à bien les travaux liés à l'acheminement de l'eau potable, et ces emprunts il faut bien les rembourser. Donc la baisse des consommations conduirait automatiquement à l'augmentation des tarifs. Limiter la consommation d'eau potable n'est pas réellement un enjeu économique pour les consommateurs et leurs élus, mais c'est avant tout un enjeu médiatique et environnemental de protection des ressources. « Mickey » reste donc un éminent membre de la Caste des 500, mais comme Georges Frêche et Philippe de Villiers, il lui faut garder du bon sens et les pieds sur terre. Chose très difficile pour un cumulard si doué et brillant soit-il, car cela lui demande de rester en contact avec la réalité et ses électeurs au milieu d'un emploi du temps bourré à craquer.

1. Voir « Prix de l'eau, ce qui va changer », *La Dépêche du Midi*, 13 octobre 2008.
2. Voir Yvan Stefanovitch, *L'Empire de l'eau*, Ramsay, 2005.

# 5.

# Le cumul, c'est fou

Il a plutôt bien géré sa ville de Saint-Étienne durant quatorze années d'affilée, avant d'être renvoyé comme un malpropre, aux municipales de 2008, au bénéfice du nouveau maire socialiste, un président d'université quasiment inconnu. Pourtant, l'ancien maire et ex-président de la Communauté d'agglomération de Saint-Étienne, Michel Thiollière, cinquante-trois ans, possède toutes les qualités d'un élu de la Caste : passionné, compétent, travailleur, visionnaire, aimant sa ville, les gens et ses administrés. Toujours courtois et aimable, ce prof d'anglais et Stéphanois pur jus n'a rien à voir avec les autocrates féodaux comme « Frechus Magnificus » imperator de Septimanie, le vicomte de Vendée ou « Mickey » le roi du Lot. Frêle silhouette presque fragile, fines lunettes, écrivain à ses rares moments perdus, fana de ski de fond et de vélo, père de deux grandes filles, Michel Thiollière n'est ni mégalo, ni provocateur. L'échec électoral de cet élu pose trois questions incontournables : comment un parlementaire et patron d'un exécutif local, qui présente plutôt un bon bilan, peut-il être finalement battu aux élections municipales ? Pourquoi ses collègues également sénateurs et bon gestionnaires comme lui, Daniel Percheron, président du Conseil régional du Nord-Pas-de-Calais, Roland Ries,

maire de Strasbourg, et Jean-François Le Grand, président
du Conseil général de la Manche, n'ont-ils jamais connu
eux l'échec électoral ? Le cumul ne peut-il être aussi la pire
comme la meilleure des choses pour un élu ?

Michel Thiollière ne répond pas directement à ces
trois questions. Nous avons enquêté pour tenter d'y
répondre. L'ancien maire ignore s'il se présentera aux
prochaines élections municipales en 2014, mais garde
toujours les yeux de Chimène pour Saint-Étienne. « C'est
ma ville depuis toujours, explique-t-il. J'y suis né, ma
famille également. Mon grand-père maternel travaillait
même comme ingénieur au service voirie de la ville. J'y ai
étudié, travaillé, enseigné. C'est une ville pour laquelle
j'avais beaucoup de rêves. J'ai rêvé d'en être maire. J'avais
envie de faire avancer la ville. Pendant mes quatorze ans à
la tête de la mairie, je travaillais soixante-dix heures par
semaine. Je crois avoir fait le job[1]. » Une certitude : cette
ville (14ᵉ de France avec 177 000 habitants) et l'agglomération de Saint-Étienne (au 18ᵉ rang avec 291 000 habitants)
cultivent une tradition populaire. Un ancien paysan (l'UDF-
centriste François Dubanchet), qui avait succédé, en 1983,
à un ex-mineur, syndicaliste et grand résistant (le communiste Joseph Sanguedolce), a passé le témoin, en 1994, à
son adjoint l'UDF-radical, le petit professeur Michel
Thiollière. « L'enracinement rural de ma ville, sa culture
populaire et ouvrière, *via* les anciennes usines "Manufrance", le GIAT (Groupement Industriel des Armements
Terrestres) et l'ex-bassin minier, ont toujours pesé d'un
énorme poids sur la mairie, rappelle-t-il, c'était mon
souci numéro 1. En trente ans, l'agglomération a perdu
80 000 emplois, dont 4 000 à Manufrance (fermé en
1985), 4 000 au GIAT (disparu en 2000), 20 000 dans le
bassin houiller jusqu'en 1983 et le reste dans la métallurgie
et le textile. Malgré ce terrible boulet, ma fierté encore
aujourd'hui, c'est d'avoir fait tomber le pourcentage de

---

1. Entretien avec l'auteur en octobre 2008.

chômeurs de 17 % à mon arrivée, en 1994, à la mairie, à 8 %, en 2008, à mon départ, ce dernier chiffre étant proche de la moyenne nationale. Il y a peu d'élus qui savent aujourd'hui ce qu'est un territoire éprouvé comme ici, dans le Nord-Pas-de-Calais et en Lorraine. Quand on parle avec Jean-Louis Borloo de Saint-Étienne et de Valenciennes, on sait ce qu'est un territoire éprouvé. Un seul chiffre le démontre : Saint-Étienne avait 220 000 habitants dans les années 1970 contre 177 000 seulement aujourd'hui[1]. »

## Super cumulard et fier de l'être

Avant d'être battu aux municipales de 2008, Michel Thiollière avait un peu « la tête dans le guidon »... À un tel point que ses deux filles, âgées aujourd'hui de vingt et un et vingt-deux ans, qui ont souffert de sa passion pour la politique (il le reconnaît lui-même), ont eu peur pour lui, juste après sa défaite. Ce coureur cycliste du dimanche était très préoccupé d'œuvrer au mieux pour sa ville et pour le bien-être des Stéphanois, mais sans trop avoir le temps et l'ardente intuition de leur demander leur avis ou de les croiser quotidiennement dans la rue ou au bistrot. Fort de ses réseaux intellectuels, artistiques et patronaux, il a installé, en plein centre ville, une magnifique cité du design sur les dix-sept hectares de l'ancienne usine de fabrique d'armement le GIAT, sans demander l'avis de qui que ce soit et sans se préoccuper de la conservation de la mémoire de cette ancienne manufacture royale créée par Louis XIV. Rien à voir avec l'ancien ministre chouchou des médias et député-maire UMP villepiniste de Crest (Drôme), Hervé Mariton, cinquante ans, qui ne passe quasiment pas un jour sans répondre à une interview à la radio, à la télévision ou dans la presse, sur tous les sujets possibles et inimaginables. Or, le même infati-

---

1. *Ibid.*

gable ingénieur polytechnicien Hervé Mariton confesse : « Chaque semaine, dans ma bonne ville de Crest peuplée de 8 500 habitants, je ne manque jamais d'aller à la rencontre de mes administrés dans des bistrots. J'y ramasse souvent des pépites. Les gens parlent, se livrent beaucoup plus qu'on ne croit. Je reste ainsi à l'écoute des préoccupations de mes électeurs, je mesure leurs inquiétudes, c'est fondamental[1]. »

Passionné d'architecture et d'urbanisme, l'enseignant Michel Thiollière (il fut adjoint à l'urbanisme avant d'être maire en 1994) avait le cursus idéal pour faire rester proche des gens et à leur écoute, avec un père professeur d'électricité et une mère institutrice, puis directrice d'école. Or l'ancien maire n'a pas fait grand-chose pour faire réellement participer les Stéphanois aux décisions, *via* les conseils de quartier. En outre, il s'est toujours refusé à diffuser sur internet le compte rendu des conseils municipaux. Ce repli de cet homme de dossiers peut s'expliquer. L'ex-prof d'anglais pendant dix-sept ans (de 1977 à 1994) est très vite devenu, une fois installé dans son fauteuil de maire, un roi du cumul des mandats, l'un des plus beaux de notre République. La liste de ses responsabilités donne le tournis : sénateur de la Loire depuis 2001, vice-président de la commission des Affaires culturelles du Sénat, vice-président du Conseil régional de la région Rhône-Alpes (de 1999 à 2001) chargé de la culture, de l'enseignement supérieur, de l'innovation et de la recherche, président de la Communauté d'agglomérations de Saint-Étienne Métropole, secrétaire général adjoint du Parti radical présidé par son ami Jean-Louis Borloo, secrétaire national de l'UMP chargé de la politique de la ville, membre du bureau de l'Association des maires des grandes villes de France (AMGVF) et maire de Saint-Étienne depuis 1994.

---

1. Entretien avec l'auteur en mars 2009.

Toutes ces casquettes, et notamment son mandat de sénateur, qui le clouait les mardi et mercredi à Paris, n'ont-elles pas conduit l'ancien maire à négliger sa ville et à éviter tout dialogue avec les Stéphanois, au ras du trottoir, pour s'enquérir de leurs difficultés quotidiennes en dehors des chiffres et des dossiers ? Comment peut-il justifier d'avoir ajouté à sa kyrielle de mandats celui de sénateur à partir de 2001 ? Devenu aujourd'hui un simple conseiller municipal, le sénateur Michel Thiollière répond que le cumul des mandats est politiquement obligatoire : « Lorsque j'ai été élu maire en 1994, je n'ai pas essayé d'être élu parlementaire. Et pourtant en 2001, j'ai été élu sénateur. Pourquoi ? Si vous n'êtes pas parlementaire, à Paris et même dans la région Rhône-Alpes, vous n'êtes jamais invité. Pour obtenir un rendez-vous avec un ministre ou un de ses collaborateurs, c'est difficile, si vous n'êtes pas député ou sénateur. Je donne quelques exemples. Pour obtenir des crédits pour la "Cité du design", j'ai dû négocier avec le département, la région et les ministères. Étant sénateur, c'est plus facile, les portes vous sont ouvertes. Même chose avec la deuxième ligne de tramway, il fallait aller à la région, dans plusieurs ministères et à Bruxelles[1]. »

En gros, si c'était à refaire, il cumulerait de nouveau. L'ancien maire ne regrette rien, très sûr de lui, sans état d'âme sur la nocivité du cumul des mandats et son double corollaire, l'absentéisme parlementaire et, par manque de temps, le peu de contact avec ses électeurs. En fait, le sénateur-maire Michel Thiollière vivait deux ou trois journées en une, plus ou moins grisé par la vitesse et la rapidité des choses et des décisions à prendre sans cesse. Durant notre enquête, cette même justification du cumul des mandats sera mise en avant par la cinquantaine de parlementaires cumulards que nous avons interrogés. Une seule exception. L'incontournable député-maire UMP Hervé Mariton qui donne une tout autre explication :

---

1. *Ibid.*

« Allié au travail sur le terrain et sur dossier, seul le cumul des mandats donne à un parlementaire une réelle possibilité d'indépendance par rapport à son parti et au gouvernement, s'il est dans la majorité présidentielle[1]. » Mais l'indépendance d'esprit d'un professionnel de la politique, son caractère godillot ou pas, dépend plutôt de son caractère et de son éducation. C'est une manière de faire de la politique que personne ne vous apprend et à laquelle la fonction publique (auquel appartient en position de disponibilité le sénateur Michel Thiollière) ne prédispose pas du tout.

## Première erreur : la folie des grandeurs ?

Tout bien réfléchi, l'ancien maire de Saint-Étienne trouve deux raisons essentielles à son échec. La première, Michel Thiollière l'explicite lui-même dans son ouvrage *Quelle ville voulons-nous*[2] ? : « Le temps de l'action publique ne fait pas bon ménage avec le temps télescopé, fracturé, compacté de la société de l'image. La République accorde six années aux élus pour faire ce à quoi ils se sont engagés. C'est le temps tout juste nécessaire pour entreprendre un projet et le mener à son terme. Il faut quatre à cinq ans pour inscrire la réalisation d'un bâtiment universitaire dans les procédures partenariales État-région, autant pour étudier le projet et passer le cap de toutes les procédures et de dix-huit mois à deux ans pour le construire. Dix à douze ans au bas mot. Pour une autoroute, c'est une vingtaine d'années de procédures et trois ou quatre ans de travaux. Pour une salle de musique ou une ligne de tramway, cinq ans de transaction, deux ans de travaux. » Or, pour embellir sa ville et attirer ainsi des entreprises, Michel Thiollière l'a transformée en chantier durant son dernier mandat au grand dam de beaucoup de Stéphanois,

---

1. Entretien avec l'auteur en avril 2008.
2. Éditions Autrement, 2007.

notamment des commerçants. Ont été construits successivement le siège mondial de Casino, un Zénith de 6 000 places (36 millions d'euros), et une Cité du design, vaste pôle d'innovation et de recherches, le plus grand centre hospitalier privé de Rhône-Alpes et une deuxième ligne de tram (qui a éventré la ville deux ans durant). « Et la ville a dépensé depuis 2005, en cinq ans, 315 millions d'euros pour la réhabilitation urbaine des immeubles anciens dans le centre ville, précise l'ancien maire. Mais pour les gens qui y vivent sur le terrain, c'est insupportable, ils n'en peuvent plus d'attendre. C'est politiquement inacceptable. Ils n'y croient plus. C'est une des raisons pour lesquelles j'ai été battu[1]. »

Les statistiques officielles l'attestent, plus de 23 700 Stéphanois vivent dans des quartiers en difficulté (le taux de logement social est de 23 %), voire dans des logements insalubres, y compris dans le centre ville de Saint-Étienne. Les Stéphanois avaient, en 2004, l'un des revenus moyens annuels par habitant les plus bas de France avec 7 822 euros (moyenne nationale : 9 953 euros), contre 8 570 euros pour Marseille, qui connaît pourtant un taux de chômage de 12,6 %. Parmi les 37 villes de plus de 100 000 habitants en 2006, seules les villes d'Amiens (7 601 euros), de Brest (7 519) et du Havre (7 415) ont un revenu inférieur par habitant à celui de Saint-Étienne. Conclusion : Saint-Étienne est l'une des villes les plus pauvres de France[2]. Michel Thiollière n'était donc pas totalement responsable de l'hémorragie démographique et économique de la ville de Saint-Étienne, de 1970 à 2000. Or, cette double hémorragie a toujours gardé un impact déterminant (*via* les recettes fiscales et les charges) sur les résultats financiers de la commune. Ainsi, le mensuel économique *Capital* de février 2008 classe Saint-Étienne en 97ᵉ position sur les 100

---

1. Entretien avec l'auteur en avril 2009.
2. Voir Denis Meynard, « Saint-Étienne s'appauvrit » et « Audit des villes : les données socio-économiques et les indicateurs financiers », *Les Échos*, 21 février 2008.

plus grandes villes françaises pour la durée nécessaire à son désendettement ! 19,4 ans alors que la moyenne nationale est de sept ans. Le magazine ajoute ce commentaire particulièrement sévère : « Cette ville UMP a dangereusement allongé sa durée de désendettement. »

## Deuxième erreur : la soumission à l'UMP

Pour Michel Thiollière, la seconde raison de son échec s'appelle Gilles Artigues, l'un de ses principaux ex-lieutenants au Conseil municipal. Ce dernier a été son adjoint de 1995 à 2001, chargé de la vie associative, puis délégué à l'Espace public, la proximité et la démocratie locale, jusqu'en novembre 2007, date de sa démission. UDF comme Michel Thiollière, Gilles Artigues, quarante-trois ans, avait été élu député de la Loire en 2002, mais en 2007 il se représentait sous les couleurs du Modem de François Bayrou. Le maire de Saint-Étienne de l'époque et son parti l'UMP envoyaient aussitôt contre lui un candidat investi par ce parti, François Grossetête. En effet, le sénateur-maire Michel Thiollière avait quitté l'UDF pour l'UMP en décembre 2002, formation devenue sarkozyste et partie en guerre ouverte contre le Modem de François Bayrou à la suite de l'élection présidentielle de 2007. Ce dernier y avait obtenu le beau score de 18,57 % sur une partition très anti-sarkozyste. Dans la foulée, aux législatives de 2007, l'UMP avait présenté un candidat contre les six députés candidats restés fidèles à François Bayrou et au Modem. À Saint-Étienne, la primaire à droite avait permis au candidat socialiste d'être élu au second tour dans la circonscription du député sortant du Modem, Gilles Artigues. Michel Thiollière estime que « Gilles Artigues s'est affilié au Modem, parce qu'il n'était guidé que par une seule obsession, être calife à la place du calife, c'est-à-dire qu'il ambitionnait d'être maire de Saint-Étienne[1] ».

---

1. Entretien avec l'auteur en mars 2009.

En 2007, son échec aux législatives avait meurtri Gilles Artigues qui, l'année suivante, n'avait plus qu'une idée : chasser de la mairie son ancien patron, devenu un rival. Au premier tour de l'élection municipale à Saint-Étienne en mars 2008, Gilles Artigues totalisait plus de 20 % des voix (un très bon score) et au second tour, plus de 12 % contre 41,63 % à Michel Thiollière et 46,11 % à son adversaire socialiste. En quittant l'UDF en 2002 pour l'UMP, Michel Thiollière avait programmé sa défaite. Son adhésion à l'UMP, chiraquienne à l'époque, montre que l'ancien maire de Saint-Étienne n'a pas fait preuve de beaucoup d'indépendance d'esprit et de libre arbitre par rapport au président de la République, Jacques Chirac, et à son parti majoritaire. Interrogé sur cette guerre fratricide entre l'ancien maire de Saint-Étienne et son adjoint de l'époque, le président de la commission des Finances du Sénat et président du Conseil général de la Mayenne, Jean Arthuis (UDF) s'étonne : « J'apprécie beaucoup Michel Thiollière, élu sénateur, en septembre 2001, sous l'étiquette de l'Union centriste composante de l'UDF, mais je regrette qu'il ait adhéré à l'UMP en décembre 2002. Moi, j'ai rompu avec François Bayrou, mais ce n'est pas pour autant que j'ai adhéré à l'UMP ou au Nouveau Centre. Certes, je suis dans la majorité présidentielle, mais à l'UDF et je m'en porte très bien. L'absence du Centre à Saint-Étienne et dans le reste de l'Hexagone, on le voit bien depuis la constitution de l'UMP, déséquilibre le paysage politique français. L'objectif est bien de rassembler tous les centristes aujourd'hui dispersés afin de reconstituer un mouvement pluraliste, indépendant et suffisamment fort pour nouer des alliances claires, sur la base de visions partagées et de propositions conçues avec lucidité, courage et responsabilité[1]. » En septembre 2004, Michel Thiollière changera à nouveau de parti en intégrant le Rassemblement démocratique et social européen (RDSE) qui regroupe les sénateurs

---

1. Entretien avec l'auteur en avril 2009.

radicaux. Puis, en septembre 2008, il rejoint à nouveau les rangs de l'UMP.

Le conflit entre Michel Thiollière et Gilles Artigues n'illustre pas uniquement la compétition entre l'UMP et le Modem. Cet affrontement montre à l'évidence que le choix du candidat aux municipales et aux législatives est plus que jamais entre les mains de la Caste. À Saint-Étienne, l'UMP et le Modem n'ont obéi qu'à une seule préoccupation, au-delà de la personnalité de Michel Thiollière et de Gilles Artigues, tout faire pour garder le monopole parisien de la désignation de leurs candidats. Au risque de pratiquer la politique du pire, sans le moindre état d'âme. Dans *La Reine du Monde*[1], l'historien Jacques Julliard explique les dessous de ce genre de bagarre : « La classe politique en place assure sa propre reproduction et ne laisse au peuple que l'apparence d'une libre élection. Car la clé du système, c'est la désignation des candidats et, de l'extrême-droite à l'extrême-gauche, les membres de la classe politique l'ont toujours entendu ainsi. Dans le schéma théorique de la démocratie représentative, l'image qui s'impose est celle de la pyramide. La base recrute des militants qui désignent des élus qui s'entendent sur des dirigeants. Ce n'est là qu'une apparence trompeuse destinée à faire entériner par le peuple le choix des élus ; en vérité un système parfaitement oligarchique. Car dans la réalité, ce sont les dirigeants appuyés sur leurs militants répartis en courants disciplinés qui désignent les candidats. Il ne reste au peuple qu'à voter. » Michel Thiollière et Gilles Artigues n'ont rien fait pour violer cette règle non écrite de leur parti respectif.

### Battus, mais récompensés par Sarko

Deux anciens ministres, l'ex-UDF devenu UMP Gilles de Robien, soixante-huit ans, et l'UMP François d'Aubert,

---

1. Flammarion, 2008.

soixante-cinq ans, tout aussi passionnés, compétents et bons gestionnaires que l'ancien maire de Saint-Étienne, ont été eux aussi battus aux municipales de 2008, après avoir perdu leur mandat de député l'année précédente. En fait, les électeurs leur ont signifié leur licenciement définitif, en tant que piliers de la Caste. Tous les deux semblent en avoir pris bonne note. Contrairement au sénateur Michel Thiollière, ils n'ont aujourd'hui plus aucun mandat. Battus pour le fauteuil de maire, ils avaient été élus tous deux conseiller municipal, un mandat dont ils ont démissionné quelques semaines après leur défaite, sans tambour, ni trompette. Fort opportunément, le président de la République Nicolas Sarkozy ne les a pas oubliés dans l'échec. Il leur a alloué un petit nid douillet avec voiture de fonction, chauffeur, secrétaire et joli revenu. Depuis le 1er août 2007, Gilles de Robien est délégué du gouvernement français au conseil d'administration de l'Organisation Internationale du Travail, qui se réunit deux fois par an à Genève. Le 5 octobre de la même année, le président lui a confié une deuxième mission : ambassadeur « chargé de promouvoir la cohésion sociale », avant de le nommer chevalier de la Légion d'honneur le 30 janvier 2008. Merci, président.

La même chasse aux postes de responsabilités est organisée pour François d'Aubert, dès qu'il doit quitter ses fonctions, le 1er juin 2005, de ministre de la Recherche, suite au remplacement du Premier ministre Jean-Pierre Raffarin par Dominique de Villepin. Un mois plus tard, le 2 juillet suivant, le président Jacques Chirac « recase » le maire de Laval et conseiller à la Cour des comptes en disponibilité, comme ambassadeur haut représentant pour la réalisation en France du projet ITER, le réacteur expérimental international de fusion nucléaire. François d'Aubert pouvait difficilement demander à son député suppléant, l'UMP Henri Houdouin, de démissionner, afin de provoquer une législative partielle. Pour succéder, en mai 2004, comme député à François d'Aubert nommé ministre délégué à la Recherche, Henri Houdouin, conseiller général d'Argentré, avait dû démissionner de ce mandat pour se conformer à la loi sur le cumul, étant aussi maire de Bonchamp-lès-Laval, ville de 8 000 habitants. Avant les municipales de 2008 et juste après avoir perdu son siège de député, François d'Aubert a été nommé, le 25 juillet 2007, président de l'Établissement public de la Cité des sciences et de l'industrie. La République est bonne fille. Puis, le 10 avril 2009, le même a été nommé délégué général à la lutte contre les paradis fiscaux auprès des ministres de l'Économie Christine Lagarde et du Budget Éric Woerth.

## Des traitements de faveur
## pour de Robien et d'Aubert

Pourquoi cette nouvelle nomination ? Tout simplement parce que François d'Aubert ne pouvait plus occuper ce haut poste de la fonction publique à la Villette en détachement de son corps d'origine la Cour des comptes. Conseiller à la Cour des comptes depuis 1971, il est en effet atteint par l'âge de la retraite de la fonction publique et ne peut plus être placé en position de détachement. Dans le cadre de la chasse aux gaspillages lancée au plus haut niveau de l'État, François d'Aubert aurait pu se contenter de sa retraite de conseiller à la Cour des comptes, de maire et de parlementaire, Gilles de Robien de sa retraite d'agent d'assurances, de maire et de député. Mais, non. Tous les deux touchent des indemnités dans leurs nouvelles fonctions et encaissent aussi leurs retraites d'élu, d'ancien haut fonctionnaire ou d'assureur. C'est parfaitement légal et ils entendent ainsi demeurer « au service des Français »… Pourquoi le président de la République a-t-il fait bénéficier François d'Aubert et Gilles de Robien d'un traitement de faveur ? Pourtant battus sans la moindre contestation, tous les deux pourraient, malgré leur âge, avoir l'envie de se présenter aux législatives de 2012 ou aux municipales de 2014. Bien traiter ces deux anciens professionnels de la politique relève d'une habile stratégie pour le chef de l'État, patron omniprésent de la majorité présidentielle. Ainsi, tous les deux sauront tourner la page et renvoyer l'ascenseur à l'UMP en soutenant le candidat choisi par le parti du président. Toujours la vieille obsession de la Caste : garder le monopole de désignation des candidats aux élections.

L'ancien député-maire de Laval et ministre de la Recherche jusqu'en 2005, François d'Aubert, et Gilles de Robien, ex-député-maire d'Amiens et ministre de l'Éducation jusqu'en 2007, avaient emprunté des itinéraires très différents. Le premier est énarque, donc fonctionnaire, et a commencé en politique à trente ans. Le second, agent d'assurances, s'est lancé dans le métier à l'âge de quarante-cinq ans. Certes, tous les deux sont d'ascendance noble. Issu d'une famille originaire de Mayenne, François d'Aubert est le fils de Michel d'Aubert, ancien producteur de poires près de Laval, et d'Anne de la Vaissière de Lavergne. Il est marié avec Édith Henrion et a trois enfants. Marié et père de quatre enfants aujourd'hui tous adultes, le comte Gilles de Robien est le fils du comte Jean de Robien et d'Éliane Le Mesre de Pas. La famille de Robien est une importante famille de robe bretonne. Autre point commun entre ces deux politiques, ce sont des touche-à-tout qui ont toujours pratiqué le cumul des mandats et multiplié les responsabilités en dehors de leurs mandats électoraux. Comme si ce cumul ne leur suffisait pas.

## D'Aubert l'imprévisible devient député-enquêteur

Qu'on l'ait croisé comme journaliste dans son bureau à l'Assemblée nationale, dans un autre à Bercy, au ministère de l'Éducation ou encore à la brasserie Lipp, François d'Aubert était impatient, imprévisible, brillant, rapide, coléreux, souvent charmant, mais toujours en train de faire quatre ou cinq choses en même temps, entouré de ses deux collaboratrices, Dominique et Christiane, d'une patience d'ange à l'égard de leur patron[1]. Les journalistes avaient toujours l'impression de déranger ce politique méfiant, vieux célibataire, qui se cherchait un destin avant de faire un beau mariage sur le tard, en 1989. Sur son passé, il n'était pas très loquace. Il était de gauche à l'ENA avant d'intégrer la Cour des comptes, où il s'ennuya ferme. Le monde politique ultra libéral lui a alors tendu très vite les bras pour lui offrir un rôle à la hauteur de ses prétentions. De 1974 à 1978, l'apprenti professionnel faisait le classique parcours initiatique de chargé de mission dans les cabinets ministériels : auprès du secrétaire d'État chargé des travailleurs immigrés, puis du ministre du Travail, Paul Dijoud ; au cabinet du ministre de l'Équipement Robert Galley ; et enfin chez le Premier ministre, Raymond Barre.

À la fin de cet apprentissage, il fut parachuté et élu député en 1978 de Laval en Mayenne, mettant fin à trente ans de domination socialiste dans la circonscription. À Paris, il organisait alors dans l'ombre la renaissance des libéraux à l'Assemblée nationale, à travers des clubs de réflexion (« Les réformateurs », « La droite libre »). Cadet de la droite avec ses amis Gérard Longuet, François Léotard, Alain Madelin et Philippe Séguin, il pratiquait l'obstruction parlementaire sous la présidence Mitterrand. François d'Aubert ne sera pas récompensé par un maroquin ministériel, lors des deux cohabitations, contrairement à ses petits camarades. Son indépendance d'esprit et son sens de la formule, qui fait mouche, incisive, ont nui à sa carrière. En réalité, son rang n'était pas assez élevé dans sa formation, le parti Républicain (une des composantes de l'UDF), il jouait trop les « grandes gueules » en public (lors de la nomination d'Edith Cresson au poste de Premier ministre, il l'assassine : « Nous attendions Margareth Thatcher, c'est la Pompadour qui entre à Matignon ») ou en privé (il n'était pas

---

1. Entretiens avec l'auteur en 1993, 1995 et 2006.

tendre avec ses collègues de droite députés ou ministre).
Sa rencontre avec des journalistes spécialisés au milieu de
cette « traversée du désert » lui a donné un nouveau
métier : croisé de l'anticorruption. Plutôt original pour
un député à l'époque, ce créneau va le faire remonter en
flèche, en tête du peloton des ministrables. Membre ou
rapporteur aussi d'une dizaine de commissions d'enquête
à l'Assemblée nationale, le député de Laval savait y faire
pour médiatiser ses dossiers. Comme l'écrivait avec
humour Guy Benhamou dans *Libération* du 9 janvier
1995 : « François d'Aubert, député-enquêteur en attendant mieux ».

En janvier 1993, avec la collaboration de François
Labrouillère, journaliste à *Paris-Match*, il publiait *L'Argent
sale, enquête sur un krach retentissant*[1] un « pavé » de
570 pages. Le député de la Mayenne y racontait comment
la Mafia italienne avait réussi à « pomper » des montants
colossaux de dollars au Crédit Lyonnais, banque nationa-
lisée, *via* un affairiste italien Giancarlo Paretti « proche
des socialistes au pouvoir à Rome et à Paris ». Au dos du
livre, l'éditeur présentait François d'Aubert comme « l'un
des ténors de l'opposition au pouvoir socialiste, qui
préside la commission d'enquête anti-Mafia, à l'Assemblée nationale ». L'année suivante en 1994, le député de
la Mayenne récidivait, toujours aidé par François
Labrouillère, avec *Main basse sur l'Europe*[2]. Un nouveau
pavé cette fois de 470 pages seulement, où il raconte à
l'issue « de deux ans d'enquête » comment « 10 à 15 %
des 500 milliards de francs du budget européen sont
détournés chaque année ». En 1995, le « Sherlock
Holmes » de l'Assemblée cessait définitivement de jouer
au mouton noir, chargé de dénoncer la mauvaise utilisation des fonds publics, en publiant des livres d'enquête.
La raison était toute simple, il est alors nommé secrétaire

---

1. Plon, 1993.
2. Plon, 1994.

d'État au Budget, où son passage éclair (du 18 mai au 6 novembre 1995) restera le plus court à Bercy, depuis le début de la V$^e$ république en 1958, pour un ministre ou secrétaire d'État. Du secrétariat d'État au Budget, il sera parachuté à celui de la Recherche (de 1995 à 1997), puis ministre délégué à la Recherche entre 2004 et 2005. Et après une série d'échecs successifs aux municipales à Laval en 1977, 1983, 1989, il prend finalement la mairie aux socialistes en 1995, et est réélu en 2001. Autant ce professionnel de la politique aime les défis (il a mis dix-huit ans à devenir maire de Laval), et apprécie une certaine « noblesse » dans l'incertitude des campagnes électorales, autant il s'est toujours montré un piètre stratège, connu pour son manque d'habileté politique. Comme de croire que les Lavallois apprécient d'avoir un député-maire qui, toute la semaine, exerce à Paris un autre métier que celui de maire et de député. Tout le monde peut se tromper.

### Le comte « Gilou » aime « rendre service »

Contrairement à François d'Aubert, le comte Gilles Marie Ghislain Louis de Robien n'a jamais connu de traversée du désert politique. Cet aristocrate courtois, poli jusqu'à l'excès, galant, toujours le sourire aux lèvres (sans doute pour cacher son côté extrêmement rancunier), consensuel et très astucieux, se veut pratiquant d'une démocratie paisible. Tout le sépare du député-maire de Laval et pourtant ils vont perdre leurs mandats en commettant la même erreur : ne pas se contenter de cumuler le mandat parlementaire et le mandat local. Revenons à l'aristocrate « autodidacte » Gilles de Robien qui, après un bac décroché très tardivement, a mis un terme à ses études. Il n'a jamais été un élève brillant à l'image de François d'Aubert : « Je n'étais pas un bon élève », dit-il en se rappelant les heures passées chez les Jésuites, à genoux sur une règle. « Je vivais mieux la moisson que les cours de langue[1]. » Près d'un demi-siècle plus tard, l'ancien ministre continue toujours de surveiller sa récolte de blé, le bon état de sa moissonneuse-batteuse et de ses chemins dans les bois qui entourent la demeure familiale. C'est-à-dire le château de Cocquerel, sis dans le village de 180 habitants du même nom, dans la baie de Somme, à une douzaine de kilomètres à l'est d'Abbeville, département de la Somme. Le comte « Gilou », chasseur devant l'éternel, est un vrai « cul-terreux » de sang noble, qui possède armoiries et particule (datant de 1212), ainsi que champs et forêts qu'il a rachetés à ses neuf frères et sœurs. Il porte une chevalière gravée à ses armes, une particule qui lui a valu dans une joute électorale une rime cavalière « la particule au cul ».

Et monsieur le comte n'aime pas qu'on le confonde avec les énarques, avocats, apparatchiks des partis, notaires, pharmaciens ou médecins, qui forment les gros bataillons de la Caste. Depuis plus de vingt ans, il « rend service » dans le droit fil de deux de ses ancêtres qui ont présidé le parlement de Bretagne. Il ne fait que suivre en politique, dit-il, une tradition familiale. En mot, il n'a jamais cultivé d'ambition personnelle, mais avait dans ses gènes le devoir d'exercer le pouvoir. Dans les pas de son père Jean, maire, gros exploitant agricole et « seigneur » de Cocquerel, créateur pour ses administrés une coopérative agricole et un centre d'insémination artificielle pour les vaches. Fidèle aussi au sens du devoir personnifié par sa mère Éliane, qui enseignait le catéchisme aux enfants, sonnait elle-même les cloches plusieurs fois par jour et aidait tous les gens en difficulté, en organisant des kermesses et des tombolas. Paternés et maternés, les habitants de Cocquerel formaient une grande famille, où le notable Jean de Robien prenait toutes les décisions et gérait. Cette pratique solitaire et paternaliste du pouvoir, c'est le principal reproche qui lui

---

1. Voir Thomas Lebègue, « De la vieille école », *Libération*, 2 septembre 2005.

sera adressé par l'opposition et par ses anciens amis du Modem, lors de la campagne des municipales d'Amiens en 2008. Mais, il n'avait jamais été question pour Gilles de Robien d'enfiler les habits de seigneur et maître de Cocquerel. Juste après la mort de son père, un de ses frères l'avait remplacé dans toutes ses fonctions, notamment celle de maire.

Avec ses grands yeux bleus, son beau sourire et son allure de lord anglais, Gilles de Robien était donc condamné à exporter la devise familiale « rendre service » en dehors de Cocquerel. D'abord chez les scouts, puis au « Lion's club » d'Amiens. À l'âge de vingt-quatre ans, en 1965, la manque de réussite dans ses études universitaires le conduisait à ouvrir un petit cabinet d'assurances et de crédit immobilier, dans le centre d'Amiens, pour la compagnie « La Providence ». Coup de chance ; celle-ci sera rachetée par le groupe Axa, dont le président fondateur, Claude Bébéar, fut l'un de ses plus fidèles soutiens. Son sourire y faisait merveille et ce gros travailleur n'était pas rebuté par le porte-à-porte. Quelques années plus tard, en 1971, le député communiste, grand résistant et instituteur, René Lamps, est élu maire d'Amiens. Le communisme et la gauche en général, cela n'a jamais été la tasse de thé des de Robien. Son père Jean est mort au début des années 1960. Il avait appartenu à une ligue nationaliste d'anciens combattants (les Croix-de-Feu). Même si le comte « Gilou » avait beaucoup d'estime personnelle pour l'homme René Lamps (il en fera le maire honoraire d'Amiens après l'avoir battu en 1989), c'était « son devoir » de bouter les communistes hors de la municipalité d'Amiens. Surtout après l'élection de François Mitterrand à la présidence de la République en 1981. Élu conseiller municipal d'opposition à Amiens en 1983, il va neutraliser en douceur trois concurrents qui avaient eu la même idée que lui.

## Le comte et le député-enquêteur croyaient au Père Noël

Sans cesse ministre depuis 2002, un jour proche de François Bayrou, puis de Chirac, mais trop tardivement sarkozyste pour être ministre en 2007, Gilles de Robien a perdu tous ses mandats à Amiens pour des raisons de mauvaise gouvernance locale. Pourtant, il n'a pas à rougir du bilan de ses dix-neuf ans de mandat à la tête de la ville d'Amiens, ayant été surtout critiqué pour la discutable réhabilitation du quartier de la cathédrale. Le 16 mai 2007, Gilles de Robien annonçait qu'il ne se représentait pas aux élections législatives de la 2ᵉ circonscription de la Somme, dont il était le député depuis 1986. Il avait pris peur, car les sondages étaient très mauvais. Son suppléant depuis 1997, le professeur de médecine l'UMP (aujourd'hui Nouveau Centre) Olivier Jardé, sera élu avec 52,82 % des voix. Officiellement, l'ancien ministre avait renoncé à son siège de député « pour s'investir sur la ville et l'agglomération d'Amiens ». Bien sûr, il avait enfin le temps puisqu'il n'était plus ministre. Depuis le printemps 2006, un millier de personnes de tous horizons, dont beaucoup sans appartenance politique, réfléchissaient, à sa demande, sur l'avenir d'Amiens dans le cadre d'un plan baptisé « Énergies 2008 ».

Il suffisait d'avoir un peu de bon sens pour deviner le ressentiment des Amiénois. Ils lui reprochaient d'avoir passé la presque totalité de son temps au ministère, dans son agréable appartement du XVIᵉ à Paris et au château familial de Cocquerel. Ils voulaient leur maire plus présent dans sa ville. Gilles de Robien est la preuve vivante qu'un patron de la Caste ne peut plus, à coup sûr, jouer sur tous les tableaux : être ministre, maire d'une grande ville et patron de sa communauté d'agglomération. Les Amiénois ne l'ont pas accepté d'autant que le bras droit de leur maire, son premier adjoint, un énarque, était aussi son collaborateur au ministère de l'Éducation nationale. Les élites locales, de gauche comme de droite, appellent cela « la pratique solitaire du pouvoir ». Mêmes causes, mêmes effets pour le député-maire François d'Aubert, qui n'était plus ministre depuis 2005, mais patron désigné par Jacques Chirac, puis par Nicolas Sarkozy, successivement à la tête de deux organismes publics. Être membre de la Caste, de l'élite de la vie politique du pays, n'est pas un chèque en blanc pour n'en faire qu'à sa tête, sur de son bon droit et de sa capacité de travail.

## Le tueur de François d'Aubert : un apparatchik ségoléniste

L'aveuglement de François d'Aubert, qui n'a eu de cesse de cumuler mandats, responsabilités diverses et privilèges, reste d'autant moins excusable qu'il savait affronter à Laval Guillaume Garot, un jeune loup du PS, talentueux et dévoré d'ambition. Il savait aussi que la gauche, scrutin après scrutin, montait en puissance à Laval. Ségolène Royal y recueillera 53 % des voix en 2007. François d'Aubert ne devait pas oublier qu'il avait mis dix-huit ans pour arracher la mairie de Laval aux socialistes. Un challenge qui demandera dix-huit ans également à Guillaume Garot. À l'inverse de ce dernier, le vainqueur socialiste de Gilles de Robien, Gilles Demailly, est un président d'université complètement inconnu et inexpérimenté en politique.

Quand François d'Aubert reprend aux socialistes le siège de député de Laval en 1978, Guillaume Garot vivait déjà à Laval, mais était en culottes courtes. Il n'avait que douze ans. Fils de Gérard Garot, agriculteur et ex-député européen socialiste, le futur tombeur du député-enquêteur fera Sciences Po Paris avant de devenir, en 1995, conseiller de Daniel Vaillant, maire PS du XVIIIᵉ, puis ministre de l'Intérieur de Lionel Jospin. En 2001, à peine élu premier secrétaire de la fédération PS de la Sarthe et tête de liste socialiste, il se faisait battre à plates coutures aux municipales par François d'Aubert. Nommé en 2002 « plume » de Bertrand Delanoë, maire de Paris, Guillaume Garot était élu conseiller général de Laval deux ans plus tard. À force de négliger sa bonne ville de Laval, François d'Aubert, conseiller à la Cour des comptes en disponibilité et ministre, va à cette époque ouvrir un boulevard au petit apparatchik socialiste. Il en arrivait ainsi à se mettre à dos de plus en plus de Lavallois. Un simple exemple : sur les ondes de France Info, le 9 mai 2007, l'épouse du ministre, Mme Edith Henrion d'Aubert, expliquera qu'elle ne comprenait pas pourquoi son mari « refusait de payer leurs heures supplémentaires aux cent soixante salariés municipaux de Laval ». Typique de dirigeants de la Caste trop sûrs d'eux, ce genre de comportement autoritaire passait mal même parmi ses proches... Résultat : le 17 juin 2007, Guillaume Garot battait avec 50,6 % des voix, soit 627 suffrages de plus, François d'Aubert, qui postulait « tranquillement » un 7ᵉ mandat de député. Le 9 mars 2008, le même Guillaume Garot était élu maire de Laval au premier tour avec 50,24 % des voix contre 43,03 % seulement à son même adversaire. Dans les deux cas, le jeune loup socialiste avait axé sa campagne sur la démocratie participative et les conseils de quartier.

Guillaume Garot personnifie une nouvelle génération de la Caste qui en « veut » beaucoup plus. À l'âge de trente-trois ans, en 2008, contre soixante-cinq ans pour François d'Aubert, il semble l'avoir emporté aussi parce qu'il a des raisons beaucoup plus profondes de faire de la politique que le député-maire sortant. Ce dernier est pourtant bel et bien entré en politique pour être maire de Laval. Né à Boulogne-Billancourt, son enfance s'est déroulée entre Laval, où vivaient ses grands-parents paternels marchands de tissu, et Zurich où il a accompagné sa mère après la séparation de ses parents. Il rêvait d'être ingénieur (de là vient son intérêt pour la recherche), mais sera haut fonctionnaire, un peu par accident. À l'ENA, cet excellent élève s'est senti serviteur de l'État, mais il découvrit aussi le monde de l'entreprise et la doctrine libérale. Il en sortit, encore un peu par hasard, affecté à la Cour des comptes. Contrairement aux familles de Robien et Garot, le sens de l'intérêt général et de l'engagement politique ne relève pas des gènes familiaux dans la famille d'Aubert[1]. » D'où le côté de génial touche-à-tout de François d'Aubert et la célèbre formule qui revenait sans cesse sur ses lèvres : « La politique n'est pas tout. »

Dans un entretien, enregistré le 29 novembre 2002 avec des élèves du lycée Chateaubriand de Rennes (dont il est un ancien élève) et mis en ligne le 22 janvier 2003 sur le site « Atala » de l'établissement, Guillaume Garot expliquait que la politique était tout pour lui, une sorte de sacerdoce au service des autres. Il « oubliait » de préciser que son père, ancien député européen du PS, n'est pas pour rien dans cette vocation et qu'il lui avait ouvert son carnet d'adresses au sein du parti... Garot disait exercer « une responsabilité qui repose sur une vocation, qui suppose une conviction, et qui implique un apprentissage. Cette fonction politique demande plus des qualités que des compétences : du courage, de la détermination, le sens du recul, mais rien de spécifique ». Et le futur tombeur de l'ancien ministre François d'Aubert mettait une pierre dans le jardin de ce dernier qui venait de l'humilier en étant élu au premier tour des législatives de 2002 : « Le pouvoir d'État ne suffit pas pour justifier un engagement politique durable : il lui faut du sens. Il faut y mettre beaucoup de passion, et justement savoir prendre des risques, y compris personnels. Il y a une vocation, une conviction, une prise de position qui, au-delà de l'aspect idéologique et collectif de l'action politique, suppose un engagement personnel. »

À l'image de bien des caïds de la Caste, Guillaume Garot, quarante-trois ans, souffre aujourd'hui de la même maladie que François d'Aubert, un amour excessif des

---

1. Entretien de l'auteur avec François d'Aubert en décembre 2006.

mandats politiques et responsabilités. Il est député-maire et président de l'agglomération de Laval, premier secrétaire de la fédération PS de Mayenne et secrétaire national du PS chargé du commerce et de l'artisanat et bras droit de Ségolène Royal. Certes, ce célibataire endurci se consacre entièrement à la politique et se montre beaucoup plus présent à Laval que ne l'avait été François d'Aubert, qui était très pris par ses responsabilités à Paris. La loi Jospin sur le cumul l'a contraint, malgré lui, à démissionner de son mandat de conseiller général. Il avait auparavant, en 2005, démissionné de ses fonctions auprès de Bertrand Delanoë. C'était difficile de faire autrement, Guillaume Garot était devenu l'un des principaux soutiens discrets de Ségolène Royal. Et ce nouveau membre de la Caste n'a pas le moindre état d'âme d'avoir trahi Bertrand Delanoë, son employeur direct pendant quatre ans.

## Jean-Patrick Gille, un professionnel non cumulard

Les gifles électorales, à l'image de celles reçues par des professionnels brillants, compétents et travailleurs tels que sont Michel Thiollière, François d'Aubert et Gilles de Robien, cachent à la fois un manque de présence sur le terrain et d'écoute de la population. Deux erreurs que les électeurs pardonnent de moins en moins. Deux erreurs directement liées au cumul des mandats et des fonctions. Deux erreurs difficiles à éviter, car les électeurs aiment avoir un député-maire, un sénateur-maire, un « député-maire-ministre » ou un « sénateur-maire-ministre ». Faire de la politique n'est pas toujours aussi beau et simple que de lire un GPS, même si on ne cumule ni mandats, ni fonctions. Les victoires électorales peuvent aussi être remises en cause par les luttes pour le pouvoir au sein d'un parti, au niveau d'une ville, d'un département ou d'une région. Professionnel de la politique par essence, souvent membre de la Caste, le patron politique d'un parti fait tout, au niveau de son département, pour éviter ce genre de désagrément. Son obsession : avoir des élus qui possèdent une double légitimité, celle des urnes alliée à celle du parti. Cependant, même malin, habile et diplomate, ce genre de responsable politique peut se retrouver, malgré lui, au milieu d'une belle bagarre fratricide dans laquelle, il peut se piéger lui-même…

Prenons un cas d'école, presque caricatural, celui du député PS de Tours, Jean-Patrick Gille, quarante-sept ans, premier secrétaire de la fédération socialiste d'Indre-et-Loire et secrétaire national du PS à la famille, au titre de la motion Ségolène Royal. Cultivant un look à la Woody Allen derrière ses petites lunettes rondes et ses longs cheveux roux, cet homme discret et réservé a tout pour être un professionnel heureux. Son département plutôt favorisé économiquement compte une population de 580 000 habitants en constante augmentation (dont 307 000 dans l'agglomération de Tours), avait un taux de chômage pour 2008 de 6,9 % (moyenne française : 7,8 %), un revenu annuel moyen par habitant de 9 468 euros (9 171 en moyenne dans l'Hexagone) et emploie 60 % de ses salariés dans les services. Traditionnellement acquis à la droite, le département d'Indre-et-Loire vire de plus en plus au rose avec aujourd'hui deux sénateurs de gauche sur trois, deux députés sur cinq, les maires des deux villes de plus de 20 000 habitants et la présidence du Conseil général remportée en mai 2008. Et Jean-Patrick Gille n'y est pas pour rien. Durant ces dix dernières années, la montée en puissance de ses élus en Indre-et-Loire reste l'une des plus belles réussites du parti socialiste au niveau d'un département. Après deux tentatives infructueuses en 1997 et 2002, Jean-Patrick Gille a réussi, en 2007, à arracher de justesse le siège de député de la 1re circonscription à l'ancien ministre de la culture l'UMP Renaud Donnedieu de Vabres. De même en 1995, il avait aidé son grand complice et ami le socialiste Jean Germain, président de l'université de Tours, à mettre fin à trente-six ans de mandat de Jean Royer comme maire de Tours. À l'époque, il était devenu son premier adjoint chargé de la cohésion sociale, de l'emploi, de la formation professionnelle et de la politique de la ville. Prof de philo reconverti dans l'insertion professionnelle à mi-temps jusqu'à son élection comme député en 2007, Jean-Patrick Gille a toujours géré avec bonhomie et ouverture d'esprit tant son mandat de député que ses fonctions à la tête du PS local. Sans doute avec trop de bonhomie et d'ouverture d'esprit face à des représentants locaux de la Caste, au sein de son propre parti.

L'homme Jean-Patrick Gille est un professionnel de la politique à part, adepte de la transparence et doublé d'un honnête homme. Un exemple : sur le site de la fédération PS d'Indre-et-Loire, il tient à préciser dans sa courte biographie qu'il vit « désormais à Tours, avec Cécile Jonathan (adjointe socialiste au maire de Tours chargée de la petite enfance, de la jeunesse, de la famille, de la santé et des handicapés), et [qu'il est] l'heureux père de jumeaux ». *A contrario*, le député-maire UMP de Menton, Jean-Claude Guibal, et son épouse très officielle, la sénatrice et conseiller général UMP de Menton, Colette Giudicelli, ne précisent jamais qu'ils sont mariés. Des professionnels comme Jean-Patrick Gille ne sont pas légion à l'UMP, au PS, au Modem et chez les Verts ou les communistes. En osmose avec ses convictions exigeantes sur la démocratie et sur l'éthique en politique, il reste aujourd'hui un militant très actif d'« Anticor », une association dont l'objet social est de lutter contre la corruption des élus. Autant dire que les grands patrons de la Caste, à droite et à gauche, ne le portent pas dans leur cœur. Il est né dans un gros bourg de la Sarthe, où ses parents de droite (son grand-père paternel fut Croix-de-Feu comme le père de Gilles de Robien) tenaient une maison de la presse-papeterie-imprimerie. « Déjà vers l'âge de treize ou quatorze ans, je voulais être député et plutôt de gauche, mes parents me laissaient dire, se rappelle-t-il, depuis ma mère a été sensible à mes arguments, puisqu'elle a voté Jospin en 2002[1]. » À partir de 1981, il a poursuivi des études de philosophie à la faculté de Tours, où il militait aux « Amis de la Terre » et à l'Unef-ID. Et en 1986, l'écolo adhérait au PS à la section de Tours, juste au moment, où la fédération d'Indre-et-Loire de ce parti était déchirée et divisée par de terribles conflits entre courants (« poperénistes » contre « mitterrandistes »). Se refusant à suivre la voie royale d'assistant parlementaire ou de collaborateur ministériel dans l'espoir d'être élu député, il était nommé en 1988 professeur à Chinon, se spécialisant peu à peu dans la formation professionnelle des jeunes. Militant exemplaire et se disant « pas plus con qu'un autre », il était élu en 1993 premier secrétaire de la fédération PS d'Indre-et-Loire qui regroupe aujourd'hui 1 500 militants. Et en 1998, le tout nouveau président socialiste de la région Centre, Michel Sapin, l'engageait, toujours à mi-temps, comme chargé de mission à la direction de la formation professionnelle de cette collectivité.

## La parachutée de Jospin
## et le « porte-drapeau » de « Jpeg »

Cas à peu près unique en France et au PS, Jean-Patrick Gille (surnommé « Jpeg » au parti socialiste) a démissionné, dès le lendemain de son élection à l'Assemblée nationale, de ses fonctions de premier adjoint au maire de Tours, devenant ainsi un simple conseiller municipal. Il tenait ainsi simplement sa promesse de campagne. La Caste et son amour immodéré et « confortable » du cumul des mandats, il n'en a rien à faire. Il restait et reste plus que jamais persuadé que le métier de député ne laisse pas suffisamment de temps pour participer à un exécutif local. On compte sur les doigts d'une main les députés, de droite ou de gauche, qui ont tenu

---

1. Entretien avec l'auteur en mars 2009.

parole dans les mêmes conditions. Le nouveau député-maire PS de Toulouse, Pierre Cohen, avait par exemple annoncé dans sa profession de foi et dans toutes ses interviews qu'il démissionnerait de son mandat parlementaire pour se consacrer à plein temps à celui de maire. Il n'en a rien fait, sous différents prétextes, et cela ne choque personne autant à la direction du PS que dans sa fédération de Haute-Garonne. En Indre-et-Loire, les socialistes de la Caste cumulent eux aussi sans le moindre complexe. Ainsi, Jean-Patrick Gille le constate amèrement aujourd'hui avec deux élus socialistes locaux. Et pas des moindres. La parlementaire parachutée par Jospin au nom de la parité en 1997, Marisol Touraine, cinquante ans, députée de Montbazon, secrétaire nationale du PS à la santé et la sécurité sociale, vice-présidente de l'Assemblée nationale et du Conseil général, et son « porte-drapeau » à lui Jean-Patrick Gille, Claude Roiron, quarante-cinq ans, présidente du Conseil général et adjointe au maire de Tours chargée de la police municipale.

Jean-Patrick Gille n'est pas une oie blanche, mais il s'interroge beaucoup sur la parité hommes-femmes en politique et sur le cumul des mandats. Malgré son seul mandat de député, gérer son emploi du temps reste un casse-tête pour lui. Il essaie désespérément de sauvegarder ses week-ends pour « voir grandir » ses jumeaux de cinq ans. L'échec inattendu aux européennes de sa compagne, l'adjointe au maire de Tours, Cécile Jonathan, une énarque de trente-six ans (placée en numéro 2 sur la liste PS Massif Central-Centre-Limousin au titre des ségolénistes), lui laisse un peu de répit. Pourtant de son propre aveu, les conditions techniques de l'exercice de son métier de député sont quasi idéales : « Je suis les mardi, mercredi et jeudi à l'Assemblée et au tout proche siège parisien du PS, rue de Solferino. Avec le TGV, la capitale est à une heure de ma circonscription, qui était très à droite, ayant été celle de Royer, l'ancien maire de Tours. Aujourd'hui, cette circonscription urbaine, populaire et bobo à la fois, englobe la ville de Tours, sauf son quartier nord. Je vis donc au milieu de mes électeurs que je rencontre à pied en allant conduire mes enfants à la maternelle, ou en circulant en vélo ou en bus. À pied, entre ma permanence et mon appartement, il y a seulement 400 mètres. Mais, pour l'organisation de son agenda et le coût financier de son secrétariat, un député ou un sénateur a tout intérêt à conserver un mandat au sein d'un exécutif local. Si je cumulais, comme premier adjoint au maire de Tours, je pourrais faire d'énormes économies sur mes 6 000 euros d'indemnités forfaitaires de frais de mandat en utilisant mon secrétariat à la mairie pour remplir toutes sortes de tâches liées à mon mandat de député. Ni vu, ni connu. Tous les parlementaires cumulards usent et abusent de ce privilège[1]. »

## Marisol Touraine, technocrate rocardienne et reine du cumul

L'autre député PS d'Indre-et-Loire Marisol Touraine, laboure une circonscription essentiellement rurale au sud de Tours et donc beaucoup plus difficile à couvrir que celle de Jean-Patrick Gille. Une tâche ingrate qui ne fait pas peur à cette reine du cumul et idéologue réformiste, plus proche de DSK, de Michel Rocard et de François Bayrou que de l'aile gauche du PS ou des partis situés à sa gauche (PCF, Nouvelle Gauche, MRC, NPA, LO). Conseillère d'État et fille du sociologue Alain Touraine, elle est l'épouse de Michel Reveyrand, ambassadeur de France au Mali, et la mère de deux enfants âgés aujourd'hui de quinze et dix-huit ans. Normalienne diplômée de Sciences Po, de Harvard et agrégée en sciences sociales, cette vraie Parisienne a été élue députée de Montbazon (Indre-et-Loire) en 1997 à l'âge de trente-huit ans, puis conseiller général en 2001. Ayant perdu son siège de député en 2002, elle est

---

1. Entretien avec l'auteur en mars 2009.

alors retournée travailler au Conseil d'État dans sa ville natale, avant de battre de 251 voix, en 2007, le député sortant UMP de Montbazon, Jean-Jacques Descamps. En 2008, elle est devenue 2ᵉ vice-présidente du Conseil général.

Pour donner une image de son parcours du combattant quotidien, nous transcrivons son agenda de ministre du vendredi 20 mars 2007. 10 h : réunion au Conseil général. 11 h : visite de l'hôpital de Loches. 14 h : visite de l'école Christophe Plantin de Saint-Avertin dans le cadre du Parlement des enfants. 15 h 30 : permanence parlementaire à Montbazon. 17 h : clôture de la semaine « Entreprises ouvertes » à Veigné. 19 h 30-22 h : rencontre avec les personnels de gendarmerie de l'Indre-et-Loire. Le dessous des cartes : Marisol Touraine a été imposée, en 1997, à Jean-Patrick Gille par Lionel Jospin, au nom de la parité femmes-hommes. À l'époque, seules certaines fédérations proches de l'ancien Premier ministre Laurent Fabius (Aude, Pas-de-Calais et Bouches-du-Rhône) avaient été autorisées à appliquer ce quota féminin avec plus de souplesse. Fidèle à l'époque du courant Jospin-Hollande ultra majoritaire, Jean-Patrick Gille et la fédération PS d'Indre-et-Loire n'avaient pas le pouvoir de s'opposer au parachutage de cette super pistonnée, tout à fait brillante par ailleurs. D'autant plus que Marisol Touraine était, depuis 1996, l'un des 54 membres du bureau national du PS, organisme qui se réunit, sous la présidence du Premier secrétaire, tous les mardis soir pour assurer le fonctionnement et la direction politique du parti[1].

En réalité, au nom de la parité hommes-femmes, la commission électorale du PS avait décidé de réserver à des femmes 160 des 577 circonscriptions renouvelables en mars 1998, qui se dérouleront une année plus tôt, suite à la dissolution de 1997. « Sans mettre de noms dans les

---

1. Voir Jean-Michel Apathie, « Femmes : Jospin donne l'exemple », *L'Express*, 19 septembre 1996.

cases, avait précisé l'un des artisans de cette carte. Les
militants, dans leurs sections, choisiront leur candidat
d'ici à décembre. Seule contrainte : que ce soit une
femme. » Lionel Jospin avait présenté ce dossier aux
cadres du parti, réunis le 21 septembre 1996 en Conseil
national. Le patron du PS d'alors avait imposé cette
féminisation et engagé son autorité dans cette bataille.
Sur les 160 femmes désignées, elles ne seront en fait que
cinq à réussir leur parachutage, dont Marisol Touraine.
Ancienne conseillère pour les questions de stratégie et de
défense auprès du Premier ministre Michel Rocard de
1988 à 1991, Marisol Touraine était une de ses protégées.
Devenu patron du PS de 1993 à 1994, celui-ci l'avait
introduite en politique, la moindre des choses puisque le
père de la jeune femme était un grand ami et avait été son
conseiller officieux à Matignon. L'ex-Premier ministre
avait donc, en 1997, usé de son influence auprès de
Lionel Jospin pour qu'elle soit parachutée aux législatives
dans une circonscription de métropole. Les spécialistes
électoraux du PS avaient sorti leurs calculettes : c'était
jouable pour Marisol Touraine dans la 3ᵉ circonscription
d'Indre-et-Loire. Au congrès du PS de décembre 1997 à
Brest, Marisol Touraine faisait partie des principaux dirigeants du courant rocardien avec Alain Bergounioux,
Michel Sapin (futur président du Conseil régional du
Centre) et les ministres Alain Richard, Catherine Trautmann et Louis Le Pensec. Ces rocardiens avait voté pour
François Hollande, élu premier secrétaire du parti avec
plus de 91,18 % des voix[1].

Sur son blog, le mercredi 27 mai 2007, cette super
apparatchik du PS a tenu à justifier son cumul et sa
passion de la politique avant toute chose : « Et le meilleur
signe d'égalité, c'est de nous laisser, nous les femmes,
choisir nos terrains d'engagement. Mais c'est vrai, le principal obstacle reste celui de la conciliation entre vie poli-

1. Voir Robert Chapuis, *Si Rocard avait su*, L'Harmattan, 2007.

tique et vie familiale. J'ai été élue députée alors que mes enfants avaient entre 4 et 7 ans. Cela a supposé beaucoup d'organisation. Mais je n'ai jamais culpabilisé de mon engagement, car je pense que mes enfants étaient (et sont) heureux d'avoir une mère qui est une femme de conviction ; cela n'empêche pas quelques regrets, qui tiennent au sentiment de ne pas avoir assez profité de leurs moments d'enfants ! À chacun son truc et moi je m'étais fixé une règle, que j'ai réussi assez largement à respecter : le dimanche était consacré à ma famille. Lorsque j'ai été battue, aux élections de 2002, j'ai repris mon activité professionnelle, au Conseil d'État. » Trois mois et demi plus tard, le 18 septembre 2007, toujours sur son blog, elle remettait le couvert pour ses électeurs : « Décidément, certains ont tellement de mal à digérer mon élection en juin dernier, qu'ils se déchaînent sur le site de wikipedia et ne retiennent pas leurs attaques personnelles. Tout y passe, mes robes et ma coiffure, ma visite "bien pensante" à la maison d'arrêt de Tours, j'en passe et des meilleures, comme le fait que je serais énarque et donc ne connaîtrais rien à rien. Risible et doublement faux : je ne suis pas énarque mais normalienne et agrégée de sciences économiques ; et je connais des tas d'énarques compétents, y compris à droite, par exemple Valérie Pécresse ou Laurent Wauquiez, le petit chouchou du Président ! Les temps changent, mais pas les méthodes : en 1997, je me souviens que mes adversaires critiquaient mes chaussures et mon sourire. »

## La parité et le cumul, meilleur ascenseur des nouveaux féodaux

La « parachutée et cumularde », Marisol Touraine, est devenue une fidèle de Bertrand Delanoë, intégrée en décembre 2008 à l'équipe de la nouvelle Première secrétaire du parti, Martine Aubry. On imagine le malaise dans la fédération départementale socialiste d'Indre-et-Loire qui a voté à la même époque à 53 % pour Ségolène Royal. La deuxième grande professionnelle de la politique socialiste du département, Claudine Roiron, présidente du Conseil général et adjointe au maire de Tours, a apporté également son soutien à Martine Aubry. Partisans de François Hollande, puis ségolénistes depuis 2006, Jean Germain et Jean-Patrick Gille ont été les vrais parrains politiques de Claude Roiron à ses débuts. Devenue entre-temps fabiusienne et anti-royaliste, Claude Roiron n'adresse plus la parole, depuis février-mars 2009 à Jean-Patrick Gille, alors qu'elle lui doit sa carrière politique. En effet, l'intransigeance et l'autoritarisme de Claude Roiron risquent fort de faire éclater la toute nouvelle majorité de gauche au Conseil général d'Indre-et-Loire. Explications. Née à Tours de parents instituteurs de gauche (son père était un syndicaliste enseignant) devenus des directeurs d'école, Claude Roiron était professeur au collège Ronsard dans cette ville, lorsqu'elle a rencontré le premier secrétaire départemental du PS, Jean-Patrick Gille.

Bluffé par la pétulance et l'énergie de ce petit bout de bonne femme brune, Jean-Patrick Gille a convaincu Jean Germain, président de l'université de Tours, de la prendre sur la liste de gauche qui gagne les municipales de la ville en 1995, battant l'ancien maire Jean Royer. L'année suivante, le 10 mai 1996, elle adhère à la section du PS de Tours. Nommée adjointe à l'architecture, puis à la police municipale, Claude Roiron continuait à susciter l'admiration de Jean-Patrick Gille, premier adjoint, et du maire, Jean Germain. Pourtant, sa manière de faire de la politique n'avait déjà rien à voir avec celle de ces deux professionnels. Elle est carrée, directe, fonceuse, cassante, impulsive et visiblement très ambitieuse, au contraire des patrons de la ville de Tours et du PS d'Indre-et-Loire, deux hommes tout en rondeur qui aiment le consensus et ne se rêvent pas ministres ou « cumulards ». Le professeur d'université Jean Germain caressait une unique ambition : gérer au mieux la ville de Tours et son agglomération ;

son complice et bras droit, le prof de philo Jean-Patrick Gille, avait un seul espoir, devenir député de Tours.

Au milieu des années 1990, ces deux jospinistes croyaient avoir trouvé avec elle, malgré son fort caractère et son intransigeance, « le porte-drapeau » idéal, c'est-à-dire un élu né dans leur département et qui irait défendre les couleurs du PS local au niveau de la direction nationale du parti. Opposés au cumul des mandats par principe, Jean Germain et Jean-Patrick Gille pensaient pouvoir échapper à ce même cumul, en ayant grâce à elle des yeux et des oreilles à la direction du PS et dans les ministères. Cette technique du « porte-drapeau » est utilisée par les professionnels de tous les partis pour former des jeunes recrues. Et le jour venu, le « porte-drapeau » peut prendre du galon. Tout le monde y gagne, sauf si le « porte-drapeau » se rebelle. Intelligente, travailleuse et ultra compétente, Claude Roiron avait le look et le bagage, pensaient-ils, pour succéder un jour au maire socialiste de Tours (Jean Germain a aujourd'hui soixante et un ans) ou prendre la tête du Conseil général en cas de victoire de la gauche. Il s'agissait pour eux d'assurer et de contrôler le recrutement d'un des patrons de la future classe politique du département, en pistonnant une native de Tours. Leur motivation : rendre impossible un nouveau parachutage par le PS parisien (éviter un nouveau cas Marisol Touraine) et promouvoir une personnalité capable de s'opposer avec succès à la léthargie de beaucoup des notables locaux. Aussi, les deux professionnels un peu naïfs lui ont-ils rapidement ouvert leur carnet d'adresses. Dès l'arrivée de Lionel Jospin à Matignon, Claude Roiron, placée en détachement de la fonction publique, a commencé à faire ses classes, en suivant un parcours type, à droite comme à gauche, pour être cooptée au sein de la Caste.

## Rebelle à la culture de soumission au parti

Et Claude Roiron a connu alors une irrésistible ascension. En 1997, elle est nommée chargée de mission au cabinet de Claude Allègre, puis deux plus tard, chez le président de l'Assemblée nationale, Laurent Fabius, étant chargée des politiques de l'enfance, de la jeunesse et des sports et des droits de la femme. Enfin en 2002, elle a occupé le poste de conseiller parlementaire de Jack Lang, ministre de l'Éducation nationale. Parallèlement, Jean Germain et Jean-Patrick Gille lui assuraient une belle promotion au sein du parti socialiste. Un an seulement après son adhésion au PS, Claude Roiron était élue, en 1996, au Conseil national du PS aux côtés de Marisol Touraine. Véritable parlement du parti, le Conseil national est composé de 204 membres élus par le congrès national et des 102 premiers secrétaires fédéraux (dont Jean-Patrick Gille). En 2008, cet organisme avait seul le pouvoir de valider l'élection de Martine Aubry comme premier secrétaire du PS. Enfin, dès 1997, Claude Roiron était candidate dans la 5ᵉ circonscription d'Indre-et-Loire contre un député gaulliste, l'hyper actif et surdoué Philippe Briand, un chef d'entreprise de l'immobilier (patron de « CityA »), qui la battait comme plus tard en 2002 et 2007. Et en 1998, elle était élue conseiller général de Tours-Nord-Ouest toujours grâce à l'aide de ses deux protecteurs. Les hiérarques du PS veillaient avec soin sur cette femme riche de promesses. En 2002, elle était nommée secrétaire nationale à la sécurité, en 2003 secrétaire nationale à la ruralité, à l'agriculture et au développement durable, et en 2005 secrétaire nationale à l'éducation. Plutôt bien vu pour se lancer à la conquête d'un Conseil général. Claude Roiron jouait à l'époque profil bas au Conseil général d'Indre et Loire.

Tout a changé en mars 2008. La gauche remportait alors une belle victoire au Conseil général d'Indre-et-Loire, qui n'avait jamais connu l'alternance, avec quatre

sièges de plus que la droite. Désignée par le PS pour en
être la présidente à l'issue de primaires entre trois candidats, Claude Roiron, étant élue depuis onze ans, était
l'un des plus anciens conseillers généraux socialistes.
Mais cette jeune femme avait profondément changé en
treize ans, sans qu'aucun des notables locaux du PS s'en
soit aperçu. Elle n'avait plus rien à voir avec le professeur de lettres qui, en 1995, avait tout à apprendre en
matière politique. Après les rudiments donnés par Jean-
Patrick Gille et Jean Germain, son vrai « professeur en
politique » a été, à partir de 1999, Laurent Fabius « un
homme remarquable pour qui j'ai de l'admiration et de
l'affection[1] ». La conseillère technique du président de
l'Assemblée nationale a alors compris qu'elle servait, à ce
poste, de « porte-drapeau » à la fédération socialiste
d'Indre-et-Loire. Elle va vite apprendre à exister par elle-
même, c'est-à-dire à devenir une professionnelle de la
politique qui n'est pas là uniquement pour faire plaisir à
ses électeurs et à son parti, mais aussi et surtout pour
appliquer des politiques publiques cohérentes, vraiment
au service de la population.

Ce regard décomplexé et décapant sur la politique,
seul un professionnel de la politique, indépendant d'esprit
et surtout de son propre parti, peut l'avoir. Le trajet
politique de Claude Roiron lui permet d'avoir ce libre
arbitre : elle est montée beaucoup trop vite dans l'appareil national du PS pour apprendre la culture de la
soumission au parti et à ses patrons locaux. Il ne lui a
fallu que treize ans, pour passer du stade de petit professeur de lettres à celui de patronne d'un exécutif local
gérant l'amélioration de la vie quotidienne de près de
600 000 habitants. La soumission aux codes et aux usages
non écrits d'un parti, elle n'a pas eu encore le temps de
les apprendre. Exemple type : on n'attaque jamais en

---

1. Voir interview de Claude Roiron sur « Radio Béton », radio associative
locale de Tours, 4 avril 2009.

public ou devant un micro un élu de son propre parti
avec qui on est élu dans la même assemblée. En un mot,
un professionnel de la politique doit laver son linge sale
en famille, une règle en totale opposition avec la transparence d'une démocratie.

## Légitimité des urnes contre légitimité du parti

Une fois élue présidente du Conseil général de ce
département, la professionnelle de la politique Claude
Roiron possédait la légitimité du suffrage universel qui valait
bien celle du PS local. Elle n'avait plus rien à perdre. En
témoigne un petit florilège d'une de ses rares interviews
donnée à « Radio Béton » le 4 avril 2009 : « je ne savais pas
qu'on était vice-président du Conseil général d'Indre-et-
Loire pour avoir une voiture de fonction et un chauffeur qui
vous trimbalent toute la journée » ; « Ici, au Conseil général,
les 2 700 fonctionnaires avaient pris de mauvaises habitudes,
eux seuls décidaient, pas les politiques, et les finances étaient
mal gérées, c'est pourquoi j'ai dû augmenter les impôts
départementaux de 12 % en 2010 » ; « J'ai trouvé des
bombinettes sous mes pieds, qui résultaient d'engagements
financiers pharaoniques, le Conseil général fait notamment
des routes trop chères et avec trop de béton ; j'ai décidé de
traquer les gaspillages, le Conseil général n'est pas une
banque, il doit redonner un sens à l'action publique. »

Ce regard rafraîchissant sur la politique n'a pas
manqué de créer un malaise au Conseil général, aussi bien
à gauche qu'à droite. Résultat : le premier adjoint PS,
Philippe Le Breton, chargé des finances, et deux autres
conseillers généraux socialistes ont refusé pendant quelque
temps, début 2009, de voter le budget 2010-2011 qui
prévoyait une hausse des impôts locaux de 12 %. Ces trois
élus contestaient, en fait, la compétence de Claude Roiron
et la plupart de ses décisions. Début avril 2009, celle-ci a
retiré son poste et sa délégation à son premier adjoint qui,
en compagnie des deux conseillers « rebelles », a alors formé

un nouveau groupe politique dissident au sein du Conseil, sous le nom de « Libres à gauche ». Résultat : la gauche officielle (PS et PCF) n'a plus aujourd'hui qu'une voix de majorité sur la droite. « Les militants socialistes sont déboussolés, notre électorat est décontenancé, l'image du parti socialiste en Indre-et-Loire est dégradée. C'est la tragi-comédie du pouvoir... Maintenant il faut travailler à l'apaisement », devait déclarer le 3 avril 2009 Jean-Patrick Gille, en affichant une mine plutôt consternée[1]. Jean-Patrick Gille en rajoutait une couche quelques jours plus tard : « Je suis attristé, peiné et en colère. Mon rôle était de maintenir l'unité. J'ai fait ce que j'ai pu. Le divorce est consommé. C'est affligeant[2].

La marge de manœuvre de Jean-Patrick Gille semble mince. Il ne peut pas désavouer publiquement Claude Roiron qui, protégée par l'aura du suffrage universel, n'aura aucun mal à démontrer son savoir-faire, sa compé-tence et sa détermination aux électeurs tourangeaux dans un département qui ronronnait doucement. Le patron du PS d'Indre-et-Loire sait que Claude Roiron représente le renouveau de la Caste. Un élu plus compétent, plus accrocheur, mais beaucoup plus difficile à gérer pour un responsable local d'un parti. C'est le prix à payer à la parité (imposée aujourd'hui par la loi) et au cumul (toléré) qui sont devenus, en ce début du XXIe siècle, le meilleur moyen pour une femme de grimper rapidement les échelons d'un parti et de recevoir en même temps l'onction du suffrage universel au niveau d'un exécutif local et du Parlement. Ce genre d'élue issue de la parité renouvelle un peu, il est vrai, la manière de faire de la politique dans la Caste. Mais Claudine Roiron n'est pas un vrai membre de la Caste, n'étant pas parlementaire.

---

1. Voir « Claude Roiron fragilisée, Marisol Touraine agacée », *La Nouvelle République du Centre-Ouest*, 4 avril 2009.
2. Voir Olivier Pouvreau, « Parti socialiste et Conseil général en froid », *La Nouvelle République du Centre-Ouest*, 9 avril 2009.

*6.*

# Intimité et secrets :
# les quatre couples rois du cumul

En dehors des multiples projets de réforme des collectivités locales, la règle de la parité en politique, les exemples de Marisol Touraine et Claude Roiron le montrent, représente la principale menace pour les 500 membres de la Caste. La réforme constitutionnelle de 1999 et la loi du 6 mai 2000 prévoient des sanctions financières pour les partis en cas de non-respect de la parité. Les féodaux de l'UMP et du Nouveau Centre « résistent » mieux à la parité que leurs collègues PS dans les 214 villes de plus 30 000 habitants. En effet, le pourcentage de femmes maires de droite n'y dépasse pas les 8 %, contre 15 % pour les maires socialistes. La parité n'est guère meilleure dans les 2 792 communes de plus de 3 500 habitants qui ne sont que 9,6 % à avoir une femme maire. Dans les 100 Conseils généraux (cinq ont seulement à leur tête des femmes présidentes dans l'Indre-et-Loire, le Calvados, la Haute-Vienne, les Hautes-Pyrénées et l'île de la Réunion), la montée en puissance des femmes se fait également discrète. Les nouvelles lois, qui n'imposent que des suppléantes aux candidats masculins, permettent au sexe féminin de représenter 13,1 % des conseillers généraux contre

10,9 % en 2004. « À ce rythme-là il faudra attendre soixante-dix ans pour arriver à des Conseils généraux paritaires », relève « l'Observatoire de la parité ».

À l'inverse, les vingt Conseils régionaux de l'Hexagone (qui ont deux femmes présidentes, en Poitou-Charentes et en Franche-Comté) connaissent une vraie révolution : 47,6 % de femmes depuis 2004, au moment de l'entrée en application de la loi imposant une stricte alternance hommes-femmes sur les listes présentées aux électeurs, contre 27,1 % en 1998. Mais plus globalement dans les 36 776 communes et villes, toutes tailles confondues, les femmes se mettent en place doucement. Elles passent de 33 % de conseillères municipales en 2001 à 35 % en 2008 ; et de 10,9 % de femmes maires à 13,8 %. Même lente progression, mais progression tout de même au Parlement, le pourcentage des députées passe de 12,5 % en 2002 à 18,5 % en 2007 et celui des sénatrices de 18 % en 2004 à 22 % en 2008[1].

La prime au sortant ne joue pas toujours de la même manière, selon le genre d'élection et le sexe des candidats. Aux régionales de 2004, les sortantes ont été évincées au profit de nouvelles candidates, alors que les hommes étaient réélus. Aux européennes de 2004, les candidates sortantes furent facilement réélues, ce qui n'a pas été le cas des hommes. Beaucoup d'eurodéputées, de sénatrices et de députées élues depuis le milieu des années 1990 ont siégé, en premier lieu, comme conseillères régionales. Les Conseils régionaux sont devenus un passage incontournable pour les futures parlementaires. Par contre, les Conseils généraux restent la chasse gardée des députés hommes. En un mot, malgré la féminisation massive de la vie politique, l'Assemblée nationale et les Conseils généraux restent réservés aux hommes, tandis que le Parlement européen et les Conseils régionaux font la part belle à la gent féminine.

---

1. Voir « Les élections municipales de 2008 montrent une progression "significative" de la parité femmes-hommes dans les communes de plus de 3 500 habitants », *Maire Infos*, 25 novembre 2008.

Conséquence : pour l'instant, la Caste des 500 a réussi à échapper à la parité à l'Assemblée, au Sénat et au Parlement européen. Elle ne compte que vingt-cinq femmes au total dans ces trois assemblées. Ainsi, à l'Assemblée nationale, onze femmes sont seulement membres de la Caste sur cent sept au total : les députées-maires Valérie Fourneyron (PS-Rouen), Brigitte Barèges (UMP-Montauban), Michèle Tabarot (UMP-Le Cannet), et Annick Lepetit (PS-adjointe au maire de Paris) ; Marie-Françoise Pérol-Dumont, députée et présidente PS du Conseil général de la Haute-Vienne, et Arlette Grosskost, députée UMP de Mulhouse et vice-présidente du Conseil régional d'Alsace. Cinq autres femmes députées sont également vice-présidente de Conseil général. Les autres femmes députées sont maires de communes de moins d'un millier d'habitants, simple conseillère municipale, générale ou régionale. Au Sénat, la Caste comprend treize femmes sur soixante-quinze au total. Sept sont sénatrices-maires de villes de plus de 3 500 habitants, une présidente de Conseil général, la PS Josette Durrieu dans les Hautes-Pyrénées, ainsi que trois vice-présidentes. La Haute Assemblée ne comprend aucune présidente de région et seulement deux vice-présidentes : Samia Ghali PS (Provence-Alpes-Côte d'Azur) et Odette Herviaux PS (Bretagne). Au total, la Caste ne compte que vingt-cinq femmes parlementaires donc super cumulardes, dont une seule eurodéputée, en la personne de Catherine Trautmann, deuxième vice-présidente de la Communauté urbaine de Strasbourg.

### Pénélope est devenue une professionnelle

Bien que résistant avec énergie aux lois sur la parité, bon nombre des professionnels de la Caste vivent sous la forte influence de femmes de pouvoir. Dans leur ouvrage *Les Chambres du pouvoir*[1], les journalistes Valentine Lopez

---

1. Éditions du Moment, 2008.

et Géraldine Woessner montrent que, dans l'histoire de France, « les femmes – mères, épouses, courtisanes, favorites – ont exercé une influence sensible sur le roi, l'empereur, le président ». Deux exemples, très différents de couples aujourd'hui célèbres, accréditent cette idée : l'impératrice Joséphine de Beauharnais et la reine Marie-Antoinette. Dans son ouvrage *De l'Influence des Femmes sur les Mœurs et les Destinées de la Nation* (1828), la théologienne Fanny Burnier Mongellaz écrit : « La bienfaisance de Joséphine de Beauharnais allégeait, pour ainsi dire, le despotisme impérial ; et dans son salon elle trouvait l'art de réunir les hommes de tous les partis par l'attrait de tous les plaisirs. Elle aimait les arts, savait les encourager, récompenser les talents, exciter l'industrie, et son nom se trouve gravé sur les grands monuments de ce règne. [...] Elle fut payée de sa sollicitude, de son zèle généreux, par l'amour, la reconnaissance des Français. Et ne fut-ce pas par son ingratitude envers elle que Napoléon s'aliéna en grande partie leur affection. » À l'inverse, la reine Marie-Antoinette a accéléré la chute de Louis XVI pour « avoir privilégié ses désirs personnels, n'avoir ni su ni voulu percevoir l'inconvenance d'un tel choix dans une cour où l'on ne pouvait séparer le privé du public, être restée sourde aux malheurs du temps[1] ». Jusque dans les années 1970, ces discrètes « alliances » servaient surtout les intérêts politiques du sexe masculin.

Héritiers en ligne directe des soixante ans de règne des Médecin, les Estrosi forment le couple le plus extraordinaire de la Caste qui compte également Patrick et Isabelle Balkany, Michèle Alliot-Marie et Patrick Ollier, Jean-Claude Guibal et Colette Giudicelli. Tous mariés, divorcés ou vivant très officiellement ensemble, ces quatre couples de professionnels sont les seuls de l'Hexagone, où l'homme et la femme cumulent, chacun de son côté, des mandats importants. Jusqu'à une époque récente, un seul

---

1. Voir Mona Ozouf, *L'Histoire*, n° 310.

membre du couple, souvent l'homme, émergeait en politique, faisant de l'ombre à son partenaire à cause du poids des traditions, d'un mimétisme politique aujourd'hui désuet ou d'une volonté concertée des époux. Qui est le plus efficace en politique ? S'agit-il d'une amorce vers l'implication de familles (mari, femme et enfants) dans la vie politique ? Dans ces couples politiques, l'épouse, ex-femme ou compagne joue souvent le rôle d'une mère dans un monde politique de plus en plus dur. Aujourd'hui, Pénélope ne se contente plus d'attendre à la maison le retour de son guerrier. Notre moderne Pénélope est devenue une professionnelle. Une Pénélope qui, à l'image de Dominique Sassone-Estrosi, est le plus souvent de droite. Nous n'avons pas trouvé trace de couples politiques de gauche, hormis des couples « politico-médiatiques » comme les Kouchner-Ockrent, DSK-Sinclair et Hollande-Treilweiler. Explication : cette forme de népotisme, qui existe tout autant à gauche, est freinée par les militants socialistes, lors du vote des investitures pour les candidats aux élections.

Revenons à l'ancien ministre, Christian Estrosi, cinquante-trois ans, ministre de l'Industrie et maire UMP de Nice, qui, préside la Communauté urbaine « Nice Côte d'Azur », et à son ex-épouse la conseillère régionale UMP Dominique-Estrosi, son adjointe à la mairie et sa vice-présidente à la communauté urbaine (Madame dispose de l'autorisation légale d'utiliser le nom de son ex-mari). Jean-François Probst, secrétaire général du groupe RPR au Sénat de 1983 à 1992, n'est pas près d'oublier ce vrai-faux couple unique dans la vie politique française : « J'ai organisé les journées parlementaires du RPR à Nice en 1989. À cette occasion, j'ai rencontré le couple Estrosi. Lui, Christian jeune député, était visiblement encore sur sa moto. Elle, son épouse Dominique, jeune et jolie grande brune, respirait l'intelligence et l'esprit. Ils formaient un vrai couple politique "animé" par elle. C'est rare. On sentait qu'elle était beaucoup plus passionnée de politique que lui. Pourtant, à l'époque, elle n'avait aucun mandat. Et elle suscitait l'admiration de plusieurs responsables nationaux du RPR[1]. »

## Les Estrosi : « un vrai couple politique »

Ancien sénateur-maire UMP de Nice de 1995 à 2008, Jacques Peyrat précise : « Christian Estrosi et son ex-femme divorcée devant la loi, Dominique Sassone-Estrosi, forment depuis toujours et aujourd'hui encore plus que jamais, un vrai couple politique. Depuis plus de vingt ans, ils se sont toujours soutenus l'un, l'autre, quels que soient leurs différends privés et familiaux. » Et d'ajouter : « J'ai fait la carrière politique de Dominique Estrosi. Aux municipales de 2001, je l'ai prise sur ma liste à la demande de son père, le charmant conseiller municipal Jean Sassone que j'aimais beaucoup. Trois jours avant sa mort en novembre 2006, il me fait demander. J'y vais très vite. Et il me dira dans un murmure : "Je te confie ma fille." Le pauvre homme s'inquiétait pour sa fille qu'il savait, avec raison, travailleuse, intelligente, discrète et ambitieuse, tout en connaissant aussi ses grandes fragilités. » La carrière politique officielle de Dominique Estrosi-Sassone colle depuis toujours à celle de son mari Christian, qu'elle a épousé en 1985. Dès l'élection de ce dernier, nommé en 1983 adjoint aux sports de la municipalité de Nice, elle rentre comme chargée de mission au cabinet du maire de l'époque, Jacques Médecin. Elle occupe ce poste jusqu'en 1990, année de la fuite de Jacques Médecin en Uruguay et de la démission de Christian Estrosi de son mandat municipal. À partir de ce moment, elle assure les fonctions de permanente au secrétariat départemental du RPR, dont son mari est alors le président pour les Alpes-Maritimes. En 1992, elle le suit en tant que chargée de mission au Conseil régional de

---

1. Entretien avec l'auteur en mars 2009.

Provence-Alpes-Côte d'Azur, où il vient d'être nommé premier vice-président. En 1995, elle est engagée au Conseil général des Alpes-Maritimes, où son mari n'est plus élu. Et en 2001, pour la première fois, elle sera élue au conseil municipal de Nice en compagnie de Christian Estrosi, avec Jacques Peyrat comme tête de liste.

En mars 2008, Christian Estrosi gagne l'investiture UMP et bat le maire sortant, le même Jacques Peyrat. Le nouveau député-maire de Nice avait pris sur sa liste Dominique Sassone-Estrosi, dont il est alors séparé depuis trois ans et divorcé depuis un an. Élue, celle-ci est aujourd'hui sixième adjointe, chargée du logement, de la cohésion sociale et la lutte contre les discriminations, 17e vice-présidente de la Communauté urbaine « Nice Côte d'Azur » et conseillère régionale. Cette grande et belle brune passionnée de politique n'avait fait carrière jusque-là, depuis vingt-cinq ans, que par intérim, dans l'ombre de son mari, puis ancien époux. Toujours très discrète, elle s'exprime aujourd'hui en public ou devant une caméra avec beaucoup d'aisance. Derrière un visage toujours souriant, mais énigmatique, Dominique Sassone-Estrosi cache une volonté inflexible. Effacée, mais énergique, lucide et manipulatrice à l'occasion, elle règne dans l'ombre de Christian Estrosi. Sa part de mystère et son parcours politique original ont de quoi séduire les médias et surtout la télévision. Mais, Dominique Sassonne-Estrosi répond surtout aux demandes d'interviews des médias locaux pour s'exprimer uniquement sur des questions très précises. Elle ne veut pas sans doute que son personnage lui échappe. Ses deux filles, Laétitia et Laura, vingt-deux et vingt ans, en école de commerce, vont-elles se lancer en politique ? D'après leur père, elles ne sont pas branchées politique. Mais la cadette est accro au ski, et du sport à la politique[1]...

---

1. Voir Michel Henry, « Christian Estrosi, motomaire, matamore », *Libération*, 2 septembre 2008.

## Dominique, fille de son père et amie du président

Le 13 novembre 2006, les obsèques de Jean Sassone, père de Dominique Sassone-Estrosi, avaient levé le voile sur les liens entre la famille Sassone et Christian Estrosi. Dans la cathédrale Sainte-Réparate du Vieux-Nice, sa fille Dominique Sassone-Estrosi a pris la parole. Face à tous ceux venus rendre un dernier hommage à « Jean », elle a évoqué la mémoire de son papa, de celui qui « rouspétait » sa mère quand celle-ci lui assurait qu'il mangeait trop. « Vous étiez indissociables tous les deux et vos cinquante ans d'amour. » Puis, elle a rappelé tous ceux à qui Jean allait manquer entre autres « ses petites-filles, Laura et Laétitia, pour lesquelles tu as été un grand-père, un papy, attentif et aimant, et Christian que tu considérais comme ton fils après tant de campagnes effectuées ensemble sur les mêmes routes de la 5ᵉ circonscription, il sait ce qu'il te doit ». Mgr Léon Repetto a alors dressé un portrait de son ami franc-maçon : « Nous étions liés par l'amour de notre Comté, de notre ville et on essayait de donner un peu plus de bonheur aux autres. Tu es entré en politique comme on entre en religion, tu as regardé les gens en profondeur, tu les as écoutés, tu t'es mis en quatre pour eux. » Et il a dépeint un homme de conviction, de bonté, de dévouement, de fidélité, profondément humain, généreux[1]. Il est évident que Jean Sassone et sa fille Dominique sont à l'origine de la carrière politique de Christian Estrosi. Plus précisément, aujourd'hui, la réussite actuelle du ministre doit beaucoup à son ex-femme. Quelle est la recette de Dominique Sassone-Estrosi ? La fidélité à la mémoire de son père, simple conseiller municipal de Nice, qui lui avait enseigné la patience, l'art du calcul politique et de se laisser sous-estimer ? Un seul

---

1. Voir Pascal Gaymard, « Jean Sassone : la générosité fait homme », *Le Petit Niçois*, 16 novembre 2006.

politique ne l'a pas sous-estimée, elle, depuis 1988 : le futur président de la République Nicolas Sarkozy. Tous les deux veillent depuis sur la carrière de Christian Estrosi.

Le couple Balkany ressemble au couple Estrosi : Isabelle, c'est la tête pensante. Certes, les Balkany sont beaucoup plus médiatiques. Et comme les Estrosi, ils sont aussi de grands amis du président de la République, Nicolas Sarkozy. Patrick et Nicolas se sont connus en 1976 à la section RPR de Neuilly, étant tous deux d'origine hongroise et des « babys Pasqua », formés par le parrain gaulliste des Hauts-de-Seine. Patrick Balkany, soixante ans, député-maire UMP de Levallois-Perret, et Isabelle Balkany, cinquante-neuf ans, sa 1$^{re}$ adjointe et 4$^e$ vice-présidente du Conseil général des Hauts-de-Seine, sont toujours mari et femme depuis trente-trois ans. Malgré une séparation d'un an et un épisode grand-guignolesque qui défraya la chronique : lorsque sa nouvelle amie de l'époque, une héritière d'une marque de champagne porta plainte en 1997 au commissariat du XVII$^e$ (avant de la retirer). Elle affirmait alors que Patrick Balkany l'avait obligée à une fellation sous la menace d'un revolver 357 magnum. À l'époque, Isabelle s'était rendue à la PJ pour plaider la cause de son « homme » qui avait alors regagné le domicile conjugal[1]. Avec elle, il n'a peur de rien.

Tous les deux forment le couple le plus célèbre de la Caste, indestructible, insubmersible, en dépit de kyrielles d'ennuis avec la justice, de revers politiques, de disputes, de leurs deux marionnettes ridicules aux « Guignols de l'info » et des satires constantes à leur endroit dans la presse. Le grand costaud, fils à papa qui meublait ses soirées chez « Castel », « Régine » et au « Keur Samba » et la petite boule de nerfs, sorte de titi Parisien déjà bling

---

1. Voir Agathe Logeart, « Les ambitions de Dédé l'Arsouille », *Le Nouvel Observateur*, 4 mars 2004.

bling avec ses lunettes rouges, vertes ou jaunes, se sont rencontrés, le 13 décembre 1975, lors d'un match de boxe entre le champion du monde des poids moyens l'Argentin Carlos Monzon et le Marseillais Gratien Tonna. Vainqueur du combat, le premier arrêtera la boxe l'année suivante, les deux tourtereaux eux ne se quitteront plus. Il voulait réussir, elle avait de l'ambition pour deux.

## Les Balkany, des vrais professionnels

Ni l'un, ni l'autre n'avaient besoin de la politique pour en vivre. Ami de Pierre Lazareff, le grand patron de *France Soir*, le père d'Isabelle, René Smadja, a fait fortune dans l'import-export et le caoutchouc. Celui de Patrick, Giulya grand résistant hongrois déporté à Auschwitz, est le fondateur propriétaire des magasins de prêt-à-porter de luxe féminin Réty. Celui-ci met vite à l'abri du besoin son fils, incapable d'avoir son bac (malgré plusieurs séjours dans les écoles les plus chics de Paris et Genève). Plutôt dilettante, le fiston sera tout de même sacré un beau jour champion de hockey sur gazon. Son magasin principal étant à deux pas de l'Élysée, papa Balkany réussit à le pistonner, histoire de lui faire accomplir son service militaire au bureau de presse du président de la République, Georges Pompidou. Balkany junior y sympathise avec Marie-France Garaud et Michel Jobert, secrétaire général de la présidence, qui l'entraîne à militer dans son « Mouvement des démocrates ». Mais, sa toute nouvelle femme Isabelle va vite le faire rentrer dans le giron de la droite, grâce à une de ses cousines Nelly Smadja. Le petit ami de celle-ci, Léon Boutbien, patronne « Présence socialiste », un courant de gaullistes de gauche qui dispose de quelques sièges au comité central du RPR, tout juste créé en 1976 par Jacques Chirac. Patrick Balkany y entre aussitôt. Chez les Balkany, la femme et la famille jouent un rôle clé en politique.

Sans sa grande famille, des juifs pieds-noirs tuni-
siens, Isabelle n'aurait pu constituer son carnet d'adresses
dans le show-biz et la politique, si utile par la suite à son
mari. Extrêmement brillante, elle obtient son bac à seize
ans, puis deux ans plus tard elle abandonne sa licence en
droit pour se faire engager comme journaliste à *France
Soir*, dont le patron Pierre Lazareff est un ami de son
père. Puis, elle entre à *Combat*, dont le propriétaire Albert
Smadja, son oncle, se suicide, un peu plus tard, en 1974.
Enfin, elle va s'occuper de communication à Europe 1,
vivant avec un des patrons de la station, juste avant sa
rencontre avec son futur mari. Aux législatives de 1978,
c'est le baptême politique pour le couple. De guerre lasse,
Patrick lui réclamant sans cesse une circonscription législative, Charles Pasqua, grand manitou des élections au
RPR, les envoie affronter, dans une primaire à droite, le
très giscardien Jean-Pierre Soissons, député-maire d'Auxerre
dans l'Yonne et tout nouveau secrétaire général du parti
républicain. Les nouveaux mariés abandonnent leur
500 m² en haut d'un immeuble (appartenant à papa
Smadja) de Neuilly, pour labourer l'Auxerrois, à leurs
frais, à bord d'une voiture tractant une caravane bureau.
Sorte de Madame sans gêne, avec un franc-parler abrupt
à la Audiard, Isabelle fait un tabac parmi les militants
chiraquiens locaux. Et le couple réussit tout de même à
mettre en ballotage Jean-Pierre Soisson, qui sera finalement élu au second tour.

## À Patrick le « trottoir », à Isabelle les coulisses

L'année suivante, en 1979, le couple ouvre une
permanence électorale à Levallois-Perret, où Charles
Pasqua a été battu aux cantonales de 1976 par le parti
communiste. Deux ans plus tard, Patrick Balkany y perd
les législatives de 1981 face à l'ancien ouvrier ajusteur et
député-maire-conseiller général communiste, Jans Parfait,
élu depuis 1965. Chance ou calcul : les Balkany ont bien

choisi leur point de chute. Avec ses trois stations de métro, Levallois-Perret sorte de 21ᵉ arrondissement de Paris, ne demande qu'à s'embourgeoiser. Et les communistes gèrent mal cette ville ouvrière, qui se meurt avec le départ au début des années 1990 des usines Citroën. Lesquels occupaient alors un quart du terrain de la commune. À partir de 1982, le bon vivant Patrick va successivement reprendre au patron du parti communiste local, Jans Parfait, son mandat de conseiller général, puis la mairie l'année suivante, et le siège de député en 1986. Assumant complètement son côté garçon manqué, Isabelle a joué un rôle essentiel dans ces campagnes musclées, où les colleurs d'affiches, militants RPR et gros bras du SAC (Service d'Action Civique) l'avaient surnommée « Maman ». Sorte de cheftaine, celle-ci s'occupait elle-même de l'intendance : cuisiner en pleine nuit pour les « colleurs » et leur distribuer les affiches à l'effigie en gros plan de son mari. Le jour de l'élection de son époux comme maire, Isabelle annonce, prophétique et déterminée : « Patrick sera le Haussmann de Levallois[1]. » Et la gestion de la victoire va être tout aussi professionnelle que la victoire dans cette citadelle rouge.

À chacun son boulot au sein du couple. « Monsieur » transforme rapidement Levallois en un mini-Neuilly. Fini l'ambiance « Max et les ferrailleurs » avec petits truands, marchands de sommeil pour les ouvriers immigrés de Citroën et pavillons de banlieue miteux en bord de Seine. Le nouveau maire délivre à gogo des permis de construire pour des immeubles de standing ou de bureaux (notamment sur le terrain des anciennes usines Citroën). Séduit les vieilles dames et les mères de famille avec sa voix de crooner en faisant le tour de son fief à pied deux fois par semaine. Il « fait le trottoir » selon l'expression élégante de sa femme. Et bluffe les médias avec ses costumes de parrain et ses gros cigares. « Madame », elle, dirige le service

---

1. Voir *Libération* du 20 mars 1995.

de communication de la mairie, forte d'une cinquantaine de fonctionnaires. Son expérience de la communication à Europe 1 va lui servir. À l'époque, Isabelle Balkany est une pionnière. L'ancienne journaliste réalise et distribue aux Levalloisiens un magnifique journal sur papier glacé. Et surtout, elle met en place une redoutable machine à rendre service aux électeurs de son mari. La méthode ? Elle quadrille cette ville de 60 000 habitants. Un exemple typique de cette politique très volontariste est donné par les journalistes Hélène Constanty et Pierre-Yves Lautrou, dans leur ouvrage *9-2 : le clan du président*[1] : « Avec beaucoup de réactivité, Isabelle Balkany tient par exemple les 5 500 parents d'élèves au courant des moindres événements : "Chaque fois qu'une mouche pète, ils sont au courant !" lâche-t-elle dans son style fleuri. » Les enfants de la ville sont, pour elle, « mes enfants ». Les habitants, « mes habitants ».

Une animatrice hors pair pour la ville, qui organisera bien avant le « Paris Plage » de Bertrand Delanoë un « Tahiti sur Seine » dans l'île de la Jatte avec de vraies pirogues, de vrais Tahitiens et beaucoup de sable. « Patrick et Isabelle sont complémentaires », explique Jean-François Probst qui, à la même époque était maire RPR de la commune toute proche de Bois-Colombes. « Lui, avec sa grande gueule, il est bon dans les meetings électoraux, elle c'est le vrai maire de Levallois. À la mairie, lors des cérémonies, c'est toujours elle qui prend la parole. Elle le fait très bien et avec un culot d'enfer. Lui, c'est pas sa passion, pas son truc[2]. » Un culot mâtiné d'intelligence et d'intuition. Ainsi, elle se rend compte en 1985 que le patron des gaullistes dans les Hauts-de-Seine, Charles Pasqua, ne veut pas user de son influence pour que Patrick soit élu président de l'office HLM du département. Alors, elle va chercher à l'apitoyer. Un beau jour, elle lui téléphone

1. Fayard, 2008.
2. Entretien avec l'auteur en mars 2009.

pour lui confier la détresse de Patrick qui est tellement remué par le refus de Charles Pasqua, qu'il en a fait un infarctus selon elle. Le lendemain, Patrick était nommé président de l'office HLM des Hauts-de-Seine. Les murs de la mairie de Levallois-Perret en rient encore. Un job très utile qui donnait au couple Balkany le pouvoir de reloger les locataires indésirables dans d'autres communes du département. Sa femme rejette l'accusation d'épuration sociale, lancée à l'époque par un vieil adversaire du couple, le président actuel du Conseil général des Hauts-de-Seine et député-maire d'Antony Patrick Devedjian (RPR), en citant les chiffres de l'Équipement : la ville comprendrait 22,5 % de logements sociaux[1]. Patrick Balkany est alors constamment réélu maire et député, mais en 1988 il doit abandonner, pour cause de cumul de mandat, son siège au Conseil général. Son épouse lui succède naturellement et est nommée vice-présidente chargée des collèges, un poste dont était chargé jusque-là Nicolas Sarkozy, lui aussi frappé par la loi sur le cumul des mandats.

### Isabelle « Marouani » organise le come-back de son Dick Rivers

En 1995, tout dérape. Patrick prend la tête du putsch anti-Chirac et pro-Balladur en compagnie de Nicolas Sarkozy et de Charles Pasqua. Balladur président, Pasqua Premier ministre, Patrick se voit ministre, Isabelle sénatrice. Tous les deux militent pour « Demain la France », mouvement du complot parricide contre Jacques Chirac. « Quand je passais à la permanence, se rappelle un séguiniste, je tombais toujours sur Isabelle. Elle était très présente. » Mauvaise pioche : Jacques Chirac est élu président de la République et les Balkany aussitôt classés renégats dans les

---

1. Voir Philippe Lançon, « Comment les Balkany ont mis en coupe réglée Levallois-Perret », *Libération*, 21 mars 1995.

rangs de la Chiraquie. Cerise sur le gâteau : Patrick est à la même époque rattrapé par des affaires politico-judiciaires. Il perd les municipales de 1995, son épouse son job de directrice de la communication à la mairie. La Caste ne le connaît plus. Porte-drapeau de la lutte anti-corruption, un jeune avocat séguiniste Olivier de Chazeaux (qui a obtenu l'investiture du RPR) devient maire de Levallois grâce au renfort des voix socialistes. Le TSB (Tout Sauf Balkany) fut fatal au couple. En 1997, après la dissolution, Balkany ne se représente pas aux législatives. Il entame sa traversée du désert. Elle durera quatre ans. Un peu inquiet, il s'exile alors volontairement aux Antilles à Saint-Martin pour « chercher la paix et se faire oublier », notamment en compagnie de ses amis du show-biz Collaro et Carlos. Il reprend et dirige la principale radio locale qui émet principalement à destination des métropolitains de l'île. Pendant ce temps, les condamnations tombent. La plus gênante : le 30 janvier 1997 en appel à Versailles, deux ans d'inéligibilité pour lui (ce qui lui interdit d'être candidat à la députation) et des peines d'emprisonnement avec sursis pour tous les deux pour avoir notamment employé du personnel municipal dans leurs domiciles privés. Le couple Balkany avait fait rémunérer aux frais du contribuable levalloisien, entre 1985 et 1995, trois employés municipaux qui ne s'occupaient que de leur nouveau duplex de 512 m$^2$ (acheté en face de la mairie pour 7 millions de francs et aménagé par Isabelle pour la même somme) et de leur résidence secondaire, près de Giverny dans l'Eure[1].

Pour toutes les autres procédures judiciaires à son encontre, notamment l'affaire des fausses factures des HLM des Hauts-de-Seine, Patrick Balkany sera relaxé par la justice. Mais il n'attend pas d'être blanchi pour se promener dès 2000 sur les marchés de Levallois-Perret, main dans la main avec Isabelle. Celle-ci avait fait réaliser de discrets sondages et, au vu des résultats, convaincu son

---

1. *Ibid.*

époux que ses longues vacances étaient terminées. Et tel
Charles Marouani, l'imprésario des chanteurs vedettes,
elle organise la propagation de la rumeur : « son Dick
Rivers » (le roi du rock and roll qui a réussi son retour sur
scène après une longue période d'absence) va se présenter
aux municipales de 2001. Modeste et raisonnable, le
maire sortant Olivier de Chazeaux, trente-huit ans, n'est
pas un communicant hors-pair à l'image d'Isabelle
Balkany. Il se contente de jouer la carte facile d'un anti-
balkanisme primaire. Terminés, les six R25 et gros 4 × 4
noirs de fonction du maire garés devant la mairie (il les
vendra sous l'œil des caméras), les réceptions fastueuses
du nouvel an dans la grande salle des fêtes et les cadeaux
aux mamies. Malgré son travail, il ne parviendra jamais à
se faire aimer des Levalloisiens. Et ces derniers commencent franchement à regretter le temps des « Balkany » et
notamment la présence imposante de leur ex-maire, ses
plaisanteries plus ou moins grasses, et la disponibilité
d'Isabelle. Et en mars 2001, sans étiquette et sans soutien
politique, l'inoxydable Patrick Balkany gagne les municipales de Levallois-Perret avec dix points d'avance sur
Olivier de Chazeaux. Les élections seront annulées, parce
que le vainqueur n'est pas éligible, ne s'étant pas acquitté
de ce qu'il doit à la ville depuis sa condamnation de 1997.

## Patrick grand voyageur
## et Isabelle coach de Jean Sarkozy

Résultat : en juin, puis en septembre 2002, toujours
sans l'étiquette UMP, Patrick Balkany est élu député puis
maire de Levallois-Perret. Depuis son élection à l'Assemblée nationale, il ne s'est pas montré un stakhanoviste de
la présence au Palais-Bourbon. Déjà dans leur ouvrage
*Députés sous influences : le vrai pouvoir des lobbies à
l'Assemblée nationale*[1], les journalistes Hélène Constanty

---

1. Fayard, 2006.

et Vincent Nouzille l'avaient classé 328ᵉ au « hit-parade des 577 députés selon leur activité dans l'hémicycle de 2002 à 2007 ». Depuis sa réélection en juin 2007, cette grande figure de l'absentéisme parlementaire n'a rien changé à ses habitudes. Deux ans plus tard, il est intervenu, en tout et pour tout, trois fois en séance publique et à quatre reprises en commission. De plus Patrick Balkany n'a eu droit à rien, après le sacre de son ami à l'Élysée. Seul privilège accordé à ce parlementaire un peu trop sulfureux : une carte grand voyageur. Le vieil ami du président de la République est devenu « un grand ami » de l'Afrique qu'il ne cesse de parcourir en tous sens de manière très discrète et sans raison officielle. Et, bien sûr, il ne manque aucun des voyages présidentiels à l'étranger.

Cet emploi du temps chargé du maire de Levallois-Perret (brillamment réélu en mars 2008 avec 51,5 % des voix au premier tour et 45 % d'abstention) ne se voit pas trop dans sa bonne ville. Toujours première adjointe, Isabelle Balkany y reste plus que jamais aux manettes. Son intuition, son travail, sa connaissance des dossiers et son sens de l'organisation y font toujours merveille. Elle a même trouvé le temps de devenir, depuis 2005, consultante experte auprès des journalistes de la relation Cécilia-Nicolas Sarkozy. Au moment de la première séparation du couple, elle parlait tous les jours au téléphone à son amie Cécilia. « On a passé nos vacances ensemble, on a élevé nos enfants ensemble, on est comme frère et sœur[1]. » Visiblement avec Carla Bruni, la nouvelle épouse du président, le courant passe moins bien. L'agressivité de cette représentante de la droite dure a peu de chose à voir avec le côté élitiste et le raffinement de la première dame de France qui recrute ses meilleurs amis parmi les intellectuels de gauche. Aussi Isabelle Balkany préfère-t-elle veiller discrètement sur le destin politique du fils du

1. Voir Hélène Constanty et Pierre-Yves Lautrou, 9-2 : *le clan du président*, op. cit.

président de la République, Jean Sarkozy. Elle l'a aidé à gagner, en 2008, son siège de conseiller général du canton de Neuilly, puis de patron du groupe UMP au Conseil général des Hauts-de-Seine. Elle voit en lui le futur maire et député de Neuilly. Dans l'intervalle, elle aura tout fait pour tenter de l'installer à la présidence de l'Établissement public d'aménagement du quartier de la Défense ; son président et grand ennemi des Balkany, Patrick Devedjian étant atteint par la limite d'âge fin 2009. Cette redoutable politique a consacré à cette tâche toute son intelligence et sa redoutable intuition. Mais le jeudi 22 octobre, le fils du président jetait l'éponge et annonçait qu'il ne briguait plus la tête de l'Epad face à la polémique sur le côté « monarchique » suscité par sa candidature. « Il a pris date pour la suite, concluait Isabelle Balkany. Jean Sarkozy n'a pas dit qu'il ne serait pas candidat en 2011 à la présidence du Conseil général. » La gestion de Levallois-Perret est devenue une affaire trop facile pour Isabelle et son Patrick ne craint plus rien sous le parapluie sarkozien.

### « L'héritière du clan Marie » face aux Borotra

À l'inverse du couple Balkany fort en gueule et très médiatique, Michèle Alliot-Marie (MAM), ministre de la Justice, et Patrick Ollier, député-maire UMP de Rueil-Malmaison dans la chic banlieue ouest de Paris, forment un tandem un peu triste. Le nom composé « Alliot-Marie » est le nom d'usage adopté par la ministre, suite à son premier mariage et qu'elle a conservé après son divorce. Pratiquement tous les dimanches, le clan Marie se réunit pour déjeuner boulevard Charcot à Neuilly dans le splendide appartement de Bernard Marie, ancien député-maire RPR de Biarritz, et de Renée Leyko son épouse d'origine polonaise, en compagnie de leur fille Michèle, soixante-trois ans, de la nièce de celle-ci Ludivine Olive, trente-trois ans, sa directrice de cabinet au ministère, et du compagnon de la ministre depuis dix-sept ans, Patrick Ollier, soixante-quatre ans. On mange peu, on ne boit pas du tout, on ne fume pas et on rit rarement. Le chef de clan des Marie, Bernard Marie, quatre-vingt-onze ans, a été député RPR des Pyrénées-Atlantiques (1967-1981), puis maire de Biarritz (1983-1991). Orphelin de père et de mère, il avait été adopté et élevé par une famille basque avant d'embrasser le métier de comptable à la succursale de la Banque de France de Biarritz. Parallèlement à sa profession, Bernard a été un militant gaulliste, proche de Jacques Chirac, et un arbitre international de rugby.

La grande famille Marie vit sur ses souvenirs. Les mauvais remontent à 1991, année où un industriel local fabricant de lits médicaux, Didier Borotra (neveu du tennisman Jean Borotra, le « Basque bondissant »), a fait l'union sacrée contre les Marie. Rassemblant des autonomistes basques jusqu'aux socialistes en passant par les écologistes, le premier adjoint centriste de Bernard Marie avait provoqué un putsch municipal. L'entêtement de Bernard Marie à réaliser un projet d'hôtel-casino, qui aurait fini de défigurer la grande plage de Biarritz, lui a coûté cher. Le projet restera dans les cartons, comme l'espoir de voir Michèle Alliot-Marie, conseillère municipale à l'époque, succéder à son père comme maire. Aux élections municipales anticipées de 1991, Didier Borotra triomphait. En attendant de venger l'affront, le maire et sa fille avaient démissionné du conseil municipal.

Depuis, lorsqu'ils se croisent lors des cérémonies officielles, le vice-président de la Communauté d'agglomération Bayonne-Anglet-Biarritz et sénateur-maire de Biarritz, Didier Borotra, soixante et onze ans, et la députée de Biarritz (ministre sans arrêt depuis 2002), Michèle Alliot-Marie, oublient de se saluer et se tournent ostensiblement le dos. Et la vengeance est un plat qui se mange froid. Aux municipales de 2001, MAM, présidente du RPR à l'époque, avait donné l'investiture du parti à un avocat ami Jean-Benoît Saint-Cricq, qui n'obtenait que 22 % des voix contre la liste de Didier Borotra. Aux municipales de 2008, l'UMP décidait d'enterrer la hache de guerre et donnait l'investiture au maire sortant Didier Borotra. Le clan Marie ne l'entendait pas de cette oreille. « L'ami » Benoît Saint-Cricq se présentait à nouveau, cette fois sans étiquette, et recueillait 30 % des voix. Le clan Borotra se réjouit bien évidemment de cette nouvelle défaite des Marie. « Mon frère a sauvé Biarritz », ne cesse de répéter depuis son frère jumeau, l'ancien ministre de l'Industrie (1995-1997) Franck Borotra, qui a renoncé à ses mandats de député et de président du Conseil général des Yvelines, afin de laisser la place aux jeunes[1]. Un frère, sauveur de Biarritz sans doute, mais qui n'a pas contribué à améliorer l'image du Sénat. En effet, le grand cumulard Didier Borotra garde bien accroché sur ses épaules le maillot jaune de l'absentéisme au Sénat. Depuis son élection en 1992 à la Haute Assemblée, il a posé seulement quinze questions écrites au gouvernement, n'est jamais intervenu en séance publique, et a publié un seul rapport d'information (sous le n° 290) sur la mission de la commission des Affaires étrangères, effectuée en Australie et en Nouvelle-Zélande du 7 au 16 février 1997.

## « L'hirondelle de Biarritz »

À l'inverse du sénateur-maire basque Didier Borotra, qui privilégie systématiquement ses mandats locaux, MAM n'a jamais pu se débarrasser de son étiquette de Parisienne collée à ses tailleurs pantalons. Elle a toujours fait passer ses ambitions ministérielles (elle fut sept fois ministre ou secrétaire d'État depuis 1986), avant son implantation au Pays basque. Certes, dans sa jeunesse pendant les vacances d'été, elle faisait des châteaux de sable sur la plage de Saint-Jean-de-Luz. En fait, née dans le sud de la banlieue parisienne dans une commune en bordure de l'aéroport d'Orly,

---

1. Voir Nicolas Domenach, « Les Borotra : une petite différence... politique », *Marianne*, 29 juillet 2006.

Michèle Alliot-Marie a toujours vécu dans la capitale. Elle a suivi les cours d'un des établissements les plus huppés de Paris, le lycée de la Folie St-James à Neuilly. Puis, elle fera de longues études de lettres et de droit dans plusieurs universités parisiennes, qui lui permettront de rédiger plusieurs thèses jusqu'à la fin des années 1970. Mais sans l'influence de son père, elle ne serait jamais devenue une professionnelle de la politique. À la fin des années 1960, les amis de son père s'appelaient Jacques Chaban-Delmas et Edgar Faure. Une grande figure du gaullisme et l'autre du parti radical qui venaient souvent dîner chez les Marie à Biarritz. Au fil du temps, son père lui a transmis le virus de la politique vite devenue sa seule passion dans la vie. Et elle a vite compris le « potentiel » que les relations de son géniteur lui donnaient.

Ainsi, par l'entremise d'Edgar Faure, la blonde d'Aquitaine a fait la connaissance d'un professeur de droit parisien, Michel Alliot et s'est mariée en 1971 avec lui, en dépit de leurs vingt-deux ans d'écart. Le monde politique fourmille de ces histoires peu médiatisées, où le sentiment amoureux, la passion politicienne et le calcul se mélangent. MAM joignait ainsi l'utile à l'agréable : son mari avait été directeur de cabinet d'Edgar Faure, ministre de l'Éducation nationale de 1968 à 1969. À propos de ce mariage, le journaliste Michaël Darmon écrit qu'il s'agit « d'un partenariat, une association[1] ». Cette union va lui permettre d'emprunter la filière classique de formation de la Caste : celle des cabinets ministériels. Tout en restant assistante à l'université de la Sorbonne, elle est engagée en 1972 comme conseillère technique par Edgar Faure, ministre des Affaires sociales. Elle a vingt-cinq ans. Jolie blonde aux longs cheveux descendant libres jusque dans le dos ou en natte, sportive, élancée, le sourire certes rare sur un visage plutôt froid, mais avec, derrière d'immenses lunettes, des yeux bleus, profond et brillants, qui démentent cette

1. Voir Michaël Darmon, *La Femme muette*, L'Archipel, 2005.

froideur. Les professionnels l'ont souvent prise pour une « jolie gourde », dont « seules les jambes avaient de l'esprit », comme nous l'a confié un ancien ministre de cette époque. Aujourd'hui, ils reconnaissent leur erreur.

Un an seulement après son mariage elle est nommée conseiller technique d'Edgar Faure, âgé, lui, de soixante-trois ans à l'époque. Dans leur ouvrage *Sexus politicus*[1], les journalistes Christophe Deloire et Christophe Dubois expliquent l'attirance d'Edgar Faure pour « ses hirondelles » : « Il est l'un des plus fabuleux érotomanes que le landerneau politique ait jamais connus. » Il avait confié à Jean-Marie Rouart : « Quand j'étais ministre quelques femmes m'ont résisté ; une fois président du Conseil[2], plus une seule. » Très lié à sa femme Lucie Faure, Edgar n'en frayait pas moins, en toutes saisons, avec ses « hirondelles ». Président de l'Assemblée nationale entre 1973 et 1978, il entre une fois dans l'hémicycle, la braguette ouverte. L'huissier le prévient. L'intéressé feint de se plaindre. « Dans l'une des salles de l'Assemblée nationale, précisent les deux journalistes, il a fait aménager une porte dérobée pour "exfiltrer" rapidement ses conquêtes. » Ce roi des professionnels de la politique, surdoué, grand travailleur et redoutable orateur a certainement été un modèle pour la future MAM. Après deux ans chez Edgar Faure, elle a travaillé dans d'autres cabinets, notamment de 1976 à 1978 à celui d'Alice Saunier-Seïté, secrétaire d'État aux Universités. Elle y a toujours été appréciée, ne ménageant ni son temps, ni sa peine. C'est une bosseuse, une besogneuse efficace.

### Une ambitieuse dans l'ombre de son père

Puis elle a l'idée « naturelle » de succéder un jour à papa, député de Biarritz depuis 1967. Elle travaille alors directement avec son père député, comme la ministre de

---

1. Albin Michel, 2006.
2. En 1952.

la Santé et des Sports, Roselyne Bachelot-Narquin, et Valérie Létard, secrétaire d'État à la Solidarité, au début de leur carrière. MAM a été la députée suppléante de papa Bernard Marie de 1978 à 1981. La politique ne lui rapportait plus rien, elle n'était plus membre d'un cabinet ministériel. MAM s'est fait nommer Pdg de la société « UTA-indemnité » de 1979 à 1985, tout en continuant à toucher son salaire d'assistante à l'université et à plaider quelques dossiers. Mais le rêve de succéder directement à son père s'envola avec la vague rose de 1981, qui permit à un jeune socialiste, Jean-Pierre Destrade, de battre Bernard Marie. Que faire ? La même année, elle adhérait au RPR et devenait aussitôt secrétaire nationale de ce parti à la fonction publique. Merci, papa. En 1983, son père était maire de Biarritz et demandait à son ami Jacques Chirac de donner une place éligible (les élections sont à la proportionnelle et au scrutin de liste) à sa fille pour les prochaines législatives de 1986.

Elle est alors nommée aux deux plus hautes instances du RPR, au comité central (230 membres), en 1984, et à la commission exécutive (62 membres), en 1985. Être élue à ces postes après trois ans et quatre ans seulement de militantisme était à l'époque chose exceptionnelle. Merci encore à papa et à Jacques Chirac. Et en 1986, MAM est élue députée des Pyrénées-Orientales sous l'étiquette RPR. Visiblement « emballé » par le « dynamisme » de la jeune femme, le nouveau Premier ministre Jacques Chirac en faisait son secrétaire d'État à l'Enseignement de 1986 à 1988, auprès du ministre de l'Éducation nationale, René Monory. Et en 1988, le scrutin étant redevenu majoritaire, elle était réélue succédant à son père comme députée RPR pour la 6ᵉ circonscription des Pyrénées-Atlantiques, à savoir Biarritz, Saint-Jean-de-Luz, Hendaye et tout le sud de la côte basque. Elle y a été réélue constamment depuis. MAM devenait une reine du cumul : parallèlement à son mandat de députée française, elle a aussi été députée européenne de 1989 à 1992.

Juste après l'élection en 1991 de Didier Borotra à la mairie de Biarritz, son couple bat de l'aile, et elle rencontre le nouvel homme de sa vie, un député RPR des Hautes-Alpes, Patrick Ollier, un fleuron de la Caste. Sa carrière ministérielle redémarrait avec la victoire de la droite en 1993 et, deux ans plus tard, elle était élue maire de Saint-Jean-Luz, charmant petit port de 6 000 habitants à 11 kilomètres au sud de Biarritz. À l'époque, elle a commis une énorme erreur, refusant de choisir à la présidentielle de 1995 entre Balladur et Chirac. Âgée de quarante-huit ans, MAM s'est alors montrée une femme sous influence. Sous l'influence de son père bien évidemment, mais aussi de son compagnon de vie Patrick Ollier, de François Fillon et de Patrick Devedjian, plutôt balladuriens. Très déçu par l'attitude de MAM, qui déjà lui devait son siège de députée et son poste de secrétaire d'État, le tout nouveau président de la République Jacques Chirac ne l'a pas nommée ministre et l'a écartée de toute fonction dirigeante au sein du RPR. Quatre ans plus tard, elle parvient à retourner la situation à son avantage, en devenant la première femme présidente du RPR et élue par les militants. Le parti s'en allait à la dérive à la suite d'une succession de défaites électorales : législatives de 1997, régionales de 1998 et européennes de 1999. Elle avait tenté sa chance en s'opposant au candidat officiel, le sénateur-maire de Bapaume, Jean-Paul Delevoye qui était soutenu par Jacques Chirac et toute la hiérarchie du RPR. Pour gagner, elle avait « mouillé la chemise » avec obstination, comme elle sait le faire, en allant à la rencontre des militants. Ainsi, de juillet à septembre 1999, elle avait sillonné la France en tout sens à l'issue d'un périple automobile de 40 000 kilomètres.

### Sous l'influence du c. qui s'adore

Une fois à la tête du parti gaulliste, MAM montrait encore une fois son côté influençable. Elle a naturellement pris pour bras droit son compagnon depuis huit ans, le député Patrick Ollier, nommé par elle conseiller spécial de la présidente du RPR. Une nomination qui n'avait pas fait, c'est le moins que l'on puisse dire, l'unanimité chez les militants et les dirigeants du parti. Visiblement brocardé par nombre de fonctionnaires de l'Assemblée nationale, qui visiblement n'apprécient pas son autoritarisme, Patrick Ollier a toujours sauté dans les mauvais trains : Chaban-Delmas en 1974, Barre en 1988 et Balladur en 1995. Aux municipales de Paris en 2001, il a envoyé Michèle Alliot-Marie droit dans le mur, en lui conseillant avec d'autres, il est vrai, de soutenir la candidature de Philippe Séguin, qui n'avait aucune attache parisienne. Patrick Ollier partage au moins une des qualités de sa compagne, c'est un gros bosseur. Sur la base des données officielles recensées par le site de l'Assemblée nationale, le classement des députés, du plus au moins actif, il fait figure de champion. Établi pour la période de juillet 2007 au 15 avril 2009, ce classement comptabilise notamment le nombre d'interventions en séance publique et en commissions, l'addition de ces deux critères fournissant un indicateur du travail de ces parlementaires. Ceux qui cumulent le plus d'interventions sont donc les députés les plus actifs. Avec 235 interventions, Patrick Ollier arrive second derrière le socialiste Didier Migaud, président de la commission des Finances.

Effet pervers d'un couple en politique, tous les deux ministrables ne pouvaient être ministres en même temps. Impensable de tolérer un couple autour de la table du Conseil des ministres. Cette vieille habitude de vivre la politique prioritairement « en famille », Michèle Alliot-Marie ne s'en cache même pas comme le montrent ses déclarations au magazine *Gala* du 9 mai 2009 : « Les circonstances ont fait que je n'ai pas eu d'enfant, c'est comme cela. Mais la famille est quelque chose de très important pour moi. J'essaie, sans mélanger les choses, de remplacer la maman de mes neveux (sa sœur unique est

216 LA CASTE DES 500

morte en 2004 d'une sclérose en plaques). Former un clan est aussi une façon de se protéger, ce qui est important en politique. Je travaille d'ailleurs avec ma nièce, Ludivine. » En 2007, MAM a eu beau se battre pour « son homme », Patrick Ollier ne sera resté comme président intérimaire de l'Assemblée nationale que 104 jours du 7 mars au 19 juillet 2007. Nicolas Sarkozy, devenu président de la République, ne donnera pas son feu vert à son élection définitive à ce poste stratégique.

À la même époque, elle était nommée ministre de l'Intérieur, négociant sans problème le virage du chiraquisme au sarkozysme. À cette occasion, elle n'a pas imposé le maintien de son compagnon à la tête de l'Assemblée comme condition de son entrée au gouvernement. L'amour et les règles du clan ont leurs limites. En 2002, elle avait réussi à échanger son entrée au gouvernement, comme ministre de la Défense, contre son accord pour la fusion du RPR avec son trésor de guerre dans l'UMP. La veille de sa prise de fonctions à la tête du ministère, elle avait passé sa soirée à répéter dans le couloir de son appartement, guidée par son compagnon. Ses sahariennes sont devenues aussi célèbres que son allure martiale lorsqu'elle passait les troupes en revue à Kaboul, Djibouti ou ailleurs. Et ses innombrables visites en Afghanistan et en Afrique, où elle s'est laissé filmer en compagnie des soldats, ont beaucoup contribué à sa popularité. Mais on la voit beaucoup moins dans les rues de Saint-Jean-de-Luz : en moyenne un jour et demi par semaine.

Le couple Alliot-Marie-Ollier réunit deux vrais professionnels de la Caste. Assez énigmatiques, ils parlent rarement d'eux-mêmes. Pour mieux saisir la prééminence politique de MAM dans le couple, il suffit de l'entendre parler de sa mère : « Pendant la guerre, elle transmettait clandestinement aux aviateurs britanniques des messages qu'elle cachait dans les plis de son chemisier. Elle nous a toujours dit, à ma sœur et à moi, qu'il ne fallait jamais dépendre de son mari, et nous a incitées à travailler au moins une année avant d'épouser quelqu'un. Nous devions être capables de faire ce que les hommes faisaient, sans négliger les activités typiquement féminines. Lorsqu'elle a eu fini de nous élever, ma mère a repris l'entreprise familiale qui fabriquait des isolants électroniques, un domaine qui n'était pas spécialement féminin[1]. » Au sein de l'état-major des armées, de la direction de la police et aujourd'hui à la Chancellerie, elle a la réputation d'être cassante. Avec les militaires et son compagnon, cet autoritarisme n'est pas un problème, dans la police et au Pays basque les choses sont plus difficiles. La gestion « martiale » et très médiatique du dossier du fichage électronique policier « Edwige » et de l'affaire Coupat (les « terroristes » de la SNCF) ont montré ses limites. Partie du gaullisme familial, cette première femme présidente du RPR, première femme ministre de la Défense, puis de l'Intérieur, a été intronisée par le chiraquisme, avant de poursuivre son irrésistible ascension sous le sarkozysme. Un parcours exceptionnel.

## Le couple Guibal, le roi
## et la reine de Menton

Jean-Claude Guibal, soixante-sept ans, et son épouse Colette, soixante-cinq ans, forment à Menton le quatrième et dernier couple de super cumulards que nous avons identifié au sein de la Caste. À l'inverse des Estrosi, des Balkany et des Alliot-Marie Ollier, les Guibal cachent soigneusement qu'ils sont mari et femme depuis huit ans. Très avenants, très sympathiques, souriants, mais aussi très discrets, ils demeurent peu connus en dehors de leur charmant petit bout de France coincé entre l'Italie, la principauté de Monaco, la mer Méditerranée et les Alpes du Sud. Le nom de Colette Guibal est imprimé dans les

1. Voir Candice Nedelec, « Le ministre de l'Intérieur lève le voile sur son intimité », *Gala*, 9 mai 2009.

journaux locaux uniquement sous son nom de jeune fille, c'est-à-dire Colette Giudicelli. Les Guibal veulent-ils cacher que leur bonne ville détient un triste record ? En effet, ils forment le couple politique *français* qui cumule le plus de mandats. Depuis vingt ans, Monsieur est député-maire de Menton et vice-président de la Carf (Communauté d'agglomération de la Riviera française), ce qui lui fait trois mandats. Madame est sénatrice depuis 2008 seulement, et élue première adjointe au maire de Menton en 1989 (en juin 2008, la loi sur le cumul l'a contrainte à devenir simple conseiller municipal), en 2004 vice-présidente du Conseil général chargée des Finances, et vice-présidente de la Carf en 2002, soit quatre mandats. Parmi ces sept mandats « familiaux », le couple Guibal possède deux mandats de parlementaires dans le même département des Alpes-Maritimes (apparemment un cas unique dans l'histoire de la République française), sans compter les présidences diverses et variées de l'hôpital et autres syndicats mixtes. Chez les Guibal, la famille est donc à l'honneur d'autant plus que certains de ses membres travaillent de surcroît avec eux. Pour plus de commodité, ils ont installé leur permanence parlementaire respective à la mairie de Menton.

Bien entendu, ces deux super cumulards travaillent beaucoup. La politique et le pouvoir sont leur passion. Mais ils ne peuvent pas se dédoubler. Aussi, au hit-parade d'activité dans l'hémicycle des 577 députés, Jean-Claude Guibal n'arrive que 366e pour la période allant de janvier 2004 à la mi-mai 2006. Le député-maire de Menton a pris la parole 14 fois durant ces 28 mois. Et depuis sa réélection en mai 2007, il a carrément plongé dans un absentéisme plus profond encore, n'intervenant que 7 fois en 24 mois, toujours sur ses sujets de prédilection, Monaco, l'Italie, la Tunisie et le Moyen-Orient. Certes, il a rédigé 87 questions au gouvernement, est intervenu 20 fois en commission des Affaires étrangères, et a rédigé six rapports. Monsieur ne quittera pas son fauteuil de député avant 2018, à l'âge de soixante-seize ans. Pour la mairie et la Communauté d'agglomération de la Riviera française, ce sera en 2020, à soixante-dix-huit ans[1]. Pourquoi si tard ? Jean-Claude Guibal se prétend contraint d'adopter cette attitude pour s'opposer à tous ceux qui veulent lui succéder, à l'Assemblée nationale et à la mairie, « simplement pour faire de l'argent ». Il lui reste à se trouver un successeur. Madame fera de même comme le laisse penser l'une de ses rares interviews, où elle se justifie d'être une cumularde comme son mari : « Franchement cette situation ne nous pose pas de problème, d'autant que nous avons été élus avant d'être mari et femme et que, qui plus est, cela crée une plus grande complicité qui permet de bien travailler, nous avons une vraie passion commune pour les autres qui fait que lorsque que je reçois des gens qui ont des problèmes à résoudre, je sais ce que mon mari penserait de la situation. Si nous ne partagions pas cette passion notre couple aurait du mal à fonctionner et puis mon mari étant de plus député nous ne nous verrions plus jamais[2].

## Un couple qui neutralise toute contestation

Hasard du destin, tous les deux sont nés à Ajaccio et y ont vécu une bonne partie de leur enfance, mais ne se sont rencontrés qu'au début des années 1980. Les grands-parents maternels du député étaient instituteurs, sa mère prof de français-latin et son père de physique chimie au lycée Fesch à Ajaccio, puis au lycée Masséna à Nice. Jean-Claude Guibal avait donc le bon profil sociologique pour l'ENA et la politique. Ce qu'il fit après HEC et Sciences Po Paris. Élevé selon ses propres termes « au biotope du service public », le futur député ne pensait qu'à une chose :

---

1. Entretien avec l'auteur en mars 2009.
2. Voir Viviane Le Roy, « Colette Giudicelli : politique ou action au cœur de la cité », *Le Petit Niçois*, 4 novembre 2004.

devenir préfet. Mais à un quart de point près, au classement de sortie de l'ENA, il n'a pas eu le droit de réaliser son rêve. Assumant déjà, à vingt-trois ans, son côté plutôt entêté, autoritaire et sûr de lui, il démissionnait de la fonction publique, remboursait ses traitements de fonctionnaire stagiaire et se faisait engager par le groupe Louis Dreyfus, spécialisé dans le négoce de grains, la construction et le transport maritime. Ce n'est qu'en 1989, soit vingt-cinq années plus tard, qu'il réalisera son rêve de vivre du « service public », non plus dans la préfectorale, mais en devenant maire de Menton. Entre-temps, il avait entretenu son goût de la chose publique dans l'état-major parisien de l'UDF, puis comme conseiller technique au cabinet de Pierre Méhaignerie, ministre de l'Équipement (1986-1988). Au milieu de ce parcours, en 1977, il avait été élu conseiller municipal UDF de Menton, qui lui rappelait la douceur d'Ajaccio, ville de son enfance, et la beauté de Nice, ville de son adolescence. À cette occasion, l'énarque Jean-Claude Guibal rencontrait pour la première fois l'autodidacte Colette Giudicelli. Ce n'est que douze ans plus tard, en 1989, qu'ils vont divorcer tous les deux pour former un couple, tout à la fois en politique et à la ville.

Le couple remportait alors, sous l'étiquette UDF, les municipales de Menton en battant le général Emmanuel Aubert (RPR), âgé de soixante-treize ans à l'époque. Six ans plus tard, en 1995, tous les deux adhéraient au RPR et réalisaient un coup de maître. Malgré leur balladurisme militant, ils réussissaient à prendre le contrôle de la section locale du parti, correspondant à la 4e circonscription législative des Alpes-Maritimes. Cette manœuvre habile permettait, en 1997 (suite à la dissolution de l'Assemblée nationale), à Jean-Claude Guibal d'obtenir l'investiture RPR et d'être élu, battant le député RPR sortant et maire de Cap-d'Ail, Xavier Beck (membre du RPR depuis 1977). Que ce soit sur le plan culturel, sportif, social et surtout économique : à Menton, tout devait depuis 1989 et doit encore aujourd'hui passer par eux. La moindre contestation en ville, dans les alentours ou parmi le personnel municipal, et les foudres de la mairie s'abattent. En témoignent les candidats aux municipales que le couple a mis en place face aux élus locaux qui n'ont pas fait allégeance, à l'image du courageux maire UMP de Roquebrune-Cap-Martin et vice-président du Conseil général, Patrick Césari. Celui-ci avait dénoncé les « méthodes » du couple et son insatiable obsession de cumuler les mandats.

S'opposant frontalement aux Guibal, il avait annoncé discrètement, fin 2007, sa candidature à la présidence de la Communauté d'agglomération de la Riviera française (Carf), un poste occupé depuis 1982 par Jean-Claude Guibal. Pour punir ce rebelle, le couple lui a envoyé le deuxième adjoint au maire de Menton, Jean-Marie Hill, qui n'a recueilli que 21,45 % des voix aux municipales de mars 2008 à Roquebrune-Cap-Martin, contre 63,29 % des suffrages à Patrick Césari, réélu maire au premier tour. Ce dernier a été élu, le mois suivant, président de la Carf (par 28 voix et 12 abstention), qui comprend dix communes : Beausoleil, Castillon, Gorbio, Menton, Moulinet, Peille, Roquebrune-Cap-Martin, Sainte-Agnès, Sospel et La Turbie, soit une population de 65 000 habitants. La méthode Guibal-Giudicelli a cependant porté ses fruits sur certains dossiers d'importance comme la station d'épuration ou encore de nombreuses opérations d'embellissement de la cité. Mais, à Menton, il n'existe plus que de beaux logements achetés par des Italiens fortunés et vides les trois quarts de l'année. La ville, il est vrai, s'est beaucoup améliorée. Elle est plus propre, plus sûre. Mais, il n'y existe plus le moindre contre-pouvoir face à ce terrible couple qui empêche tout renouvellement de la classe politique locale depuis vingt ans. Les Guibal illustrent, jusqu'à la caricature, le mal dont souffre la Caste : le cumul des mandats et l'absence de contre-pouvoir, des patrons des exécutifs locaux.

## 7.

# Des lignées de notables
# aux dynasties de professionnels

Aujourd'hui, le faible nombre de couples de professionnels de la politique à part entière pourrait laisser croire que les femmes élues cumulent moins de mandats que les hommes. Il n'en est rien. Une fois entrées dans le circuit, le sexe dit faible cumule tout autant que les hommes. En dehors de l'exception qui confirme la règle, en la personne d'Anne d'Ornano (uniquement présidente du Conseil général du Calvados), les femmes ne peuvent pas échapper à la logique de la course aux mandats, si elles veulent exister politiquement face aux hommes. Elles sont condamnées à cumuler pour être intronisées dans la Caste...

En témoignent aujourd'hui les dynasties politiques qui voient les femmes s'insérer de plus en plus dans ce processus de professionnalisation. Des fauteuils de maire, président de Conseil général, régional ou de Communauté de communes aux maroquins ministériels en passant par les mandats parlementaires, tout se transmet. Ces dynasties traduisent un changement assez radical. La réussite d'un « héritier » ou d'une « héritière » ne dépend plus uniquement du prestige social, de la richesse de l'intéressé et de sa capacité de s'adresser efficacement à un

ministère pour financer un projet d'équipement. Le
métier de la politique a supplanté la tradition des notables, qui s'exerçait au Parlement grâce aux talents
d'orateur d'un Edgar Faure, d'un Jean Jaurès, d'un Léon
Blum, d'un Maurice Thorez ou encore d'un François
Mitterrand, entre autres.

La politique s'exerce dorénavant surtout au niveau
de puissants exécutifs locaux, et sous la forme presque
incontournable du cumul des mandats. Nous avons
recensé ces dynasties qui remontent au père, grand-père
ou à l'arrière-grand-père, et voient quelquefois l'épouse
succéder à son mari décédé, la fille, la belle-fille, petite-
fille ou arrière-petite-fille se lancer elles aussi en politique.
On compte une vingtaine de ces dynasties bien connues
dans l'Hexagone. Toutes sont farouchement attachées aux
mandats locaux, tandis que certaines n'ont même plus de
mandat parlementaire. En voici la liste. Elles appartiennent toutes à la Caste. Derrière le nom du dernier représentant de la lignée, nous avons indiqué le nombre de
générations d'élus de chacune et, entre parenthèses, les
anciens mandats, quand l'intéressé(e) est ministre ou
secrétaire d'État :

Martine Aubry (2), maire de Lille, présidente de la
Communauté urbaine de Lille et patronne du PS, Anne
d'Ornano (2), présidente UMP du Conseil général du
Calvados, conseillère municipale de Deauville, vice-présidente de la Communauté de communes « Cœur Côte
Fleurie », Françoise de Panafieu (2), maire UMP du XVIIᵉ
et députée de Paris, Jean Sarkozy (2), conseiller général des
Hauts-de-Seine et administrateur de l'EPAD (Établissement Public d'Aménagement de la Défense), Jean-Paul
Alduy (2), sénateur UMP des Pyrénées-Orientales et président de la Communauté de communes Perpignan Méditerranée, Gilbert Mitterrand (2), maire et vice-président PS
du Conseil général de la Gironde, président de la Communauté de communes du Libournais, Louis Giscard
d'Estaing (2), député-maire UMP de Chamalières et vice-

président de Communauté de communes de Clermont-Ferrand, Isabelle Debré (2), sénateur UMP des Hauts-de-Seine et première adjointe au maire de Vanves, son premier beau-frère Bernard Debré (2), député et conseiller de Paris UMP, son second beau-frère Jean-Louis Debré (2), président du Conseil constitutionnel (ex-ministre et ancien député-maire UMP d'Évreux), Émile Zuccarelli (2), maire et président PS de la Communauté d'agglomération de Bastia (ex-député et ancien ministre), Paul Giaccobi (4), député et président PRG (Parti Radical de Gauche) du Conseil général de la Haute-Corse, Camille Rocca-Serra (3), député UMP de Corse du Sud, président de l'Assemblée de Corse et conseiller municipal de Porto-Vecchio, Nathalie Kosciusko-Morizet (4), secrétaire d'État, maire UMP de Longjumeau et vice-présidente de la Communauté d'agglomération Europ'Essonne (3), Dominique de Villepin (2), Axel Poniatowski (2), député-maire UMP de l'Isle-Adam et président de la Communauté de communes de la Vallée de l'Oise et des Trois Forêts, son frère Ladislas Poniatowski (2), sénateur-maire UMP, conseiller général et vice-président de la Communauté de communes de Quillebeuf-sur-Seine, président du Syndicat Intercommunal de l'Électricité et du Gaz de l'Eure, Roselyne Bachelot (2), ministre de la Santé et des Sports, (député européen et conseiller régional UMP), Marie-Luce Penchard (2), ancienne conseillère à l'Élysée et secrétaire d'État aux DOM-TOM, Marine le Pen (2), conseiller municipal d'Hénin-Beaumont, conseiller régional d'Île-de-France et députée européenne Front national, Jérôme Bignon (5), député et conseiller général UMP de la Somme, et Jean-Michel Baylet (2), sénateur et président PRG du Conseil général du Tarn-et-Garonne. Les quatre grandes exceptions aux échecs de ce hit-parade des dynasties cumulardes sont donc : l'ancien Premier ministre Dominique de Villepin, fils du sénateur Xavier de Villepin, qui n'a aucun mandat électif aujourd'hui ; la présidente du Conseil général du Calvados, Anne d'Ornano, qui a remplacé Michel d'Ornano, son mari mort en 1991, et cumule ce poste avec seulement deux petits mandats locaux. Battue aux élections européennes de 2009, Marie-Luce Penchard est la fille de Lucette Michaux-Chevry, ancien ministre, maire de Basse-Terre et sénateur de la Guadeloupe. Enfin les deux fils de Jacques Dominati (ex-premier adjoint au maire de Paris et ancien secrétaire d'État), le sénateur de Paris, Philippe Dominati, qui n'a pas de mandat local, son frère Laurent étant lui simplement conseiller de Paris.

## Les quatre dynasties marseillaises

Pour comprendre comment et pourquoi ces grandes dynasties politiques n'ont pas échappé à la professionnalisation du métier ni à sa féminisation, Marseille nous semble le meilleur exemple. La deuxième ville de France (820 000 habitants) symbolise l'importance de ces familles qui occupent, depuis plusieurs générations, des charges électives. Ce grand port possède quatre dynasties de notables, sans envergure nationale, mais incontournables dans leur fief respectif. Terriblement puissantes localement, elles ont toutes fait allégeance à Gaston Defferre (maire de 1944 à 1945, année où il est battu par les communistes, puis réélu de 1953 à 1986), qui leur a imposé des méthodes clientélistes pour mieux se battre contre l'ennemi communiste. Cette tendance oligarchique, qui perdure, a bien sûr bloqué tout renouvellement du système Defferre de recrutement des élus. Tous cumulards et exclusivement socialistes, les représentants de ces dynasties (trois hommes et une femme) appartiennent aux Guérini, aux Andrieux, aux Masse et aux Weygand. Des familles petites-bourgeoises et de professions libérales qui marquent l'effacement local de la bourgeoisie industrielle et commerciale liée au port, en raison de sa compromission avec le pétainisme. Aujourd'hui, ces notables ne s'appuient plus seulement sur une légitimité historique et un savoir-faire politique,

mais aussi sur leur place dans le parti, leur contrôle des
institutions de décisions (Conseil général, Conseil
régional, Communauté urbaine et plusieurs mairies de
secteurs de Marseille) et sur des pratiques clientélistes
(emplois, logements, subventions, et marchés publics
« privilégiés ») de plus en plus sophistiquées. Et les
patrons de ces lignées dynastiques sont désormais de
vrais professionnels[1]. En un mot, le métier a supplanté la
tradition au sein de ces quatre lignées.

Héritier d'une dynastie corse et image d'une prodi-
gieuse ascension sociale, Jean-Noël Guérini, cinquante-
sept ans, sénateur-président du Conseil général des
Bouches-du-Rhône et patron des socialistes de ce département, se présente comme un chef d'entreprise, un super
manager et non pas comme un notable : « Je suis le
patron d'une sorte de grosse PME, forte de 7 500 salariés,
le Conseil général des Bouches-du-Rhône. Je travaille
15 heures par jour y compris souvent le week-end, j'arrive
à Paris, par le dernier avion lundi soir, ou le premier du
mardi matin. Après 48 heures au Sénat, je repars de Paris,
le mercredi soir ou jeudi matin. Demain soir, je repren-
drai l'avion à 20 h 30, un peu après 22 heures je serai au
bureau à Marseille au Conseil général pour y signer des
montagnes de lettres pour que, dès le lendemain à 8 h 15,
mes collaborateurs puissent les poster[2]. » Problème : les
statistiques officielles du Sénat (consultables sur internet
depuis 2003) n'accréditent pas la fréquence d'une
présence hebdomadaire aussi assidue. Depuis 2003, Jean-
Noël Guérini a pris la parole en séance à cinq reprises
seulement : les 4 mars 2003, 15 et 16 juin 2004, et les 20
et 21 mai 2008. Certes, il a posé, toujours depuis 2003,
143 questions écrites au gouvernement (qui peuvent avoir

1. Voir Cesare Mattina, « Mutations des ressources clientélaires et construction des notabilités politiques à Marseille 1970-1990 », n° 67 de la revue *Politix*,
2004.
2. Voir entretien avec l'auteur en mars 2009.

été rédigées par ses collaborateurs), mais n'est l'auteur, en son nom propre, que d'une seule proposition de loi déposée le 29 avril 1999 et d'aucun rapport. Ce super cumulard ne peut pas se couper en deux. Surtout depuis qu'il a été victime d'un infractus et hospitalisé comme Jean-Noël Guerini l'annonçait lui-même sur son blog le 15 janvier 2007.

Derrière la faconde pagnolesque de ce super-professionnel souriant et charmeur ne se cache pas seulement l'héritier d'une dynastie, mais aussi un véritable entrepreneur de la politique qui, vingt-trois ans après la mort de Gaston Defferre, tient d'une main de fer la boutique socialiste dans le département des Bouches-du-Rhône. L'homme est aussi devenu incontournable pour les élites marseillaises, mais il les impressionne plus qu'il ne les séduit. Le président Guérini « roule » avec chauffeur, ne manque jamais un match de l'OM dans sa loge du stade vélodrome (il distribue à chaque fois 1 500 places) et assiste aussi avec tout l'establishment local aux finales de l'Open de tennis de Marseille (largement subventionné par le Conseil général). Avec son épouse, une avocate parisienne, il est désormais reçu dans les salons les plus huppés de la grande bourgeoisie marseillaise. Il ne manque jamais d'assister aux galas de charité de la Croix-Rouge et du Secours Catholique, également subventionnés par le Conseil général. Fin octobre, aux soirées inaugurales de la fête de la musique locale, la « Fiesta des Suds » (500 000 euros de subvention du Conseil général en 2006), un orchestre joue en son honneur en l'accompagnant au milieu des spectateurs. Même le sénateur-maire de Marseille, Jean-Claude Gaudin, dépend aujourd'hui de son bon vouloir « financièrement parlant », pris en tenaille entre les deux collectivités socialistes, le département et « Marseille-Provence-Métropole ». Une communauté urbaine, dont le maire UMP de Marseille est le sixième président dans le cadre d'un pacte de gouvernance avec la gauche.

La réussite de Jean-Noël Guérini est exceptionnelle. Ce petit Corse était l'enfant modeste d'une vieille famille socialiste corso-marseillaise à laquelle, en 1945, Gaston Defferre avait donné un fief, le quartier du Panier à Marseille. Il a grimpé lentement et discrètement dans l'appareil du parti, jusqu'à la tête du Conseil général et de la direction du PS départemental. Le temps que ses huit principaux concurrents à la succession de Defferre, Michel Pezet, Robert Vigouroux, Charles-Emile Loo, Lucien Weygand, François Bernardini, Sylvie Andrieux, Christophe Masse et Michel Vauzelle s'entretuent ou se neutralisent. Certains d'entre eux, Sylvie Andrieux, Christophe Masse et Félix Weygand, avaient également « reçu en héritage » un fief électoral. Bosseur acharné, intelligent, retors, craintif et donc parfois brutal, « Nono » a su les écarter de son chemin, dans les batailles d'appareils autant que dans la compétition électorale. Le parti socialiste est sa famille et la politique sa vie. Rien à voir avec un bénévole ou un amateur. Comme beaucoup d'autodidactes, celui que beaucoup avaient surnommé le « Petit Chose » a dû prouver sa valeur. Et en mars 2008, il a bien failli être couronné maire de Marseille. À deux sièges près de conseillers municipaux. Et la prochaine fois, en 2014, il a les meilleures chances de succéder à Jean-Claude Gaudin. Reste qu'on peut s'étonner que ce professionnel ne veuille pas transmettre le virus de la politique à sa fille unique : « Ma fille, vingt-deux ans, finit sa licence, vient de faire un stage de quatre mois en Grande-Bretagne. Elle ne fera jamais de politique et j'en suis très heureux[1]. »

### Le « Panier », fief marseillais des Guérini

Ce n'était pas gagné d'avance pour le « Petit Chose » d'arriver à devenir l'un des patrons de la Caste à Marseille. Le futur « Napoléon » du Conseil général des Bouches-du-

---

1. *Ibid.*

Rhône a passé son enfance, jusqu'à l'âge de cinq ans, dans son village natal de Calenzana au-dessus de Calvi, une commune de 1 700 habitants, lieu de naissance des Guérini portant le même nom de famille et figures du milieu marseillais de l'après-guerre (l'annuaire de France-Télécom 2009 y recense dix-sept « Guérini »). Une famille de gangsters anciens résistants qui, avec l'argent des Américains de la CIA (Central Intelligence Agency) et les troupes du syndicat FO de la mairie, avaient aidé Gaston Defferre à faire le coup de poing contre les communistes, lors des campagnes électorales de l'après-guerre. Antoine Guérini, ouvrier agricole dans une vigne, avait quitté, en 1956, la Corse pour Marseille avec ses deux enfants (Jean-Noël et Alexandre) et son épouse, « ma mère une sainte femme qui nous a donné une excellente éducation[1] ». Chef du clan familial de Calenzana installé à Marseille, l'oncle paternel Jean-François Guérini, conseiller général et municipal socialiste, avait trouvé un emploi de cadre à son frère Antoine à l'Office départemental des HLM. La famille Guérini s'installa dans un appartement HLM du bord de mer, situé dans le sud de la ville, au charmant quartier des Catalans. Le seul immeuble HLM, situé dans Marseille à 50 mètres de la mer. On imagine les solides appuis nécessaires pour y décrocher un tel appartement. À seize ans et demi, le certificat d'études en poche et avec bien sûr l'appui de son puissant tonton, Jean-Noël Guérini était embauché à l'office HLM municipal. Et deux fois par semaine, il se rendait dans le quartier Saint-Lazare pour essayer d'y décrocher, en deux ans, une capacité en droit pour progresser plus vite dans l'organisme HLM qui l'employait. Ces études le condamnaient à deux allers et retours à pied de quinze kilomètres. Et à dix-sept ans exactement, il adhérait aux jeunesses socialistes. L'activité militante demandait beaucoup et le jeune Guérini ne ménageait pas sa peine. Déjà un grand bosseur.

---

1. Voir entretien avec l'auteur en mars 2009.

Au grand désespoir de sa mère, il abandonnait très vite ses études de droit pour militer, tous les soirs après le travail, à la troisième section socialiste de Marseille. Il n'avait pas choisi par hasard cette section, dont il devenait rapidement le secrétaire, c'est-à-dire le patron au début des années 1970. Elle correspond au quartier du Panier, le « village corse » du Marseille pittoresque qui, au cœur historique de la ville avec ses dédales de rues, de venelles, d'escalier, plus de linge aux fenêtres, plus d'accent et plus d'odeur, jouxte la mer dans une ambiance rappelant quelquefois le Chicago des années 1930. Le Panier, c'est aussi le premier site d'implantation historique de la colonie grecque nommée Massalia, 600 ans avant J-C. Depuis 1945, son oncle le conseiller général et municipal SFIO puis PS, Jean-François Guérini (toujours réélu au premier tour), régnait sur les 30 000 habitants de son canton populaire des Grands Carmes qui, sur la façade maritime de Marseille, englobe le Panier, le Vieux Port, les zones du port de commerce de la Joliette et d'Arenc. Ici avait été régulièrement élu l'ancien maire socialiste et corso-italien de Marseille de 1935 à 1939, Henri Tasso, qui avait employé des bataillons de jeunes Corses, dont Jean-François Guérini, dans le combat antinazi pendant la guerre. Commis au bureau d'aide sociale de la municipalité, ce dernier avait été chargé d'enquêter, dans l'après-guerre, sur les conditions sociales difficiles des immigrants corses et italiens du Panier. Au passage, il les aidait à trouver un logement et un travail. Il appréciait son neveu qui s'investissait à fond dans le travail de section et dans le syndicat FO des HLM de la ville, dont il était devenu permanent syndical. En 1977, Jean-Noël Guérini était élu, pour la première fois, conseiller municipal de Marseille sur la liste Defferre, dans le deuxième secteur (deuxième et troisième arrondissements). À cette occasion, il a vingt-six ans, son oncle le présentait à Gaston Defferre, son modèle en politique : « un homme de caractère, un socialiste réformiste, immense travailleur, autoritaire, pragmatique, avec un sens du devoir chevillé au corps, enfin tout ce qui fait les qualités d'un professionnel de la politique[1]. »

Et cinq ans plus tard, en 1982, « Nono » succédait à son oncle Jean-François Guérini comme conseiller général du canton des Grands Carmes et était élu, l'année suivante, maire du deuxième secteur. En fait, l'oncle avait décidé de transmettre cette « charge héréditaire d'élu » (et tous ses réseaux locaux) à son neveu, par le biais démocratique du suffrage universel dans une ville qui, il est vrai, se gouverne comme un fief médiéval. Très symboliquement, le « tonton » lui avait rétrocédé les locaux de sa permanence de conseiller général, installée au 1 place François-Chirat, en plein cœur du Panier (dont il se sert toujours comme permanence pour ses mandats). La volte-face politique de Gaston Defferre (les communistes passant du stade d'ennemi numéro 1 à allié privilégié) et les plaies du quartier du Panier, l'insécurité grandissante et l'afflux croissant de travailleurs immigrés de la Porte d'Aix à la Bourse, n'ont nullement gêné la transmission de ce lien dynastique dans les urnes. Un peu comme si on permettait aux préfets de garder leur emploi à vie et de le transmettre à leurs enfants. Un poids politique acquis à l'époque grâce à l'influence dans l'attribution de logements qui traduit la puissance de la famille Guérini jusqu'à aujourd'hui encore. Jean-Noël Guérini a été président de l'OPAC sud (office d'HLM du Conseil général rebaptisé depuis « 13 Habitat ») pendant quinze ans. Dans leur ouvrage *Gouverner Marseille : enquête sur les mondes politiques marseillais*[2], le sociologue Michel Peraldi et le journaliste Michel Samson écrivent : « Les archives municipales de la ville de Marseille consultées par le sociologue Cesare Mattina montrent que le jeune Jean-Noël intervenait auprès du cabinet du maire et de l'Opac dès que des appartements se libéraient. Il obtenait souvent satisfaction pour la bonne raison que ce secteur cantonal se

---

1. *Ibid.*
2. La Découverte, 2006.

trouvait au cœur de la circonscription de Gaston Defferre. »

## Un système féodal, clientéliste, mais très professionnel

Il avait alors trente et un ans en 1982. Au Conseil général, le président socialiste Louis Philibert dit « Lulu », âgé de soixante-dix ans à l'époque, l'avait accueilli à bras ouverts. Ancien cantonnier, puis maire de son gros bourg de 4 000 habitants près d'Aix-en-Provence, Puy-Sainte-Réparade, « Lulu » était un autodidacte comme lui, intronisé par Gaston Defferre grâce, lui aussi, à son côté bosseur. Le nouveau chef du clan Guérini découvrait tous les rouages du système Defferre. Une machine clientéliste à base d'attributions préférentielles de logements sociaux, de 50 000 emplois publics réservés à la ville et au Conseil général avec obligation de prendre sa carte au syndicat FO, et de subventions à des associations ciblées. 200 Ciq (Comité d'intérêts des quartiers) et 132 centres d'animation permettaient d'être à l'écoute des Marseillais. Mis en place pour gouverner avec une partie de la droite, ce système visait à attaquer le parti communiste (devenu officiellement un allié local depuis 1981) dans ses fiefs avec un seul slogan : « Voter Defferre, c'est barrer la route aux communistes. » Bien vite, deux ans après la mort de Gaston Defferre en 1986, « Nono » se voyait confier un poste de confiance, celui de rapporteur général du budget du Conseil général. Et dans l'espoir de couler une retraite heureuse, le vieux sage « Lulu », grand chasseur devant l'éternel, abandonnait, en 1990, la présidence du Conseil général à son vice-président et représentant d'une autre dynastie politique marseillaise, Lucien Weygand, conseiller général de La Rose depuis 1973, canton regroupant des quartiers est de Marseille.

Rapporteur général du budget du département, « Nono » gardait un œil sur les marchés publics et s'est donc constitué un beau carnet d'adresses dans le monde des fournisseurs des collectivités locales, où travaillait déjà son frère cadet Alexandre Guérini, membre également de la commission départementale de délivrance des cartes d'adhésion à la fédération PS des Bouches-du-Rhône. Ce dernier avait lui déjà un pied dans le monde des ordures ménagères avec sa société « SMA Vautubière » (il en est le président) qui gère aujourd'hui le centre d'enfouissement La Fare pour le compte de « l'Agglopole Provence », communauté de 17 communes présidée par le maire et conseiller général de Salon-de-Provence (Bouches-du-Rhône), le socialiste Michel Tonon. Son entreprise, qui emploie dix salariés et recourt beaucoup à la sous-traitance, a réalisé en 2007 un chiffre d'affaires de 8,2 millions d'euros et un bénéfice de 863 000 euros.

De son côté, de 1990 à 1993, Jean-Noël Guérini a mis lui aussi un pied dans le même monde des ordures ménagères. Il a été salarié de la CGE (« Compagnie Générale des Eaux » rebaptisée aujourd'hui « Veolia »), qui, dans la majorité des communes des Bouches-du-Rhône, ramasse les ordures ménagères, les traite, et distribue l'eau, tout en gérant « Géolide », la plus importante usine d'assainissement des eaux usées dans le monde. Jean-Noël Guérini était attaché de direction d'une filiale de la Sarp, une division spécialisée dans le traitement des déchets toxiques, mais par souci de discrétion son nom ne figurait pas dans l'annuaire des cadres de la CGE. Le vice-président à l'époque du Conseil général des Bouches-du-Rhône empochait ainsi un peu plus de 4 500 euros bruts mensuels pour deux à trois missions par mois en Italie, comme il l'a toujours affirmé devant la presse. Petit problème : aucun des cadres du groupe ne se souvient de lui, encore moins de ses rapports d'activités, et surtout s'interroge, pour l'Italie, de l'utilité de son action qui semble plus une justification qu'une réalité !... Comme quoi un professionnel de la politique de haut niveau (Jean-Noël Guérini cumulait, à l'époque, les mandats de maire de secteur et de vice-président du Conseil général) ne tire pas toujours ses revenus exclusivement de la politique.

Toujours en tant que vice-président du Conseil général et rapporteur général chargé du budget, « Nono » était aussi aux premières loges pour apprécier la compétence de son patron, Lucien Weygand, sur le terrain du social et de l'assistance aux plus démunis. L'arme de base du clientélisme. Une complicité entre électeurs et élus qui permet aux uns de bénéficier d'avantages en tout genre, de manière préférentielle mais légale, et aux autres d'accroître leur autonomie de décision et leur pouvoir politique sur un territoire. Le président du Conseil général des Bouches-du-Rhône à l'époque, Lucien Weygand, avait été à bonne école comme membre fondateur de la fédération Léo Lagrange à Marseille (association d'éducation et de divertissement populaire créée par Pierre Mauroy) et vice-président national des clubs Léo Lagrange dans les années 1970. Sous Gaston Defferre, il a été adjoint aux œuvres sociales de 1971 à 1977 et président du Bureau d'action sociale de la ville, tout en ayant les meilleures relations avec Jean Calvelli, directeur de cabinet de Gaston Defferre. Lucien Weygand régnait donc à Marseille, sans partage, sur l'attribution de logements sociaux et des emplois publics.

Mais à partir de la fin des années 1970, le nombre de logements sociaux et d'emplois publics a commencé à diminuer, les enfants du baby boom issus de l'après-guerre étant logés tout comme les pieds-noirs d'Algérie. De plus, les jeunes ménages allaient peupler les communes périphériques de Marseille, où le prix de l'immobilier baissait. Suite à la défaite des socialistes aux élections cantonales de 1979, Lucien Weygand avait adressé un rapport confidentiel à Gaston Defferre sur le manque d'efficacité de la politique clientéliste : « il paraît évident que l'on doit mettre à disposition des élus quelques moyens de satisfaire leurs électeurs ou cesser ce type de pratiques ». Il prônait une amélioration des services publics, notamment des transports, et une augmentation des subventions aux associations. Dans son quartier du Panier, « Nono » vivait les limites de ce clientélisme avec les déménagements de beaucoup de Corses (pour cause d'ascension sociale) vers des quartiers résidentiels de l'est de Marseille. Ces logements vides étaient peu à peu loués par des Maghrébins et des Comoriens. Désireux de garder le cachet du Panier et ses habitants corses pour en faire le « Montmartre » de Marseille, Jean-Noël Guérini pousse à la réhabilitation urbaine du quartier dès le début des années 1980. Avec des ateliers d'artistes, un train touristique et le succès d'une série télévisée tournée sur place, le Panier se « boboïse » aujourd'hui de plus en plus ; étant également en partie compris dans la zone d'aménagement urbaine « Euroméditerranée ». Sur 170 hectares, ce projet doit susciter à la fois la création de plusieurs dizaines de milliers d'emplois de service, d'ici 2018, et une rénovation urbaine totale de tout le centre ville. Le nouveau clientélisme de la dynastie Guérini se cache sans doute derrière « Euroméditerranée ».

## « Nono » super président

À la suite de son échec aux régionales de 1998, « Lulu » démissionnait de son mandat de conseiller général (et donc de président du Conseil général) et le « transmettait » à son fils Félix Weygand, élu dans un fauteuil conseiller général du canton de la Rose. Premier vice-président du Conseil général, Jean-Noël Guérini voyait alors le premier secrétaire de la fédération PS des Bouches-du-Rhône, François Bernardini, maire, conseiller général d'Istres et député européen, lui brûler la politesse. En effet, ce fabusien grande gueule au physique de taureau (tout l'inverse de « Nono ») était élu, en mars 1998, président du Conseil général des Bouches-du-Rhône. Mais, trois mois plus tard, il était rattrapé par des affaires politico-financières (des associations para-municipales d'Istres lui avaient payé plusieurs millions de frais et d'avantages en nature), étant démissionné d'office de tous ses mandats par le préfet du département, puis condamné à cinq ans d'inéligibilité. Aussi, avec l'appui très officiel de Jean-François Bernardini, Jean-Noël Guérini pouvait enfin s'asseoir, en juin 1998, dans le fauteuil de président du Conseil général des Bouches-du-Rhône. Dans la foulée au mois de septembre suivant, « Nono » était élu sénateur. Le système Guérini se mettait en place, et il fonctionne toujours onze ans plus tard. Rien de plus logique pour ce professionnel : afin de verrouiller son pouvoir, le patron des socialistes dans les Bouches-du-Rhône et héritier d'une dynastie devait être aussi le président du Conseil général de ce même département. Cette collectivité est l'une des plus riches de France avec un budget, pour 2007, de plus de 2 milliards d'euros, soit supérieur à celui des Hauts-de-Seine qui atteint 1,6 milliard d'euros et de même importance que celui du Rhône. À l'image des quatre-vingt-dix-neuf autres Conseils généraux de France, celui des Bouches-du-Rhône forge, entre autres, sa puissance, son influence, en distribuant légalement des subventions à des associations et à des communes « amies » ou « obligées », et des emplois à dirigeants locaux du parti. Cette assemblée reste donc un atout maître incontournable pour reprendre la mairie de Marseille à Jean-Claude Gaudin qui l'avait gagnée, en 1995, en battant le maire sortant socialiste Robert Vigouroux.

De même que Roland Ries, sénateur-maire de Strasbourg, de Gérard Collomb, sénateur-maire de Lyon, Daniel Percheron, sénateur et président du Conseil régional du Pas-de-Calais et Georges Frêche, président de la région Languedoc-Roussillon et de la Communauté d'agglomération de Montpellier, Jean-Noël Guérini n'est pas aujourd'hui l'homme d'un courant du PS. « Nono » n'a pas besoin de Paris pour asseoir localement sa puissance sur un parti par ailleurs bien malade. En cela, il suit l'exemple de son mentor spirituel Gaston Defferre qui, appuyé sur le triptyque mairie-parti-presse (excepté le quotidien local communiste, les deux journaux locaux, l'un de droite, l'autre de gauche, lui appartenaient), n'avait jamais toléré d'autres courants au sein de la fédération socialiste locale. Lui seul décidait pour quelle motion nationale devaient voter les militants des Bouches-du-Rhône. De même, « Nono » préfère les réseaux locaux aux clans du parti. Bras armé de la décentralisation, le clientélisme local lui donne tout le pouvoir nécessaire. C'est pour cette raison qu'il soutiendra Ségolène Royal qui n'interfère pas, à l'inverse des clans du PS, dans les délices de la vie politique marseillaise. Un seul exemple du verrouillage du pouvoir local : 13 des 16 secrétaires de section du PS de Marseille et la majorité des cadres de la fédération socialiste des Bouches-du-Rhône sont des salariés du Conseil général ou de collectivités locales dirigées par « Nono » et ses amis. Ce qui demeure parfaitement légal dans le cadre de petites annonces publiées dans la presse. Les petits cadeaux entretiennent l'amitié entre professionnels de la politique. Questionné à ce sujet, Jean-Louis Guérini nous répondra : « Je suis contre toute forme de népotisme et de favoritisme. Je vous donne un seul exemple. J'ai recruté mes deux collaborateurs parlementaires, un à Paris, un à Marseille, sans les connaître et par la voie de petites annonces[1]. »

## « La Floride du PS »

Avant de devenir en 2008 le candidat « naturel » des socialistes à la mairie de Marseille, l'héritier de la dynastie Guérini a dû prendre possession de la fédération PS des Bouches-du-Rhône. En 1999, « Nono » réussissait à pousser vers la sortie son premier secrétaire fabiusien, François Bernardini, paralysé par ses ennuis avec la justice. Mais Paris lui imposait de partager cette responsabilité en cogestion avec l'autre grand responsable fabiusien local, Michel Vauzelle, député et président du Conseil régional Provence-Alpes-Côte d'Azur. En véri-

---

1. Entretien avec l'auteur en mars 2009.

table professionnel, le petit Corse ne devait pas se contenter de monter sur le trône de premier secrétaire de la fédération PS des Bouches-du-Rhône. Pour asseoir son pouvoir, il devait se protéger contre toute révolution de palais, si facile dans les Bouches-du-Rhône, le Nord-Pas-de-Calais et l'Hérault, grâce à la génération spontanée des fausses cartes de militants socialistes. Avec le soutien du patron du parti, François Hollande, il a alors « nettoyé » le fichier de la fédération dont les effectifs fondaient comme neige au soleil, tombant d'un coup de 11 500 à 7 018 adhérents. Près de 40 % de militants fantômes passaient à la trappe. Des 5 096 inscrits sur les listings uniquement de Marseille, 3 006 seulement ont été retenus. Les fabiusiens voyaient ainsi la troisième fédération PS de France leur échapper. Le nombre d'adhérents par section sert en effet de base pour le congrès départemental, qui devait nommer un nouveau secrétaire fédéral.

Ce toilettage effectué, « Nono » verrouillait son affaire en plaçant son directeur de cabinet, Yves Bono, à la tête de la fédération PS des Bouches-du-Rhône. Les mauvaises habitudes avaient-elles vraiment disparu ? Les fabiusiens n'en étaient pas sûrs, lorsqu'ils exigeaient, en 2004, des « résultats convenables » pour le référendum interne du PS sur la Constitution européenne. Le député de Saône-et-Loire socialiste Arnaud Montebourg, autre partisan du non, parlera même, à propos des Bouches-du-Rhône, de « la Floride du PS », faisant allusion à l'élection contestée de George Bush en 2000[1]. Au passage, Jean-Noël Guérini devait faire porter le chapeau de ce grand « nettoyage » au patron de la fédération du PS, Yves Bono, le faisant élire député européen en 2004. « Nono » le faisait remplacer par le fidèle Eugène Caselli. En réalité, il jugeait Yves Bono trop proche des fabiusiens.

1. François Bazin, « Les Bouches du Rhône, la Floride du PS », *Le Nouvel Observateur*, 4 novembre 2004.

Dans sa course au pouvoir, Jean-Noël Guérini avait déjà rencontré sur sa route la dynastie Weygand, qui avait abandonné d'elle-même. Mais il dut affronter deux autres dynasties de professionnels : les Masse et les Andrieux. Tous les espoirs de la première se sont définitivement envolés, le 10 juin 2007, au second tour des législatives. Ce jour-là, 197 électeurs ont décidé d'enterrer la dynastie Masse, élue à l'Assemblée nationale depuis cinquante et une années d'affilée. Une fonctionnaire de quarante-sept ans presque totalement inexpérimentée en politique (elle n'était que simple conseillère d'arrondissement), Valérie Boyer, est ainsi devenue la députée UMP de la 8ᵉ circonscription qui regroupe les quartiers est de Marseille. Ce soir-là, le député sortant battu et dernier rejeton de la lignée, Christophe Masse, quarante-six ans, en a pleuré dans les bras de son père Marius (député de 1981 à 2002), ancien ingénieur des travaux publics diplômé de l'École d'électricité de Marseille. Son grand-père, Jean Masse, avait fondé la dynastie, en étant élu député de 1952 à 1978. Le propre père de ce dernier, un autre Marius, avait été lui adjoint au maire (SFIO) de Marseille, Henri Tasso, de 1935 à 1939. Si Christophe Masse avait réussi à garder, en 2007, le mandat de député au nom de la famille, ce fort en gueule aurait pu disputer à Jean-Noël Guérini le titre de challenger socialiste de Jean-Claude Gaudin l'année suivante aux municipales. Mais Christophe Masse dut boire le calice jusqu'à la lie. Aux municipales de mars 2008, sa liste PS était battue dans le 6ᵉ secteur de Marseille par celle du maire sortant UMP, Roland Blum. La même année, il était également battu aux cantonales par son adversaire UMP Robert Assante dans le canton « familial » de Marseille-Les Trois Lucs. Depuis, Christophe Masse n'est plus un professionnel de la politique, mais un simple conseiller municipal de Marseille. Pour gagner sa vie, cet ancien représentant d'un laboratoire pharmaceutique a fondé une entreprise de signalétique, qui emploie neuf salariés.

## Professionnels du « Massisme »

La dynastie Masse avait été adoubée par Gaston Defferre en 1953. Jean Masse était alors adjoint au maire pour la voirie. Pilier du « defferrisme », ce premier représentant de la famille Masse et ses deux héritiers n'ont jamais appartenu à un courant au sein du parti socialiste. Jean Masse votait comme son patron Defferre le lui ordonnait. Les professionnels de la famille se disaient « massistes ». Le pouvoir de la dynastie reposait avant tout sur un réseau étendu de relations personnelles entretenues par des services rendus, une disponibilité de tous les instants et une présence quasi permanente sur le terrain. Les Masse étaient dévoués corps et âme à leur canton et à leur circonscription législative. Ils n'essayaient pas de gonfler par tous les moyens le nombre de militants de leur section. La leur n'a jamais compté plus d'une centaine d'adhérents : c'était la plus petite de tout Marseille. Ils ne brillaient pas non plus par leur présence sur les bancs de l'Assemblée nationale. Ainsi, au hit-parade des 577 députés selon leur activité dans l'hémicycle du début 2004 à la mi-mai 2006, Christophe Masse arrive au 456e rang. Certes, sur l'ensemble de la législature de 2002 à 2007, il a posé 442 questions, rédigé un rapport parlementaire (sur le génocide arménien) et cinq propositions de loi. Depuis les législatives de 1988, les Masse étaient élus députés dans le cadre de triangulaires les opposant au Front national et au candidat RPR ou UMP. Bastion du FN (Jean-Marie Le Pen y est arrivé en tête le 21 avril 2002), la 8e circonscription législative de Marseille ne l'était plus au soir du 10 juin 2008. Le candidat frontiste avait recueilli au second tour 8,05 % des voix contre 21,09 % en 2002. Conformément à la stratégie sarkozienne, la candidate UMP a profité de ce recul des voix du FN pour en aspirer une partie. La dynastie Masse en est morte. Encore sous le coup de sa triple défaite, Christophe Masse annonce aujourd'hui sur son blog qu'il ambitionne d'être le candidat du PS aux régionales de 2010, cantonales de 2011 et législatives de 2012.

Troisième et dernière dynastie de professionnels qui risquait de concurrencer Jean-Noël Guérini dans sa course à la mairie : les Andrieux. Sylvie Andrieux, quarante-neuf ans, est députée PS des quartiers nord (7ᵉ circonscription) depuis 1997 et maire du 7ᵉ secteur (13ᵉ et 14ᵉ arrondissements) de Marseille qu'elle a repris avec panache à la droite en 2001. Jolie petite blonde aux yeux bleus connue pour ses tailleurs chics aux couleurs vives, cette « bagarreuse aux talons hauts » et grande gueule est une enfant spirituelle de Gaston Defferre. Elle incarne à plusieurs titres une dynastie de socialistes marseillais. Par les liens familiaux d'abord. Fille du séna-teur socialiste et adjoint au maire, Antoine Andrieux, cette filleule de la sénatrice adjointe au personnel Irma Rapuzzi a adhéré à l'âge de quinze ans au PS. Ancienne institutrice, cette dernière âgée aujourd'hui de quatre-vingt-dix-neuf ans a été sénatrice de 1955 à 1989, conseillère municipale pendant trente-quatre ans, adjointe aux finances de Gaston Defferre pendant un quart de siècle et première adjointe chargée des affaires de la ville, quand ce dernier était ministre de l'Intérieur à partir de 1981. En un mot, Irma Rapuzzi a été l'amie fidèle de Gaston Defferre et refuse systématiquement de répondre aujourd'hui aux questions des journalistes et des cher-cheurs. La future professionnelle cumularde Sylvie Andrieux a été employée par les dirigeants socialistes marseillais, comme cadre commercial, pendant quinze ans dans une société très proche du parti jusqu'au moment où elle a été élue. En septembre 1983 donc, après des études de commerce et de droit, Sylvie était engagée à la Socoma (Société coopérative d'acconage de manutention). Le 10 mai précédent, son père était mort après six mois de coma dans un hôpital marseillais. Alors ministre de l'Inté-rieur, Gaston Defferre ne viendra jamais le voir à l'hôpital, paralysé par l'exploitation que pouvait faire la police judiciaire du nom de l'ancien patron du syndicat des taxis marseillais, Antoine Andrieux, dans l'enquête sur les fausses factures de la mairie de Marseille.

## Fille de sénateur BCBG
## et reine des quartiers nord

L'entreprise Socoma, qui emploie des dockers à la journée pour charger et décharger les navires de commerce, a été créée en 1951 à l'initiative de Gaston Defferre pour lutter contre l'influence des communistes et de la CGT tout-puissants sur le port de Marseille. Dans son ouvrage *Gaston Defferre*[1], le journaliste Georges Marion explique les multiples activités de la Socoma et ses liens, à sa fondation en 1953, avec la SFIO : « Quatre des plus proches collaborateurs de Gaston Defferre, Irma Rapuzzi, Antoine Andrieux, Charles-Émile Loo et Daniel Matalon viennent de créer la Socoma, qui permet aux socialistes d'avoir une activité légale sur le port. La société servira de paravent à l'embauche de jaunes (Nda : pour casser le monopole des dockers communistes affiliés à la CGT). Bien plus tard, elle servira, d'ailleurs très légalement puisque c'est l'objet de ses statuts, à financer partiellement les activités du parti socialiste. » Dans *Enquête sur les mystères de Marseille*[2], les journalistes Jacques Derogy et Jean-Marie Pontaut écrivent à propos de la démission d'Antoine Andrieux, en 1976, de la Socoma suite à une enquête judiciaire, qui ne donnera rien sur les fausses factures de cette société : « Antoine Andrieux, qui a démissionné de la Socoma pour devenir sénateur des Bouches-du-Rhône et administrateur du port autonome de Marseille, peut fêter en toute tranquillité son premier milliard. Belle réussite pour un chauffeur qui a fait du

---

1. Albin Michel, 1989.
2. Robert Laffont, 1984.

syndicat des petits propriétaires de taxis, fondé au lendemain de la guerre, la garde prétorienne de la municipalité
dont il fait partie depuis 1953. »

Neuf ans après la mort de son père, en 1992, à l'âge
de trente et un ans, Sylvie Andrieux se mettait dans ses
pas et de manière magistrale. Élue au Conseil régional
Provence-Alpes-Côte-d'Azur cette année-là, elle sera
réélue avec Michel Vauzelle en 1998 et 2004. Vice-
présidente du Conseil régional, déléguée aux questions
foncières, au logement, à l'habitat et à la politique de la
ville, elle y a présidé, durant trois mandats, le groupe
socialiste. Elle a dû démissionner de cette assemblée, en
2009, étant touchée par le cumul des mandats. En 1995,
elle continuait sa course aux mandats, étant élue
conseillère municipale du $2^e$ secteur ($2^e$ et $3^e$ arrondissements de Marseille) sur la liste conduite par Jean-Noël
Guérini. À l'époque, le fabiusien (comme elle) et grand
ami de son père, François Bernardini, est le premier secrétaire de la fédération PS des Bouches-du-Rhône. Il était
intervenu auprès de Jean-Noël Guérini, maire de ce
deuxième secteur, pour qu'il intègre Sylvie Andrieux sur
sa liste. Son irrésistible travail de terrain, disait-on à
l'époque, lui permettait d'arracher, en 1997, le siège de
députée des quartiers nord au RPR sortant. Ici, le
chômage atteignait des taux de pourcentage aussi record
(de l'ordre de 40 % et frappant une forte population
immigrée) que les scores du Front national culminant
alors à plus de 30 %. La fille du sénateur Antoine
Andrieux était réélue en 2002 et en 2007 avec près de
60 % des voix à chaque fois, toujours grâce à des triangulaires, où elle battait d'un cheveu le FN et l'UMP. Et en
2001, elle avait réussi à arracher à la droite la mairie du
$7^e$ secteur des quartiers nord correspondant aux treizième
et quatorzième arrondissements de Marseille, avant d'y
être réélue maire de secteur en 2008. Super cumularde,
Sylvie Andrieux se classe très mal au hit-parade de l'activité des 577 députés du début 2004 à janvier 2006 : elle

est 432ᵉ. Depuis sa réélection en juin 2007, son absentéisme n'a pas diminué : elle est intervenue onze fois en séance et a posé 53 questions écrites, en 24 mois, n'a jamais pris la parole en commission des Finances, rédigé un seul rapport ou une proposition de loi.

## La « clientélisation » des électeurs d'une dynastie

Ses nombreux succès électoraux et son absentéisme à l'Assemblée nationale traduisent un énorme travail d'aide sociale, d'écoute et de présence constante sur d'anciennes terres communistes, pour répondre à tout moment aux demandes privées et personnelles de ses électeurs. Si le cumul des indemnités de mandats ne peut pas dépasser une fois et demie au maximum le montant de l'indemnité parlementaire, le cumul des frais liés à plusieurs mandats reste totalement libre. Ce manque de réglementation ajouté à l'absence de transparence dans l'attribution de frais aux élus donne à la députée maire, Sylvie Andrieux, les moyens d'entretenir une organisation extrêmement performante dotée de moyens « humains » importants. Voici comment la super professionnelle détaille sa machine de guerre pour être réélue : « Moi, j'ai cinq collaborateurs à plein temps, des collaborateurs qui dépendent de l'Assemblée nationale, sous contrat officiel de l'Assemblée nationale. Puis, j'ai des bénévoles en fonction de leurs compétences. J'ai une bénévole qui vient tenir des permanences une fois par semaine pour les demandes de logement parce qu'elle a des réseaux, etc. J'ai un bénévole sur le social, j'ai un bénévole en matière sportive. Qu'est-ce que j'ai d'autre ? J'en ai un ou deux en matière d'éducation et en matière de femmes. Et ils tiennent des permanences. Il y a plusieurs salles, donc, où ils reçoivent à un jour fixe, à l'heure fixe, on leur prend des rendez-vous […] Quant aux autres, il y a bien sûr celle qui s'occupe exclusivement de mon planning et des prises de rendez-vous et Dieu sait si c'est un emploi à plein temps. Des filles, il y a une (plus une autre à mi-temps) qui tape énormément de courrier, qui assure le suivi, qui fait le double des dossiers, qui archive, etc. Il y en a une qui est plus spécialement pointue sur les relations avec l'Assemblée nationale et la culture ; et j'ai mon directeur territorial qui s'occupe de lancer le suivi des dossiers. Voilà[1]. » Elle ne dit pas avoir mis en place des structures permanentes de recherche d'emplois, sortes de cellules spécialisées chargées d'informer ses électeurs sur les modalités d'accès aux concours administratifs ainsi que de les mettre en relation avec des entreprises privées. Nombre d'élus marseillais ont créé ces sortes d'agences pour l'emploi clandestines, qui entrent tous les CV des demandeurs sur des fichiers informatiques et les envoient à qui de droit.

Les succès électoraux de la fille du sénateur Antoine Andrieux sont-ils uniquement liés à la qualité d'écoute et au travail de terrain d'une super professionnelle ? Une chose est sûre : elle va à chaque fois chercher sa victoire avec les dents. Ainsi aux législatives de 2002, année où Le Pen est arrivé en tête de la présidentielle dans sa circonscription avec 17 % des inscrits, Sylvie Andrieux remporte la victoire contre le FN avec 30 % des inscrits (14 108 voix), soit 13 % des 103 067 habitants de son secteur frappé par un taux de chômage de 32 %. Un déplacement de quelques centaines de voix dans un sens et dans un autre pouvait inverser le résultat. Dans ce contexte politiquement fragile, les subventions et aides du Conseil général (PS), de la Ville (UMP) ou de l'État (PS) peuvent faire la différence.

Les résultats d'une enquête de la brigade financière de la PJ de Marseille s'inscrivent dans cette logique. Selon la synthèse de la PJ, ces investigations ont mis au jour, depuis la fin 2007, un détournement de 700 000 euros de subventions du Conseil régional au profit d'associations

---

1. Voir Cesare Mattina, « Mutations des ressources clientélaires et construction des notabilités politiques à Marseille 1970-1990 », n° 67 de la revue *Politix*, 2004.

marseillaises des quartiers nord, décrites comme des coquilles vides. Ces associations étaient censées officiellement « réhabiliter l'image et l'environnement des infrastructures des cités Nord » dans la circonscription législative de Sylvie Andrieux. Quatorze responsables de ces associations fictives ont été mis en examen, notamment pour « escroquerie, détournement et recel de détournement de fonds publics », et sept écroués, entre mai 2008 et janvier 2009. Ce mécanisme de financement aurait servi la campagne électorale de Sylvie Andrieux, soupçonnée d'avoir fait « arroser » les familles les plus influentes dans les cités des quartiers Nord, afin qu'elles « contrôlent » le vote de cités sensibles[1]. Le président PS du Conseil régional, Michel Vauzelle, a retiré, en mai 2009, à Sylvie Andrieux sa délégation à la Politique de la Ville, qui lui permettait de coordonner la politique de subventions envers bon nombre d'associations de la région Provence-Alpes-Côte d'Azur. Le patron de l'exécutif régional gère depuis directement l'attribution de ces subventions.

Dans un communiqué particulièrement sec, Michel Vauzelle (pourtant fabiusien comme Sylvie Andrieux) expliquait, le 27 mai 2008, qu'il « souhaite que l'enquête, concernant un éventuel détournement de subventions au préjudice du Conseil régional, se déroule dans les conditions nécessaires au respect des intérêts de la Région et de ses citoyens ». Et « attend de la procédure en cours qu'elle apporte, dans les meilleurs délais, les éclaircissements indispensables pour que la justice passe et que la Région obtienne réparation du préjudice subi[2] ». Simple laxisme d'une professionnelle de la politique, ou système institutionnalisé pour être réélue à tout prix ? L'ancien ministre de la Justice, Michel Vauzelle, peut nourrir quelques

1. Jean-Michel Verne, « Clientélisme : l'étau se resserre autour d'Andrieux », *Tribune du sud*, 30 mai 2009.
2. Fred Guilledoux, « Affaire des subventions détournées : Vauzelle met Andrieux sur la touche », *La Provence*, 28 mai 2009.

inquiétudes. Les prochaines élections régionales doivent avoir lieu en mars. Or, les subventions du Conseil régional aux associations marseillaises ont connu une irrésistible ascension : 15 millions d'euros en 2006, 16,5 millions en 2007 et 18 millions en 2008. Les trois quarts de ces sommes étaient destinés à des organismes des quartiers nord de Marseille et l'enquête judiciaire n'est pas terminée.

## Une grande professionnelle rattrapée par la justice

L'un des cinq attachés parlementaires de Sylvie Andrieux, Roland Balalas, a été mis en examen et placé sous contrôle judiciaire, le 14 juin 2008, par le juge d'instruction marseillais Franck Landou pour « escroquerie, détournement et recel de détournement de fonds publics ». Également fonctionnaire territorial, il assurait à ce titre, depuis 1992, le secrétariat général du groupe PS (il a été suspendu de ses fonctions avec traitement) au Conseil régional, dont Sylvie Andrieux était la présidente depuis la même année. Son père Théo Balalas, soixante et onze ans, ancien de l'OAS et candidat du Front national lors des législatives de 1973 à Marseille, avait adhéré au PS, peu après, en se liant d'amitié avec l'un des grands barons defferristes, Charles-Emile Loo, soucieux de récupérer une partie du vote pied-noir[1]. Membre du Bureau fédéral et du Conseil fédéral du PS des Bouches-du-Rhône, Théo Balalas a été, jusqu'en 2008, en charge des adhésions à la fédération socialiste des Bouches-du-Rhône, aux côtés d'Alexandre Guérini, le frère cadet de Jean-Noël Guérini. Interrogée, Sylvie Andrieux « espère que les tricheurs seront sanctionnés. Dans ce dossier, il y a des négligences administratives béantes. Moi, je suis complètement à l'aise [...] Quand on a 165 000 habitants dans sa circonscription,

---

1. Voir Emmanuel Faux, Thomas Legrand et Gilles Pérez, *La main droite de Dieu, enquête sur Mitterrand et l'extrême droite*, Seuil, 1994.

vous croyez que c'est une association qui va vous aider à gagner des élections[1] ? » « Je ne suis pas fébrile, a-t-elle également déclaré. Je veux que la lumière soit faite dans cette affaire, nous avons été abusés, c'est malheureux, il faudra qu'on soit vigilants par la suite[2]. » Lorsque le quotidien marseillais *La Provence* a révélé cette affaire en décembre 2008, Sylvie Andrieux avait expliqué qu'elle n'avait rien à voir avec les subventions suspectes, dont l'attribution dépendait selon elle des « responsables administratifs de la Région ».

Selon la synthèse de la PJ, Roland Balalas (principal témoin à charge dans le dossier) n'a pas ménagé son ancienne patronne dans le procès-verbal enregistré le 28 juin 2008, devant le juge d'instruction Franck Landou : « Le fait d'aider abondamment les associations est le résultat d'une stratégie politique ; les vannes sont ouvertes en grand dans un but que l'on peut qualifier d'électoraliste et de clientéliste [...] Mme Andrieux utilise sans discernement les fonds publics sans se soucier de ce qu'il y a derrière, juste pour sauvegarder ses intérêts électoraux et politiques. C'est-à-dire qu'elle se fout complètement de savoir si ce que l'on finance est bon ou pas, dans la mesure où ça augmente sa popularité dans les quartiers[3]. » L'enquête du juge Landou met aussi en cause Franck Dumontel, l'ancien directeur de cabinet du président de la région, Michel Vauzelle. Franck Dumontel, ancien directeur, a été mis en examen par le juge Landou, début septembre 2009, pour « complicité de détournement de fonds publics ». « Toutes les listes [de demandes de subventions] sont avalisées par le directeur de cabinet du président, Franck Dumontel », a expliqué aux policiers

---

1. Romain Luongo, « Associations fictives : des élus marseillais dans le collimateur », *La Provence*, 10 février 2009.

2. Voir la dépêche AFP du 29 mai 2009.

3. Voir Hervé Gattegno, « À Marseille, on achète les votes des cités : Un juge met à nu la dérive clientéliste des socialistes phocéens », *Le Point*, 18 mai 2009.

un des mis en examen, fonctionnaire au Conseil régional.
« Les négociations pour les dossiers se déroulaient entre
Sylvie Andrieux et lui[1]. »

Franck Dumontel a quitté le Conseil régional, en
septembre 2008, pour occuper le même poste de directeur de cabinet du président à la Communauté urbaine de
Marseille, présidée par Eugène Caselli, patron des socialistes des Bouches-du-Rhône et homme de confiance de
Jean-Noël Guérini. À la ville, Franck Dumontel est aussi
le mari de Samia Ghali, ancienne élue régionale devenue
sénatrice des Bouches-du-Rhône, en septembre 2008,
maire du 8ᵉ secteur (qui, dans les quartiers nord, englobe
les 15ᵉ et 16ᵉ arrondissements de Marseille), et vice-présidente de la Communauté urbaine Marseille-Provence-
Métropole. À propos de cette sénatrice, Roland Balalas a
déclaré au juge : « Elle a son propre circuit[2]. » Le président du Conseil général des Bouches-du-Rhône, Jean-
Noël Guérini, n'a fait aucune déclaration publique de
soutien à Sylvie Andrieux. Reste que le poids politique et
l'importance historique des quatre dynasties marseillaises
(Guérini, Andrieux, Masse et Weygand) amènent à se
poser des questions sur la construction de leur clientèle
électorale. Une chose est sûre : Jean-Noël Guérini sera
demain en quelque sorte « l'héritier » de Jean-Claude
Gaudin à la tête de la mairie de Marseille, comme ce
dernier avait succédé à Gaston Defferre.

### Les liaisons dangereuses d'un petit frère

Mais, une énorme affaire judiciaire risque fort
d'empêcher le patron local de la Caste de s'asseoir, en
2014, dans le fauteuil de « Gaston » à la mairie de
Marseille. Si l'héritier de la dynastie politique des Guérini
n'est pas lui-même menacé pour l'instant judiciairement,

1. Voir Hervé Gattegno, *Le Point*, 18 mai 2009, art. cit.
2. *Ibid.*

son frère benjamin Alexandre Guérini, 52 ans, l'est depuis l'automne 2009. Le petit frère a toujours travaillé discrètement, dans l'orbite du grand. Cependant, il n'a rien à voir avec le côté enfant de chœur, policé, du patron du Conseil général, toujours impeccable en costume cravate. Alexandre ne porte pas cravate, mais la chemise ouverte, le jean et le blouson. Plutôt beau gosse avec sa gueule d'acteur de cinéma, un bagout et un franc parler à la Bernard Tapie, éleveur de chevaux de course à ses moments perdus (il en possède trois : « Vent du Sud », « Lord du Sud » et « Irish Heroes ») et amoureux des grosses voitures, il roule notamment dans un 4 × 4 Mercédès noir. Dans l'ombre de M. le président, le petit frère homme d'affaires nageait, jusqu'ici, comme un poisson dans l'eau au milieu du monde politique marseillais et dans celui du traitement des ordures. Connu, et quelquefois craint, seulement de quelques centaines d'initiés. Le petit mouton noir de la dynastie Guérini est ajourd'hui en pleine lumière. En effet, le 19 novembre 2009, des gendarmes de la section de Recherches d'Aix-en-Provence ont perquisitionné, à Marseille, les locaux des cinq sociétés de son groupe, toutes situées à la même adresse, boulevard Villecroze, son domicile officiel proche de l'avenue du Prado et son appartement HLM aux « Catalans » en bord de mer (l'ancien logement de la famille Guérini à son arrivée à Marseille dans les années 50). Le groupe du petit frère s'appelle la SMA (Société Moderne d'Assainissement, de Nettoyage), des initiales qui rappellent les débuts dans les affaires d'Alexandre. De 1987 à 1999, Jean-Noël Guérini étant président de l'OPAC-Sud, la SMA va alors se spécialiser, tout à fait légalement, dans des travaux de débouchage de vide-ordures, de curage de canalisation et de nettoyage de locaux pour le compte de cette société HLM et d'autres organismes de logements sociaux. Le site internet du groupe SMA indique aujourd'hui qu'il réalise encore toutes ces prestations.

Les perquisitions ont été effectuées dans le cadre d'une information judiciaire, ouverte le 14 avril 2009, par le parquet de Marseille contre X pour « corruption », « blanchiment d'argent », « prise illégale d'intérêt », « atteinte à la liberté d'accès et à l'égalité des candidats dans les marchés publics », « trafic d'influence » et « détournement de fonds publics ». Magistrat à la Juridiction interrégionale spécialisée (chargée de la lutte contre le crime organisé et le blanchiment d'argent), le juge d'instruction Charles Duchaine a ordonné ces perquisitions suite à la réception d'une lettre anonyme particulièrement circonstanciée, qui dénonce des « pratiques dévoyées » dans les règles d'attribution des marchés de collecte et de traitement des ordures ménagères dans les Bouches-du-Rhône (Voir Denis Trossero, « Enquête sur les déchets : perquisitions chez Alexandre Guérini », 22 novembre 2009, « La Provence.fr » ; Xavier Monnier, « La chute de la maison Guérini », « Bakchich », 18 novembre 2009 ; Philippe Pujol, « Poubelles : Une enquête déjà bien avancée », « La Marseillaise », 24 novembre 2009 ; « Déchets à Marseille : perquisitions chez Alexandre Guérini, frère du président du département », Agence France-Presse, 22 novembre 2009 ; et Hervé Gattegno, « L'affaire qui fait trembler le clan Guérini », « Le Point, 26 novembre 2009).

Aucune garde à vue ou audition n'a été ordonnée dans le cadre de ce dossier, où de nombreuses écoutes téléphoniques avaient été mise en place depuis plusieurs mois, notamment à l'encontre d'Alexandre Guérini. Conformément à la loi, c'est le Conseil général des Bouches-du-Rhône qui établit le plan d'élimination des déchets pour ce département. Ce plan prévisionnel prévoit, entre autres, que tel syndicat de communes ou communauté de commune va utiliser telle ou telle des douze décharges du département pour enfouir les déchets. Chaque décharge appartient à une collectivié locale qui la confie pour son exploitation, après appel d'offres, à une société privée en délégation de service publique. Chaque tonne d'ordure déposée en décharge rapporte à son exploitant environ 50 euros la tonne déchargée en moyenne. La décharge de la Fare a reçu 160 000 tonnes d'ordures en 2008, soit un chiffre d'affaires minimum d'environ huit millions d'euros réalisé avec plus d'une dizaine de salariés. Celle de la Mentaure à la Ciotat (40 000 tonnes), soit un chiffre d'affaires de deux millions d'euros. Ces deux décharges sont exploitées par Alexandre Guérini.

## Au service du public et d'une dynastie

Aucun lien n'est établi officiellement entre les fonctions politiques du leader du PS dans les Bouches-du-Rhône et les investigations judiciaires. Mais il y a à l'évidence conflit d'intérêt (ce qui n'est pas une notion juridique) entre Jean-Noël Guérini, président du Conseil général des Bouches du Rhône, et son frère Alexandre Guérini, exploitant de deux décharges d'ordures dans le même département. Qu'est-ce qu'un conflit d'intérêt ? Un conflit d'intérêt touche une personne ayant à accomplir une fonction d'intérêt général, tel qu'un agent public (fonctionnaire, juré, tuteur, expert judiciaire, témoins), un avocat, un médecin, un élu, un cadre ou un dirigeant d'entreprise, dont les intérêts personnels se retrouvent « en concurrence » avec la mission d'intérêt général qui lui est confiée. De tels intérêts en concurrence peuvent mettre cette personne, en l'occurrence Jean-Noël Guérini, en difficulté pour accomplir sa tâche avec neutralité et impartialité. En tant qu'ancien responsable des adhésions, actuel membre du bureau et du conseil fédéral du PS pour le département des Bouches-du-Rhône, Alexandre Guérini connaît tous les grands élus locaux du PS qui sont pour une bonne partie « ordonnateurs » en matière de marchés publics de traitement d'ordures ménagères, dont notam-

ment les décharges. Parmi ces derniers, un ancien guiche-
tier à la Caisse d'Epargne de Marseille, Eugène Caselli,
premier secrétaire de la fédération du PS pour les
Bouches-du-Rhône et patron de Marseille Provence
Métropole, communauté urbaine qui traite près de
700 000 tonnes de déchets par an. Or, la décharge de la
Ciotat, propriété de la Communauté d'Agglomération du
pays d'Aubagne et de l'Étoile, est l'une des quatre
décharges qui accueillent les déchets des 980 000 habitants de Marseille Provence Métropole. Les trois autres
sont exploitées respectivement l'une en régie municipale
(La Crau-Entressen) et les deux autres (Septême-les-
Vallons et Cadenaux) par les deux n° 1 mondiaux de la
propreté Veolia et Suez Environnement. Alexandre
Guérini ou la belle légende du dynamique petit patron du
PME qui se bat contre deux multinationales... Le registre
de commerce de Marseille précise que le jeune Alexandre
Guérini était, il y a 19 ans, administrateur d'une filiale de
la Compagnie Générale des Eaux (rebaptisée depuis
Veolia) qui exploitait et exploite toujours la décharge de
Septême-les-Vallons, près de Marseille. Cette filiale était
rattachée au groupement Onyx-CGEA, spécialisée alors
dans les transports et la propreté, présidé à l'époque par
Henri Proglio, président aujourd'hui d'EDF et patron
non exécutif de Veolia. Toujours à l'époque, Jean-Noël
Guérini était salarié d'une filiale du même groupement
Onyx-CGEA.

Sous la raison sociale de la « SMA Environnement »,
Alexandre Guérini exploite la décharge de la « Mentaure »
à la Ciotat (pour le compte de l'Agglomération du pays
d'Aubagne et de l'Étoile présidée par le conseiller général
et maire UMP de la Ciotat Patrick Boré) et sous celle de
la « SMA Vauthubière », la décharge de Fare les Oliviers
pour la Communauté d'Agglopole Provence, présidé par
le socialiste Michel Tonon, maire et conseiller général de
Salon de Provence. Ces deux sociétés ont été créées

respectivement en 1999 et 2006 comme l'indique le registre de commerce de Marseille. C'est-à-dire qu'elles sont toutes deux postérieures à l'élection de Jean-Noël à la tête du Conseil général des Bouches-du-Rhône en juin 1998. Alexandre Guérini est actionnaire majoritaire de la « SMA Vauthubière » et président de la « SMA Environnement ». Le 17 novembre 2009, Jean-Noël Guérini, avait réagi sur son blog à l'affaire : « Les journaux m'apprennent qu'une information judiciaire contre X sur l'attribution du marché des ordures ménagères à Marseille aurait été ouverte. Je suis surpris que certaines rumeurs et certains organes de presse profitent de cette circonstance pour procéder à un amalgame visant à salir ma personne, mon image et mon action. Président du Conseil général des Bouches-du-Rhône depuis plus de dix ans, responsable d'une collectivité dont la gestion rigoureuse est reconnue et qui a été contrôlée à maintes reprises par la Chambre régionale des comptes, je suis choqué et blessé par des insinuations malveillantes. Elles reprennent un air de la calomnie qui a déjà été entonné à de nombreuses reprises, notamment lors des dernières élections municipales. » Quant au petit frère, à l'issue des perquisitions fin novembre 2009, il ne répondait pas plus à son portable qu'au siège de son groupe. À l'évidence, si la dynastie Guérini subit dans l'avenir les foudres de la justice, son concurrent n° 1, Patrick Menucci, 53 ans, chef du groupe socialiste à la mairie de Marseille, maire du 1er secteur et député PS, aura toutes les chances de succéder à Gaston Defferre. Mais Patrick Menucci n'a rien d'un autodidacte héritier d'une lignée dynastique à l'exemple de Jean-Noël Guérini. Petit-fils d'immigrés toscan, ce diplômé en sciences politiques s'est fait tout seul. Ce gros costaud au charisme certain et excellent orateur a dirigé la campagne électorale de Ségolène Royale aux présidentielles de 2007. D'où son surnom de « Ségolin ». Mais, un second héritier possible de Gaston Defferre, l'UMP Renaud Muselier, député et conseiller municipal de Marseille, peut profiter des ennuis de M. Nono pour se remettre en selle pour le fauteuil de maire.

## Les trois riches dynasties du 92

Puteaux, Neuilly et Asnières, trois des plus riches communes des Hauts-de-Seine ne font pas, à l'évidence, dans le même genre de dynastie politique et de clientélisme que Marseille. Certes, ces trois municipalités politiquement quadrillées par ces dynasties de professionnels aux intérêts croisés ont été couvées par Charles Pasqua, le premier patron du département le plus riche de France, à l'image des quatre dynasties enfantées par Gaston Defferre à Marseille, l'une des villes les plus pauvres. La famille Ceccaldi-Reynaud règne à Puteaux depuis 1969, les époux Aeschlimann à Asnières depuis 1997, la famille Bary à Neuilly et ailleurs depuis 1965. Ces nouveaux professionnels et nouveaux riches de la Caste prospèrent sous l'œil du nouveau patron du clan du 92, le président de la République.

Commençons par Neuilly, la ville du président Nicolas Sarkozy. Élu maire en 1983, il avait dû abandonner son écharpe en raison de ses nombreuses fonctions ministérielles (de 1993 à 1995 au Budget sous le gouvernement Balladur, de 2002 à 2004 à l'Intérieur et aux Finances sous le gouvernement Raffarin, puis de nouveau place Beauvau de 2005 à 2007 sous le gouvernement Villepin). Louis-Charles Bary lui servait alors de « maire consort ». Aujourd'hui octogénaire, ce dernier a siégé au conseil municipal de Neuilly pendant quarante ans. En 1983, année de l'élection de Nicolas Sarkozy à la tête de la mairie, Louis-Charles Bary s'était présenté contre lui, sous l'étiquette du Parti républicain (aujourd'hui fondu dans l'UMP). Digérant sa défaite, il acceptera un rôle de second, en tant que premier adjoint en charge des finances, puis de numéro 1 *bis*, le temps des affectations ministérielles du maire. Durant ses fonctions à Bercy et place Beauvau, Nicolas Sarkozy a toutefois toujours conservé le titre de « adjoint hors rang », signe qu'il entendait rester maître en son fief. Sans affectation ministérielle de 2004 à 2005, Nicolas Sarkozy redevenait député et président du Conseil général des Hauts-de-Seine. Touché par le cumul de mandat, Sarko privilégiait ce double cumul au préjudice du côté bling-bling de sa ville. Louis-Charles Bary célébrait alors le mariage de nombreuses personnalités du show-biz ou des affaires.

Louis-Charles Bary est un élu local parfaitement représentatif des Hauts-de-Seine, département surfant sur la spéculation immobilière. Dans le civil, il fut membre de la commission logement du Medef, puis président de l'OCIL (organisme patronal centralisant les organismes du 1 % logement). Un homme de la pierre. Avant de rendre son tablier, il aura contribué à placer son fils, Antoine Bary, comme adjoint chargé de l'urbanisme à la mairie d'Asnières. Lui-même dirigeant, dans le privé, d'une société immobilière, Bary fils vient selon les rapports de la PJ d'être renvoyé en correctionnelle pour conflit d'intérêts. La fille de Louis-Charles Bary, Fabienne, fut pour sa part propulsée directrice de la communication, toujours à la mairie d'Asnières – décidément soucieuse d'assurer l'avenir de la dynastie Bary.

Le patriarche Louis-Charles sait aussi renvoyer l'ascenseur. De 1990 à 1997, il avait employé à la mairie de Neuilly Joëlle Ceccaldi-Reynaud, fille du maire de Puteaux. On dit pourtant qu'à Neuilly elle n'avait ni bureau ni téléphone. Brice Hortefeux, fidèle bras droit de Nicolas Sarkozy, certifiant toutefois qu'elle y effectuait un véritable travail (rémunéré 10 000 francs par mois). Les journées de cette jeune femme devaient être bien longues, puisqu'elle était en même temps vice-présidente du Conseil général des Hauts-de-Seine et première adjointe de son père à la mairie de Puteaux...

LA CASTE DES 500

## Clientélisme à l'ombre des tours de la Défense

Il est temps de se pencher sur Charles Ceccaldi-Raynaud, surnommé par ses initiales CCR. Ancien commissaire de police, il prend la mairie en 1969 sous l'étiquette SFIO (ancêtre du PS) avant de se recycler à l'UDR (ancêtre de l'UMP), deux ans plus tard. Depuis, le « renard argenté des Hauts-de-Seine » bétonne son fief comme personne. Sa commune, assise sur un bon tiers du quartier d'affaires de La Défense (trois millions de m² de bureaux), est richissime en taxes professionnelle et foncière. CCR redistribue la manne, couvre sa ville de palmiers comme sur la Riviera, offre des cadeaux de Noël somptueux à ses électeurs du troisième âge (une année : 3 300 batteries de cuisine distribuées, soit 23 100 casseroles), et place les excédents municipaux en banque... Soucieux de conforter politiquement son fief, le père Ceccaldi-Raynaud sera un temps président de l'EPAD (l'établissement public qui gère La Défense) et surtout député suppléant de Nicolas Sarkozy, son voisin de Neuilly. Il siégera brièvement à l'Assemblée entre 1993 et 1995 – puis sera nommé juste après au Sénat, à l'âge de soixante-dix ans. Son mandat au Sénat (1995-2004) lui a donné l'occasion de se livrer aux charmes discrets de l'absentéisme : durant ces neuf ans, il a pris la parole une seule fois en séance, a posé sept questions écrites au gouvernement et n'a rédigé aucun rapport ou proposition de loi. Son poste vacant de député suppléant, il le rétrocède à sa fille, laquelle entre à son tour à l'Assemblée en 2002 – quand Sarkozy redevient ministre.

Telle la bernique sur son rocher, Joëlle refusera de rendre son siège en 2004, quand Nicolas Sarkozy quittera le gouvernement pour la présidence de l'UMP. Ceccaldi-Raynaud fille devient alors célèbre, comme forte tête osant résister à Sarkozy. On lui fait miroiter un poste au Conseil économique et social (bien rémunéré pour un travail peu chargé), elle renâcle encore, mais finit par démissionner.

Nicolas Sarkozy peut être réélu député début 2005, mais il est aussitôt renommé au gouvernement. Et Joëlle Ceccaldi-Raynaud retourne illico à l'Assemblée. Comme son père au Sénat, elle y brille par son absentéisme, étant classée 545ᵉ au hit-parade des 577 députés selon leur activité dans l'hémicycle de début 2004 à la mi-mai 2006. Depuis sa réélection à l'Assemblée nationale, en juin 2007, elle n'a pas fait mieux. En vingt-quatre mois, cette cumularde est intervenue une seule fois en séance, six fois en commission, a rédigé deux rapports (sur Monaco) et une proposition de loi. Elle avait d'autres chats à fouetter.

En effet, son père lui avait rétrocédé en 2004 son fauteuil de maire de Puteaux. Alors malade et mis en examen dans une affaire de chauffage à La Défense, le « vieux renard » optait pour une prudente retraite. Mais temporaire, dans son esprit. Dans l'optique des élections municipales de 2008, il entendait bien reprendre son trône. Sauf que sa fille, une fois de plus, refusait de lâcher l'affaire. D'où ce spectacle surréaliste : les Ceccaldi-Raynaud père et fille se retrouvaient adversaires aux élections. La seconde écrasait le premier (53 % contre 8 %) en un duel parricide. Au premier conseil municipal post-électoral, ils échangeaient des noms d'oiseaux. L'algarade ne dura pas, à cause de cette autre curiosité électorale : Joëlle Ceccaldi-Raynaud avait placé son propre fils en position éligible sur sa liste. Trois Ceccaldi-Raynaud dans un même conseil, c'est un de trop comme le stipule le code électoral. Son article L 238 interdit à plus de deux ascendants de siéger dans une même instance. Le moins bien élu devait se démettre. Charles, donc. Le 4 décembre 2009, Joëlle Ceccaldi-Raynaud a été élue présidente de l'Epad (Établissement public d'aménagement de la Défense) après le retrait de Jean Sarkozy, le fils du président de la République.

## Asnières
## ou les charmes de la dynastie Aeschlimann

À Asnières, les conseils municipaux étaient tout aussi mouvementés à l'approche des municipales de 2008. Pour prévenir tout échange d'insultes publiques, son député-maire UMP, Manuel Aeschlimann, optait pour une solution technique radicale : couper le micro de ses opposants. Qu'à cela ne tienne, ces derniers se rendaient au conseil munis d'un mégaphone. Excédé, Manuel Aeschlimann convoque fin 2006 la police (la brigade anti-criminalité !) en plein conseil afin de saisir l'objet du délit. Les époux Aeschlimann avaient bien quadrillé leur fief en s'assurant des soutiens en haut lieu. Monsieur, député-maire d'Asnières, était de surcroît secrétaire national de l'UMP en charge de l'opinion ; Madame, adjointe au maire et conseillère régionale, était également secrétaire nationale de l'UMP en charge d'Outre-mer – signe que Marie-Dominique Aeschlimann n'est pas une potiche ni une employée fictive. Très proche de Nicolas Sarkozy, Manuel Aeschlimann n'a pas résisté au front républicain (PS, Modem et divers droite) dressé contre lui aux municipales de 2008, excédé par ses méthodes. Il reste député UMP, mais brille lui aussi par son absen-téisme à l'Assemblée nationale, étant classé 517ᵉ sur les 577 députés selon leur activité dans l'hémicycle de début 2004 à juin 2006. Le fait qu'il ne cumule plus de mandat exécutif (il reste simple conseiller municipal d'Asnières) n'a pas beaucoup amélioré son assiduité au Palais-Bourbon depuis sa réélection en juin 2007. En vingt-quatre mois, il n'a pris que dix fois la parole en séance, trois fois en commission des Lois, a rédigé deux rapports, sept questions et n'a fait aucune proposition de loi. Il est vrai qu'il a quelques soucis. En effet, il a été condamné le 6 mars 2009 par le tribunal correctionnel de Nanterre à dix-huit mois de prison avec sursis, et quatre ans d'inéli-gibilité dans une affaire de favoritisme à propos du festival folklorique d'Asnières[1]. En compagnie de sa directrice de la communication, Bary fille. Toujours en famille. Il a fait appel.

## Une dynastie d'incorruptibles serviteurs de la chose publique

À l'opposé des dynasties clientélistes avides de pouvoir et s'illustrant à Marseille et dans les Hauts-de-Seine, Charles-Amédée du Buisson de Courson (Nouveau Centre), cinquante-six ans, le député-maire de Vanault-les-Dames dans la Marne, a choisi d'être un professionnel de la politique pour trois raisons majeures : « Premièrement, par tradition familiale. Deuxièmement, par goût pour la "chose" publique et en dernier lieu, tout simplement, du fait des circonstances de la vie. Mon père disait souvent, quand on a beaucoup reçu, on doit beaucoup donner[2]. » Chez les Buisson de Courson, cette tradition ne date pas de la République comme dans les dynasties marseillaises ou des Hauts-de-Seine. Charles-Amédée, « Charlot » pour les intimes, en est très fier : « J'appartiens à une vieille famille de France qui a servi depuis neuf siècles le royaume, puis la République. Nous ne sommes pas des gens qui aimons l'argent. Nous avons toujours servi l'État. Nous n'avons jamais fait ça pour la gamelle. » Lui est rapporteur de la commission des Finances et l'un des empêcheurs de tourner en rond du gouvernement, notamment dans le domaine de la rigueur budgétaire ; il a fait part très officiellement de son opposition au bouclier fiscal et à la suppression de la Taxe professionnelle. Son père était inspecteur général des Finances, son grand-père cyrard, son arrière-grand-père, militaire et, au Moyen Âge, les Courson étaient recteurs de l'université de Caen...

---

1. Voir « Le député d'Asnières condamné pour favoritisme », *Le Figaro*, 13 mars 2009.
2. Entretien avec l'auteur en avril 2009.

On appartient à la Caste dès le berceau chez les Buisson de Courson. « Charlot » descend du député « montagnard » et ancien parlementaire noble, Louis-Michel Lepeltier de Saint-Fargeau qui avait voté la mort du roi, en 1793, juste avant d'être assassiné à l'âge de trente-trois ans par un royaliste. Ayant des ancêtres parlementaires sans discontinuer depuis le premier Empire, son grand-père maternel, le marquis Léonel Marie Ghislain Alfred de Moustier, député de Franche-Comté, a fait partie des 80 parlementaires qui ont refusé, le 10 juillet 1940, de voter les pleins pouvoirs au maréchal Pétain. Arrêté par la Gestapo pour avoir organisé une filière d'évasion d'aviateurs alliés, il mourra en déportation au camp de Neuengamme. Et le père de Charles-Amédée est entré dans la Résistance dès la fin 1940. Celui-ci, le comte Aymard, conseiller général et maire MRP de Vanault-les-Dames, inspecteur des Finances, pisciculteur, est décédé en 1985, lui laissant ouverte sa succession à la mairie de Vanault. « Charlot » se rappelle : « Jusque-là, j'étais chef de bureau au Budget, je crois que j'étais plutôt apprécié, enfin, j'étais programmé pour grimper. Faire de la politique ma profession, j'étais conscient que cela changerait ma vie. Les soirées à Vanault-les-Dames, le petit bureau de l'Assemblée nationale à partir de 1993, les amendements. Je ne fais plus que ça. Jour et nuit. Samedi et dimanche. » Sauf le dimanche à l'heure de la messe. Aucun de ses six frères et sœurs n'a voulu faire de la politique à l'image des ancêtres ou s'occuper du domaine familial. Ils sont historien, fonctionnaire, travaillent dans l'édition, chez Areva, chez EADS, dans l'imprimerie, tout en étant tous mariés avec des enfants. Célibataire sans enfants, « Charlot » ne pouvait pas se dérober à son devoir.

## « Charlot » bosse 100 heures par semaine

Député, maire de Vanault-les-Dames (357 habitants), président de la Communauté de communes des

Côtes de Champagne et vice-président du Conseil général de la Marne, il dit toucher, en tout et pour tout, 7 000 euros d'indemnités net par mois sans les 6 000 euros de son Indemnité représentative de frais de mandats. En outre, il préside une quinzaine de syndicats mixtes ou d'établissements publics dans le département de la Marne, le tout sans toucher un seul centime. Et il vient seulement d'accepter d'ouvrir trois crédits de 300 euros par mois pour régler une indemnité de ce montant au bénéfice de chacun de ses trois adjoints de Vanault-les-Dames, qui la réclamaient depuis une dizaine d'années. Ce célibataire endurci et d'allure juvénile, les cheveux raides sagement séparés par une raie de côté, et les yeux noisette perdus derrière de grands carreaux, accepte de gérer gratuitement le domaine familial, une entreprise de pisciculture et 400 hectares de forêt sur le territoire de sa commune. Ce propriétaire terrien vient d'y faire planter des centaines de chênes pour les générations futures. Ce cumulard super-bosseur (il dit travailler 100 heures par semaine au service du public) ne fait pas que des heureux, même s'il est réélu à chaque fois avec des scores staliniens.

À la façon d'un seigneur féodal, très travailleur, il est partout en étant nulle part malgré l'aide de cinq collaborateurs et demi. Un de ses assistants travaille à Paris, deux autres à Vitry-le-François au siège du Conseil général de la Marne et un dernier et demi chez lui à Vanault-les-Dames. Une vraie PME. Charles-Amédée dépense 1 000 euros environ (qu'il prend à sa charge) de plus par mois que l'enveloppe de 9 100 euros mensuels alloués pour rétribuer les salaires des assistants de chaque parlementaire français. Un collaborateur ne reste jamais très longtemps chez lui : il est renvoyé, ou il part de lui-même. Il le reconnaît. Le record est d'un an dans le poste, ce qui en a étonné plus d'un à l'Assemblée nationale. Le cursus normal tourne autour de deux à trois mois. Le job est pourtant intéressant, Charles-Amédée étant un spécialiste très pointu des finances publiques, avec une capacité de travail impressionnante. C'est peut-être là d'ailleurs le problème, parce que derrière, il faut suivre et « Charlot » manque singulièrement de patience… Si vous êtes jeune, avec une solide formation en finances publiques, des nerfs d'acier, une aptitude à gérer les patrons « exigeants » et que vous aimiez le rodéo, vous pouvez postuler.

Le « hit-parade » des 577 députés selon leur activité dans l'hémicycle montre bien l'assiduité de « Charlot » aux travaux de l'Assemblée nationale. Ainsi du début 2004 à la mi-2006, il se classe 56ᵉ, avec notamment soixante-dix-sept interventions en séance. Depuis sa réélection en juin 2007, soit en deux ans, il n'a pas faibli, intervenant 86 et 126 fois respectivement en séance et en commission, rédigeant six rapports et posant quatre-vingt-six questions. Il pose peu de questions écrites au gouvernement (« cela ne sert à rien, sinon aux imbéciles »), mais envoie, deux fois par an, un compte rendu détaillé de son activité aux 2 500 élus locaux de sa circonscription. « Certes, le vrai pouvoir n'est plus vraiment ici à l'Assemblée nationale ou dans les ministères, affirme-t-il, mais entre les mains de Claude Guéant, secrétaire de la présidence de la République, et au Parlement européen… Ici, à l'Assemblée, il y a beaucoup de godillots, autant dans la majorité que dans l'opposition, des représentants du peuple qui ne veulent pas d'emmerdes, ayant une seule préoccupation : être réélus. »

# 8

# Toujours plus

La Caste tire pouvoir et aisance financière de la face cachée du cumul. Nous avons enquêté sur cette face cachée dépourvue de toute justification « économique », sinon celle de nous ramener au temps des rois. Aujourd'hui, les barons de province et ministres ou parlementaires chefs d'exécutif locaux se partagent bien les terres du royaume. Nous avons d'abord pris langue avec des sénateurs et des députés qui sont des puits de science en matière de cumul des mandats. Puis nous avons consulté les barèmes très officiels de la Direction générale des collectivités locales au ministère de l'Intérieur, qui réajuste chaque année le niveau maximum des indemnités versées aux élus communaux, départementaux et régionaux. Nous avons ensuite épluché les délibérations votées par les collectivités territoriales, qui décident du montant exact de ces indemnités et les distribuent. Les élus cumulards ne peuvent toucher plus d'une fois et demie l'indemnité de base parlementaire. À partir de ce montant maximum, ils doivent écrêter, c'est-à-dire répartir le supplément au profit de collègues qu'ils désignent. Si trop-perçu, il y a, son montant doit être versé par l'élu trop gourmand à un « collègue » de son choix, sinon il est perdu. Cette pratique opaque, appelée l'écrêtement, reste un bon moyen de s'assurer de la fidélité des bénéficiaires qui deviennent redevables, mais complique à loisir le calcul des véritables indemnités perçues par nos élus. Enfin, nous avons recensé les revenus de tous ces cumulards et les avons vérifiés, en cas de doute, avec les intéressés. Au passage, il est un peu choquant de constater que les 34 000 maires de communes (sur un peu plus de 36 700 au total dans l'Hexagone) de moins de 3 500 habitants ont droit à des indemnités brutes mensuelles allant seulement de 637,92 euros à 1 613,57 euros. Sans eux, pas d'état civil, pas de mariage, pas d'enterrement, pas de permis de construire. Ces retraités et fonctionnaires pour la plupart assurent bel et bien un service public. Certes, les indemnités des maires des communes de moins de 1 000 habitants ne sont pas soumises à l'impôt.

A l'inverse, les indemnités brutes mensuelles versées chaque mois aux 577 députés ou 343 sénateurs (7 008,63 euros) et à la quarantaine de ministres ou secrétaires d'État (14 017 euros pour les premiers et 13 316 euros pour les seconds) semblent très convenables. Des sommes tout à fait comparables aux revenus dont bénéficient leurs collègues européens. Sans oublier les petits à-côtés qui facilitent la vie des parlementaires : carte de circulation gratuite en 1$^{re}$ classe sur le réseau SNCF, carte « navigo » RATP deux zones également gratuite, 42 allers et retours en avion de Paris vers leur circonscription (plus cinq voyages hors circonscription), des prêts à taux préférentiels, et enfin des retraites « canons » de l'ordre de 1 800 euros mensuels pour six ans de mandats à 6 000 euros maximum pour vingt-cinq ans. Leurs veuves ne sont pas oubliées. Véritables veuves en or, elles touchent une pension de réversion égale à 66 % de ce qu'aurait touché leur époux s'il n'était pas décédé. Soit le taux le plus fort en France pour une pension de réversion. Ces députés et sénateurs bénéficient aussi d'une enveloppe mensuelle de frais forfaitaire (d'environ

6 000 euros) et d'une seconde pour payer leur collaborateurs (de 7 000 à 9 100 euros) et les ministres ou secrétaires d'État de frais sans grande limitation.

## Privilège d'État : le cumul des voitures de fonction à plein temps

Ces derniers ont également à leur disposition, entre autres, deux voitures de puissante cylindrée (C6, 607 ou Vel Satis à 50 000 euros pièce en moyenne) avec chauffeur, et bénéficient d'un appartement de fonction. Un exemple pour mieux saisir ces privilèges quasiment inexistants dans le reste de l'Europe, et surtout pas dans les pays nordiques. En réponse à une question écrite du député apparenté PS de l'Aisne, René Dosière, le ministre du Travail d'alors, Brice Hortefeux, lui répondait, dans le *Journal Officiel* du 5 mai 2009 : « Le logement attribué à M. le ministre du Travail comprend cinq pièces pour une superficie de 125 m² et une valeur locative de 3 460 euros en meublé. Le ministre règle personnellement la taxe d'habitation. Aucun agent n'est affecté au fonctionnement de ce logement. Le ministre dispose de deux véhicules sur un total de 22. L'équipe de chauffeurs comprend 11 agents, dont deux sont affectés au ministre. Le coût annuel de la maintenance du parc est de 28 036 euros. En 2007, les frais de représentation du ministre se sont élevés à 174 706 euros pour le cabinet du ministre. En 2007, les dépenses de communication à 295 615 euros. Concernant les frais de déplacement aériens du ministre et de son cabinet, ils se sont élevés pour 2007 à 118 412 euros. » Le cabinet du ministre du Travail employait cent six personnes en 2007. Au rayon des parcs de voitures de fonction, Michèle Alliot-Marie, ministre de l'Intérieur à l'époque, décroche la palme avec 48 véhicules qui ont nécessité 52 700 euros de frais d'entretien en 2007. C'est probablement un record du monde pour le cabinet d'un ministre. Il est vrai que notre monarchie républicaine fait encore plus fort. Elle a inventé les voitures avec chauffeur et secrétaire à vie pour les plus performants des anciens cumulards. Tous les anciens Premiers ministres, Dominique de Villepin, Alain Juppé, Édouard Balladur, Lionel Jospin, Jean-Pierre Raffarin (lequel a un régime de faveur inexplicable avec deux voitures et deux secrétaires), Michel Rocard, Pierre Mauroy (vingt-cinq ans après avoir quitté Matignon), Laurent Fabius (deux secrétaires lui aussi à vie) et Edith Cresson bénéficient de ce privilège accordé également aux anciens présidents de la République, Valéry Giscard d'Estaing et Jacques Chirac. Des passe-droits sans la moindre justification.

Il faut bien reconnaître que le gouvernement, comme tous ses prédecesseurs de gauche ou de droite, ne donne guère l'exemple. À l'inverse de ce qui se passe chez la plupart de nos voisins, la voiture y représente l'attribut d'un pouvoir monarchique, avec son cortège de marques de reconnaissance ; gyrophare, deux tons, motards, feux passés au rouge et limitations de vitesse rarement respectées. Le Premier ministre François Fillon roule lui dans une Citroën C6 blindée au kevlar qui a coûté 120 000 euros au contribuable. Précision : les services du Premier ministre ont acheté, en 2008, pour 240 095 euros de nouveaux véhicules (dont la C6 blindée de François Fillon, quatre voitures et sept scooters) grâce aux 244 960 euros tirés de la revente d'une cinquantaine de véhicules de Matignon. Conclusion : la super C6 n'a pas coûté un centime de plus au contribuable par rapport à l'ancienne berline de fonction de François Fillon. En réponse à une question écrite du député René Dosière du 13 mai 2008, le cabinet du Premier ministre a ainsi pu se poser en donneur de leçons d'économies budgétaires : « Un tel équilibre entre cessions et achats est exceptionnel. Il correspond à une politique délibérée de réduction de volume et de la puissance du parc automobile. »

Mais, ce culot de sénateur ne doit pas faire oublier la réalité des chiffres bruts. L'Elysée compte 55 voitures, dont deux pour le président de la République, une Renault Vel Satis et une Citroën C6, et Matignon presque trois fois plus avec 150 véhicules. Vingt-trois de ces berlines avec chauffeur transportent uniquement les conseillers de François Fillon, les autres étant ventilées entre les services rattachés au Premier ministre. De même, les huit conseillers les plus en cour à l'Élysée roulent voiture avec chauffeur, en permanence prêt à partir. Les restes des « principaux collaborateurs » à l'Élysée, à Matignon et dans les ministères n'ont pas accès à ce privilège d'État. Ils en sont réduits à se partager les autres voitures avec chauffeur à tour de rôle, souvent pour venir de leur domicile ou y retourner le soir. Mais la voiture de fonction n'est pas l'apanage de l'exécutif. C'est une vraie maladie. Ainsi, sur les 500 membres de la Caste, une petite centaine bénéficient d'une voiture de fonction avec chauffeur à Paris, soit en tant que membres du gouvernement, présidents ou vice-présidents de l'Assemblée nationale ou du Sénat, président d'une commission ou d'un groupe politique au parlement. Les mêmes et le reste des membres de la Caste disposent aussi d'une voiture de fonction (une deuxième pour les premiers) avec chauffeur en province. Ces parlementaires, ministres et secrétaires d'État jouissent de ce privilège d'État également attaché, selon l'usage, à leur fonctions à la tête d'un exécutif local. René Dosière, député apparenté PS, s'indigne : « pendant qu'il réduit les moyens humains et matériels de ses administrations, le gouvernement ne cesse d'augmenter son train de vie. On compte un chauffeur pour deux collaborateurs de cabinet (Voir Patrick Roger, « Les cabinets ministériels ne connaissent pas la crise, « le Monde », 28 novembre 2009). »

## Ministres et parlementaires à temps partiel, payés plein pot

À l'image des voitures de fonction avec chauffeur, parlementaires et ministres multiplient ces gains et petits privilèges, quoique déjà confortables, en exerçant un mandat de direction d'un exécutif local. Difficile de résister aux arguments de la Caste. Un écolier comprendrait en un clin d'œil. Règle de base : l'élu cumulard ne peut pas empocher une indemnité supérieure de plus de 50 % à l'indemnité de base touchée par celui qui ne cumule pas. Ainsi, un parlementaire non cumulard gagne 7 008,63 euros bruts par mois (somme qui comprend les indemnités de base, de résidence et de fonction), son collègue cumulard au maximum 9 730,45 euros. Le premier travaille à plein temps. Le second à temps partiel, partagé entre ses deux ou trois mandats. Un peu moins favorisé, l'élu local cumulard, qui travaille également à temps partagé, entre deux ou trois mandats locaux, reçoit une indemnité mensuelle maximum de 8 165,41 euros bruts. Une indemnité qui ne peut pas dépasser également 50 % de l'indemnité parlementaire de base, sans prendre en compte les indemnités de résidence (163,31 euros) et de fonction (1 401,73) que touchent uniquement les parlementaires. Toute l'astuce pour l'élu local consiste à cumuler un maximum en restant sous le seuil fatidique prévu par la loi (8 165,41 euros bruts mensuels). Une vraie course à l'échalotte... Un mandat de conseiller général ou régional donne droit à une rémunération mensuelle brute comprise entre 1 500,99 et 2 626,74 euros, selon l'importance de la population. Une place dans une commission permanente permettra aux plus voraces d'augmenter leurs indemnités de 10 %. Un fauteuil de vice-président ouvre droit à une sympathique majoration de 40 %. Les présidences d'une communauté d'agglomération et d'un syndicat intercommunal à fiscalité propre sont les plus recherchées avec des indemnités 4 080,10 à

5 441,10 euros bruts. Des indemnités les plus courues, car elles ne sont pas prises en compte dans le calcul des indemnités maxima que peut recevoir un cumulard. Quant au président de Conseil général ou régional, il touche 5 441,10 euros bruts, avec un appartement de fonction au moins spacieux, sinon luxueux, une 607, Vel Satis ou C6 de fonction avec obligatoirement deux chauffeurs comme un ministre.

Suivant toujours le même mécanisme (un élu ne peut toucher une indemnité supérieure de plus de 50 % à l'indemnité de base touchée par celui qui ne cumule pas), un secrétaire d'État touche 13 316 euros bruts mensuels, et 19 974 euros au maximum s'il cumule. Un ministre 14 017 euros et le même 21 025 euros au maximum en cumulant avec un mandat local. L'article 23 de la loi n° 92-108 du 5 février 1992 précise : « Le membre du Gouvernement titulaire de mandats électoraux ne peut percevoir, pour l'ensemble de ses fonctions, un montant total de rémunérations et d'indemnités de fonction supérieur à une fois et demie le montant du traitement qu'il perçoit au titre de ses fonctions ministérielles. ». De plus, le titre II de l'article L2123-20 du Code général des Collectivités locales évite tout quiproquo : « le plafond des indemnités au titre des mandats locaux pouvant être perçues s'entend déduction faites des cotisations sociales obligatoires. » Comment peut-on alors justifier l'existence de ces indemnités au bénéfice de ceux qui exercent leur mandat parlementaire ou gouvernemental à temps partiel ? C'est-à-dire de ministres et secrétaires d'État, ainsi que de parlementaires qui cumulent leur mandat avec celui d'un exécutif local. Contrairement au slogan « travailler plus pour gagner plus », la Caste bénéficie ainsi d'un système légal qui permet à ses membres de « gagner plus en travaillant moins ». La nuit du 4 août reste à refaire.

Vingt-quatre des ministres et secrétaires d'État du gouvernement Fillon IV (sur 38 membres au total, dont le Premier ministre) sont, à partir du 4 janvier 2009, les mieux payés parmi les « 500 » professionnels de la Caste. Et pourtant, ils n'exercent pas leurs fonctions gouvernementales à plein temps. En réalité, tous les cumulent, le plus légalement du monde, avec des mandats au sein d'exécutifs locaux, également rémunérés très correctement. En pleine crise, quand les fermetures d'entreprises se multiplient, quand le chômage explose, on peut alors voir ces ministres de la République s'intéresser au ramassage des ordures ménagères, à l'aménagement d'une zone de loisirs, à la création d'un parking, aux nuisances d'une discothèque, à la fermeture d'une piscine ou encore à l'entretien des installations sportives de leur commune. L'exercice d'une telle responsabilité ministérielle à temps partiel demeure interdit chez tous nos voisins européens, comme aux États-Unis et au Canada, où la fonction est exercée à plein temps ; son titulaire s'occupant exclusivement des problèmes du pays et non de ceux de sa commune. Mais, la France est un curieux pays, où le Premier ministre François Fillon n'est pas le dernier des cumulards. Certes, il touche réglementairement 21 026 euros bruts par mois comme Premier ministre. Mais il a décidé de renoncer à ses 2 532,93 euros auquel il a droit en tant que président de la Communauté de communes de Sablé-sur-Sarthe.

### Fillon IV : dix ministres sur seize cumulent

Ce souci d'économie l'honore en ces temps de crise, mais il s'est bien gardé, pour montrer l'exemple, de tailler dans les frais de fonctionnement de Matignon. Sans compter les avions mis à sa disposition. Il est aussi le premier des ministres pour les dépenses avec 62 collaborateurs à son cabinet, 61 agents au service de l'intendance et un appartement de fonction de 309 m²[21].

---

1. Entretien en juin 2009 avec le député René Dosière, auteur d'une question écrite sur le budget de Matignon.

La vérité : le plafond maximum d'indemnité autorisé pour un Premier ministre cumulard (31 839 euros bruts mensuels) lui permettait de cumuler son indemnité de Matignon avec celle de président de sa Communauté de communes. Le problème : le Premier ministre aurait eu une rémunération supérieure à celle du président de la République (22 249 euros bruts mensuels). Impensable… Parmi les 27 Premiers ministres européens, François Fillon est à l'époque le seul à ne pas exercer ses fonctions ministérielles à plein temps. Un exemple. Le vendredi 6 mars 2009, François Fillon, comme d'habitude, préside le conseil communautaire de la Communauté de communes de Sablé-sur-Sarthe, en présence de son premier vice-président, le député-maire UMP Marc Joulaud, son député-suppléant à l'Assemblée nationale depuis 2002. Les débats rondement menés commencent à 19 h 40 pour s'achever à 20 h 49. Marc Joulaud, quarante et un ans, s'est classé 483e au hit-parade des 577 députés selon leur activité dans l'hémicycle du début 2004 à la mi-mai 2006. Durant ces vingt-quatre mois, il est intervenu seulement six fois en séance à l'Assemblée nationale. De juin 2007 à juin 2009, le dauphin sarthois du Premier ministre n'a pas fait mieux : il a pris la parole cinq fois en séance, quatre fois en commission de la Défense et des Forces armées, a posé 47 questions écrites au gouvernement, n'a rédigé aucun rapport et aucune proposition de loi. Conclusion : le député-maire Marc Joulaud ne travaille pas à plein temps à l'Assemblée nationale.

Encore une fois, le premier ministre cumulard François Fillon n'est pas le meilleur exemple pour redorer l'image de la Caste des 500. Il cultive un peu trop la mauvaise habitude d'utiliser les avions de l'État pour ses déplacements privés et le goût pour les week-end au frais du contribuable (voir *Le Canard Enchaîné* du mercredi 10 juin 2009). Le chef du gouvernement avait ainsi passé un week-end de la Pentecôte à Marrakech en utilisant l'avion de la République, un Falcon 50. Un week-end à 182 272 euros pour le contribuable, selon les calculs de l'hebdomadaire satirique. Explication très officielle des services de Matignon : « Il faut qu'il puisse rentrer à tout moment expliquent ses conseillers pour justifier l'utilisation d'un avion de la République. Le Premier ministre remboursera le prix de son billet et celui de ses proches. Prix calculé sur la base d'un vol commercial. » Dont acte... Le 28 septembre 2008. François Fillon et sa famille revenaient d'un week-end privé dans son fief de Sablé-sur-Sarthe, quand un avion de tourisme avait frôlé le Falcon 900 du Premier ministre. L'information avait fait la une des journaux de 20 heures, sans plus de commentaires... Or, les avions de la République sont censés être utilisés dans un cadre strictement professionnel et des TGV directs relient, en 1 h 15, la gare de Sablé-sut-Sarthe à la gare Montparnasse, pourtant plus proche de Matignon que l'aérodrome de Villacoublay. Autre épisode du feuilleton de la famille Fillon avec les avions de l'État. Le 7 mars 2009, Pénélope Fillon, épouse du Premier ministre, avait sauté dans un Falcon 50 de la République française pour se rendre à Roscoff pour le baptème de l'« Armorique », dernier né de la flotte des Britanny Ferries, pas représenter la France mais à titre privé (Voir « Pénélope Fillon, une femme qui en jet », *Le Canard Enchaîné*, 18 mars 2009).

Suivant l'exemple du Premier ministre cumulard, dix de ses seize ministres au total cumulent. Patrick Devedjian, ministre chargé de la mise en œuvre du plan de relance, reçoit au total 19 458,10 euros d'indemnités par mois. 14 017 euros comme ministre et 5 441,10 euros comme président du Conseil général des Hauts-de-Seine. Rachida Dati, ministre de la Justice, encaisse au total 19 458 euros bruts mensuels. 14 017 comme ministre et 5 441 euros comme conseiller de Paris (conseiller général et conseiller municipal) et maire du VII$^e$ arrondissement. A ce titre, elle dispose toujours d'une voiture avec chauffeur, depuis qu'elle a quitté en juin 2009 son ministère pour le Parlement européen. Hervé Morin, ministre de la Défense, reçoit en tout 19 054 euros. 14 017 euros comme ministre, 1 547,90 euros comme président de la Communauté de communes de Cormeilles (Eure), 1 876,24 euros comme conseiller régional de Haute-Normandie et 1 613,57 euros comme maire d'Épaignes. Il peut dire aussi merci à son pur-sang de course « Literato » (qu'il possédait avec trois associés), qui a amassé un million d'euros de gain avant d'être revendu 5 millions d'euros à l'émir de Dubaï. Brice Hortefeux, ministre du Travail, touche en tout 15 893,24 euros. 14 017 euros comme ministre et 1 876,24 euros comme conseiller régional d'Auvergne. Élu contre toute attente député européen en mai 2009, il a dû démissionner, ce mandat étant incompatible avec les fonctions de ministre. Christine Lagarde, ministre de l'Économie, est rémunérée en tout 18 150 euros. 14 017 euros comme ministre et 4 133 euros comme conseiller de Paris. Christine Boutin, ministre du Logement, touchait au total 17 694 euros. 14 017 euros comme ministre et 3 677 euros comme vice-présidente du Conseil général des Yvelines. Michèle Alliot-Marie, ministre de l'Intérieur, de l'Outre-mer et des Collectivités territoriales, empoche en tout 14 550,13 euros. 14 017 euros comme ministre, 308,65 euros comme première adjointe au maire de Saint-Jean-de-Luz et 224,48 euros comme conseiller communautaire de la Communauté de communes sud Pays Basque. Eric Besson, ministre de l'Immigration, de l'Intégration, de l'Identité nationale et du Développement solidaire, touche au total 16 080,87 euros. 14 017 euros comme ministre et 2 063,87 comme maire de Donzère (Drôme). Eric Woerth, ministre du Budget, des Comptes publics et de la Fonction publique reçoit au total 18 989,04. 14 017 euros comme ministre, 2 532,93 euros comme président de la Communauté d'agglomération de l'aire Cantilienne et 2 057,69 euros comme maire de Chantilly. Son fils Jérôme, élu simple conseiller municipal, ne touche rien. Alors ministre de l'Éducation nationale, Xavier Darcos, battu de 113 voix aux municipales de Périgueux en 2008, empoche 16 261,75 euros. 14 017 comme ministre et 2 244,75 euros comme conseiller régional. Devenu depuis ministre du Travail, il sera tête de liste de l'UMP pour les élections régionales de 2010 en Aquitaine.

Directeur de cabinet de Lionel Jospin, Olivier Schrameck, dans son ouvrage *Matignon Rive gauche*[1], explique bien les dangers du cumul ministre-chef d'un exécutif local : « Dans l'activité d'un ministre, il est des tâches incompressibles de représentation et de communication. Dès lors, s'il n'est présent à Paris que trois, a fortiori deux jours par semaine [...] la part du travail technique avec ses collaborateurs et avec ses collègues ministres est réduite à la portion congrue. Le ministre est vite cantonné dans le rôle de porte-voix de son ministère. Le ministre ou secrétaire d'État cumulard se transforme malgré lui en simple porte-voix des hauts fonctionnaires de son ministère. Un ministre absent parce qu'il cumule. Des députés absents eux aussi à cause du cumul... La technocratie peut se substituer en douceur, discrètement, à la démocratie. » Même son de cloche sous la plume de l'économiste Pierre Larrouturou dans son livre *Urgence sociale*[2] : « Mon combat pour la semaine de quatre jours m'a amené à rencontrer beaucoup de responsables politiques, de gauche et de droite. Je me souviendrai longtemps d'un rendez-vous avec Jacques Barrot, qui était alors ministre du Travail, de l'Emploi et de quelques autres dossiers "mineurs" (comme la Sécurité sociale...), mais aussi maire d'Yssingeaux et Président du Conseil général de la Haute-Loire (j'oublie sans doute quelques mandats, il ne m'en voudra pas). Après un débat télévisé où il avait fini par admettre en public que mes propositions

---

1. Seuil, 2001.
2. Ramsay, 2006.

"tenaient la route", il avait demandé à me voir. Quelques jours plus tard, je suis dans son bureau au Ministère. Il ne s'est pas passé cinq minutes sans que nous soyons dérangés par le téléphone. Un supermarché voulait s'agrandir à Yssingeaux et le Ministre devait évidemment donner son avis sur la procédure à suivre s'il mordait sur le trottoir puis, cinq minutes plus tard, s'il agrandissait son parking... Le supermarché d'Yssingeaux et quelques autres dossiers départementaux ont fait que nous n'avons jamais eu plus de cinq minutes de discussion continue. "C'est comme ça tous les jours..." m'a dit le Ministre pour que je le plaigne ou que je mesure la chance que j'avais d'être reçu par un homme aussi important. Je me suis renseigné ensuite auprès d'un de ses collaborateurs : cette journée n'avait effectivement rien d'extraordinaire. C'est le rythme normal d'un ministre cumulard. »

## « Dédé » champion des cumulards avec 20 287 euros par mois

Derrière le président de la République (22 249 euros par mois) et son Premier ministre (21 026 euros), André Santini (Nouveau Centre), alors secrétaire d'État à la Fonction publique (redevenu député aujourd'hui), se classe n° 3 au sein de la Caste des 500, selon le niveau de leur rémunération. A l'âge de soixante-huit ans, bon pied, bon œil, Monsieur « Dédé » émarge au total à 20 287 euros par mois (19 974,25 euros, déductions faites des cotisations sociales). Soit 13 316 comme ministre, 4 164 comme président de la Communauté d'agglomération d'Arc-de-Seine, 1 404 euros comme président du Sedif (Syndicat de distribution d'eau qui, par le biais de « Veolia », distribue de l'eau potable à 4 millions de franciliens), 701,71 euros comme vice-président du Sielom (Syndicat intercommunal des Hauts-de-Seine de ramassage des ordures ménagères) et 702 euros comme vice-

président du Syctom (Syndicat intercommunal de traitement des ordures ménagères de la région parisienne). Le
maximum du cumul pour un secrétaire d'État étant fixé à
19 974 euros nets mensuels, il a dû renoncer à son
indemnité de maire d'Issy-les-Moulineaux (4 732,70
euros). Bon prince, « Dédé » la rétrocède à douze de ses
conseillers municipaux délégués à raison de 630, 400 ou
200 euros par mois. En 2010, les communautés d'agglomération d'Arc-de-Seine et du Val-de-Seine (Sèvres et
Boulogne-Billancourt) fusionneront dans un ensemble de
près de 300 000 habitants. André Santini devrait toucher
5 441,10 euros par mois, et non plus seulement 4,164
euros comme patron d'Arc-de-Seine (qui ne regroupe que
162 000 habitants). Mais la loi sur le cumul ne le lui
permettra pas. Ses multiples mandats font de Monsieur
« Dédé » l'un des papes de l'absentéisme à l'Assemblée
nationale. Ainsi, de janvier 2004 à la mi-mai 2006, selon
le hit-parade des 577 députés selon leur activité dans
l'hémicycle, il se classe 502e. Il a pris cinq fois la parole
devant ses collègues en vingt-quatre mois. Pour ses frais
(lorsqu'il n'est pas ministre), l'Assemblée nationale lui
délivre légalement une enveloppe forfaitaire de 6 000
euros par mois. En outre, le conseil municipal d'Issy-les-
Moulineaux lui alloue une indemnité de frais de 1 700
euros par mois, également forfaitaire et non soumise à
l'impôt. De quoi payer ses havanes, qui lui coûtent selon
lui 1 000 euros par mois[1]. Quant aux voitures de fonction avec chauffeur, « Dédé » les ramasse à la pelle. Il en a
deux au secrétariat d'État et une à la mairie d'Issy-les-
Moulineaux.

Derrière Monsieur « Dédé », nous avons classé ses
collègues secrétaires d'État cumulards dans l'ordre de
leurs gains. Luc Chatel, secrétaire d'État auprès de la
ministre de l'Économie, de l'Industrie et de l'Emploi,
chargé de l'Industrie et de la Consommation et porte-

1. Voir « Les 1 000 euros de Santini », *Le Parisien*, 31 octobre 2003.

parole du gouvernement (actuellement ministre de l'Éducation nationale), arrive bon second. Il touche au total 20 070,48 euros, ce qui en total d'indemnités nettes le fait descendre en dessous du seuil maximum de 19 974 euros. Comme secrétaire d'État 13 316 euros, comme maire de Chaumont (Marne) 3 377,24 euros et la même somme comme président de la Communauté de communes du Pays Chaumontais. Nathalie-Kosciusko-Morizet, secrétaire d'État à la Prospective et au Développement de l'économie numérique, auprès du Premier ministre, empoche elle au total 19 046,12 euros. 13 316 euros comme secrétaire d'État, 3 377,24 euros comme maire de Longjumeau (Essonne), 2 476,64 euros comme vice-présidente de la Communauté d'agglomération « *Europe'Essonne* » et 1 876,24 euros comme conseillère régionale. Secrétaire d'État aux Transports, auprès du ministre de l'Écologie, du Développement durable et de l'Aménagement du territoire, Dominique Bussereau, est rémunéré au total 18 757,10 euros. 13 316 euros comme ministre, 5 441,10 euros comme président du Conseil général de la Charente-Maritime (depuis le 20 mars 2008) et pas le moindre centime comme conseiller municipal de Saint-Georges-de-Didonne. Jean-Marie Bockel, secrétaire d'État à la défense et aux anciens combattants auprès du ministre de la Défense (actuellement secrétaire d'État auprès du ministre de la Justice), reçoit en tout 18 757,10 euros. 13 316 euros comme ministre et 5 441,10 euros comme maire de Mulhouse. Il a dû renoncer aux 2 720,55 euros auxquels il avait droit comme président délégué de la Communauté d'agglomération de Mulhouse (Sud Alsace), cette indemnité lui faisant dépasser le maximum du cumul d'indemnités fixé par la loi (19 974 euros nets). Hubert Falco, secrétaire d'État chargé de l'aménagement du territoire (actuellement aux Anciens combattants), touche au total 18 757 euros. 13 316 euros pour cette fonction,

5 441,10 euros comme maire de Toulon. Pour cause de
cumul, il a dû renoncer aux 5 441 euros auquel il avait
droit en tant que président de la Communauté d'agglomération Toulon Provence Méditerranée. Laurent
Wauquiez, secrétaire d'État à l'Emploi auprès de la
ministre de l'Économie, touche grâce au cumul
18 344,33 euros par mois. 13 316 euros comme secrétaire d'État, 3 377,24 euros en tant que maire du Puy-
en-Velay et 1 651,09 euros comme vice-président de
l'agglomération du Puy-en-Velay. Yves Jégo, secrétaire
d'État chargé de l'Outre-Mer (redevenu simple député),
empoche 18 288,04 euros d'indemnité au total :
13 316 euros comme ministre, 2 439,11 euros comme
maire de Montereau-Fault-Yonne (Seine-et-Marne) et
2 532,93 euros comme président de la Communauté de
communes des Deux Fleuves. Roger Karoutchi, secrétaire d'État aux Relations avec le Parlement, reçoit au
total 17 473 euros. 13 316 euros comme ministre,
2 890 euros comme conseiller régional et 1 267 euros
comme maire-adjoint de Villeneuve-la-Garenne. Hervé
Novelli, secrétaire d'État chargé du Commerce, de
l'Artisanat, des Petites et Moyennes entreprises, du
Tourisme et des Services, touche au total 16 477,47
euros d'indemnités. 13 316 euros comme ministre,
1 547,90 euros comme président de la Communauté de
communes du pays de Richelieu et 1 613,57 euros
comme maire de Richelieu. Valérie Létard, secrétaire
d'État à la Solidarité (actuellement aux Technologies
vertes et aux négociations sur le climat), encaisse au
total 16 204 euros. 13 316 euros comme ministre et
2 888 euros comme conseiller régional. Alain Joyandet,
secrétaire d'État chargé de la Coopération et de la Francophonie, reçoit en tout 15 755 euros. 13 316 euros
comme ministre et 2 439,11 euros comme maire de
Vesoul (Haute-Saône) Nadine Morano, secrétaire
d'État en charge de la Famille auprès du ministre du
Travail, des Relations sociales, de la Famille et de la

Solidarité, encaisse en tout 15 567,74 euros. 13 316 comme ministre, 2 251,74 comme conseiller régional de Lorraine et pas le moindre centime comme conseillère municipale de Toul. Alain Marleix, secrétaire d'État à l'Intérieur et aux Collectivités territoriales, touche au total 14 816,99 euros. 1 500,99 euros comme conseiller général du Cantal et 13 316 euros comme ministre.

## Les 13 ministres et secrétaires d'État non cumulards

En fait, il faut plutôt lister les ministres non cumulards, c'est nettement plus rapide. Sauf qu'il est à craindre que ceux qui ne le sont pas encore, le seront très rapidement. Les trente-huit membres du gouvernement Fillon IV (janvier 2009) sont ministres par devoir envers notre République et pour rendre service à la France et aux Français. Un sacerdoce qu'ils ne peuvent pas exercer, dans leur grande majorité, à temps plein. La Caste a ses règles, auxquelles ils ne peuvent déroger. Ce cumul des ministres explique en partie l'absence de confiance des citoyens envers leurs institutions et leurs élus. Certes, il y a des ministres courageux et soucieux du bien public, quelquefois très riches de par une activité professionnelle antérieure, qui donnent l'exemple. Dans le gouvernement Fillon IV (janvier 2009), six ministres et sept secrétaires d'État ou hauts-commissaires se refusent à entrer dans la Caste. Ils sont ministres à temps plein et ne touchent donc aucune indemnité à part celle liée à leur fonction de ministre (14 017 euros) ou de secrétaire d'État (13 316 euros).

En tête de ces ministres non cumulards. Jean-Louis Borloo, ministre d'État, ministre de l'Écologie, de l'Énergie, du Développement durable et de l'Aménagement du territoire du gouvernement Fillon, n'a plus aucun mandat dans un exécutif local depuis mai 2008 (il était président de la Communauté d'agglomération de Valenciennes Métropole). Toutefois, il est resté simple conseiller municipal de Valenciennes et ne touche aucune indemnité pour ce mandat. La loi ne le prévoit pas et il n'a jamais assisté à un conseil municipal depuis 2008. Valérie Pécresse, ministre de l'Enseignement supérieur et de la Recherche, qui sera tête de liste aux régionales pour 2010 en Île-de-France, n'a aucun mandat local. Christine Albanel, alors ministre de la Culture et de la Communication, a démissionné de son mandat de conseiller municipal en 2008. Bernard Kouchner, ministre des Affaires étrangères, n'a aucun mandat local tout comme Roselyne Bachelot, ministre de la Santé et des Sport. Enfin, Michel Barnier (nommé depuis commissaire européen), ministre UMP de l'Agriculture et de la Pêche, ne cumule pas non plus après avoir été le roi des cumulards pendant des années.

Toujours dans le gouvernement Fillon IV, les secrétaires d'État non cumulards sont au nombre de sept. Bruno Lemaire, secrétaire d'État auprès du ministre des Affaires étrangères et européennes, chargé des Affaires européennes, Fadela Amara, alors secrétaire d'État chargée de la politique de la ville, Rama Yade, secrétaire d'État auprès du ministre des Affaires étrangères et européennes, chargée des Affaires étrangères et des Droits de l'Homme, Anne-Marie Idrac, secrétaire d'État en charge du Commerce extérieur auprès de la ministre de l'Économie, de l'Industrie et de l'Emploi, et Bernard Laporte, secrétaire d'État aux Sports et à la vie associative. Chantal Jouanno, secrétaire d'État à l'Écologie. Christian Blanc, secrétaire d'État chargé du Développement de la région capitale, est conseiller municipal du Chesnay (Yvelines), ce qui ne lui donne pas droit à une indemnité.

Dans son discours de politique générale devant l'Assemblée nationale, le 19 juin 1997, Lionel Jospin avait déclaré la guerre au cumul des mandats, au nom de la modernisation – et de la moralisation – de la démocratie française : « Nos concitoyens veulent que leurs représentants se consacrent entièrement à leur mandat. Ils ont besoin de retrouver confiance dans la vie politique et en particulier dans ceux qui l'animent », avait-il expliqué, ajoutant : « Limiter strictement le cumul des mandats est devenu une priorité. » Pour le Premier ministre à l'époque Lionel Jospin, cette règle du non-cumul devait s'appliquer aux ministres et parlementaires. Le nouveau président de la République, Nicolas Sarkozy n'a pas souhaité reconduire la discipline imposée pour la première fois aux membres du gouvernement par Lionel Jospin en 1997, puis reprise par Jacques Chirac à partir de 2002. Il est vrai que Nicolas Sarkozy avait cumulé, à partir de 2005, le poste de ministre de l'Intérieur, et le mandat de président du Conseil général des Hauts-de-Seine. Curieusement, c'est Lionel Jospin, lui-même, qui a rendu plus facile techniquement le cumul ministre-chef d'exécutif local.

L'enfer est pavé de bonnes intentions. En 2002, Lionel Jospin décidait de doubler le traitement des ministres qui bondissait d'un seul coup de 7 800 euros bruts mensuels – officiels – à 14 000 euros. Explication : jusque-là, la rémunération des ministres et secrétaires d'État provenait en partie des fameux fonds secrets, dont le montant variait selon les ministres et échappait à l'impôt. A la demande du Premier ministre, la majorité de gauche a supprimé cette utilisation des fonds secrets. Il était donc nécessaire de revaloriser le traitement des ministres. Cette revalorisation, décidée en 2002, a eu le mérite d'assurer la transparence et d'établir l'égalité des ministres entre eux. Il est vrai que les lois de 1992 avaient fixé un plafond aux indemnités (désormais totalement soumises à l'impôt) que peut percevoir un cumulard, de manière d'ailleurs différente pour les ministres et les parlementaires. Pour les ministres, ce plafond légal est égal à 1,5 fois le traitement ministériel toutes primes comprises, tandis que pour les députés il ne doit pas

dépasser de 1,5 fois l'indemnité de base. Ce plafonne-
ment constituait néanmoins un progrès puisqu'auparavant il n'existait rien de tel, seules les indemnités
municipales – alors faibles – étant réduites de moitié pour
les parlementaires. Reste que la Caste était ravie : le
plafond maximum du cumul indemnitaire pour les ministres était passé de 11 700 euros pour les ministres à
21 000 euros ! Résultat : le cumul s'en trouve techniquement et financièrement favorisé.

## Les époux Charasse :
## 17 752,62 euros bruts par mois

Cumul ou non, combien nous coûtent globalement
nos élus ? Les derniers chiffres pour les élus locaux datent
de 2003. Ils nous ont coûté cette année-là, à nous contribuables, 1,3 milliard d'euros, cette somme augmentant de
3 à 4 % par an en fonction d'indices de la fonction
publique. Ces indemnités correspondent à l'époque à
0,6 % des 200 milliards d'euros du budget des collectivités locales. Pour 2009, les indemnités des parlementaires s'élèvent à 79 millions d'euros (49,6 et
30,1 millions d'euros respectivement pour les députés et
sénateurs), soit environ 0,00000002 % du budget de
l'État qui tourne autour de 375 milliards d'euros. Ces
chiffres semblent tout à fait raisonnables quand on les
compare à ceux de l'étranger. Reste à voir l'utilisation de
ces indemnités par les cumulards de la Caste. Nous avons
pris un exemple emblématique en la personne du sénateur-maire et conseiller général de Puy-Guillaume (2 700
habitants). Certes, il n'est pas maire d'une ville de plus de
3 500 habitants comme les membres de la Caste, mais sa
qualité d'ancien ministre en fait un membre de droit de la
Caste. Exclu du PS, ce sénateur RDSE (groupe du
Rassemblement Démocratique et Social Européen) ne
joue pas la transparence sur le site internet du Sénat, on
ne peut pas le contacter par mail et son téléphone au

Sénat sonne toujours dans le vide. La quasi-totalité de ses collègues permettent au citoyen d'avoir en direct, sur le site internet du Sénat, des informations sur l'activité de leur sénateur. Mais pas lui. L'ancien conseiller de François Mitterrand complique à plaisir la recherche de ces informations qu'on peut obtenir uniquement de manière indirecte. Nous avons tout de même pu établir que le sénateur Michel Charasse est intervenu, en séance, 22 fois en 2008 contre seulement deux fois pendant le premier semestre 2009. Ce parlementaire de soixante-sept ans est donc devenu beaucoup moins assidu.

Comment expliquer cette volonté de transformer le Sénat (le raisonnement vaut aussi pour l'Assemblée nationale) en une sorte de bulle inaccessible ? Interrogé le 4 octobre 2008 sur France Inter sur les privilèges des sénateurs, Michel Charasse, sénateur-maire et conseiller général de Puy-Guillaume (Puy-de-Dôme), écartait toute nécessité de la transparence pour les élus de la République : « D'abord, y a pas de privilèges, il y a les moyens nécessaires pour exercer le mandat. Un parlementaire doit avoir une permanence… de quoi faire face à leurs frais de fonction, de mandat, acheter des gommes et des crayons, payer le téléphone. Attendez, j'ai vu un con de journaliste, parce qu'il y a que les cons de journalistes qui peuvent écrire ça, qui a écrit que chaque sénateur avait une voiture et un chauffeur, où est-ce que vous avez pris ça ? » Curieusement, l'ancien conseiller de François Mitterrand a toujours nié l'existence de privilèges pour les 343 sénateurs français et les 1 260 fonctionnaires à leur service. Et depuis des années il clame *urbi et orbi* qu'aucune institution de contrôle, et surtout pas la Cour des comptes (qui pourtant passe à la moulinette les comptes de l'Assemblée nationale), n'a le droit de mettre son nez dans la gestion du Sénat, et de sa cagnotte d'environ 1,5 milliard d'euros d'argent public. Une opacité que l'ancien questeur du Sénat justifie uniquement au nom de la séparation des pouvoirs entre l'exécutif et le législatif. Or lui-même ne s'est pourtant pas privé, de 1981 à 1995 (avec une interruption de 1988 à 1992 lorsqu'il fut ministre délégué au Budget), d'enfreindre ce principe, quand il était à la fois conseiller officiel très écouté du chef de l'exécutif, le président de la République, et l'un des trois sénateurs du Puy-de-Dôme. Certes, à droite, son cher collègue, le sénateur UMP Roger Romani, a fait de même auprès du président de la République Jacques Chirac de 2002 à 2007. Mais, ce dernier n'est pas un donneur de leçons de journalisme.

Illustration de l'opacité et de la culture du secret propres au Sénat (la même observation est valable pour l'Assemblée nationale), les indemnités touchées par Michel Charasse ne sont ni complètement justifiées, ni très transparentes bien que parfaitement légales. Le sénateur de Puy-Guillaume et son épouse Danièle (l'une de ses deux attachées parlementaires) empochent chaque mois, tous mandats et salaire confondus, 17 752,62 euros au minimum brut d'indemnités et de rémunération sans compter la retraite de monsieur, d'attaché principal d'administration centrale, de l'ordre de 3 000 euros bruts. Ce fils d'un petit employé de la Banque de France vit donc avec un peu plus de 20 000 euros bruts par mois. Cela n'en fait bien sûr pas un privilégié par rapport aux stars du CAC-40, mais le situe en ces temps de crise dans la catégorie des Français moyens aisés. Voyons l'origine de ce petit pactole d'argent public. Chaque mois, Michel Charasse empoche au total 9 730,35 euros bruts d'indemnités en tant que sénateur, maire et conseiller général. Cette somme est le plafond imposé par la loi, qui limite le cumul des indemnités de mandats d'un parlementaire cumulard. Le sénateur touche également une Irfm » (« Indemnité représentative de frais de mandat ») de 6 159,76 euros bruts chaque mois (non fiscalisable). Petit arrangement avec le dieu des contribuables : pour bénéficier de ces 6 159,76 euros, M. le sénateur, comme tous les parlementaires français, n'a aucun justificatif à présenter. Cela ne tiendrait-il pas du privilège, par hasard ?

## 6 159,76 euros de frais mensuels sans justificatifs

Le plus grand mystère plane autour de la destination réelle des 6 159,76 euros de son Irfm, tant pour Michel Charasse que pour les 919 autres parlementaires de l'Hexagone. L'usage de l'Irfm, qui permet donc de régler les dépenses liées à la fonction des sénateurs et des députés, est, selon Christophe Caresche, député (PS) de Paris, difficile à vérifier : « Là-dessus, les contrôles sont assez fictifs. Et la frontière entre les dépenses liées au mandat d'élus et les dépenses personnelles est poreuse. La seule autorité qui pourrait mettre son nez là-dedans, c'est le fisc. Mais la séparation des pouvoirs fait que l'administration ne se lance pas volontiers dans de tels contrôles. » La protection des élus empêcherait, selon lui, un scandale à l'anglaise : « En France, aucune loi ne permet à un journaliste de demander des comptes à l'Assemblée nationale et au Sénat. Ca n'existe pas. » Mais il regrette aussi le côté obscur de la situation : « Quand vous arrivez à l'Assemblée, on ne vous explique pas ces trucs-là. C'est un non-dit, qui montre tout de même l'opacité du système[1]. »

Pour justifier le train de vie du député PS de l'Essonne et conseiller régional, Julien Dray, cinquante-trois ans, soupçonné d'abus de confiance, son avocat a expliqué au début de l'année 2009 qu'il touchait plus de 15 000 euros mensuels comme député et conseiller régional. Or, la loi sur le cumul des mandats limite les gains d'un parlementaire à 9 730,35 euros bruts mensuels. Pas un centime de plus. « Le fondateur de SOS racisme aurait-il puisé dans son Irfm (Indemnité représentative de frais de mandat) pour arrondir ses fins de mois ? Si oui, il ne serait pas le seul », interroge le

---

1. Voir « Députés : l'opacité du forfait bloqué », *Libération*, 30 mai 2009.

mensuel *Capital* dans son n° 212 de juin 2009. L'addition de l'indemnité parlementaire maximum (9 730,35
euros bruts mensuels) et de l'Irfm (6 159,76) donne la
somme de 15 890,11 euros bruts que pas mal de députés
cumulards peuvent se garder au fond de leur poche pour
leurs dépenses personnelles. 81 % des sénateurs qui
cumulent au moins deux mandats n'ont aucune permanence à louer, aucun frais de fonction ou de mandat à
supporter, aucune gomme ou aucun crayon à acheter, pas
le moindre téléphone à payer. Tous ces frais sont pris en
charge, tout à fait légalement, par le Sénat, le Conseil
général ou la mairie ; une partie étant noyée dans les frais
de fonctionnement des collectivités. À l'inverse, le sénateur UMP du Puy-de-Dôme, Jean-Marc Juilhard, soixante-
huit ans, n'est plus cumulard. Comme les documents officiels l'attestent, il a ouvert une permanence parlementaire
en ville, où officie sa collaboratrice qu'il rétribue avec son
crédit collaborateur mensuel de 6 984,42 euros.

Un député ou un sénateur n'est donc rien sans la
force de frappe d'un exécutif local. Le maire d'une ville,
même petite, dispose de tous les outils nécessaires (attaché
de presse, secrétariat, cabinet d'experts, bulletins officiels,
développeurs de sites internet), alors que le député ou le
sénateur non cumulard se bat avec son seul attaché parlementaire et son carnet de chèques... Certains vont
jusqu'à recruter leur épouse de manière très discrète, dont
le nom n'apparaît sur aucun document officiel. Ce qui est
le cas de Danièle Charasse, qui répond toutefois au téléphone à la mairie de Puy-Guillaume. En effet, Michel
Charasse a installé très officiellement toutes ses permanences politiques (de parlementaire, de conseiller général
et de maire) au même endroit, dans sa bonne mairie de
Puy-Guillaume. En prime, sur place, sa deuxième atta-
chée parlementaire n'y est autre que sa première adjointe
à la mairie, Nadine Chabrier qu'il rétribue mensuelle-
ment, lui aussi, avec le crédit collaborateur que lui verse le

Sénat. Les documents internes du Sénat, que nous avons pu consulter, attestent de ces deux collaborations.

L'argent reste ainsi dans le giron familial des Charasse. Il reste que les reliquats de son enveloppe mensuelle collaborateurs (6 982,42 euros), un sénateur-maire peut en conserver une petite partie (jusqu'à hauteur de 5 000 euros par an) pour son usage personnel et en rétrocéder 50 % à son groupe politique (soit 3 491,21 euros par mois). Le reste non utilisé est perdu. Le mécanisme est le même pour les députés sauf que l'enveloppe mensuelle du crédit collaborateurs s'élève à 9 021 euros bruts mensuels. L'autre sénatrice cumularde du Puy-de-Dôme, Michèle André (PS), soixante-deux ans, conseillère générale et fonctionnaire à la retraite, salarie ainsi très officiellement son fils Richard à sa permanence de Clermont-Ferrand. Ce dernier ne risque pas trop d'être payé en retard. Sa mère, une vieille ennemie de Michel Charasse (il a été exclu du PS en 2008 pour s'être opposé à sa nomination comme présidente du Conseil général du Puy-de-Dôme), est vice-présidente de l'Agas (Association pour la gestion des assistants de sénateurs), qui gère la rémunération des collaborateurs de ces parlementaires. Pour Michel Charasse, s'intéresser à la manière dont les parlementaires cumulards dépensent leur indemnité forfaitaire de frais relève probablement tout à la fois de l'antiparlementarisme, de la sénatophobie, du populisme, du poujadisme, de l'antimaçonnisme et du lepénisme. En fait, « l'Indemnité représentative de frais de mandat » perçue par Michel Charasse et les parlementaires cumulards de la Caste, toute légale qu'elle est, relève d'un privilège qui sent son ancien régime à plein nez. Chez la quasi-totalité de nos voisins, les parlementaires se font rembourser leurs frais sur justificatifs. L'avenir ? Une fois redevenu simple citoyen, l'ancien sénateur touchera chaque mois 6 000 euros bruts de pension (il aura atteint le maximum de cotisations, c'est-à-dire 25 ans), 2 000 euros bruts en tant qu'ancien maire (déjà pendant trente-deux ans, de quoi bloquer tout renouvellement du personnel politique) et conseiller général de Châteldon (depuis vingt et un ans), et 3 000 euros bruts encore comme ex-attaché principal d'administration centrale. Michel Charasse vivra, au total et au minimum, d'une retraite de 11 000 euros bruts mensuels, preuve qu'une vie vouée au service de la collectivité n'est pas nécessairement désavantageuse sur le plan matériel, même si on travaille en famille.

## Papa assistant, maman députée maire et leur fille sénatrice

Certains des membres de la Caste en arrivent à se prendre les pieds dans le tapis de leurs indemnités ou des salaires de leurs collaborateurs. Ainsi, le tribunal administratif de Marseille a annulé, le 28 octobre 2008, le contrat d'Alain Joissains, directeur de cabinet de la députée maire (UMP) d'Aix-en-Provence, en l'occurrence son épouse, Maryse Joissains. Le tribunal a estimé que ce contrat était illégal, car rédigé sur la base d'une rémunération excessive. Ancien maire UDF d'Aix-en-Provence (de 1978 à 1983), Alain Joissains avait touché 476 000 euros de salaire en sept ans de 2001 à 2008, alors que sa rémunération sur la même période n'aurait pas dû excéder 308 000 euros. Maryse Joissains a annoncé son intention de faire appel du jugement. Cette élue a toujours préféré travailler en famille : elle avait aussi recruté sa fille Sophie pour diriger son cabinet à la Communauté d'agglomération du pays d'Aix-en-Provence (CPA), qu'elle préside depuis 2002. Réélue en mars dernier, Maryse Joissains a mis son directeur de cabinet et mari à la retraite, nommé sa fille Sophie vice-présidente de la CPA et, l'a aidée à être élue sénatrice, fin septembre 2008, sur la liste du sénateur-maire (UMP) de Marseille, Jean-Claude Gaudin... Et comme un malheur n'arrive jamais seul : le Conseil d'État a annulé, le 8 juin 2009, les élections municipales de 2008 à Aix-en-Provence pour des propos de Maryse Joissains mettant en cause la vie privée d'élus et la distribution d'un tract anonyme injurieux.

Dans son interview au *Nouvel Observateur* du 28 février 2008, qui justifie notamment l'annulation des élections, Maryse Joissains déclarait : « On m'a dit, Maryse, il faut que tu tiennes tes adjoints ! Pensez donc. Il y a ce monsieur qui est rond en permanence : vous n'avez qu'à demander aux chauffeurs de taxi de la ville dans quel état ils le ramènent chez lui quand il se pinte. Il y a celui qui fait le Chippendale pour hommes dans une boîte, à deux pas d'ici. Il y a l'autre qui travaille au Maroc, en tout cas, c'est ce qu'il dit. Mais pour moi, si ce n'est pas un emploi fictif… » Elle ajoutait, à propos d'un autre homme politique aixois : « On dira que c'est le fils spirituel de Gaudin. Que chacun s'occupe de ses fesses » ! » La députée maire d'Aix-en-Provence est surtout une des reines de l'absentéisme à l'Assemblée nationale. Depuis son élection, il y a vingt-quatre mois en juin 2007, elle n'a pris la parole, ni en séance, ni à la commission des Lois, n'a rédigé aucun rapport, a fait une seule proposition de loi et rédigé 104 questions écrites. Sa fille sénatrice, Sophie Joissains, ne suit pas son mauvais exemple. De septembre 2008 à juin 2009, elle est intervenue douze fois en séance, pas du tout en commission, n'a pas rédigé de projet de loi ou de rapport, et a posé deux questions écrites. Le 19 juillet 2009, Maryse Joissains a été réélue de justesse maire d'Aix-en-Provence avec 50,22 % des voix pour sa liste.

## « Touche pas au grisbi »

Un autre membre de la Caste est fâché avec les chiffres. Super cumulard, Bernard Rivalta (PS), conseiller général de Villeurbanne, conseiller municipal de Lyon et vice-président du Grand Lyon, illustre le manque de contrôle des rémunérations des patrons d'exécutifs locaux. Ex-assistant parlementaire du maire socialiste de Lyon Gérard Collomb, Bernard Rivalta n'est ni député, ni sénateur, mais ses mandats locaux lui ont permis de cumuler pour 7 000 euros par mois d'indemnités (pour une bonne partie en toute illégalité), en plus de revenus versés très légalement par les Assedic. La Cour administrative d'appel de Lyon a jugé, le 14 mai 2009, que Bernard Rivalta était redevable de 161 057,44 euros de trop perçu envers le Sytral (Syndicat Mixte des Transports pour le Rhône et l'Agglomération Lyonnaise, dépendant à la fois du Conseil général de Lyon et du Grand Lyon). La Cour a exigé le remboursement de ce trop perçu avant le 29 juin 2009. Bernard Rivalta avait touché illégalement cette somme à raison de 3 273 euros bruts mensuels, en tant que président du Sytral, entre 2001 et 2005[1]. À l'époque, la structure juridique de ce syndicat ne permettait pas de rémunérer son président Bernard Rivalta. Celui-ci avait tout simplement tourné la difficulté en se faisant voter, en décembre 2001, une indemnité de 3 273 euros bruts mensuels par le comité syndical du Sytral. En 2004, une loi a permis d'attribuer au président du Sytral une indemnité mensuelle brute de 674 euros. Pour autant, le Sytral n'avait pas cru bon de revoir la rémunération de son président.

En octobre 2005, lorsque le *Canard Enchaîné* lyonnais, *Les Potins d'Angèle*, avait révélé l'affaire, le Sytral a régularisé aussitôt l'indemnité mensuelle de Bernard Rivalta. L'opinion publique s'était émue d'apprendre dans *Le Progrès de Lyon* que Bernard Rivalta touchait à la même époque, tout à fait légalement, des indemnités des Assedic... En plus de ses 7 000 euros d'indemnités cumulées comme conseiller général à Villeurbanne, conseiller territorial au Grand Lyon, conseiller municipal à Lyon-2 et président du Sytral. Dans un communiqué publié le 14 mai 2009, le Sytral a annoncé qu'il se pourvoyait « en cassation devant le Conseil d'État pour lui demander de procéder à l'annulation de la décision

---

1. Voir « Rivalta sommé de rembourser ses indemnités », *Lyon-Capitale*, 19 mai 2009.

de la Cour d'appel administrative de Lyon ». Les avocats du président du Sytral sont payés par le contribuable. Selon un article paru en mai 2009, Bernard Rivalta roulerait toujours dans une Vel Satis de fonction avec chauffeur et utiliserait une carte de crédit gold du Sytral, pourvu d'un plafond de dépenses de 25 000 euros hors taxes, le tout toujours aux frais du contribuable[1]. L'actionnaire principal du Sytral (le Grand Lyon, repré-senté par son président le socialiste Gérard Colomb), ne lui a pas retiré sa confiance.

Peu après l'arrêt de la Cour d'appel administrative de Lyon, le propre fils aîné du maire de Lyon, Thomas Collomb, trente-cinq ans, était engagé comme conseiller en matière de sécurité auprès de Bernard Rivalta, le président du Sytral. Et le 5 juin 2009, cet ancien direc-teur de la communication de l'école des commissaires de police de Saint-Cyr-au-Mont-d'Or (Rhône) démission-nait de son poste de conseiller sécurité, quelques heures seulement après que le Sytral l'eut engagé. Pression des médias et « honneur suspecté » ont fait plier le fils du maire de Lyon. Sur le site de *Lyon Capitale* qui a sorti l'information, et sur les autre sites qui l'ont reprise comme *Rue 89* ou *Libélyon*, les commentaires ne lais-saient pas de doute sur la manière dont la « vox populi » percevait ce recrutement. Alors en voyage au Japon, Gérard Collomb précisait, gaullien ; « Je ne suis pas intervenu pour que mon fils prenne le poste. Mes enfants mènent leur vie et moi, la mienne[2]. » Le Sytral est tout de même la courroie de transmission de la poli-tique de transport décidée au Grand Lyon, qui est présidé par Gérard Collomb. À deux jours des élections euro-péennes, l'affaire n'était pas très « opportune ». C'est par

---

1. Voir « Rivalta, responsable et coupable », *Les Potins d'Angèle*, 25 mai 2009.
2. Voir Laurent Burlet, « Le fils Collomb recruté au Sytral », *Lyon-Capitale*, 5 juin 2009.

un communiqué du Sytral, publié le 5 juin 2009, qu'on apprenait que l'ex-capitaine de police Thomas Collomb venait de démissionner de son poste[1].

## L'État favorise l'explosion des indemnités et le cumul

Le cas de Bernard Rivalta est loin d'être unique. Certains élus locaux ou parlementaires cumulards ne sont parfois guère impressionnés par les plafonds légaux des indemnités. Dans leurs « Observations définitives », les 22 Chambres régionales des comptes (seuls organismes mandatés pour constater ces dépassements) déplorent très régulièrement des largesses excessives dans la distribution des indemnités. Selon les calculs du député PS de l'Aisne, René Dosière, grand spécialiste de la comptabilité publique, les 53 conseillers généraux des Bouches-du-Rhône (à majorité PS) ont perçu, en 2004, une indemnité annuelle égale à 38 286 euros, soit 26 % de plus que le plafond autorisé pour cette collectivité en fonction de son nombre d'habitants[2]. Un « bonus » qui s'élevait, toujours en 2004, à 16 % au-dessus du plafond pour le Conseil général des Alpes-Maritimes (UMP), ou à 34 % pour celui du Val-de Marne (communiste). Derrière le manque de contrôle et de transparence des indemnités des cumulards, des ministres aux parlementaires en passant par les barons régionaux, se cache l'explosion du montant de ces mêmes indemnités. Ainsi, pour les communes, entre 2000 et 2003 (ce sont les chiffres les plus récents), le montant de ces indemnités a augmenté de 260 millions d'euros, soit plus 35,8 %. Mais, ce sont surtout les élus locaux les mieux payés, c'est-à-dire les conseillers communautaires intercommunaux, les princi-

1. Voir Jacques Boucaud, « Sytral : Thomas Collomb contraint à la démission », *Le Progrès de Lyon*, 6 juin 2009.
2. Entretien avec l'auteur en juin 2009.

paux bénéficiaires de ce pactole. Leurs indemnités ont
bondi de 54 à 128 millions d'euros, soit un accroissement
de 137 % en trois ans de 2000 à 2003. Les indemnités
des conseillers généraux (118,5 millions d'euros) et régionaux (58 millions d'euros) ont connu elles aussi des
hausses très fortes, mais moindres[1].

D'où vient l'irrésistible ascension de ces indemnités ? L'ampleur des concours de l'État aux collectivités
territoriales conduit à faire du citoyen national le
premier contributeur aux budgets locaux. En 2006, les
impôts locaux ont représenté 60,2 milliards d'euros,
tandis que les concours de l'État aux collectivités locales
s'élevaient à hauteur de 64,6 milliards. Conséquence : le
contribuable national a été sollicité pour 51,7 % des
ressources des collectivités locales[2]. Plus grave, une
bonne partie de cet argent de l'État est affectée suivant
des critères qui relèvent du gaspillage. Bien sûr, aucun
des 500 membres de la Caste n'a jamais dénoncé ce
système qui remplit leurs poches et pousse les Communautés de communes, d'agglomérations et urbaines,
dans une course effrénée au gigantisme. Un nom
barbare, technocratique à souhait, cache ce gigantesque
gaspillage qui, en dehors de l'intention très louable de
renforcer la force de frappe financière des petites collectivités locales, vise aussi un objectif très basique : piéger
financièrement les élus pour qu'ils acceptent de rentrer
dans les Communautés de communes. La pierre angu-
laire de ce gâchis, qui n'est pas perdu pour tout le
monde, s'appelle la « la dotation forfaitaire » qui fait
partie elle-même de l'enveloppe budgétaire que verse
l'État chaque année, à chaque commune, sous le nom de
« Dotation globale de fonctionnement » (Dgf).

---

1. Voir le *Journal officiel* du 23 janvier 2007.
2. Voir le rapport de l'Ifrap (Institut français pour la recherche sur les administrations), sur la « Réforme des finances locales : fin du gonflement des chiffres »,
4 décembre 2008.

Le niveau de cette dotation se fonde uniquement sur une évaluation de la population de la collectivité concernée dite « population Dgf », qui n'est que la copie conforme d'une des versions de travail du dernier recensement fait par l'Insee. La perversité du système : plus une commune ou une intercommunalité a d'habitants, plus la dotation forfaitaire s'élève, plus les indemnités des élus locaux sont fortes et plus les cumulards se précipitent pour profiter de l'aubaine. Or, le calcul de l'Insee résulte d'une sacrée cuisine. Une espèce de poème à la Prévert. En effet, il comptabilise les élèves en internat, les militaires, les personnes hospitalisées, les aliénés, les travailleurs logés sur des chantiers temporaires, les détenus. Pour mieux faire (!), ces strates de population sont comptabilisées deux fois. Ainsi, les élèves en internat sont aussi pris en compte dans leur commune d'origine, comme les professeurs exerçant leur activité à l'extérieur, les enfants avec garde alternée, les aliénés, les ouvriers sur chantiers éloignés, les prisonniers. Pour gonfler encore les chiffres, on rajoute les logements en chantier avec attribution d'un montant fictif de quatre personnes voire six, lorsque la communauté est membre d'un syndicat d'agglomération nouvelle. Les résidences secondaires, avec attribution d'une personne par logement. Les parkings pour gens du voyage, à raison d'une personne par place de caravane. Cependant, depuis le 1er janvier 2009, le système Insee de calcul de la population s'articule dorénavant sur une méthode moins rocambolesque qui abandonne cette « cuisine » qui gonflait les indemnités. C'est pourquoi le député-maire UMP de Nice, Christian Estrosi, s'est dépêché de transformer, en décembre 2008, sa « Communauté d'agglomération de Nice » en « Communauté urbaine Nice Côte d'Azur ». Et il n'est pas question de revenir rétroactivement sur l'une des conséquences de ces faux calculs, qui ont gonflé artificiellement la population française, de 6 millions d'individus. C'est-à-dire sur le

TOUJOURS PLUS 297

montant des indemnités des élus locaux. La Caste et ses
500 cumulards y veillent.

## Christian Estrosi et Georges Frêche
## ou la course aux indemnités

Au royaume d'Estrosi, les Alpes-Maritimes, quelques
professionnels de la politique ont essayé de résister à cette
course aux indemnités et au cumul des mandats. Parmi
ces derniers, un seul a osé nous le dire très officiellement.
Originaire de Perugia en Ombrie comme les grands-
parents de Christian Estrosi, le sénateur-maire UMP de
Saint-Jean-Cap-Ferrat, René Vestri, soixante-neuf ans, a
exercé la profession de maçon, avant de monter ses trois
propres entreprises de BTP qui employaient
180 personnes. Et cet ancien patron ne pratique pas la
langue de bois : « Malgré mon opposition, ma ville de
2 500 habitants Saint-Jean-Cap-Ferrat a été avalée, en
décembre 2008, par la Communauté urbaine de Nice
Côte d'Azur, dont le président Christian Estrosi est aussi
le maire de Nice, et qui compte aujourd'hui plus de
500 000 habitants. L'intérêt officiel de cette Communauté urbaine est un intérêt financier, elle est plus puissante que chaque commune prise séparément. Mais, moi-
même et mes conseillers municipaux y avons perdu la
plupart de nos prérogatives. Nous ne nous occuperons
plus bientôt que des mariages, des enterrements, des
permis de construire et des cérémonies du 14 juillet ou du
11 novembre. Un seul exemple : Saint-Jean-Cap-Ferrat
avait un port. Aujourd'hui, il nous a été confisqué, étant
géré dorénavant par la Communauté urbaine de Nice
Côte d'Azur. Alors que la mairie d'Antibes continue de
gérer le sien ! Conséquence de cette montée en puissance
des Communautés d'agglomération ou urbaine, le simple
citoyen n'ira plus voir l'adjoint au maire pour régler un
problème, mais un haut fonctionnaire de la Communauté
urbaine. Le fossé entre les professionnels de la politique et

leurs administrés ne peut que s'élargir. Deuxième conséquence très néfaste : nos PME locales ne seront plus capables de rivaliser avec les géants comme Veolia, Suez,
Bouygues, Eiffage, Vinci ou JCDecaux pour remporter les
appels d'offres de communautés de plusieurs centaines de
milliers d'habitants. Nos délégués à la Communauté
urbaine vont toucher des indemnités très importantes,
moi en tant que 17ᵉ vice-président, 2 720,55 euros bruts
par mois, alors qu'en tant que maire je touche simplement 1 613, 57 euros, et ma première adjointe, comme
conseillère communautaire, 1 050,70 euros, elle qui doit
se contenter à la mairie de 619,16 euros bruts mensuels.
La communauté urbaine et le cumul sont des attrape-
nigauds, je ne fais pas de la politique pour toucher plus,
mais pour servir mes concitoyens[1]. »

L'exemple de « Nice Côte d'Azur » n'est pas
unique. Un autre cas, parmi beaucoup d'autres,
témoigne aussi de la folie du système pour les finances
locales et aussi pour celles de l'État. Avec le franchi-
ssement symbolique de la barre des 400 000 habitants
dans le périmètre de la Communauté d'agglomération
de Montpellier, au 31 décembre 2008, les indemnités
de 62 de ses élus se sont envolées. En conformité avec la
loi, une délibération du conseil communautaire de
l'agglomération de Montpellier du 15 janvier 2009 a
fixé les nouvelles règles du jeu : « Les indemnités sont
au maximum égales à 28 % du montant du traitement
correspondant à l'indice brut terminal de l'échelle
indiciaire de la fonction publique. » Traduction de cette
sémantique technocratique en bon français : les
62 simples délégués communautaires touchent dorénavant 1 047,55 euros bruts mensuels contre 224,48
précédemment. Une augmentation de 366 % ! La rémunération du président de la Communauté d'agglomération, Georges Frêche, ne bouge pas, elle, s'élevant

---

1. Entretien avec l'auteur en mars 2009.

toujours à 5 424,82 euros bruts. Mais, il ne peut la toucher complètement empochant déjà la même somme en tant que président du Conseil régional. Avec un total d'indemnité de 10 849,64 euros bruts mensuels, Georges Frêche dépasse donc le plafond de 8 165,41 (une fois et demie l'indemnité parlementaire) alloué par la loi à un élu local cumulard. La différence qu'il ne peut pas toucher, soit 2 684,23 euros, Georges Frêche peut la rétrocéder à des élus communautaires désignés par lui ou elle est perdue. Nous n'avons pas réussi à en savoir plus.

Quant aux 27 vice-présidents de Georges Frêche à la Communauté d'agglomération, leur rémunération de 2 712,41 euros bruts mensuels reste également stable.

Sortez vos calculettes : auparavant, les 90 élus de la Communauté d'agglomération coûtaient 13 917 euros par mois à la collectivité et à l'État contre 65 000 euros aujourd'hui. Soit 167 000 euros par an jusqu'en 2008 contre 780 000 à partir de 2009. Différence : 613 000 euros. Cette explosion des indemnités en provoquera d'autres. En effet, Georges Frêche ne rêve que d'étendre la Communauté d'agglomération de Montpellier pour la transformer en Communauté urbaine. Pour cela, il lui faut franchir la barre des 500 000 habitants comme son petit camarade Christian Estrosi. Mais beaucoup d'élus de la périphérie refusent de rejoindre sa Communauté, ne supportant plus du tout son côté dictatorial. L'arme numéro 1 de Georges Frêche : la contribution de l'État, sous forme de la Dotation globale de fonctionnement sera beaucoup plus importante pour une Communauté urbaine. À condition que l'ensemble dépasse les 500 000 habitants selon les nouvelles normes de calculs de la population. La revalorisation des indemnités des élus des communes candidates peut influer sur la volonté de certains de rejoindre la Communauté d'agglomération. Quelques chiffres le laissent croire... Président de la Communauté d'agglomération de Thau (87 000 habi-

tants), Pierre Bouldoire (PS), plafonne à 4 115,38 euros
bruts mensuels d'indemnité et ses sept vice-présidents à
1 645,15 euros. Quant aux 31 conseillers communautaires,
ils ne sont pas indemnisés. Un peu plus au nord, le président de la Communauté de communes du nord du bassin
de Thau (18 790 habitants), l'ex-Vert Yves Piétrasanta,
bénéficie de 2 526,36 euros bruts mensuels d'indemnité,
les six vice-présidents et les deux conseillers délégués de
925,21 euros. Les 12 simples conseillers communautaires
ne sont, eux, pas indemnisés. En cas de fusion avec l'agglomération de Montpellier, tous ces élus gagneraient au
minimum 1 047,55 euros bruts mensuels. Une perspective
plus alléchante.

## De l'argent de poche légal, sans limite et sans contrôle

L'argent de poche des ministres se cache derrière la
ligne de crédit de fonctionnement dite « frais de représentation ». Le député socialiste René Dosière a recensé ceux qui
nous ont coûté le plus cher en 2007 : Michèle Alliot-Marie
a dépensé 598 000 euros de ces « frais » en seulement huit
mois. Roselyne Bachelot, 470 500 euros en un an. Et les
budgets de communication des ministres restent imper-
méables à la crise. Ainsi le service de communication
gouvernementale va voir son budget bondir de 5,7 millions
d'euros en 2008 à 22,4 millions en 2009. Mais les cumulards de la Caste font plus fort. Rien de plus légal. C'est
l'exécutif – le maire, le président de la Communauté de
communes, du Conseil régional ou du département – qui
fixe légalement lui-même le montant de ses avantages en
nature (lesquels ne sont pas imposés). Et ce, sans la
moindre délibération de la collectivité. De quoi permettre
de contourner le plafond de la rémunération des élus,
toutes indemnités cumulées, lequel est de 8 134 euros bruts
mensuels pour les élus locaux et 9 730,45 euros pour les
parlementaires. Voitures de fonction, tables ouvertes dans

des restaurants, habillement, frais de représentation,
voyages d'études exotiques pour ou avec des amis... Dans
leurs « Observations définitives », les vingt-deux Chambres
régionales des comptes (seules organes de contrôle *a poste-
riori* des collectivités locales) déplorent très régulièrement
ces dérives dans un langage très diplomatique : largesses
excessives dans la distribution des indemnités, utilisations
abusives de véhicules de fonction ou de cartes bleues réser-
vées aux frais de représentation, attributions trop généreuses de logements de fonction, etc. Sont aussi dénoncés
les déplacements en avion et les « voyages d'études » des
présidents d'exécutifs régionaux. Enfin, plusieurs Communautés de communes ont été priées de revoir à la baisse le
nombre excessif de vice-présidences indemnisées, le plus
souvent des coquilles vides.

Dans ses « Observations » sur la gestion de la
commune d'Asnières entre 2005 et 2006, la Chambre
régionale des comptes d'Île-de-France s'étonne qu'une
adjointe au maire « dispose en permanence d'un véhicule de grosse cylindrée (C5 Citroën) et d'un chauffeur,
avec une consommation élevée de plus de 1 600 litres
par an de carburant ». L'élue en question, Marie-
Dominique Aeschlimann (UMP), adjointe déléguée aux
« communautés religieuses et étrangères, à la médiation
de proximité, à la coordination de l'action en faveur de
la vie des quartiers », est l'épouse du député et ex-maire
Manuel Aeschlimann. Avant d'être battu avec sa femme
aux municipales de 2008, ce dernier faisait lui aussi de
sa Peugeot 607 une utilisation (« 2 600 litres d'essence
en un an ») semblant « excéder les besoins de son
mandat », observent les magistrats. Il y a d'autres dérives
« automobiles » au sein de la Caste. Il arrive qu'un
ancien président de Conseil général ou régional,
« oublie » de rendre sa voiture de fonction. Souvent,
aussi bien en province qu'à Paris, la voiture de fonction
du cumulard sert aussi le week-end pour véhiculer la

famille du ministre, ou simplement faire des courses ou aller chercher le journal.

Il arrive aussi très souvent qu'un parlementaire et président de Conseil général ou régional ou encore maire d'une ville se rende chaque semaine au Sénat ou à l'Assemblée nationale avec la voiture de fonction de sa collectivité, avec ou sans chauffeur. La collectivité locale prend discrètement à sa charge l'hébergement, durant deux ou trois jours dans la capitale, de l'éventuel chauffeur. Ce qui relève, pénalement, de « l'abus de confiance ». Inconnues dans le reste de l'Europe démocratiques (sauf en Italie) et en Amérique du Nord, ces dérives ne sont ni mises au jour, ni sanctionnées. Une question de « culture », la voiture et son chauffeur fonctionnaire, chez nous, serait un attribut du pouvoir, nous a-t-on assuré. En dehors des puissantes cylindrées attribuées à la petite quarantaine de ministres et secrétaires d'État, il n'existe qu'une trentaine de voitures de fonction avec chauffeurs au Sénat et une vingtaine à l'Assemblée nationale. Leurs utilisateurs uniques sont uniquement les présidents et vice-présidents de ces deux assemblées, les questeurs, les présidents de groupes politiques et de commissions. Dès lors, la grande masse des 500 cumulards de la Caste n'a qu'une solution pour posséder eux aussi cet attribut de pouvoir : se le faire attribuer eux-mêmes par les exécutifs locaux qu'ils dirigent. Ce qui demande discrétion et habileté dans un domaine, où règne un certain vide juridique.

## La 607 « Féline »
## du sénateur-maire PS de Nevers

Prenons l'exemple d'un cumulard particulièrement maladroit en la matière : le sénateur-maire socialiste et président de la Communauté d'agglomération de Nevers, Didier Boulaud, à la tête d'une majorité municipale PS-PCF-Lutte ouvrière. La toute nouvelle voiture du maire, financée par les impôts des Neversois et des Français, est une 607 « Féline » (voir compte rendu du Conseil municipal de Nevers du 16 mai 2009). Dans la gamme Peugeot, cet ancien instit et homme de goût a choisi le modèle le plus luxueux (13 CV fiscaux, cuir, bois, multiples enceintes HiFi) et le plus puissant (V6, 204 CV DIN, 2,7 L, 24 soupapes). Dans son essai de la 607 « Féline », paru en 2008, sous le titre « l'Élue des officiels », le magazine *Autoplus* écrivait : « Parmi nos routières tricolores, la 607 est l'aimée des élus. Cela dit, au-delà de la cour de Matignon, la grande Peugeot reste, au soir de sa carrière, une auto très compétente. Équilibre et précision de la tenue de route, confort, sièges électriques et chauffants, GPS, cuir. » D'une valeur de 49 800 euros, c'est la berline la plus chère de la marque Peugeot, mais qui permet au député-maire de Nevers de rouler à 230 km/h en toute sécurité.

Quel est l'intérêt d'acheter un tel bolide dans une ville, où la vitesse est souvent limitée à 30 km/h, et dont Marguerite Duras disait « qu'un enfant peut en faire le tour ». Deuxième question : comment le député-maire peut-il marier cet achat (la « Féline » a coûté 1 600 euros de malus écologique avec 223 grammes de CO2/km) avec son vigoureux engagement écologique en faveur de la ville ? Sinon, pour se rendre au Sénat, Paris, toutes les semaines d'une manière agréable et rapide. À sa décharge, il est vrai que le sénateur-maire de Nevers cumule non seulement les mandats, mais aussi les fonctions à Paris en tant que parlementaire : vice-président de la commission des Affaires étrangères, de la Défense et des Forces armées du Sénat, membre de la commission des Affaires européennes du Sénat, vice-président de la Délégation parlementaire au renseignement, membre de la Délégation française de l'Assemblée parlementaire de l'OTAN, du Groupe français de l'Union Interparlementaire (UIP) et de la Cour de Justice de la République. Il est aussi l'un des sénateurs les plus assidus du mardi au jeudi. Les chiffres l'attestent. De la mi-avril à la mi-juin 2009, soit en deux mois, il a pris la parole 12 fois devant la commission des Affaires étrangères. Il est aussi intervenu dans l'hémicycle, en séance, 17 fois en 2008 et déjà 9 fois, en six mois, pour 2009. Durant la session 2008-2009, il a rédigé trois rapports législatifs et deux d'information. On le voit, le sénateur de la Nièvre n'est pas maire de Nevers à plein temps, et ne s'en cache pas. Tous les lundis en fin d'après-midi, il monte à Paris en voiture (« la capitale n'étant qu'à deux heures de Paris en voiture », dit-il) pour revenir à Nevers, le jeudi après-midi[1]. L'ancien député-maire de Nevers, Pierre Bérégovoy, préférait lui prendre le train.

Au lendemain du Conseil municipal du 16 mai 2009, plusieurs élus verts de Nevers avaient distribué des tracts, dans les rues de la ville, à propos de l'affaire de la 607. Problème : l'achat de la 607 « Féline » est fort mal tombé à Nevers, une ville de 38 000 habitants frappée par la crise et qui se meurt doucement depuis des années. Mélange de fonctionnaires et de populations de condition très modeste, la cité ducale perd, tous les ans, des habitants, tout en voyant sa population vieillir et son nombre de réémistes croître sans cesse. Le 24 avril 2008, le n° 1858 du magazine *Le Point* classait Nevers à la 98ᵉ place au « Palmarès des 100 villes où l'on vit le mieux ». Soucieux dans ce contexte difficile d'éviter à tout prix d'augmenter la fiscalité locale pour 2010, Didier Boulaud avait été contraint d'annoncer, en avril 2009, des mesures impopulaires[2]. Notamment la fermeture de la piscine en plein air de « La Jonction », qui coûtait 240 000 euros par an à la ville et la fin de la gratuité du stationnement du principal parking en plein centre ville. Dès qu'il faisait beau et chaud « La Jonction », seule vraie piscine de Nevers (l'autre n'a qu'un bassin de

---

1. Entretien avec l'auteur en juin 2008.
2. Voir le n° 157, daté d'avril 2009, du bulletin municipal, « Nevers çà me botte ! ».

25 mètres et n'est pas en plein air), était bondée. L'endroit est magnifiquement situé en bordure de la Loire.

## L'attribution des voitures de fonction : un privilège « hors la loi »

L'achat de la 607 « Féline » tombait mal. L'un des patrons de l'opposition municipale, Emmanuel Gisserot (non inscrit), avait proposé à ce propos une porte de sortie au sénateur-maire de Nevers, lors du Conseil municipal du 16 mai 2009. L'idée était tout simplement de transférer la charge d'achat de la 607 Féline sur les 6 000 euros mensuels bruts « d'indemnité forfaitaire de frais de représentation » que verse chaque mois le Sénat à Didier Boulaud. Celui-ci a immédiatement refusé. Ce qui était pourtant parfaitement possible. Comme le demandait le sénateur-maire, le Conseil municipal a simplement pris acte de la décision n° 260 du maire (arrêté municipal du 7 avril 2009) d'acheter « en location maintenance des véhicules pour une durée de 36 mois ». Parmi ces voitures, il y avait la 607 « Féline » pour une location mensuelle de 1 049,10 euros. Aucune délibération du Conseil municipal de Nevers n'indique qu'il s'agit d'une voiture de fonction pour le maire, ni que sa principale utilité crédible est de permettre au sénateur-maire de se rendre chaque semaine au Sénat. Dans ses « Observations » de 2002 sur la gestion de la commune de Croix (Pas-de-Calais), la Chambre régionale des comptes du Nord-Pas-de-Calais rappelle la jurisprudence en la matière : « Le code général des collectivités territoriales ne prévoit pas l'attribution de voitures de fonction aux exécutifs locaux. Aucune délibération du conseil municipal n'est d'ailleurs venue autoriser l'octroi d'un tel avantage[1]. » De même, la circulaire ministérielle du 15 avril 1992 relative aux conditions d'exercice des mandats locaux ne reconnaît pas la possibilité, pour les

---

1. Il s'agit du conseil municipal de Croix.

assemblées locales, d'attribuer des véhicules de fonction à leurs élus ; elle organise seulement la prise en charge des frais de route ».

L'ancien ministre et vice-président PS du Conseil régional des Côtes d'Armor, Charles Josselin, avait été reconnu coupable « d'abus de confiance », mais dispensé de peine le 4 avril 2008, par le tribunal correctionnel de Paris. L'élu a bénéficié de la mansuétude du tribunal. Les faits remontaient à plus de dix ans et Charles Josselin avait remboursé le Conseil général pour l'usage illégal de deux voitures de fonction. À l'origine des poursuites pénales, la Chambre régionale des comptes de Bretagne avait constaté que les deux Safrane attribuées de fait à Charles Josselin « circulaient sans contrôle le soir et le week-end ». Aujourd'hui encore, l'exécutif des collectivités locales fixe, dans la plus grande opacité, l'attribution de véhicules et les modalités de fonctionnement. Les contrôles des Chambres régionales (et territoriales) des comptes ont souligné, à de multiples reprises, les abus qui en résultaient. Dans sa proposition de loi du 29 mai 2007, le député PS René Dosière avait proposé que « les avantages en nature (voitures, logement, cartes de crédit) dont bénéficient certains élus soient pris en compte dans le calcul de l'impôt sur le revenu selon une base forfaitaire proportionnelle à la population de la collectivité, comme cela se pratique à l'égard du corps préfectoral. Et que l'usage de véhicules de service par les élus et les fonctionnaires d'une collectivité résulte d'une délibération annuelle qui précise les conditions d'utilisation ». Cette proposition de loi n'a pas été adoptée. La Caste des 500 n'est pas près de sacrifier ses privilèges.

Mais le sénateur-maire PS de Nevers, Didier Boulaud a dû tout de même se résoudre à se séparer de sa 607 Féline de fonction (« rendue » au concessionnaire juste après avoir été acheté au printemps 2009), puis de son ancienne 607 de fonction à l'automne suivant pour la remplacer par une C5, moins tapageuse. Cela n'a pas suffit à calmer son opposition de droite. En effet, le samedi 19 septembre 2009, quatre conseillers municipaux de Nevers annonçaient lors d'une conférence de presse qu'ils avaient déposé un recours devant la Chambre régionale des comptes de Bourgogne. Deux élus non inscrits, Emmanuel Gisserot et Sabine Lagarde, le Modem Bruno Benchemakh et l'UMP Adrien Montoille ont démandé aux juges administratifs de remonter sur quinze ans pour établir l'utilisation irrégulière de voitures de fonction de la mairie par Didier Boulaud. Conservées soigneusement par l'administration fiscale, les factures d'essence et tickets de péages de ces véhicules doivent permettre de retrouver les allers et venues hebdomadaires Nevers-Paris, effectués par le sénateur-maire pour se rendre au Sénat et donc au préjudice de la ville de Nevers. Les quatre plaignants évaluent ce préjudice, sur quinze ans, à 250 000 euros. Questionné lors du Conseil municipal de Nevers du 19 septembre 2009, Didier Boulaud a ainsi justifié l'emploi de voitures de la mairie de Nevers pour se rendre au Sénat : « Le sénateur que je suis est très utile à la ville de Nevers. » Les juges apprécieront...

## 9.

# 28 000 euros bruts mensuels
# pour six jours de travail

Le Parlement européen, à Bruxelles et Strasbourg,
abrite la face la plus cachée du cumul. Vingt-six des
soixante-douze députés européens français y représentent la
Caste des 500. C'est-à-dire qu'ils sont députés européens et
patrons d'un exécutif local ou responsables nationaux de
grands partis français. Une bonne partie de ces vingt-six
eurodéputés français fraudent et réussissent à empocher au
total des indemnités d'un montant moyen d'environ
28 000 euros bruts mensuels. Les quarante-six autres eurodéputés français ne font pas partie de la Caste. Ces « sans-
grade » sont députés européens par la volonté du président
de la République ou de leur parti. Treize Verts ont été élus
grâce au succès de la liste Europe-Écologie. On peut
compter sur leur chef de file, Daniel Cohn-Bendit, pour les
mettre en garde contre les délices de l'absentéisme et le
sport numéro 1 des élus français et italiens au parlement :
la course frauduleuse pour récupérer le plus possible
d'indemnités. Sera-t-il entendu ? Lors du dernier mandat
2004-2009, Daniel Cohn-Bendit fut, en tout cas, l'un des
parlementaires européens les plus assidus.
Restent les autres non cumulards : 20 UMP,
4 communistes, 6 PS et 4 Modem. Au vu de la constitu-

tion des listes pour les européennes de 2009, on peut leur donner ce petit conseil : « Prenez le fric et tirez-vous, soyez le moins possible à Bruxelles et à Strasbourg, plus on parlera de votre travail au Parlement européen et moins vous aurez de chance de figurer en place sur la liste de votre parti aux prochaines élections européennes. » Quatre exceptions dans les partis démocratiques qui confirment la règle. Les deux socialistes Pervenche Bérès (élue depuis 1994) et Stéphane le Foll (2004), l'UMP Alain Lamassoure (1989) et le Vert Daniel Cohn-Bendit (1994) ont été parmi les députés les plus présents au Parlement européen et, malgré tout, ils ont été réélus en 2009. Sur les 27 pays représentés au Parlement européen, seuls les députés italiens obéissent à la même logique. C'est culturel, nous a-t-on dit à Bruxelles. Les partis politiques italiens et français se méfient du Parlement européen et surtout de son pouvoir qui, de fait, échappe à leur manière de faire de la politique. L'ex-député PS européen, vice-président du Conseil général de la Gironde et ex-vice-président de la Commission des transports au Parlement européen, Gilles Savary, s'en explique : « Le Conseil d'État a établi que 70 % de notre environnement législatif et réglementaire national est l'application d'actes européens. Chaque Français est gouverné par le Parlement européen, qu'il s'agisse de la qualité de l'eau, du pourcentage de graisse végétale dans le chocolat, des réfrigérateurs obligatoires pour les fromagers et charcutiers sur les marchés, des normes de fabrication des jouets, des pots catalytiques, de la double coque des pétroliers... Le Parlement est monté en puissance depuis dix ans. Les politiques français n'ont pas voulu s'en apercevoir. La société civile, si : les syndicats, les associations, les entreprises françaises et beaucoup de lobbies sont de plus en plus présents à Bruxelles[1]. »

---

1. Entretien avec l'auteur en juillet 2009.

## Le Parlement européen, agence de l'emploi
## pour les partis français

En réalité, le Parlement européen n'est qu'une agence de l'emploi au service des partis politiques français, soucieuse avant tout de donner un revenu confortable, à Bruxelles et Strasbourg, à certains de leurs principaux responsables. Les professionnels de l'Hexagone et plus particulièrement les membres de la Caste raisonnent carrière, influence, médias. Attribué le plus souvent en fonction du courant auquel ils appartiennent dans leur parti, leur siège de député européen n'est qu'un strapontin pour rebondir ailleurs ou exister médiatiquement parlant. Il faut des esprits indépendants comme le socialiste Michel Rocard ou l'UMP Jacques Toubon pour s'investir au quotidien dans le travail des commissions à Bruxelles. Non présenté par l'UMP sur les listes européennes en 2009, l'ancien eurodéputé Jacques Toubon, ex-membre de la Commission du marché intérieur au Parlement européen, constate désabusé : « La France n'a jamais cru dans l'institution parlementaire européenne. Elle a toujours misé sur la Commission[1] et sur le Conseil de l'Union européenne (Nda : principal organe décisionnel composé d'un chef d'État ou d'un ministre de chaque État membre en fonction du dossier traité), où elle était capable de tenir la dragée haute aux autres grands pays. Les Allemands ont trouvé dans le Parlement, qui fonctionne souvent comme le Bundestag, le lieu où exercer leur influence. Nous n'avons jamais accordé à la désignation des parlementaires le même soin que les Allemands ou même les Britanniques, tout eurosceptiques soient-ils. Ils sélectionnent dans leur parti des parlementaires chevronnés ou en devenir. Ils prennent des fonctions-clés, notamment celles de coordonnateurs dans les

---

1. Bras exécutif, indépendant des 27 gouvernements, propose les lois qu'elle soumet au Conseil et au Parlement avant de veiller à leur application.

commissions, qui sont les faiseurs de textes. Dans le Parlement sortant, les Français n'en ont, en tout, que trois, alors que les seuls conservateurs britanniques en ont sept ! Nous sommes incapables de sortir de l'idée que la France est autosuffisante et capable de tout faire "toute seule" [...] Le Parlement est une institution efficace dans la mesure où, dans l'Europe à vingt-sept, la Commission et le Conseil des ministres européens ont davantage de difficultés pour prendre des décisions. Le Parlement, lui, est capable de surmonter la panne, de faire avancer cette organisation complexe qu'est l'Europe. Il est en mesure de faire prendre des décisions à cette union d'États en forgeant des majorités sur des compromis[1]. »

Ce travail de longue haleine du Parlement, ponctué de toutes sortes de procédures de codécision avec le Conseil de l'Union européenne, dure deux ans en moyenne avant toute précision communautaire. Quelques députés français n'ont pas ménagé leur peine pour faire triompher leurs convictions dans des dossiers complexes : la loi Hadopi (Yves Bono), la vache folle et le coupage vin blanc et rouge pour obtenir du rosé (Stéphane Le Foll). Les partis britanniques, allemands et nordiques partagent bien sûr cette philosophie. À leurs yeux, un député européen, non cumulard par essence, doit accomplir trois mandats, un pour se former et deux pour travailler. À l'inverse, sur les 72 eurodéputés français, seul un tiers travaille notamment en commission à Bruxelles. Gilles Savary explique bien ce travail parlementaire qui n'a rien à voir avec la « soumission » et la « démission » qui font les délices respectivement de la majorité et de l'opposition à l'Assemblée nationale et au Sénat : « À l'Assemblée nationale, la majorité est le prolongement du gouvernement, et la minorité, impuissante. Au Parlement européen, quand on n'est pas majoritaire, on a un état d'esprit syndical : quand on peut gratter quelque chose, le

---

1. Nathalie Guibert et Philippe Ricard, interview de Jacques Toubon, *Le Monde*, 3 juin 2009.

coup vaut d'être joué. Il suffit de travailler ses dossiers, et peu à peu, vos collègues respectent votre travail. Vous devenez influent. La directive services a été un grand moment politique. Un rapporteur socialiste allemand a su mobiliser une dizaine de personnes, dont Jacques Toubon. Dans ces cas, six parlementaires tiennent la majorité des 785 députés. On est arrivé à un compromis très honorable. Je n'ai pas voté contre, contrairement aux socialistes français. [...] Mon regret est d'avoir échoué à imposer une directive-cadre sur les services publics. [...] Quand un collègue de droite propose d'imposer une double coque aux pétroliers, je ne me demande pas si je suis socialiste, je vote avec lui. Mais Jacques Toubon n'a pas voté les mêmes textes que moi sur les services publics, sur la libéralisation de la poste ou des marchés de l'électricité et du gaz. Sur ces sujets, il y a une droite et une gauche. [...] En outre, le Parlement n'est plus aussi faible en matière d'expertise. Depuis 2005, nous avons pu financer nos propres études et ainsi contester celles de la Commission grâce à l'énorme travail de nos collaborateurs. [...] Au début de mon mandat, j'ai été confronté à un règlement sur la longueur des bus. Renault a poussé ma porte et m'a dit de ne pas le voter, car il promouvait la norme allemande. À ce moment, j'ai pensé à l'ouvrier français. Les lobbies les plus redoutables sont les plus invisibles à l'Assemblée nationale ou ceux de la Commission européenne. Au Parlement européen, c'est clair : une liste des lobbyistes est établie, et il règne un grand pluralisme. Les syndicats en font partie, comme les ONG, qui sont les organisations les plus puissantes et agissent jusqu'à la porte de l'hémicycle[1]. »

## Les mieux payés de la Caste

La majorité des eurodéputés français ne se distinguent donc pas par leur assiduité au Parlement européen, mais ils profitent de leur mandat pour s'enrichir un peu. Nous

---

[1]. Entretien avec l'auteur en juillet 2009.

avons mené une enquête à Bruxelles parmi les eurodéputés français (qui travaillent) et les assistants parlementaires. Plus de la moitié des vingt-six eurodéputés français et membres de la Caste empochent chaque mois un total d'indemnités de l'ordre de 28 000 euros bruts pour six journées effectives de présence à Bruxelles et Strasbourg. Ils sont les professionnels français de la politique les mieux payés, si l'on met hors concours les deux anciens présidents de la République, VGE et Jacques Chirac, qui touchent respectivement 30 000 et 31 000 euros bruts par mois. Les indemnités de chacun de ces eurodéputés fraudeurs se décomptent comme suit : 7 661,31 d'indemnité de base ou de fonction ; 4 172 euros d'indemnité quotidienne de séjour (hôtel et restaurant) dite « per diem » pour quatorze jours de présence théorique (quatre journées seulement en réalité) ; l'indemnité forfaitaire représentative de frais de mandat de 4 202 euros, et 12 000 euros environ « prélevés » discrètement dans l'enveloppe destinée à payer leurs collaborateurs qui s'élève au total à 17 540 euros par mois. Le député européen fraudeur peut se permettre de rétribuer un ou deux assistants avec le reliquat de l'indemnité prévue à cet effet, c'est-à-dire 5 500 euros bruts par mois. Nous allons dans ce chapitre détailler le calcul de cette super indemnité de 28 000 euros, au minimum, car nous n'avons pas pris en compte d'autres sources de « gratte » : forfait taxis (50 euros par jour), remboursement très avantageux des frais de voyages en avion et train, dépenses de bureau (50 000 euros par an).

La cuvée 2009 des députés européens français comprend douze cumulards (contre dix aux élections de 2004) : deux présidents et une vice-présidente de Conseil général, deux vice-présidents de Communauté de communes, quatre maires et trois adjoints de villes de plus de 3 500 habitants. Les voici. Christophe Bechu, trente-cinq ans, président UMP du Conseil général du Maine-et-Loire, Philippe de Villiers, soixante ans, président du Conseil général de Vendée, Rachida Dati, quarante-quatre ans, ancien ministre de la Justice et maire UMP du VIIe arrondissement de Paris, Sylvie Guillaume, quarante-sept ans, adjointe PS au maire de Lyon et membre du Conseil national du parti socialiste, Philippe Juvin, quarante-cinq ans, maire UMP de La Garenne-Colombes, patron des urgences à l'hôpital Beaujon à Clichy, ex-vice-président du Conseil général des Hauts-de-Seine (la loi sur le cumul l'a obligé à démissionner de son mandat de conseiller général), Dominique Riquet, soixante-deux ans, chirurgien, maire UMP de Valenciennes et conseiller régional, Michèle Rivasi, cinquante-cinq ans, ex-adjointe verte au maire de Valence (la loi sur le cumul l'a obligée à la démission) et vice-présidente du Conseil général de la Drôme, Marie-Thérèse Sanchez-Schmidt, cinquante et un ans, adjointe UMP au maire de Perpignan, Michèle Striffler, cinquante et un ans, adjointe (UMP-Gauche Moderne) au maire de Mulhouse, Patrice Tirolien, soixante-deux ans, maire PS de Grand Bourg (5 700 habitants, Guadeloupe), Catherine Trautmann, cinquante-huit ans, deuxième vice-présidente PS de la Communauté urbaine de Strasbourg, et Stéphane Le Foll, quarante-neuf ans, vice-président PS de la Communauté de communes de le Mans Métropole. Ce dernier a eu le culot de se présenter aux législatives de 2007 dans la Sarthe contre le Premier ministre François Fillon, élu dès le 1er tour avec 53,39 % des voix contre 30,02 % au candidat socialiste.

### 12 cumulards et 14 apparatchiks

Quatorze responsables nationaux de partis français sont aussi députés européens. Ce sont les principaux ténors médiatiques de leur parti respectif, alors que seul l'un d'entre eux dirige un exécutif local. Ces quatorze députés du Parlement européen y ont trouvé une tribune et un moyen de gagner leur vie. Ce sont les apparatchiks du PS qui adorent le plus le Parlement européen, car ils sont pour la plupart des « victimes » du suffrage universel. Pour être élu eurodéputé, ils ont trouvé une recette magique : être tête de liste du PS dans une région. Le seul à ne pas être une victime du suffrage universel est un proche de Martine Aubry : l'avocat cumulard Gilles Pargneaux, maire d'Hellemmes (18 000 habitants) et premier secrétaire de la puissante fédération PS du Nord. Les quatre autres apparatchiks socialistes élus à Bruxelles restent irrémédiablement fâchés avec le suffrage universel : le jospinien secrétaire national du PS aux fédérations et patron du PS en Haute-Garonne, Kader Arif (élu depuis 2004, ne s'est jamais présenté à une autre élection), cinquante ans, n° 3 du parti ; l'ex-porte-parole de Ségolène Royal, Vincent Peillon (battu de 143 voix aux législatives de 2007 dans la Somme), quarante-neuf ans ; le lieutenant de Bertrand Delanoë, Harlem Désir (battu en Seine-Saint-Denis aux législatives en 1997 et aux régionales l'année suivante), quarante-nauf ans, secrétaire national du PS à la coordination (condamné le 17 décembre 1998 à dix-huit mois de prison avec sursis et 30 000 francs d'amende pour salaire fictif ; il n'a pas fait appel) ; et le lieutenant de Laurent Fabius et secrétaire national adjoint du PS chargé de la mondialisation, Henri Weber, soixante-cinq ans (ancien sénateur, n'a jamais été candidat aux législatives). Autre victime du suffrage universel, le député européen de 2004 à 2009, porte-parole du PS et n° 2 du parti, Benoît Hamon, quarante-deux ans, a perdu son siège aux européennes en 2009. Ex-conseiller municipal à Brétigny-sur-Orge, Benoît Hamon continuera à être payé pendant une période de six mois à deux ans par le Parlement européen. Il lui sera versé une indemnité dite de « transition » qui correspond à l'indemnité de base d'un député européen, c'est-à-dire 7 661,31 euros bruts mensuels. Après, il pourra songer à pointer au chômage, si le parti ne lui trouve pas une autre sinécure d'ici là, par exemple aux élections régionales de 2009.

Les principaux dirigeants du Front national siègent aussi à Bruxelles : son président Jean-Marie Le Pen, quatre-vingt-un ans, sa vice-présidente cumularde Marine Le Pen (conseiller municipal d'Hénin-Beaumont et conseiller régional d'Île-de-France), quarante et un ans, et Bruno Gollnisch (conseiller régional Rhône-Alpes), cinquante-huit ans. Deux dirigeants du Modem sont députés européens : Marielle de Sarnez (conseiller de Paris), cinquante-sept ans, et Jean-Luc Bennahmias (conseiller municipal Marseille), cinquante-six ans. L'UMP a envoyé trois de ses responsables nationaux à Bruxelles. La secrétaire nationale du parti radical valoisien, Véronique Mathieu (élue depuis 2004, elle ne s'est jamais présentée à une autre élection), cinquante-trois ans. Élisabeth Morin-Chartier (conseiller régional de Poitou-Charentes), soixante et un ans, membre du bureau politique de l'UMP. Et surtout le conseiller politique de l'UMP et quatre fois ministre de 1993 à 2009, Michel Barnier, cinquante-huit ans, ex-président du Conseil général de Savoie (1982-1999), député RPR de Savoie 1978 à 1993, sénateur de Savoie de 1995 à 1999 et commissaire européen de 1999 à 2004. Enfin, le Parti de gauche a un seul député européen en la personne de son président et ancien sénateur Jean-Luc Mélenchon, ex-adjoint au maire et conseiller général de Massy (Essonne), cinquante-huit ans.

## La fraude : une prime quotidienne de 298 euros

Pour empocher leurs indemnités, les députés fraudeurs, cumulards ou apparatchiks (dont la majorité a été réélue en 2009) et quelques autres parlementaires français lambda font preuve d'une abnégation et d'un sens du sacrifice hors du commun. Pour le constater, il suffit de se rendre, le lundi matin vers 9 heures à la gare du Nord, d'où le « Thalys » met Bruxelles à moins de quatre-vingt-dix minutes de Paris. Sur les quais au milieu de la gare, vous reconnaîtrez facilement ces élus que vous apercevez sans cesse dans les journaux télévisés, les émissions politiques, les « talk show » et à la une de votre quotidien. Nous avons suivi ces députés en compagnie d'un de leurs collègues qui loue un studio à Bruxelles à l'année pour travailler sérieusement. Dans la capitale belge, ces « vedettes » politiques du petit écran sont attendues par des voitures officielles (les plus discrets prennent un taxi) qui les conduisent au Parlement européen. Dans la salle de commission, chacun de ces députés européens signe la feuille de présence pour le jour même, ce qui lui donne droit à une indemnité de séjour, dite « per diem », de 298 euros par jour. Mais, tout parlementaire peut signer aussi la feuille d'émargement pour les jours suivants de la semaine. Les fonctionnaires du Parlement européen préfèrent ignorer cette pratique. À Bruxelles, le député « Thalys » est supposé travailler en commission et en séance plénière, à raison de deux jours tous les deux mois. En fait, il monte à son bureau, y passe deux ou trois coups de fil, discute avec son assistant parlementaire s'il en a un, puis une voiture du Parlement ou un taxi le reconduit jusqu'à la gare de Bruxelles-Midi. À 13 heures, il est à Paris pour honorer un déjeuner. Le lundi suivant, notre parlementaire se livrera à la même gymnastique entre Paris et Bruxelles. But de la manœuvre : le député recevra à la fin du mois un virement sur son compte en banque correspondant à dix journées (en fait fictives) de présence à Bruxelles et quatre jours de présence effective à Strasbourg, comme nous allons le voir. Soit quatorze journées à 298 euros. Ce qui donne un total de 4 172 euros. Gilles Savary, ancien eurodéputé PS, a trouvé un nom pour cette maladie de la fraude qui frappe nombre d'eurodéputés français : « Je l'appelle syndrome P. de la première lettre du nom d'un de ces parlementaires. Ce prototype d'élu est tellement pressé qu'aucun d'entre eux ne quitte son pardessus une fois arrivé à la gare de Bruxelles Midi. Ils n'ont qu'une idée en tête faire constater leur présence, signer et encore signer la feuille d'émargement, puis déguerpir le plus rapidement possible pour avoir leur TGV pour Paris. C'est pathologique[1]. »

Même s'il est assidu et reste à Bruxelles toute la semaine, tout député européen peut récupérer au minimum 100 euros par jour (non imposables) sur cette indemnité de 298 euros, dite aussi de subsistance, car destinée à payer pour le logement et les repas. Un hôtel trois étoiles près du Parlement européen coûte 130 euros par nuit avec petit déjeuner inclus. Il reste 168 euros pour le déjeuner et le dîner par jour. Or, il y a d'excellentes cantines au Parlement, où l'on mange très bien pour une dizaine d'euros, et des restaurants aux prix raisonnables à proximité. De plus, les eurodéputés bénéficient de généreuses indemnités de déplacement. Ils peuvent utiliser des vols hebdomadaires pour retourner dans leur circonscription. Les fonctionnaires du Parlement ne leur demandent pas combien ils ont payé. En réalité, ils sont habituellement remboursés d'un montant dépassant la classe affaires. En achetant des billets à bas prix, les eurodéputés peuvent ainsi récupérer plus de 300 euros par semaine non imposables. Ils perçoivent aussi une indemnité annuelle de 4 100 euros pour aller n'importe où dans le monde pourvu que le voyage soit lié » à leur travail d'eurodéputé. Dans l'immeuble du Parlement européen, à Strasbourg et à Bruxelles, chaque eurodéputé bénéficie de deux bureaux modernes climatisés et entièrement meublés avec deux ordinateurs, imprimante, scanner, un lit pliant et une salle de bains. Chaque année, les députés touchent une indemnité de 49 000 euros par an pour avoir un bureau dans leur circonscription électorale. Aucun récépissé n'est exigé. De nombreux eurodéputés affirment que ce bureau se trouve dans leur propre maison. Cela leur permet de se louer à eux-mêmes une pièce de leur maison, payée avec l'argent des contribuables. Certains empochent ce pactole et n'ont pas de bureau. Enfin, les parlementaires européens se sont voté un défraiement automatique de 50 euros par jour,

---

1. Entretien avec l'auteur en juillet 2009.

destinés à rembourser leurs frais de taxis, alors que des navettes avec chauffeur sont à leur disposition à Bruxelles et Strasbourg. Ils bénéficient gratuitement d'une assurance accident, d'une assurance voyage et d'une assurance vie. Eux-mêmes et les membres de leur famille sont remboursés des frais d'achat de lunettes, des verres de contact et des soins dentaires. Les eurodéputés et leurs familles peuvent également se faire rembourser des soins d'hydrothérapie, des bains de boue, des thérapies par aérosol et acupuncture, ainsi que des « stages » de langue qui ne sont en fait bien souvent que des « vacances ». Toutes ces activités doivent se dérouler à Bruxelles ou dans leur pays.

## Quatre jours de shopping obligatoire à Strasbourg

La même scène qu'à la gare du Nord se reproduit un autre lundi matin à raison en moyenne d'une fois par mois, vers 9 heures, à la gare de l'Est. Cette fois, le député européen n'est pas seul, mais accompagné de son épouse ou d'une ou d'un proche. Un peu plus de deux heures plus tard, le TGV arrive en gare de Strasbourg. Ballet de limousines du Parlement et de taxis pour conduire le député à la séance plénière qui dure quatre jours. Le parlementaire signe sa feuille d'émargement à l'intérieur de l'hémicycle et va s'asseoir à sa place. Ici, la fraude n'est pas possible. Le procès-verbal de présence prévoit la signature pour le jour même uniquement. Durant les trois autres jours de la session, il doit donc signer à chaque fois et en profite le plus souvent pour faire du shopping autour de la cathédrale de Strasbourg. La présence effective durant ces quatre jours de la session mensuelle de Strasbourg permet au parlementaire concerné de toucher son Indemnité mensuelle représentative de frais de mandat (Irfm). Elle est forfaitaire, non imposable et s'élève à 4 202 euros. Au terme de ces quatre jours, il peut l'empocher en espèces, en chèque ou ordonner un virement bancaire. Le vendredi matin dès 7 heures, il y a habituellement une queue d'eurodéputés avec leurs bagages, au bureau des paiements du parlement de Strasbourg, attendant de signer pour empocher l'indemnité en espèces avant de se précipiter à l'aéroport ou à la gare. Cette indemnité se voit réduite de moitié, lorsque la présence d'un parlementaire devient inférieure à la moitié des jours de session (voir le guide pratique des députés européens). Pour la toucher dans son intégralité, le député européen doit donc assister chaque mois à la session plénière de quatre jours à Strasbourg et peut donc se mettre aux abonnés absents tous les deux mois à l'autre session plénière de deux jours qui se tient à Bruxelles.

À première vue, cette course à la fraude de beaucoup de députés italiens et français ne s'explique pas. Pas plus que l'existence de ces indemnités journalières redondantes. Les 785 députés européens originaires de 27 pays membres ont droit à la même indemnité de fonction de base : 7 661,31 euros mensuel bruts (5 963,33 euros nets). Pour se voter cette indemnité, les eurodéputés ont pris comme référence un tiers du salaire d'un juge de la Cour européenne de justice. Certes, mais les 785 eurodéputés bénéficient seulement depuis juillet 2009 de cette indemnité mensuelle de 7661,31 euros bruts. Explication. À travail égal, salaire égal, ce principe ne s'appliquait pas pendant la mandature 2004-2009 du Parlement européen, ni pendant les précédentes. À l'époque, les eurodéputés des vingt-cinq pays de l'Union touchaient 25 indemnités différentes. En fait, chaque élu dépendait de son propre pays pour sa rémunération et son taux d'imposition. Dans l'Union à quinze (1992), l'écart des revenus allait de 2 723 euros bruts mensuels (sur 14 mois) pour les Espagnols à 12 007 euros pour les Italiens. Dans l'Union à vingt-cinq (2004), un Italien touchait toujours 12 007 euros bruts mensuels, un Hongrois 761 euros par mois (!), un Espagnol un peu plus de 3 000 euros, un Français 5 000 euros, soit un peu moins qu'un Allemand. Une vraie cour des miracles, où les écarts de revenus entre eurodéputés allaient de 1 à 16. Depuis l'ouverture du Parlement européen en

1989, les pays de l'Union refusaient d'harmoniser les indemnités des eurodéputés pour ne mécontenter personne.

## Un pactole de 17 540 euros bruts mensuels

Aussi différentes indemnités et avantages ont été mis en place, sans le moindre contrôle, pour donner un salaire déguisé aux eurodéputés les plus mal payés. « L'idée était donc de permettre aux députés les plus pauvres de s'y retrouver, l'insupportable est que cela a aussi permis aux plus riches de se gaver davantage », comme l'explique Gérard Onesta, ancien député européen et vice-président vert du Parlement[1]. Ce système, nous l'avons décrit notamment à travers la chasse à la prime quotidienne de 298 euros, un sport très prisé par les eurodéputés italiens et français qui étaient les mieux payés juste derrière les Allemands, jusqu'en juillet 2009. Mais, la plus grosse réserve d'argent dans laquelle peuvent puiser à volonté les eurodéputés français et italiens reste bien cachée. Chaque député européen reçoit une enveloppe forfaitaire mensuelle fixe de 17 540 euros pour payer ses assistants parlementaires, financer des travaux d'expertise et de recherche. Cela donne lieu à des abus qui se perpétuent déjà discrètement à l'Assemblée nationale et au Sénat à Paris : PME familiales, services fictifs, femmes ou maîtresse employées. Mais, au Parlement européen, c'est encore mieux. Il n'existe aucun contrôle réel de l'utilisation de ces fonds. Un député peut se mettre ces 17 540 euros dans la poche, en grande partie ou même en totalité. Explication : les règles de comptabilité du Parlement font que, lorsqu'un crédit est voté, il faut l'utiliser. Aussi, à la fin de chaque année, l'administration du Parlement européen vire, sur le compte de chaque

---

1. Voir Jean Quatremer, « Eurodéputés : primes à la fraude commune, pour compenser les disparités de salaires, un curieux système d'indemnités a été instauré », *Libération*, 1er juin 2004.

député, le reliquat non employé de son indemnité fixe mensuelle brute de 17 540 euros. À la fin de l'année, cela donne le joli total de 210 480 euros, qui représentent 10 % du budget de fonctionnement du Parlement européen.

Cette énorme fraude sur la rémunération des assistants a tout de même produit quelques vagues. Ainsi, à la demande du Parlement européen, un audit de Robert Galvin a levé un coin du voile en se fondant sur un échantillon de 167 paiements effectués en 2004 et 2005. Seuls quelques élus y ont jeté un œil. Ils l'ont lu, mais n'ont pu prendre de notes ni téléphoner pendant sa consultation. Encore moins le photocopier ou en citer des passages. Conclusion de l'audit : si les parlementaires sont en majorité honnêtes, ils n'utilisent pas tous l'indemnité de manière intègre. En décembre 2007, le médiateur européen, Nikiforos Diamandouros, avait demandé aux eurodéputés de révéler les détails des salaires ainsi que des factures et des demandes de remboursement de leur personnel. Nombre d'eurodéputés ont refusé de se plier à la demande. Le rapport, sans préciser de noms, révèle des vides juridiques quand il s'agit de rémunérer les assistants parlementaires. En principe, les eurodéputés peuvent choisir sous quelles conditions ils souhaitent employer leurs assistants : en les embauchant directement, par un prestataire de services ou par un agent. Lors d'un vote, le 22 février 2008, la commission de contrôle budgétaire du Parlement a rejeté la demande de publication du rapport par une majorité de 21 votes contre 14. Pour l'instant, les parlementaires européens pourront continuer à recruter librement leurs assistants et à déterminer le niveau de leur salaire de manière indépendante[1].

Jusqu'en 2000, l'utilisation de cet argent ne faisait l'objet d'aucun contrôle : en clair, un député pouvait parfai-

---

1. Voir Sabine Verhest, « Des indélicatesses parlementaires : Un audit interne met en lumière les dérives dans l'utilisation de l'indemnité destinée aux assistants. L'Office de lutte antifraude y met son nez. », *La libre Belgique*, 22 février 2008.

tement garder l'argent pour son usage personnel. Il a fallu toute la détermination de Gérard Onesta, chargé du dossier des assistants par Nicole Fontaine, alors présidente du Parlement européen, pour instaurer un minimum de règles : obligation de présence comportant des clauses minimales, preuve du paiement des charges sociales, indemnité de fin de contrats, etc. Ce qui n'a pas empêché les détournements de continuer : emplois fictifs (on emploie beaucoup de membres de la famille), utilisation des assistants par les partis politiques nationaux, clauses léonines dans les contrats, etc. « Attention, il ne faut pas croire que ces pratiques désastreuses sont généralisées », affirme le député vert Gérard Onesta : « Il n'y a pas plus d'une poignée de brebis galeuses, mais ça suffit pour jeter une ombre sur tous les parlementaires[1]. » « C'est un vieux serpent de mer », confirme Jacques Loyau, assistant du député PS Stéphane Le Foll. « Les élus s'étaient engagés, en 2000, à signer des contrats de travail et à assurer une couverture sociale à leurs adjoints. Mais il existe encore aujourd'hui trois types de contrats et vingt-sept systèmes de taxation et de sécurité sociale. Le flou demeure en particulier lorsque les assistants travaillent comme prestataires de services. Beaucoup de parlementaires, dont nombre de Français et d'Italiens, utilisent ce biais pour détourner de l'argent[2]. » Enfin, les eurodéputés ont fait en sorte d'avoir l'un des meilleurs systèmes de retraite en Europe. Ils ont les mêmes avantages que les parlementaires nationaux mais peuvent épargner pour une retraite volontaire de l'Union européenne. Pour chaque somme de 1 025 euros versée à leur système de retraite, l'Union européenne paiera le double. Les eurodéputés sont autorisés à payer ces 1 025 euros, en puisant dans les 48 974 euros de dépenses de bureau. Cela veut dire que les eurodé-

---

1. Voir Jean Quatremer, « Le Parlement européen, nid de fraudes, *Libération*, 22 février 2008.
2. Entretien avec l'auteur en juin 2009.

putés doivent travailler seulement quinze ans pour avoir une retraite équivalente à la moitié de leur indemnité.

## Michel Barnier touchera 23 503 euros chaque mois et 9 225 euros de pension

L'élection de Michel Barnier, en juin 2009, au Parlement européen illustre à merveille le fonctionnement tout à fait légal, mais pour le moins opaque et difficilement justifiable de la Caste des 500. L'UMP a apparemment fait un bon choix en décidant de faire élire comme député européen cet ancien ministre délégué aux Affaires européennes (1995-1997), ministre des Affaires étrangères (2004-2005) et ex-commissaire européen (1999-2004). Mais, il est fort peu probable que l'ancien ministre de l'Agriculture et de la Pêche (jusqu'au 23 juin 2009) se contente d'être simple député européen. Son élection le rendait disponible, du jour au lendemain, pour redevenir commissaire européen. Le 1er février 2010, il a pris ses fonctions de commissaire européen au Marché intérieur et aux Finances. Michel Barnier aura soixante ans en 2011 et atteindra donc l'âge de la retraite. Sa position de député européen ne lui permettait pas de faire jouer toutes ses retraites pour un montant minimum de 9 225 euros bruts par mois. Avec des documents officiels et l'aide de Pierre-Édouard du Cray, chargé de mission de l'association « Sauvegarde Retraites », nous avons procédé à quelques petits calculs. Commissaire européen à partir du 1er février 2010, Michel Bernier gagnera 23 503 euros bruts par mois, pour un poste politique mais en dehors de la France, et pourra donc également percevoir, à partir de janvier 2011, ses pensions de retraite d'élu dans l'Hexagone pour un montant minimum de 9 225 euros bruts mensuel. Soit un revenu mensuel brut de 32 728 euros qui fera de lui le politique français le mieux payé de la Caste. Prenez votre calculette et additionnez ses mandats pour calculer ses retraites.

Deux ans et un mois comme sénateur (septembre 1995 à octobre 1995, puis septembre 1997 à septembre 1999) : 720 euros par mois. Député pendant quinze ans à l'Assemblée nationale (1978 à 1993) : 5 155 euros par mois. Deux ans au Conseil économique et social (1974 à 1976) : 350 euros par mois. Soit un sous-total de 6 225 euros bruts mensuels pour les mandats nationaux. À ce sous-total, il faut ajouter les mandats locaux. Vingt-six ans, dont dix-sept comme président au Conseil général de Savoie de 1973 à 1999 et quatre ans en tant que vice-président au Conseil régional Rhône-Alpes. Soit un sous-total de 3 000 euros mensuels bruts. D'autres retraites, moins copieuses et très difficiles à évaluer, viendront s'ajouter pour les fonctions non électives occupées par ce professionnel de la politique. De 1973 à 1978, il a été membre de quatre cabinets ministériels, vice-président de la multinationale pharmaceutique « Mérieux » de février 2006 à juin 2007 et conseiller d'État depuis le 23 juillet 2005. Enfin, lorsque Michel Barnier ne sera plus commissaire européen, il touchera 13 705 euros bruts mensuel de retraite au minimum, c'est-à-dire 9 225 pour ses pensions d'élu et 4 480 euros bruts pour sa retraite de commissaire européen de 1999 à 2004. Ce fils d'un industriel et d'une avocate pourra couler une douce retraite, sûr d'échapper à la crise. Au hit-parade des professionnels de la politique à la retraite, il sera dans le peloton de tête tout juste derrière les deux champions de la Caste, les anciens présidents VGE et Jacques Chirac.

**Des gens qui courent après la notoriété**

Sur la culture de la Caste, version PS, vis-à-vis du Parlement européen, nous laissons la parole à un militant socialiste, ancien chef de cabinet d'un adjoint au maire de Paris. Le 11 juillet 2009, dans son blog, sous le titre « La machine à mou », Billy Tallec, trente ans, membre de la section PS du XVI<sup>e</sup> arrondissement de Paris et pro-

Delanoë, explique comment le PS a choisi ses apparatchiks et ses cumulards pour être candidats aux européennes : « Cela me navre de le dire, mais le PS ressemble
effectivement à feu la SFIO parti d'élus locaux surfant sur
leur notoriété locale et un politiquement correct de bon
aloi. Aucune prise de risque, aucune ambition collective.
Par hasard, je viens de me rendre compte de la présence
sur la liste de la région Île-de-France des européennes de
mon ancienne animatrice fédérale au mouvement des
jeunes socialistes. Même si j'ai perdu toute illusion, j'ai
été consternée de la voir là. Intelligente certes, elle vient
de finir sa thèse, cette personne est pour moi l'archétype
de l'ectoplasme. La femme invisible, sans arête ni allant.
Refermée, disciplinée, effacée. En dix ans de parti, elle a
dû noircir des annuaires entiers de notes et articles. Et
quelle contribution au destin collectif ? Rien. Des gens
qui n'ont jamais rien fait sont là, car ils écrivent sans faire
de faute et ne feront d'ombre à personne. Si en plus ils
sont femmes et blacks alors là. Et c'est le haut du panier !
Au moins, elle a une grande culture ! Qui constitue le PS
aujourd'hui ? Quel est le profil de ses animateurs ? Des
apparatchiks bon teint et cultivés qui passent leur vie dans
des réunions stériles et s'y distinguent par leur capacité à
écouter sans broncher les conneries des autres tout en les
exprimant eux-mêmes de meilleure façon. Le dynamisme,
l'esprit d'initiative, la volonté de FAIRE avant tout, le
refus du dogmatisme ? Des handicaps rédhibitoires. Le PS
d'aujourd'hui a conservé les cadres et militants qu'il
mérite. Les esprits les plus libres et les plus actifs ont été
progressivement chassés. Trop de prime à la médiocrité,
trop de couleuvres à avaler, trop de pièges posés à destination de ces menaces pour la médiocratie. Alors quand le
citoyen lambda entend à la télé un responsable socialiste,
il s'endort devant ce galimatias d'eau de rose. Le PS n'a
pas réussi, culturellement, à faire émerger des profils
combinant une alchimie réussie entre l'originalité, l'indépendance d'esprit, la loyauté au parti, l'exigence morale

vis-à-vis de l'action politique et de la conduite des affaires de l'État. Bref, des gens avant tout capables de mener le destin collectif avec honnêteté et efficacité tout en étant capable de se faire élire et de garder le soutien du mouvement. Aujourd'hui, la nouvelle génération c'est l'opportunisme creux. Des parvenus insipides présentant beau. C'est déprimant mais globalement le niveau baisse. Ces gens qui ne courent pas après le pouvoir (car lorsqu'ils l'ont-ils, n'en font rien), mais après la notoriété. »

## 10.

## Démission, soumission
## et trahison

Règle d'or de la Caste : tous les moyens sont bons pour être sacré cumulard par le suffrage universel et le rester. Ces députés et sénateurs maires, parlementaires présidents de Conseils généraux, régionaux ou de Communautés de communes sont généralement efficaces, reconnus pour leur professionnalisme par leurs pairs, leur parti et leurs électeurs. Mais, une forte minorité d'entre eux n'a plus du tout la moindre conviction. Arlette Grosskost, député UMP de Mulhouse et vice-présidente du Conseil régional d'Alsace, s'en inquiète : « Aujourd'hui, de plus en plus d'hommes et de femmes, qui vivent de la politique, n'ont pas la moindre conviction. La politique pour eux n'est qu'un métier qui rapporte[1]. » Ces cumulards dans l'âme recourent à toutes sortes de petites et grandes trahisons pour gagner ou conserver un mandat parlementaire, celui d'un exécutif local ou un poste de ministre. Ils se divisent en trois catégories. Les parlementaires qui, dans l'opposition, font dans la discrète démission « unanimiste », ceux qui ont la soumission honteuse (quand ils sont dans la majorité) ou encore les tenants de la trahison médiatique.

---

1. Entretien avec l'auteur en juin 2009.

Les premiers « démissionnent » souvent à l'Assemblée nationale arguant souvent que le vrai pouvoir est à Bruxelles, à l'Élysée et dans les cabinets ministériels. C'est-à-dire qu'ils ne s'opposent pas beaucoup aux projets de loi gouvernementaux. On les voit peu à l'Assemblée ou au Sénat. Localement, ces cumulards socialistes sont souvent majoritaires au sein d'un exécutif local, où ils pratiquent une démocratie « unanimiste » en gouvernant avec des élus de droite. Ces « traîtres » ne sont pas réputés du tout pour leur art de retourner leur veste. Adeptes de la trahison, à la petite semaine, par rapport à leurs électeurs, ces malins se cachent derrière l'étiquette magique de gestionnaires, n'étant ni de gauche, ni de droite. Cette première catégorie de « traîtres consensuels » prospère surtout dans les structures de l'intercommunalité, bien commode car peu connue des électeurs.

Aujourd'hui, la seconde catégorie de la Caste franchit les portes de la trahison, sous les couleurs de l'UMP, dans des exécutifs de collectivités locales, aspirée par la stratégie d'ouverture de Nicolas Sarkozy (qui a succédé à une ouverture plus modeste sous le second mandat de François Mitterrand). Elle rejoint la grande masse des « godillots » qui, dans la majorité présidentielle au Parlement, ne se rebellent pas ou ne trahissent pas. Explication. Ces parlementaires UMP et cumulards sont des soumis dans l'âme à leur parti, de peur de ne pas être investis par l'UMP.

Enfin, la troisième catégorie rassemble les grands félons, renégats et autres traîtres (UDF, UMP et PS) qui, sans le moindre état d'âme, désertent, brûlent ce qu'ils ont adoré pour un maroquin ministériel ou la direction d'un exécutif local avant, pour beaucoup d'entre eux, de se retrouver un beau jour cocus.

Dans une bonne partie des 16 Communautés urbaines, des 171 Communautés d'agglomération et des centaines de Communautés de communes, les présidents de ces structures ont pris l'habitude facile, consensuelle et discrète de faire élire plusieurs membres de leur opposition à des postes de vice-présidents. Curieusement, la presse reste relativement discrète sur le sujet. C'est le cas notamment au Grand Lyon socialiste (avec cinq vice-présidents UMP et quatre autres Modem), à la CUB (Communauté urbaine de Bordeaux), à la Marseille Provence Métropol et à Nice Côte d'Azur (avec plus précisément un président de commission socialiste et une chargée de mission de l'opposition). À la Communauté urbaine Marseille Métropole, le président socialiste Eugène Caselli a comme premier vice-président, l'UMP Renaud Muselier, et comme sixième vice-président le sénateur-maire UMP de Marseille, Jean-Claude Gaudin. Le socialiste maire de Blanquefort en Gironde, Vincent Feltesse, préside la Communauté urbaine de Bordeaux (CUB) avec entre autres comme vice-président le maire de Bordeaux, Alain Juppé, chargé de l'économie et délégué à « Euratlantique ». La majorité des présidents de ces Communautés de communes de plus de 100 000 habitants sont des cumulards, notamment à la tête des plus importantes comme Nice, Bordeaux, Lyon, Nancy, Rennes, Grenoble, Toulouse, Montpellier, Strasbourg, Nantes, Toulon, Rouen.

À l'exception du patron de « Marseille Provence Métropole », chacun de ces présidents dispose d'une majorité écrasante dans son petit parlement, appelé Conseil communautaire. Le scrutin de liste majoritaire a permis de nommer ces conseillers municipaux qui, sont ensuite élus par leur commune comme délégués au sein du conseil communautaire. Ces présidents n'ont pas à affronter le moindre contre-pouvoir en face d'eux. « Tout est facile, presque trop facile. », nous dira Roland Ries, maire PS de Strasbourg et premier vice-président de la Communauté urbaine. Certains en abusent, comme Georges Frêche à la tête de la Communauté d'agglomération de Montpellier, mais la plupart préfèrent jouer discrètement la carte consensuelle comme Gérard Collomb au Grand Lyon. Pas de polémique, pas trop d'opposition droite gauche, et une obsession de la gestion

« médiatique ». Rémunérés avec des indemnités allant de 185,75 euros bruts mensuels (moins de 500 habitants) à 2 720 euros (plus de 200 000 habitants), les postes de vice-président de Communauté de communes, certains avec voiture de fonction et chauffeur, sont très « incitatifs ». En effet, ils ne comportent qu'une seule obligation : une séance de conseil communautaire, un jour par trimestre ou tous les deux mois au maximum. Ici, on pratique l'ouverture à gauche, et à droite, entre gens de bonne compagnie. L'étroite imbrication des structures politico-administratives est telle, nous a-t-on dit, qu'il vaut mieux se partager le pouvoir. Sans avoir le moindre risque, pour ces présidents et vice-présidents, d'avoir à en rendre compte devant les électeurs, puisqu'ils ne sont pas élus directement au suffrage universel direct, mais choisis au sein des municipalités membres.

## Les Communautés de communes ou la maladie de l'unanimisme

Et les préfets poussent à cette démocratie unanimiste, sous le prétexte officiel de réduire le « millefeuille administratif » (porteur de certains gaspillages, dit-on, de 10 à 17 milliards d'euros par an) et de susciter une politique plus ambitieuse et efficace en matière de grands services publics, notamment dans les transports. Ainsi, le préfet du Haut-Rhin menaçait d'ici à la fin 2009 de provoquer autoritairement un grand rassemblement intercommunal autour des seize communes de la « CAMSA » (Communauté d'agglomération Mulhouse-Sud Alsace), avec les six de la « Communauté de communes de l'île Napoléon », les six autres de la « Communauté de communes Porte de France-Rhin Sud et les cinq dernières de la « Communauté de communes des Collines ». Une bonne dizaine de communes, les plus riches bien sûr, ne voulaient pas de cette fusion. L'argumentation de l'État et des élus « profusion » repose surtout sur une recette fiscale supplémentaire en cas de création d'une grande agglomération. Celle-ci recevrait entre 18,5 et 26,5 millions d'euros de Taxe professionnelles (TP) supplémentaire par rapport à la TP collectée aujourd'hui par les quatre grandes structures intercommunales de la région de Mulhouse. Cette TP sera supprimée en janvier 2010, au plan national, et remplacée par une dotation complémentaire de l'État, dont le montant sera basé sur les recettes fiscales 2009 de la collectivité locale concernée. En gros, l'État a exercé un vrai chantage vis-à-vis d'une quinzaine de communes de la région de Mulhouse. Ou elles accepteraient de fusionner et elles toucheraient globalement une dotation supplémentaire annuelle de 18 à 26,5 millions d'euros, ou elles refuseraient et perdraient cette somme chaque année. Et au bout du compte, la loi a permis au préfet du Haut-Rhin d'exercer ce chantage à la fusion aux communes et habitants récalcitrants, sans avoir à demander l'avis de qui que ce soit par une enquête d'utilité publique ou par voie de référendum. Une seule certitude, cette super agglo deviendrait comme toutes les autres, une assemblée « unanimiste », où les petites communes n'auraient pas voix au chapitre face au grand nombre d'élus de Mulhouse, la commune centre[1].

Le 28 août 2009, le président socialiste de la CAMSA, Jo Spiegel, a annoncé lors d'une conférence de presse la création de la CARMA (Communauté d'agglomération de la région Mulhouse Alsace) qui réunira, à partir du 1er janvier 2010, 32 communes avec une population totale de 250 000 habitants. Cette agglomération regroupera les 16 communes de la CAMSA, les six communes de la Communauté de communes de l'Île Napoléon (CCIN), les six communes de la Communauté de communes des Collines et les communes d'Illzach, Pfastatt, Galfingue et Heimsbrunn. Les six communes de la Communauté de

---

1. Voir Emmanuel Delahaye et Olivier Chapelle, « Mulhouse : Quels sont les enjeux de la grande agglomération », *L'Alsace*, 27 juin 2009.

communes Porte de France Rhin Sud, côté bande rhénane, se sont en revanche prononcées majoritairement contre leur adhésion à la CARMA. Elles sont assez riches grâce au versement d'une Taxe professionnelle versée par de grosses entreprises. La Communauté de communes abrite notamment le troisième port fluvial français, spécialisé dans le transport de conteneurs. Ces communes ont peur, en fait, de se faire gruger par la commune centre Mulhouse. Et comme le hasard fait bien les choses, le futur président de la CARMA (qui compte une quasi-totalité d'élus UMP) sera le ministre d'ouverture et maire de Mulhouse, Jean-Marie Boeckel, assisté de deux présidents délégué, un ex-PS comme lui, Olivier Becht, maire de Rixheim, un énarque de trente-deux ans juge au tribunal administratif de Nancy, et Jo Spiegel, maire PS de Kingersheim et conseiller général de Wittenheim. Plus unanimiste tu meurs. La « carotte » a fonctionné : l'État accordera le surplus de Taxe professionnelle uniquement aux trente-deux communes de la CARMA.

*Via* une augmentation annuelle mécanique très forte des indemnités de leurs élus, cette pression de l'État s'exerce aussi sur les onze plus grandes agglomérations (neuf de gauche et deux de droite) qui ont été retenues par le comité Balladur pour former les « communes du XXI$^e$ siècle ». Ces « Métropoles » bénéficieront, dès 2010 en principe, de l'ensemble des compétences des intercommunalités, des Conseils généraux et d'une partie des attributions des communes. Élus au scrutin de liste majoritaire à un tour, leurs représentants (les conseillers communautaires) seront automatiquement des cumulards. En effet, les premiers de la liste aux municipales cumuleront les mandats de conseiller municipal et de conseiller communautaire des métropoles. Ce système d'élection devrait être étendu à toutes les Communautés de communes. Jusqu'ici ces conseillers communautaires étaient désignés par les Conseils municipaux de chaque commune.

Autant de responsabilités qui donnent déjà lieu aujourd'hui à des indemnités, plus élevées pour les cumulards (dont nombre de parlementaires) participant aux exécutifs. Le comité Balladur préconise de dégraisser de 30 % les postes de vice-président des Communautés de communes. Cela devrait rester un vœu pieux. La Caste des 500 y veille… À l'image de Paris, qui est à la fois département et ville. La capitale préfigure les onze « Métropoles ». Paris a 163 élus, qui portent la double casquette de conseillers municipaux et généraux pour 4 100 euros bruts mensuels, et une obligation de présence uniquement de deux jours par mois pour les séances du Conseil de Paris. Des cumulards de par leur statut qui en outre, pour plus de la moitié, travaillent à mi-temps dans des collectivités territoriales autour de Paris, dans des organismes publics ou des ministères. À terme, ces onze « Métropoles » et les autres grandes communautés urbaines ou d'agglomération vont « manger » peu à peu les départements, où elles sont situées, pour rejoindre la forme de la structure parisienne qui va elle-même évoluer. Le Grand Paris va probablement voir la capitale absorber les trois départements de la petite couronne (Seine-Saint-Denis, Val-de-Marne et Hauts-de-Seine) pour constituer une communauté urbaine de six millions d'habitants et de près d'une centaine de communes. Au passage, quatre départements disparaîtront. Ici encore, la loi du cumul et de la démocratie unanimiste va se renforcer au détriment des petites communes.

Au beau milieu de cette démocratie « unanimiste », certains cumulards de gauche comme de droite sont naturellement disposés à bien des reniements pour conquérir et conserver leur pouvoir. Certes, le président de la République, Nicolas Sarkozy, par la pratique de l'ouverture à gauche, a déstabilisé un parti socialiste déjà bien malade. Le plus souvent grâce à des professionnels de la politique qui font, eux, passer leur intérêt personnel avant les aspirations de leurs électeurs. En gros, deux motivations les animent : la vengeance envers leur ancien parti, qui ne les a pas suffisamment bien traités disent-ils, et le désir d'avoir un maroquin ministériel. Mais, au sein de la droite elle-même, le système des élections assure la circulation des traîtres entre les différentes places de pouvoir et la distribution des dividendes du cumul. Nicolas Machiavel avait décrit ce genre de professionnel dans *Le Prince* : « Chacun entend qu'il est assez louable à un prince de tenir sa parole et de vivre en intégrité, sans ruses ni tromperies. Néanmoins, on voit par expérience que les princes qui, de notre temps, ont fait les grandes choses n'ont pas tenu grand compte de leur parole, qu'ils ont su par ruse circonvenir l'esprit des hommes, et qu'à la fin ils ont surpassé ceux qui sont fondés sur la loyauté. »

## « Christian Estrosi m'a trahi »

Le plus « joli » membre de la Caste à avoir fait sienne cette phrase s'appelle Christian Estrosi. Pour l'ancien sénateur-maire de Nice, Jacques Peyrat, soixante-dix-sept ans, le ministre de l'Industrie, maire et président de « Nice Côte d'Azur », Christian Estrosi, cinquante-trois ans, « l'a trahi » en se présentant contre lui, le maire sortant UMP, aux municipales de 2008 à Nice. Visiblement l'avocat et ancien membre du Front national n'a pas tourné la page. À ses yeux, l'ancien champion de moto est « un individu gonflé de suffisance et d'ambition, peut-être le prototype du professionnel de la politique du XXI<sup>e</sup> siècle. À la mairie de Nice, on lui donne le sobriquet de Napoléon », se rappelle l'ancien sénateur-maire de Nice, « lui m'y avait surnommé « vieux schtroumpf grognon. En dialecte niçois, on appelle ce genre d'homme de manière imagée "lou sauta", c'est-à-dire "celui qui saute devant moi et me prend la place". Je ne lui serrerai plus jamais la main[1] ». À l'écouter, Christian Estrosi l'a battu (avec 41,33 % des voix contre

---

[1]. Entretien avec l'auteur en mars 2009.

25,50 % pour la liste Peyrat et 33,17 % à la gauche) à cause de l'énorme chantier du tramway qui a pourri la vie des Niçois pendant plusieurs années. Il est vrai que les élus socialistes en ont retardé la mise en service, en multipliant les recours administratifs. Les travaux ont pris fin le 24 novembre 2007, soit seulement quatre mois avant les municipales de mars 2008. Grand spécialiste du tramway, le sénateur-maire PS de Strasbourg, Roland Ries, confirme : « Les citadins mettent un an environ à se remettre des travaux pharaoniques, liés à l'installation d'un tram. Au-delà, ils adorent le moyen de transport, mais avant cette date fatidique, ils vomissent le tram qui a été générateur d'embouteillages énormes, de saleté et de pollution. Et c'est la défaite assurée pour tout maire qui sollicite sa réélection moins d'un an après la fin des travaux[1]. »

Grâce à « un bon bilan », Jacques Peyrat imaginait être réélu sans problème. En treize ans à la tête de la mairie, il a ramené la dette de la ville de 768 à 333 millions d'euros, un endettement qui remontait en grande partie à l'époque de Jacques Médecin. En même temps, il a financé et mené à bien 1,4 milliard d'euros de travaux, dont le tram, la refonte totale du système d'assainissement, l'achèvement de la voie rapide, la salle « Nikkaia ». Et, durant ces treize ans, il a réussi sans cesse à baisser tous les impôts. « Au fil du temps, de plus en plus de politiques, moins naïfs et moins cons que moi, me mettaient en garde, confie Jacques Peyrat. « Tous affirmaient que Christian Estrosi allait se présenter contre moi. Aussi, je lui ai demandé un rendez-vous. Il a eu lieu le jeudi 27 mai 2007, dans son appartement de fonction de président du Conseil général à l'époque, au Palais des rois sardes, où il m'a reçu, sur ma demande, à 8 heures du matin. Nous avons pris le café ensemble. » Jacques Peyrat reconstitue le

---

1. Entretien avec l'auteur en mars 2009.

dialogue[1] au cours duquel Christian Estrosi lui aurait affirmé qu'il ne se présenterait pas contre lui aux élections municipales de Nice l'année suivante.

Sur ce, le maire de Nice de l'époque, l'UMP Jacques Peyrat, a serré la main de Christian Estrosi avant de prendre congé. Un peu plus de quatre mois plus tard, le dimanche 20 octobre 2007, devant 4 000 sympathisants réunis à l'Acropolis Nice, Christian Estrosi, secrétaire d'État à l'Outre-Mer, affirmait : « Oui, je serai candidat à la mairie de Nice en mars prochain. » Six mois après, la liste de Jacques Peyrat (suspendu de l'UMP) était battue aux municipales par celle de Christian Estrosi (qui avait l'investiture officielle de l'UMP). Il suffit de reprendre un article de l'époque pour revivre les charmes discrets de la trahison en politique : « Christian Estrosi, qui préside le conseil général des Alpes-Maritimes, reproche au maire sortant ses projets pharaoniques, comme la construction d'une nouvelle mairie ou d'un grand stade sportif, sans recettes correspondantes, alors qu'il se trouve "en fin de parcours" municipal et politique. "C'est au prochain maire de décider quelle sera la politique de la ville [...] et non à un maire en fin de parcours, complètement délégitimé, et qui multiplie les décisions scandaleuses", a vertement critiqué Christian Estrosi[2]. »

Six jours après l'annonce de la candidature de Christian Estrosi, le vendredi 26 octobre, le sénateur-maire de Nice à l'époque, Jacques Peyrat, était alors reçu à l'Élysée, à sa demande. « J'ai fait allusion à "l'ingratitude" et à la "trahison" de la part du jeune médeciniste devenu ministre, se rappelle-t-il. Durant cet entretien, le président de la République m'a demandé de retirer ma liste pour les municipales. J'ai refusé. Le président m'a répondu que son destin était de devenir maire de Nice.

---

1. Entretien avec l'auteur, 12 mars 2009.
2. Voir Chloë Durand-Parents, « À Nice, les coups bas volent entre Estrosi et Peyrat », *Le Point*, 20 février 2008.

Il me proposait la tête de liste de l'UMP pour les sénatoriales en échange de mon retrait. Je ne l'ai pas cru. Et Je me suis levé pour lui dire avant de le saluer : "Monsieur le président, nous allons rentrer en guerre[1]." »

## « Momo », de l'apparatchik communiste au notable sarkozyste

Mais il y a des cumulards encore plus rapides dans la trahison et moins « fidèles » dans la traîtrise que Christian Estrosi, qui lui ne trahira jamais son « ami Nicolas Sarkozy ». À la dernière présidentielle est née une nouvelle génération de la Caste, des professionnels de la politique, totalement cyniques et sans aucune conviction. Ils vont « à la soupe », « à la gamelle », pour un siège de député ou un maroquin ministériel. Prêts à s'allier avec le diable. Certains mais de manière épisodique. Pas avec la même violence et la même rapidité que les traîtres et félons d'aujourd'hui qui excellent dans la duperie, le mensonge et la compromission. Explication. Au premier tour de la présidentielle, le 22 avril 2007, François Bayrou n'arrive qu'en troisième position, avec tout de même près de 19 % des suffrages et sept millions de voix, derrière Nicolas Sarkozy et Ségolène Royal. Moins de quinze jours plus tard, 25 des 29 députés UDF ne suivent plus leur leader François Bayrou et son slogan, ni droite, ni gauche. Quarante-huit heures avant le second tour de la présidentielle, ces 25 éminents membres de la Caste sont allés à Canossa, ont fait allégeance au président de l'UMP pour sauver leur siège de député. Ils avaient été élus, en 2002, grâce aux voix du parti majoritaire.

Or, le président de cette même UMP ne peut pas être battu le 6 mai 2007. Il sera élu président de la République. Parmi ces 25 traîtres, 2 avaient été les plus grands zélateurs de François Bayrou, ils l'imaginaient depuis

---

1. *Ibid.*

longtemps à l'Élysée... Tous deux avaient dénoncé également « l'hégémonie » de l'UMP, « L'Union des Moutons de Panurge », et « le gang Sarkozy ». En 2006, certains de ces 25 UDF avaient déjà commis un crime de lèse-majesté en joignant leurs voix à celles de la gauche pour voter la censure du gouvernement Villepin. Parmi eux, Maurice Leroy, quarante-huit ans, député de Vendôme et président du Conseil général du Loir-et-Cher, et Hervé Morin, quarante-huit ans également, devenu depuis ministre de la Défense, conseiller régional, président de la Communauté de communes et maire d'Épaignes (Eure). Tous deux incarnent sans le moindre complexe un avenir politique qui appartient aux « traîtres ». Ultramodernes, grands défenseurs des droits individuels, ces deux députés du « Nouveau Centre » (une filiale de l'UMP ») portent aux nues, aujourd'hui, Nicolas Sarkozy après avoir tressé les louanges, pendant des années, de François Bayrou.

Fils d'ouvrier parisien et élevé au biberon communiste, Maurice Leroy, « Momo » pour les intimes, réunit toutes les qualités nécessaires à une irrésistible ascension sociale, puis politique au sein de la Caste. Le parti communiste a mis le pied à l'étrier à cet opportuniste génial et terriblement ambitieux, qui a toujours tiré ses revenus de la politique. Ce fonceur et gros bosseur, à la silhouette un peu empâtée, y adhère à l'âge de dix-sept ans. Cinq années plus tard, en 1982, l'étudiant communiste finance ses études d'économie à la Sorbonne, en écrivant les discours de Georges Marchais, au siège du parti place du Colonel Fabien. C'est lui notamment qui invente la formule « du bilan globalement positif ». Ensuite, il devient le directeur de cabinet d'un stalinien pur et dur, Gaston Viens, maire communiste d'Orly. Il suit alors un parcours classique d'apparatchik de parti qui le fait travailler pour des poids lourds du PC. Son humour corrosif, son charme et sa puissance de travail séduisent la sénatrice du Val-de-Marne et patronne du groupe communiste au Sénat, Hélène Luc, qui l'engage comme secrétaire général du même groupe. Il y fait fructifier son carnet d'adresses, de 1984 à 1990, puis dirige ensuite le cabinet du président communiste du Conseil général du Val-de-Marne, Michel Germa, puis celui de la sénatrice-maire communiste de Nanterre, Jacqueline Fraysse, de 1991 à 1992, et enfin celui du maire de Colombes, Dominique Frelaut. Problème : le stalinien pur et dur sent que les carottes sont cuites pour les communistes, suite à la chute du mur de Berlin en 1989.

Le déclin du parti communiste français lui semble alors à l'évidence irréversible. Son aspect caustique, sans langue de bois, l'a rapproché au Sénat de Jean-François Probst, secrétaire général du groupe RPR à la Haute Assemblée, qui le parraine auprès de Charles Pasqua pour lui dénicher un « sas de décompression » entre le PC et le RPR. Pas question de passer d'un seul coup d'un parti à l'autre. C'est trop gros. On a quand même quelques pudeurs. Charles Pasqua le nomme à son cabinet au Conseil général des Hauts-de-Seine en 1993, en charge de la politique de remodelage des quartiers difficiles. Après avoir joué à mère Teresa à Gennevilliers, Colombes et Bagneux, il saute le pas et devient directeur de cabinet du ministre RPR délégué de la Ville et de l'Intégration, Éric Raoult, de 1995 à 1997. Entre-temps, Maurice Leroy devient maire du village natal de son grand-père dans l'Eure, Poislay (1989), et conseiller général divers droite du canton de Droué (1994), puis président de cette assemblée (2004). Une carrière éclair. Ce petit tour chez Pasqua et les gaullistes ne l'empêchera pas d'atterrir finalement à l'UDF, étant enrôlé par une proche de François Bayrou, la sénatrice UDF du Loir-et-Cher, Jacqueline Gourault. Ce qui n'est pas un choix idiot, l'UDF étant nettement mieux implantée que le RPR dans ce département. Élu député en 1997, il prend tout simplement la succession très officielle du député UDF de Vendôme, puis « flirtera » même avec le mouvement altermondialiste

Attac, jusqu'en 2001. Un grand écart de plus ? Avec sa faconde naturelle, sa bonhomie, sa rondeur, l'ancien porte-flingue de François Bayrou est rodé à l'exercice. Comme il le répète à l'envi : « Avoir été dans le parti de la dialectique, ça aide à surmonter ses contradictions[1]. »

## « La girouette d'or »

Devenu président du Conseil général du Loir-et-Cher en 2004, le flou de son positionnement politique permet à Maurice Leroy de régner sur ce département plein de contrastes, entre la Sologne gaulliste, le Blésois démocrate-chrétien et le Vendômois tout à la fois conservateur et laïque. Quoique le frère cadet de Roselyne Narquin-Bachelot, l'UMP Jean-Yves Narquin (en excellents termes avec sa sœur), cinquante-six ans, devenu son adversaire local numéro 1, l'ait empêché sans doute d'être ministre. Avec 18,86 % des voix aux législatives de 2007 sous l'étiquette « majorité présidentielle », le frère de la ministre a contraint « Momo », député sortant, à disputer un second tour, face à une socialiste. Lors de ce second tour, Jean-Yves Narquin (soutenu par la fédération du Loir-et-Cher de l'UMP) avait refusé de se prononcer en faveur de Maurice Leroy (investi par l'UMP national), se contentant d'appeler à voter contre la candidate PS. Sur son blog, Jean-Yves Narquin – exclu depuis de l'UMP – consacre depuis une chronique à « la girouette d'or de la vie politique française ». En allusion bien sûr au bon mot d'Edgar Faure : « Ce n'est pas la girouette qui bouge, mais le vent qui change. » Dans sa profession de foi, le frère de la ministre promettait à ses électeurs d'être député à plein temps, se refusant à tout cumul de mandats.

De son propre aveu, Maurice Leroy est parlementaire à mi-temps, le reste étant consacré à son mandat

---

1. Voir Marcelo Wesfreid, « Les Secrets du Système Leroy », *l'Express*, 29 septembre 2005.

exécutif local[1]. Le lundi, à Blois, ce super cumulard enfile son uniforme de président du Conseil général. Le mardi et le mercredi, simple député, il rejoint (42 minutes en TGV de Blois à Paris) les bancs de l'Assemblée nationale, sans cesser de pianoter sur son téléphone ; envoyant et recevant des textos. À la salle des Quatre-Colonnes, le porte-parole du Nouveau Centre répond aux questions de « ses amis journalistes ». Le jeudi, l'ancien communiste rejoint sa permanence parlementaire de Vendôme, où les photos du général de Gaulle et de Jacques Chirac sont légion. Le vendredi et le samedi, retour au Conseil général, avec des inaugurations en rafale. Enfin, le dimanche, il met sa casquette de conseiller général et parcourt son canton de Droué. Ce timing semble correspondre à sa place de 158e au hit-parade des 577 députés selon leur activité dans l'hémicycle du début 2004 à la mi-mai 2006. Durant ces vingt-quatre mois, il a pris la parole, en séance à quarante-trois reprises. Depuis sa réélection en juin 2007, le cumulard Maurice Leroy se livre aux charmes discrets de l'absentéisme. En vingt-quatre mois, il est intervenu en séance, à quatre reprises seulement, n'a pas pris la parole à la commission des Affaires économiques (dont il fait partie), a rédigé cinq propositions de loi, aucun rapport et a posé 170 questions écrites. À l'évidence, la mise en route du parti du Nouveau Centre l'occupe beaucoup.

Et il ne relâche pas ses efforts pour être ministre. La dernière fois, en juin 2009 lors de la constitution du gouvernement Fillon IV, il a été victime d'un canular téléphonique. Il a rappelé Claude Guéant, secrétaire général de l'Élysée, pour savoir quel ministère lui serait attribué. Claude Guéant ne l'avait jamais appelé. À chaque remaniement ministériel, ses « amis journalistes » et plusieurs magazines le voient ministre. Son lâchage de

---

1. *Ibid.*

LA CASTE DES 500

François Bayrou (dont il avait été le directeur de campagne à la présidentielle de 2002) en a choqué plus d'un. La sénatrice UDF du Loir-et-Cher, Jacqueline Gourault n'en revient encore pas deux ans après. C'est elle qui a présenté, soutenu et pistonné son protégé de l'époque « Momo », auprès de François Bayrou. Le 5 mai 2007, à la veille du second tour de la présidentielle, Maurice Leroy lui a juré que, pour les législatives de juin suivant, il s'inscrirait au Modem, le nouveau parti de François Bayrou qui devait succéder à l'UDF.

## « Hervé Morin cul-terreux », traître, dilettante et turfiste

Au hit-parade des 577 députés selon leur activité dans l'hémicycle, de début 2004 à la mi-mai 2006, le député UDF à l'époque et ministre de la Défense aujourd'hui, Hervé Morin, arrivait bon 159e juste derrière Maurice Leroy 158e. Le plus mal classé était donc à l'époque un parlementaire beaucoup plus assidu que dans les lycées de son adolescence, où l'étiquette de cancre restait collée dans son dos. Déjà dilettante et turfiste passionné (dès son plus jeune âge, son père l'emmenait suivre des courses de chevaux sur les hippodromes), ce natif de Pont-Audemer (Eure) avait redoublé notamment sa seconde et sa première au lycée de Deauville. Ensuite, ce fou de flipper était viré de l'internat du lycée public de Deauville, puis, deux mois avant le bac, d'un lycée privé de Caen. Cul-terreux dans l'âme, ce hippie aux cheveux longs voulait reprendre la ferme familiale à Épaignes. Mais, sa femme Catherine avocate n'avait pas du tout l'intention de vivre avec un Bac moins 5 et dans le crottin. Direction la Fac de droit de Caen, puis Sciences Po Paris. À vingt-six ans, en 1987, il réussissait un concours difficile et décrochait ainsi un job qui rapporte gros (7 800 euros bruts mensuels aujourd'hui en début de carrière) : administrateur des services de l'Assemblée nationale[1]. Au Palais-Bourbon, l'agriculteur rentré est alors trahi par ses gènes. Dans les pas de ses grands-parents paternels, agriculteurs, maires et mendésistes, de son père, petit patron et militant gaulliste, et de son grand-père maternel, André Cardine, fermier et maire de Fatouville-Grestain, « Hervé Morin cul-terreux » attrapait le virus de la politique. Mais, l'Assemblée l'ennuyait. Pourquoi ne pas être député ? Simple comme bonjour. Il travaillait à la commission de la Défense, où il avait sympathisé avec Axel Poniatowski, député-maire de L'Isle-Adam (Val-d'Oise). Ce dernier lui présenta son frère Ladislas Poniatowski, député de Bernay, qui préfé-rait devenir sénateur en 1998. Onze ans après être entré à l'Assemblée, il était élu député de Bernay. Sa gouaille et son baratin faisaient merveille. Il avait trente-sept ans.

Ce n'était que le début de l'irrésistible carrière d'un homme très pressé. Malgré son côté solitaire et renfermé, il savait déjà y faire. Cinq ans plus tard, en juin 2002, il était réélu député de Bernay, marginalisait l'éminence grise de François Bayrou, l'autoritaire Marielle de Sarnez. L'ancien cancre devenait le bras droit du président de l'UDF et président de groupe de ce parti à l'Assemblée nationale. Explication de cette irrésistible ascension. Le député béarnais éleveur de chevaux et le turfiste acharné partageaient déjà la même passion pour les galopeurs. Ils n'oubliaient jamais de régler leur téléviseur sur la chaîne « Equida », lorsqu'un de leurs champions participait à une course[2]. Avec deux autres amis, ils avaient commencé à investir en achetant une première jument « Lolita Kom », puis un autre cheval « Poly Dance ». Ces deux canassons vont gagner quelques courses rapportant jusqu'à 60 000 euros aux quatre associés. Ils s'associaient

---

1. Voir Yvan Stefanovitch, *Aux frais de la princesse : enquête sur les privilégiés de la République*, Jean-Claude Lattès, 2007.
2. Ludovic Vigogne, « Bayrou-Morin : ils avaient même acheté un cheval à deux », *Le Parisien*, 31 juillet 2007.

alors avec Eric Pokrovsky, PDG de Hertz France à l'époque. À eux cinq, ils ont acquis « Literato », un pur-sang exceptionnel. Ses grandes victoires vont s'enchaîner : prix de Diane à Chantilly et à Newmarket pour le Champion Stakes. À l'âge de trois ans seulement, le pur-sang était un véritable prodige. Il est alors racheté par le cheikh Al-Maktoum, émir de Dubaï et Premier ministre de la fédération des Emirats arabes unis, pour une somme de 3 à 6 millions d'euros.

### Les aveux d'un professionnel de la traîtrise

Pilier de la droite parlementaire, il voyait quotidiennement à l'époque son mentor François Bayrou, Nicolas Sarkozy beaucoup moins... Et l'élu normand, qui ne doute de rien et surtout pas de lui, se voyait ministre de la Défense. De ses deux ans passés, en détachement de l'Assemblée, au cabinet de François Léotard, ministre de la Défense de 1993 à 1995, il avait gardé un bon souvenir et pas mal de relations. Pour y arriver, Hervé Morin gardait deux fers au feu, quelques mois avant la présidentielle de 2007. Tous les mercredis, il ne manquait, pour rien au monde, la réunion stratégique au siège de l'UDF, rue de l'Université, où l'on plaçait beaucoup d'espoir dans une alliance avec l'aide rocardienne du PS. Ce roi du double jeu restait également en contact direct avec des proches de Nicolas Sarkozy, selon plusieurs témoignages de proches de ce dernier. Dès la victoire de Sarkozy le 6 mai 2007, Hervé Morin jetait le masque à la télévision, à la radio et dans la presse : Bonjour et vive Sarkozy, au revoir Bayrou. Entre les deux tours de la présidentielle, Hervé Morin, fidèle parmi les fidèles de Bayrou, lâchait ainsi son patron. Le même n'avait pas eu auparavant de mots assez durs pour qualifier les centristes passés à l'ennemi sarkozyste et éreinter Nicolas Sarkozy. Au soir du 6 mai 2007, il brûlait ce qu'il avait adoré. 25 sur 29 des députés UDF le suivaient sans broncher avec une seule préoccupation : être réélus.

Mais, le président de la République exigeait plus que le renfort ultime d'une poignée de traîtres centristes, dont il n'avait pas besoin pour constituer sa majorité à l'Assemblée. Le lâcheur en chef de François Bayrou devra fonder un nouveau parti de centre droit (le Nouveau Centre) et paralyser l'espace politique au centre de son ancien mentor. Il se justifie : « En politique, il n'y a pas d'amis possibles au sens où j'entends les amis : des frères[1]. » Même avec ce « poids, terrible, lourd sur les épaules, de ministre de la Défense », la gravité, il ne connaît pas à la grande fureur des militaires : « J'ai conscience du côté très intérimaire de l'affaire. » Et puis encore : « Pour moi, la vie est une succession de parenthèses[2]. »

Turfiste patenté, Hervé Morin avait misé malgré tout sur le mauvais cheval, François Bayrou, à l'élection présidentielle de 2007. Remonté en selle, il avait cette fois joué placé sur Nicolas Sarkozy, le bon canasson pour être ministre. À ce sujet, le ministre de la Défense a fait de stupéfiants aveux dans l'émission « Dimanche plus » du dimanche 21 septembre 2008. Il y est revenu sur sa rupture avec François Bayrou et a reconnu avoir incité le leader centriste à s'allier avec Ségolène Royal, entre les deux tours de la présidentielle. En réponse aux questions d'Anne-Sophie Lapix, le président du « Nouveau Centre » a laissé transpercer l'image d'un arriviste : « J'ai de l'estime et de l'affection pour François Bayrou. Je ne regrette rien du chemin que nous avons parcouru, la seule chose c'est qu'il m'a donné raison. Quand en 2007, entre les deux tours de l'élection présidentielle, je lui ai dit qu'il fallait qu'il fasse un choix, sinon il irait vers l'isolement. Parce que la V^e République c'est de faire un choix à un moment ou à un autre. Le système est bipo-

---

1. Nathalie Raulin, « Ancien second de Bayrou, le nouveau ministre de la Défense perturbe ses troupes par sa décontraction et sa gouaille », *Libération*, 9 novembre 2007.

2. *Ibid.*

laire. À gauche et à droite. Et quand on est troisième au second tour, il faut faire un choix. Et comme il avait fait campagne essentiellement contre Nicolas Sarkozy, je lui avais dit : "Fais le choix de t'associer au PS." Parce qu'on ne peut pas être seul et être libre et indépendant, il faut être en mesure de passer un accord avec quelqu'un. Ce n'est pas bien d'être seul. C'est le contraire de la liberté que de refuser l'accord. Je lui ai dit : "Passe un accord." Et il m'a dit : "Je ne le ferai pas." "Bon, très bien mais tu finiras par le faire." J'ai constaté la semaine dernière qu'il avait tendu la main au parti socialiste. » Qu'a fait Hervé Morin à l'époque entre les deux tours de l'élection présidentielle ? Il a finalement appelé à voter Sarkozy parce qu'il affirmait son positionnement au centre droit et refusait la perspective, selon lui inéluctable, d'un accord entre le Modem et le PS. Comment ne pas éclater de rire, un peu plus de deux mois plus tard, le 26 novembre 2008, à la lecture d'une interview au *Figaro* du même ministre de la Défense Hervé Morin. François Bayrou n'est plus qu'un « berger sans troupeau, sans élus et sans électeurs » qui a trahi l'« idéal centriste » en lançant des appels aux socialistes. « Le Modem est devenu en peu de temps une petite fraction de l'opposition, aux côtés du PS. C'est une trahison de l'idéal centriste. » François Bayrou s'est « coupé de l'électorat de centre droit » en s'opposant à Nicolas Sarkozy. « Il accumule les revers électoraux […] Sans élus et sans électeurs, le Modem est moins un parti d'opposition qu'un groupe d'opposants animé par un imprécateur médiatique », conclut Hervé Morin[1]. À écouter le ministre de la Défense, la politique est métier sans éthique et sans conviction, où les partis (que ce soit l'UMP, le PS, le Modem ou le Nouveau Centre) servent avant tout de machine à conquérir des

---

1. Voir « Hervé Morin : François Bayrou a trahi », *Le Figaro*, 26 novembre 2008.

mandats électifs et des maroquins ministériels. Tout le reste est littérature.

## Agent de liaison de François Hollande auprès de Nicolas Sarkozy...

Plus que Maurice Leroy ou Hervé Morin, et *a fortiori* Christian Estrosi, Éric Besson, cinquante ans, le ministre de l'Immigration et maire de Donzère (Drôme), symbolise l'image du « traître » en politique. Une image qui colle à la peau de cet ancien secrétaire national du PS à l'économie, fan de Lionel Jospin, très proche de Martine Aubry et de François Hollande, l'ancien patron du PS pendant dix ans jusqu'en 2008. Mais, ce « judas » parfait de la politique aux yeux du grand public était aussi un familier discret de Nicolas Sarkozy depuis le milieu des années 1990. La trahison d'Éric Besson révèle les relations incestueuses, troubles et secrètes, entre certains cumulards de droite et de gauche au sein de la Caste. Une journaliste du *Nouvel Observateur*, Agathe Logeart a mis au jour ces relations qui donnent un tout autre éclairage que la version officielle qui reflétait uniquement l'histoire d'une trahison très perfide[1]. Sur son blog à la même date du 4 juin, le ministre de l'Immigration écrit : « La journaliste, Agathe Logeart, a visiblement très sérieusement travaillé son sujet, interrogé beaucoup d'élus, exhumé quelques documents vrais dont certains (un article sur le surf) dont je ne me souviens même pas. » Dans notre ouvrage *L'Empire de l'Eau : Suez, Bouygues et Vivendi, Argent, politique et goût du secret*[2], nous avions nous-même mis au jour cette proximité Nicolas Sarkozy-Éric Besson, tous les deux travaillant à l'époque pour le compte du groupe privé de services publics « Vivendi » (rebaptisé depuis « Veolia »).

---

1. Voir Agathe Logeart, « Besson-Sarkozy : l'histoire secrète », *Le Nouvel Observateur*, 4 juin 2009.
2. Ramsay, 2005.

Rallier le camp de Nicolas Sarkozy n'a rien de honteux. Mais, il y a l'art et la manière de retourner sa veste dans une Caste, où la plupart des trahisons se font de manière feutrée. Or, avec Nicolas, puis avec Ségolène, l'ex-député PS de la Drôme a été d'une rare violence verbale avant de se jeter finalement dans les bras du premier et de répudier la seconde. Responsable du chiffrage du programme économique de Ségolène Royale, cet ancien de Sciences Po, qui a été recalé au concours d'entrée à l'ENA, pouvait revendiquer ses différends avec elle et rejoindre l'UMP. Cela n'aurait été qu'une trahison « ordinaire », qui n'avait rien de scandaleux en soi. Mais, de là à abandonner le navire PS, en février 2007, au beau milieu de la campagne de la présidentielle, uniquement par haine de son commandant et candidate à la présidentielle, il y a une sacrée marge. Certes, des socialistes Adrien Marquat, Marcel Déat et un communiste Jacques Doriot ont travaillé la main dans la main avec l'occupant après s'être fâchés avec leur parti respectif. Mais c'était la guerre. Bien sûr, Éric Besson avait annoncé que si Jean-Marie Le Pen et Ségolène Royal se retrouvaient ensemble au second tour, le 6 mai 2007, il voterait pour la candidate du PS. Le problème n'est pas là. Le problème reste la manière très « théâtrale », un peu trop médiatique, qui a habité cette trahison qualifiée seulement de « transgression » par Éric Besson dans son interview.

L'ancien journaliste, ex-chasseur de têtes et salarié du groupe « Vivendi », Éric Besson a fait une carrière très rapide, en quatorze ans seulement au PS. De tendance rocardienne, ce grand connaisseur du monde de l'entreprise avait pris sa carte au parti, à l'âge de trente-cinq ans, après la défaite de 1993. Deux ans plus tard, ce professionnel sans aucun passé militant est élu maire PS de la petite ville de Donzère (4 700 habitants), dans la Drôme, puis député en 1997. Au hit-parade des 577 députés selon leur activité dans l'hémicycle, du début 2004 à la mi-mai 2006, Éric Besson se classe honorablement à la

165ᵉ place. Durant ces vingt-quatre mois, il a pris quarante et une fois la parole. Le 14 février 2007, il fracasse cette carrière sans tache en annonçant qu'il abandonne son poste de conseiller économique auprès de Ségolène Royal. Le jour même, au bureau national du PS, il s'est pris la tête avec François Hollande au sujet du chiffrage du programme présidentiel. Ses raisons sont frappées au coin du bon sens. Le programme économique de la candidate n'est pas bon. Officiellement, le député-maire PS de Donzère avait voulu annoncer cette démission en toute discrétion. Patatras. Tout va déraper, puis s'envenimer très vite. Le mépris de la candidate qui humilie son ancien conseiller sur les plateaux de télévision (« Qui connaît M. Besson ? »), les ragots colportés « avec élégance » par un des porte-parole du PS (attaques sur sa vie privée laissant entendre que la femme d'Éric Besson l'a quitté) l'ont ulcéré. L'ancien rédacteur en chef de *Challenges* répondra sur le même ton une semaine plus tard sur toutes les chaînes de télé. Il s'en prend « au rôle excessif et souvent nocif de conseillers de Ségolène dont la légitimité, la cohérence et le savoir-faire ne lui ont pas paru flagrants ». Et il regrette de ne pas avoir obtenu « des réponses claires à des questions simples sur les retraites, les 35 heures, les impôts et le nucléaire. » Au passage, il déplore « que les trois hommes d'État les plus crédibles du parti, Lionel Jospin, DSK et Laurent Fabius ne soient guère sollicités ». Et il annonce qu'il va se chercher du travail et qu'il ne se représentera pas aux législatives de 2007.

## … qui le fascine depuis quinze ans

Dans les mois précédents, le député-maire PS de Donzère (Drôme), avait tenu à peu près le même langage vis-à-vis du candidat Nicolas Sarkozy. Début janvier 2007, soit un mois avant de lâcher très médiatiquement Ségolène Royal, il dirige la rédaction d'un petit

brûlot anti-sarkozyste, consultable gratuitement sur le site
du PS, sous le titre « L'Inquiétante rupture tranquille de
M. Sarkozy ». Le lecteur y apprend que le sarkozysme
c'est « la filiale de Bush et Cie ». Nicolas Sarkozy y est
décrit comme « un bonapartiste » imposant « le culte du
chef » et le gouvernement auquel il participe comme
« fossoyeur du gaullisme social ». Et le dirigeant socialiste
pose la question qui tue : « La France est-elle prête à voter
pour un néoconservateur américain à passeport français ? » Dans ce petit livre, Éric Besson exécute littéralement au lance-flammes le futur président : « Le sarko-
show [...] n'a pas son pareil pour masquer les piètres
bilans de son action. Ceux d'un médiocre ministre de
l'Économie et des Finances, ou ceux d'un ministre de
l'Intérieur survolté mais peu efficace [...]. Chaque fois
qu'il se trouve en difficulté ou se voit obligé de se justifier
sur son action, le candidat de l'UMP se saisit d'un fait
divers pour enfiler la combinaison qu'un Le Pen laisse
parfois au vestiaire, "de celui qui dit tout haut ce que les
Français pensent tout bas". » Deux mois plus tard, il
réserve de nouveau le même traitement à son ancienne
patronne dans le livre *Qui connaît Mme Royal ?*[1] : « Je
pense en conscience qu'elle ne doit pas devenir présidente
de la République. Je ne le souhaite pas pour mon pays.
Ni pour mes enfants. » Et le futur ministre d'enfoncer
méchamment le clou : « Démagogie pure, enterrement de
toute la culture de gouvernement. Détestation sourde de
la modernité, de la science, de la raison et du progrès. »

C'est en 1995, selon le blog du ministre de l'Immigration en date du 4 juin 2009, que Nicolas Sarkozy et
Éric Besson font connaissance. Le second ne faisait pas
encore partie de la Caste. Ils ne pouvaient pas ne pas se
rencontrer. L'artisan de leur rencontre a été le groupe
Vivendi, ex-« Compagnie Générale des Eaux », rebaptisée
aujourd'hui Veolia, « produit incestueux du mariage très

1. Grasset, 2007.

français entre l'entreprise privée, l'État et les politiques[1] ». Après la défaite de son candidat Édouard Balladur à la présidentielle de 1995, le député-maire de Neuilly, le cumulard Nicolas Sarkozy, reprend sa robe d'avocat. Et son cabinet s'attache rapidement comme client la filiale immobilière de Vivendi, la CGIS (Compagnie Générale Immobilière de Service) qui a réalisé une bonne partie des tours de la Défense avec le promoteur Christian Pellerin. L'ancien patron de la CGIS à l'époque était un inspecteur des Finances et ex-collaborateur de DSK, Stéphane Richard, aujourd'hui numéro 2 de France Télécom après avoir été directeur de cabinet de Christine Lagarde, ministre de l'Économie des gouvernements Fillon. Les locaux de la CGIS (8 rue du Général Foy), de Vivendi (52 rue d'Anjou) et du cabinet Sarkozy (52 boulevard Malesherbes) ne sont éloignées que de quelques centaines de mètres. Après avoir été numéro 2 depuis 1994, Jean-Marie Messier (JMM) est nommé président de Vivendi, le 27 juin 1996. Dès 1995, JMM recrute comme conseiller personnel Éric Besson, ex-secrétaire général de la Face (Fondation pour agir contre l'exclusion), association présidée par Martine Aubry. L'ancien chasseur de têtes et journaliste est vite catapulté à la tête de la fondation Vivendi et y restera pour pantoufler malgré son élection comme député de la Drôme en 1997. Sans la moindre gêne, ce socialiste qui n'a jamais été militant cumulait ses indemnités de député, de maire et de salarié de Vivendi. La fondation sert à financer les projets des salariés du groupe de création d'entreprises dans les banlieues difficiles. L'objectif : assurer la promotion du groupe (Ibidem). Et un beau jour, JMM invite à déjeuner Éric Besson, l'ordonnateur des œuvres sociales du groupe, et Nicolas Sarkozy, avocat du même groupe, pour qu'ils fassent connaissance.

---

1. Voir Yvan Stefanovitch, *L'Empire de l'Eau : Suez, Bouygues et Vivendi, Argent, politique et goût du secret*, op. cit.

Interrogé par Agathe Logeart, Éric Besson confirme ces contacts : « François Hollande savait que je voyais Nicolas Sarkozy. Il m'a dit : tu as un look sérieux, tu l'aimes bien. Alors il m'a incité à monter contre lui[1]. C'est ce que j'ai fait. J'ai été bluffé », confirme Éric Besson. « Sarkozy avait soutenu Balladur, il avait joué et perdu. Il savait qu'il avait devant lui une traversée du désert et qu'il se ferait fracasser. Mais il disait qu'il ne se laisserait jamais abattre. Nous ne sommes pas devenus amis mais, à partir de ce jour-là, nous avons noué une relation de complicité cordiale. Je reconnais que je suis attiré par l'homme. J'aime son parler cru, direct. J'aime qu'il ne cache pas ses ambitions. Et, déjà, je partageais ses idées sur la sécurité. » Sur son blog, le 4 juin 2009, le ministre de l'Immigration banalise ses 15 ans « d'une relation de complicité cordiale » : « Dois-je attendre à présent l'enquête qui dévoilera que j'ai adhéré au PS à la demande de Nicolas Sarkozy dans l'unique objectif d'en sortir 15 ans plus tard pour l'aider dans sa campagne présidentielle ? Il faut savoir raison garder, même dans les délires. Navré donc, de décevoir les futurs enquêteurs. De 1995 à 2007, j'ai eu des relations cordiales avec Nicolas Sarkozy. Lors de la présidentielle de 2007, je n'ai eu aucun contact avec lui avant ce 14 février, où j'ai claqué la porte du secrétariat national du PS et de l'équipe de campagne. Je pensais arrêter ma "carrière" politique. Puis Nicolas Sarkozy m'a proposé de la poursuivre avec lui et j'ai accepté. C'est suffisamment inédit pour qu'il ne soit pas utile d'en rajouter. »

## « JMB » ou le retour aux sources du socialisme centriste

Dernier « traître », le « blairiste » Jean-Marie Bockel (« Gauche Moderne »), cinquante-huit ans, avocat, ancien sénateur et maire (ex-PS) de Mulhouse, est secrétaire d'État

1. *Ibid.*

à la Justice, chargé des Libertés dans le gouvernement Fillon IV. Aux municipales de Mulhouse en mars 2008, la liste Bockel, associant 30 % d'UMP et 70 % d'ex-PS, a battu la liste socialiste de seulement 164 voix, avec un taux d'abstention de plus de 60 %. Jean-Marie Bockel (« JMB » pour les intimes) avait rallié le président de la République, juste après la présidentielle de juin 2007. Nommé le 19 juin secrétaire d'État à la Coopération et à la Francophonie, il se fâche très vite avec les présidents africains les plus influents (Bongo et Sassou N'guesso), perd son maroquin pour prendre le secrétariat aux Anciens Combattants, puis celui de la Justice, chargé plus spécialement des prisons, dans le gouvernement Fillon IV. En réalité, l'itinéraire politique de Bockel s'inscrit dans une terrible logique. Catholique pratiquant et père de cinq enfants, colonel de réserve, « JMB » vient d'une famille de droite. Son père et son grand-père ont été successivement à la tête de la plus grosse étude notariale du Haut-Rhin à Thann, notamment pendant la dernière guerre, l'Alsace étant annexée au Reich allemand. Son oncle Mgr Pierre Bockel a été archiprêtre de la cathédrale de Strasbourg et l'avait convaincu dans son adolescence de devenir prêtre.

Mais, ce rejeton du sabre et du goupillon préfère ouvrir, au milieu des années 1970, un cabinet d'avocat à Mulhouse, sous-préfecture du Haut-Rhin située à 20 kilomètres à l'est de Thann, chef-lieu de canton et berceau familial des Bockel. Drôle de choix pour un avocat beaucoup plus passionné de politique que de son métier. En effet, à droite, l'avenir est complètement bouché à Mulhouse, ville alsacienne de tradition socialiste depuis plusieurs décennies, notamment grâce à sa population ouvrière. Ici, le patron local de la SFIO et maire de Mulhouse, Émile Muller, a quitté ce parti, en 1971, au congrès d'Épinay, étant hostile à toute alliance avec les communistes. Ce dernier crée avec d'autres socialistes, dont l'ancien ministre et maire d'Abbeville Max Lejeune, le PSD (Parti Social Démocrate), qui s'affiliera quelques années plus tard à l'UDF. Et surtout, Émile Muller a un héritier en la personne de Joseph Klifa (PSD), son premier adjoint, qui sera maire de Mulhouse de 1981 à 1989. Fort logiquement, pour espérer vivre un jour de la politique, « JMB » n'avait qu'un seul espoir à Mulhouse : adhérer au PS, où l'absence de leader lui laissait tous les espoirs.

## Arlette Grosskost, la « tueuse » de « JMB »

JMB se positionne alors à l'aile gauche du parti en adhérant au Cérès, dirigé par son « voisin » Jean-Pierre Chevènement, député et premier adjoint au maire de Belfort à l'époque. Il devient député à trente ans en 1981, ministre du Commerce en 1984 dans le gouvernement Fabius et maire, dès 1989, de Mulhouse, cette grande sous-préfecture de 112 000 habitants. Il bat Joseph Klifa, vice-président du PSD et dirigeant de l'UDF. Frappée par les mutations industrielles, Mulhouse affiche à l'époque un taux de chômage record de 10,3 %. Aussi, aux municipales de 1995, un « front républicain », unissant centre et gauche pour faire barrage au Front national (qui flirte à l'époque avec les 30 % des voix en Alsace), assure alors la réélection de JMB. Deux ans plus tard, regonflé à bloc mais mauvais stratège, ce dernier amorce son virage à droite. Il dénonce « l'archaïsme » de son parti et rompt avec Lionel Jospin qui est nommé Premier ministre peu après... Désormais au purgatoire jusqu'en 2007, il n'a plus rien à perdre. Décidé à frapper un grand coup, il fait un vibrant plaidoyer en faveur d'un blairisme à la française, en novembre 2005, au congrès du PS du Mans. Il parle devant une salle presque vide et sa motion ne recueille que 0,65 % des suffrages. C'est l'humiliation.

Entre-temps, pour son malheur, « JMB » s'est heurté à une sacrée bonne femme, une « grande gueule », gaulliste de conviction et de famille. Cette avocate d'affaires avait décidé, en 2002, de lui faire reprendre sa robe d'avocat. Tout l'oppose à cette femme Arlette Grosskost, une fille de résistant et déporté, de quarante-huit ans à l'époque qui, ses enfants une fois élevés, décide de se lancer en politique pour servir ses concitoyens, pas du tout pour en vivre. Elle ferme alors son cabinet d'avocat (par éthique dit-elle) et commence par battre à plate couture JMB député PS sortant aux législatives de 2002. Et pour un coup d'essai, c'est un coup de maître, elle recueille 56 % des votants. Rebelote aux législatives de 2007, elle fait le même score avec 50 % d'abstention seulement cette fois et bat ainsi Pierre Freyburger, le premier adjoint PS au maire PS de Mulhouse. De peur de perdre, JMB a préféré ne pas se présenter. Le prochain objectif d'Arlette Grosskost, elle ne s'en cache pas, est alors de chasser JMB de la mairie de Mulhouse au muni-cipales de 2008. Et son adversaire, JMB, l'a parfaitement compris. « Arlette », comme on l'appelle à Mulhouse, est une vraie machine à gagner les élections. Et à Paris, cette cumularde ne joue pas les absentéistes, on l'écoute, elle est influente. Depuis sa réélection en juin 2007, soit en deux ans, elle a rédigé deux rapports, une proposition de loi, a posé 120 questions écrites et a pris la parole 15 fois en commission des Finances. Rien à voir avec les discrètes apparitions de JMB au Sénat de 2004 à 2007, juste avant son entrée au gouvernement.

## « JMB n'a rien d'un homme de gauche »

« Depuis sa défaite en 2002, JMB joue double jeu, explique Arlette Grosskost. Il a immédiatement compris qu'en 2008, avec la seule étiquette PS et une liste de gauche plurielle, il serait battu aux municipales de 2008. C'est pour-quoi il avait immédiatement noué des relations avec l'entou-rage du président de la République Jacques Chirac. Il avait en sa possession notamment le numéro de téléphone mobile de Claude Chirac, la fille du président. Ce qui n'était pas trop difficile pour lui, car il n'a rien d'un homme de gauche. C'est un professionnel de la politique doublé d'un pur opportuniste[1]. » Rival malheureux d'Arlette Grosskost aux législatives de 2007 à Mulhouse, Pierre Freyburger, conseiller général PS et ex-premier adjoint de JMB à la mairie de Mulhouse jusqu'en mars 2008, ne dit pas autre chose : « Ce n'est pas tant le fait que JMB ait rallié Nicolas Sarkozy qu'on peut lui reprocher le plus, mais bien de vouloir y entraîner sa majorité municipale et d'entretenir l'ambiguïté sur son ancrage à gauche. C'est en cela qu'il y a trahison par rapport au mandat que lui ont confié les électeurs[2]. » En effet, depuis son entrée au gouvernement, il y a deux ans, JMB affirme dans toutes ses interviews qu'il reste un homme de gauche et garde ses convictions, en participant à la réforme de notre pays sous la direction de Nicolas Sarkozy et de François Fillon.

Ce double jeu ne date pas d'hier. Au cours de l'été 2006, Jean-Marie Bockel avait rejoint très officiellement l'association « Diagonale » une structure créée par Brice Hortefeux, aujourd'hui ministre de l'Intérieur. Cet intime de Nicolas Sarkozy est chargé à l'époque de regrouper – très confidentiellement – les sarkozystes de gauche. À la présidentielle de 2007, JMB préside le comité mulhousien de soutien à la candidate PS, Ségolène Royal. Le 13 avril 2007, il parvient à faire venir Ségolène Royal pour un meeting au Palais des sports de Mulhouse. Moins de quinze jours plus tard, le 26 avril, il signe une nouvelle tribune libre, cette fois dans *Le Figaro*, sous le titre « Jean-Marie Bockel : il ne faut pas diaboliser Nicolas Sarkozy ». Encore plus fort et contradictoire, dans le magazine *Le Point* du 31 mai suivant, il annonce sa trahison dans une interview : « Vous voulez un scoop ? Je serai candidat aux municipales en 2008 et j'ouvrirai ma majorité à des éléments de l'UMP. [...] Je vais désormais dire les choses clairement et ceux qui ne sont pas contents, je les emmerde. Je n'ai plus l'âge de me retenir. » Nouvelle volte-face, le 11 juin 2007, au lendemain du

1. Entretien avec l'auteur en juin 2009.
2. Entretien avec l'auteur en juin 2009.

1<sup>er</sup> tour des législatives qui annonce un raz de marée de l'UMP, il signe une tribune libre dans le quotidien *Libération*, en compagnie d'élus PS et du Modem, sous le titre « Appel contre la confiscation du pouvoir par l'UMP et ses alliés ». En bon élève de Machiavel, JMB se rend quatre jours plus tard, le 15 juin, à l'Élysée, où il rencontre le président et le secrétaire général de la présidence de la République, Claude Guéant, pour régler en une demi-heure les derniers détails de son entrée au gouvernement[1].

## « JMB a acheté tout le monde »

Le 19 juin 2007, JMB quitte les rangs de la section du PS, qu'il avait créée trente ans plus tôt à Mulhouse, pour être nommé secrétaire d'État à la Coopération et la Francophonie dans le gouvernement Fillon I. Arlette Grosskot est alors folle de rage, en apprenant cette nouvelle par la presse. Quelques jours plus tard, lors de la réunion du bureau national de l'UMP, elle vole dans les plumes de François Fillon : « On aurait pu au moins m'avertir par téléphone de la promotion de M. Bockel. Cela m'aurait évité de l'apprendre par la presse. » Le Premier ministre lui répond sèchement : « Tu ne me parles pas comme ça. » Silence dans les rangs. Au sortir de la réunion, plusieurs députés la mettent en garde : « Fais attention, Arlette, ils vont te casser. » Reste l'épineuse question des municipales de Mulhouse en 2008. La hiérarchie de l'UMP lui demande de faire une liste avec JMB. Outrée qu'on puisse lui proposer une telle forfaiture, elle refuse sèchement. Le président de la République la reçoit le 27 août 2007. La bouillante Arlette Grosskost en profite pour vider son sac : « Votre stratégie de l'ouverture, c'est bien joli, mais la prime à la trahison que vous avez donnée à JBM en le nommant au gouvernement

---

1. Voir Pierre Freyburger, *Bockel-Freyburger : La rupture*, Éditions Pierre Freyburger, 2008, et Renaud Dely, « Jean-Marie Bockel : le droitier contrarié », *Libération*, 25 juillet 2007.

vous reviendra en pleine figure à plus ou moins long terme. Vous vous flinguez vous-même[1]. » Elle expose une fois de plus ses desiderata. En un mot, elle laisse la tête de liste municipale à JMB, qui doit en échange prendre son député suppléant, l'UMP Jean Rottner, comme premier adjoint. Elle veut, en outre, choisir la moitié des colistiers de la liste Bockel et reconduire en 2010, comme en 2004, la tête de liste aux régionales de 2010 dans le Haut-Rhin (elle l'a obtenu). Un brin énervé, mais plutôt amical, le président acquiesce et fait la bise à Arlette qui attend toujours une confirmation de ces promesses depuis.

Finalement, Bockel n'en fera qu'à sa tête pour constituer sa liste. Aujourd'hui, plus d'un an après la victoire de la liste Bockel-UMP aux municipales de Mulhouse, Arlette Grosskost considère toujours JMB comme un « traître ». Mais elle a décidé, depuis quelques mois, de lui parler : « Je comprends qu'en politique il faille savoir avaler des couleuvres. Mais moi, j'ai avalé un boa. Reste que l'attelage anciens PS-UMP fonctionne très mal à la tête de la mairie de Mulhouse. [...] Le pire c'est que le PS a toutes les chances avec ce bordel de gagner les prochaines municipales de 2012 à Mulhouse[2]. »

La section du PS de Mulhouse, dont un tiers des membres ont soutenu Bockel, a été dissoute. Et celle de l'UMP n'est pas en meilleur état. À l'Assemblée nationale, Arlette Grosskost a démissionné du groupe UMP, n'y étant plus qu'apparentée. La Caste qui tolère parfaitement les trahisons n'est pas sa tasse de thé. Mais ses collègues de l'UMP l'adorent, ils l'ont élue secrétaire du bureau de l'Assemblée nationale, au titre de l'UMP. À l'inverse d'Arlette Grosskost, JMB n'est pas très aimé dans son environnement. Pas plus au gouvernement qu'à la mairie de Mulhouse, où son côté jugulaire-jugulaire et imperméable à toute forme d'humour ne fait pas vraiment recette. Vingt

---

1. Entretien avec l'auteur en juin 2009.
2. Entretien avec l'auteur.

ans de « chevènementisme », amour du drapeau et respect de *la Marseillaise* lui donnent un côté complètement décalé aussi bien au PS qu'à l'UMP. Pas vraiment le style bling bling de la saga Sarkozy, genre Balkany, Aeschliman ou Dati. Et pour les loisirs, le programme n'a jamais varié. C'est opéra et marches dans les Vosges avec Marie-Odile, son épouse toujours au PS depuis trente ans, qui le défend toujours bec et ongles. Pendant dix ans, ce vilain petit canard blairiste égaré au pays du jospinisme, le Petit Chose du socialisme, a souffert des humiliations de ses camarades. Aujourd'hui, c'est fini, grâce à un fantastique retour en arrière. À cinquante-huit ans, il retrouve un rang qu'il occupait déjà à l'âge de trente-quatre ans, benjamin du gouvernement Fabius, à l'époque secrétaire d'État au Commerce, à l'Artisanat et au Tourisme. Vivement la retraite. Il sait que son retour aux affaires sera éphémère et que Mulhouse retombera dans le giron du PS en 2014. Arlette veille.

*11.*

# Après la politique

Très peu de professionnels de la politique prennent un jour la décision de tout arrêter pour profiter de leur retraite. Le constat est encore plus vrai pour la Caste. La politique est leur drogue dure. La Caste domine la politique avec ses cinq cents professionnels hyper spécialisés dans les jeux de pouvoir. Dépourvus très souvent de toute expérience professionnelle antérieure, ces cumulards n'ont jamais fait que de la politique, leur unique métier. Plus grave, ils ne s'intéressent qu'à cela. Drogués au pouvoir, aux privilèges, et aux honneurs, il ne leur reste le plus souvent qu'à mourir en scène ou presque, à l'exemple de Molière. Se retirent du terrain politique les morts, les grands malades cloués au lit et les vaincus du suffrage universel. Et l'incroyable longévité des cinq cents cumulards de la Caste fait obstacle au renouvellement d'une classe politique vivant en vase clos. La surreprésentation du sexe masculin, des fonctionnaires, des énarques, des apparatchiks ou encore de l'élite et des classes moyennes, comme nous l'avons constaté tout au long de ces pages, fausse la représentation démocratique. Les parlementaires et patrons de grandes collectivités locales, de sexe féminin et dotés d'une solide expérience de la vie sociale et économique, ne sont malheureusement pas légion…

Nous avons découvert seulement trois membres éminents de la Caste qui, sans avoir la moindre « casserole » judiciaire ou médiatique, ont décidé d'arrêter brutalement la politique, c'est-à-dire le métier d'élu : Jacques Douffiagues, Jacques Delors et Pierre Mendès France. Lors de la première cohabitation en 1986, Jacques Douffiagues fait partie de la jeune garde libérale avec François Léotard, Alain Madelin, Gérard Longuet, Hervé de Charette et Philippe de Villiers. Ancien ministre des Transports et député-maire UDF d'Orléans, cet énarque et magistrat à la Cour des comptes annonce, en 1988, son retrait de la vie politique active. Il n'a que quarante-sept ans, mais à la suite d'une lourde intervention il sera immobilisé pendant deux ans. Aujourd'hui à la retraite, ce proche de François Léotard, ministre de la Défense (1993-1995), a mené ensuite une carrière de haut fonctionnaire dans le secteur de la Défense. Il se spécialisera dans les ventes d'armes aux pays du Golfe à la tête de la Sofresa, s'occupant aussi tout particulièrement des sous-marins vendus au Pakistan. En 1994, à l'âge de soixante-neuf ans, Jacques Delors renonce à se présenter à la présidentielle alors qu'il avait les meilleures chances. « Je n'ai jamais organisé ma vie en fonction d'une carrière à réaliser, de postes à conquérir », dit-il alors, ajoutant : « Me retrouver dans les salons de l'Élysée comme le couronnement de ma carrière n'a jamais été mon but[1]. » Entre le cynisme dénué de la moindre conviction et l'abandon de toute activité politique, Jacques Delors a choisi. D'où la terrible question qu'il pose en demi-teinte : « faut-il se résigner à laisser le champ libre à la terrible Caste des 500 ? Aujourd'hui, l'ancien président de la Commission européenne, ex-maire de Clichy-la-Garennes et salarié de la Banque de France, coule, à l'âge de quatre-vingt-quatre ans, une retraite confortable avec 14 000 euros bruts mensuels de pension. Troisième exception à l'addic-

---

1. Voir interview de Jacques Delors, TF1, journal de 20 h du 11 décembre 1994.

tion des professionnels à la politique : Pierre Mendès France avait suivi un itinéraire identique à celui de Jacques Delors. Lui aussi avait renoncé au pouvoir plutôt que de sacrifier ses convictions, lorsqu'il avait refusé de se lancer dans la course à l'Élysée. Il n'acceptait pas les institutions de la V$^e$ République à coloration présidentielle. Successivement conseiller général, député, ministre et président du Conseil, en outre, Pierre Mendès France n'avait nul besoin de faire de la politique, ayant une grosse fortune personnelle.

## Une Caste « monarchique »

Directeur d'études à l'École des hautes études en sciences sociales, Pierre Rosanvallon explique ce que cache le renoncement de Jacques Delors : « C'est presque une sorte de "pacte de vie", comme si l'exercice de la politique nouait en même temps un désir de puissance et l'acceptation d'un certain renoncement individuel. Jacques Delors n'a pas voulu ce pacte. Il n'a jamais senti qu'il avait à offrir sa vie à la France. Nous touchons là à quelque chose de très profond dans les sociétés démocratiques. L'homme politique s'y distingue des autres, il devient un être à part. Il accepte de passer sous les fourches caudines de l'opinion. C'est la grandeur et l'ambiguïté du suffrage universel : il conduit à articuler de façon très particulière manipulation de l'opinion et soumission à celle-ci[1]. » Ce curieux rapport ou pacte faustien entre le professionnel de la Caste et l'opinion, cachée derrière les sondages, le marketing politique et toute la société du spectacle, se double d'un principe peu républicain. Le pouvoir est un service, une charge. Le roi républicain et non héréditaire est le souverain, il s'identifie totalement à sa fonction, allant jusqu'à incarner l'intérêt général. Qu'il

---

1. Voir Pierre Rosanvallon, « Jacques Delors ou les infortunes de la vertu », *Libération*, 15 décembre 1994.

soit président de la République, d'un Conseil régional ou général, d'une Communauté de communes, d'une grande ville ou parlementaire, le professionnel cumulard de la Caste se définit aussi aux yeux des Français par un pouvoir d'essence monarchique au travers de son exceptionnelle durée, de ses privilèges et avantages.

Le modèle monarchique de la Caste vient d'en haut. Les cinq anciens présidents de la Vᵉ République ont tous commencé très tôt, pour ainsi au berceau, pour ne plus jamais arrêter. Ils ont consacré à la politique entre trente ans à un demi-siècle de leur vie. Trois d'entre eux, Charles de Gaulle, Georges Pompidou et François Mitterrand sont morts à la tâche ou peu après avoir quitté leurs fonctions. Sans l'exercice du pouvoir, leur vie ne valait plus la peine d'être vécue. Charles de Gaulle meurt d'une rupture d'anévrisme, le 9 novembre 1970, dix-neuf mois après avoir quitté l'Élysée, suite au non au référendum de 1969. Redevenu un simple citoyen, le général vivait de sa pension de colonel (il n'avait été nommé général qu'à titre provisoire) et de ses droits d'auteur. Il avait renoncé à sa retraite d'ancien président de la République. Sa veuve Yvonne de Gaulle devait finir ses vieux jours dans une maison de retraite gérée par les sœurs de l'Immaculée Conception. Georges Pompidou meurt d'une maladie de Waldenström (cancer des os), le 2 avril 1974, dans l'exercice de ses fonctions, sans avoir démissionné malgré d'atroces douleurs. François Mitterrand meurt, en 1996, huit mois après avoir quitté l'Élysée et cinquante ans après avoir été élu pour la première fois en 1946. Un cancer de la prostate le rongeait depuis quinze ans. À aucun moment, il n'a démissionné, malgré d'énormes souffrances. Leurs veuves Claude Pompidou (décédée en juillet 2007) et Danièle Mitterrand ont droit chacune à une voiture avec chauffeur et un garde du corps, 24 heures sur 24 et à vie, et à la pension de réversion de leur mari.

A contrario, VGE et Jacques Chirac sont, aujourd'hui, toujours bien vivants et en bonne santé, le premier vingt-huit ans après avoir quitté l'Élysée, le second deux ans. Ces deux anciens présidents de la République, seuls encore en vie, ont cessé officiellement de faire de la politique, Jacques Chirac depuis son départ de l'Élysée en 2007, VGE en 2004. Quoique. Tous les deux siègent de droit, aujourd'hui, au Conseil constitutionnel. Ces deux « sages » sont une exception au sein de la Caste, dont les membres n'arrêtent de faire de la politique qu'une fois dans la tombe, cloués au lit par une maladie grave ou encore battus par le suffrage universel. Sauf que VGE, âgé aujourd'hui de quatre-vingt-trois ans, serait aujourd'hui encore président du Conseil régional d'Auvergne, s'il n'avait pas été battu aux régionales de 2004. Jacques Chirac, soixante-dix-sept ans, ne s'est pas présenté à une élection depuis qu'il a quitté l'Élysée. Ces deux exceptions à la loi des increvables « papy cumulards » nous reviennent très cher. Jacques Chirac coûte au contribuable français 31 000 euros bruts mensuels, soit 19 000 euros de retraites cumulées et 12 000 euros comme membre de droit du Conseil constitutionnel. VGE un tout petit peu moins cher : plus de 30 000 euros bruts mensuels, soit plus de 18 000 euros de pensions cumulées et 12 000 euros du Conseil constitutionnel[1].

## Treize serviteurs à vie pour VGE et Jacques Chirac

L'ancien président Jacques Chirac, tout comme son ancien rival VGE, est loin des indemnités allouées chaque années à Élisabeth II (11,2 millions d'euros), à Juan Carlos (9 millions d'euros) ou encore à Albert II de

---

1. Voir Yvan Stefanovitch, *Aux frais de la princesse : enquête sur les privilégiés de la République*, JC Lattès, 2007, et Étienne Gingembre et Olivier Drouin, « Dossier : les vrais revenus de nos élus », Capital n° 212, mai 2009.

Belgique (9,5 millions d'euros). Mais, les deux ex-
présidents de la République française bénéficient d'un
revenu identique à ceux de trois chefs d'État en exercice.
Le roi du Maroc Mohammed VI, quarante-six ans, qui
reçoit une indemnité mensuelle de 36 000 euros bruts ;
Abdelaziz Bouteflika, soixante-douze ans, président
d'Algérie, 48 000 euros bruts ; et la reine Béatrix des
Pays-Bas, soixante et onze ans, 30 000 euros bruts. À
l'exemple de ce roi, de ce président de la République et de
cette reine, VGE et Jacques Chirac bénéficient d'une suite
royale. Ils disposent chacun de treize fonctionnaires à leur
service jusqu'à leur mort. L'abolition des privilèges,
depuis la nuit du 4 août 1789, ne s'applique pas à ces
deux éminents dirigeants de la Caste. Le contribuable leur
fournit à chacun, à vie, un bureau-appartement (Chirac et
VGE ont eux-même trouvé leur logement dont les
charges et le téléphone sont aux frais de l'État) avec deux
employés de maison, deux gardiens de la paix devant leur
domicile, une voiture avec deux chauffeurs, deux gardes
du corps, un directeur de cabinet, deux secrétaires parti-
culiers, un employé des archives nationales et trois secrétaires sténo dactylo. Le même contribuable doit prendre
en charge le gardiennage du château de Jacques Chirac à
Bity en Corrèze toujours gardé, 24 heures sur 24, par des
gendarmes. Ce dernier n'a pas de pied à terre dans la
capitale. Il y est pratiquement SDF. Et pour cause,
l'ancien président a été logé pendant trente-trois ans, aux
frais de la princesse, c'est-à-dire dans des palais de la
République. Durant ces trente-trois années, Bernadette
Chirac n'a jamais pu acheter un rouleau de papier hygié-
nique. En revanche, VGE a toujours habité à Paris dans
son appartement, où il réside toujours.

Jacques et Bernadette Chirac vivent depuis deux ans et
demi, au premier étage du 5 quai Voltaire à Paris, dans un
modeste huit pièces de 391 m$^2$ (trois salles de bains, trois
toilettes, une salle à manger, un salon, cinq chambres, deux
cuisines et un grand balcon), avec vue sur le musée du

Louvre et la Seine. Cette suite royale est prêtée aux Chirac « provisoirement » par la famille de Rafic Hariri, l'ancien président du Liban assassiné en février 2005. Chef d'entreprise prospère dans le BTP (son groupe Oger employait 45 000 personnes dans le monde), le défunt avait beaucoup travaillé en France. Il avait ouvert, à la fin de la guerre civile au début 1990, les portes de du chantier de reconstruction de Beyrouth aux grandes entreprises de BTP françaises, filiales de la Compagnie générale des Eaux, de Bouygues et de Dumez. Le loyer du 5 quai Voltaire (10 000 euros par mois) est pris en charge par l'un des fils Hariri. Juste avant de quitter l'Élysée, Jacques Chirac avait remis la Légion d'honneur à l'un d'eux, Saad Hariri, devenu Premier ministre du Liban en juin 2009. Un autre appartement de 31 m$^2$, situé quai Voltaire à l'entresol, a été transformé en office pour accueillir une partie du personnel mis à la disposition de l'ancien président par la République. Quand le couple Chirac est présent dans l'immeuble du quai Voltaire, deux gendarmes en tenue de combat (gilet pare-balles et fusil Famas) stationnent dans les étages et deux autres sur le toit (des tireurs d'élite qu'on aperçoit facilement du trottoir longeant la Seine) sans compter les deux gardiens de la paix en faction dans la rue devant la porte cochère. Le même dispositif est en place dans le confortable appartement parisien de VGE et dans sa résidence cossue en Auvergne. Et quand ils ne sont pas à Paris, Jacques et Bernadette Chirac voyagent et séjournent toujours gratuitement, hébergés dans les châteaux de leurs amis Pinault près de Saint-Tropez, à Dinard en Bretagne ou dans l'Eure près des Andelys. Le couple n'a pas encore un centime à débourser, étant logé et transporté en « Falcon » et hélicoptère par l'industriel protégé en permanence par quatre gardes du corps. Immatriculée simplement 19 (numéro du département fétiche de l'ancien président : la Corrèze), la 607 noir de fonction aux vitres teintées des Chirac a sa place réservée dans la cour de l'immeuble du quai Voltaire.

Qui décide du coût du train de vie des deux anciens présidents de la République pour le contribuable ? La retraite statutaire du président de la République est confortable. Une loi du 3 avril 1955 prévoit une dotation correspondant au traitement indiciaire brut d'un conseiller d'État en service ordinaire, soit 5 250 euros bruts mensuels. Pour le reste, une lettre (qui curieusement fait force de loi) fixe tous les avantages et privilèges accordés aux anciens présidents de la V$^e$ République. Cette lettre date du 8 janvier 1985 et a été signée par le Premier ministre de l'époque, Laurent Fabius, sur la demande du président de la République alors en exercice, François Mitterrand. Cette missive à caractère discrétionnaire avait été adressée à Valéry Giscard d'Estaing. Elle visait à combler un vide juridique créé par la longévité de l'ancien président de la République Valéry Giscard d'Estaing. À l'époque, ce dernier cumulait à nouveau plusieurs mandats, malgré le traumatisme subi lors de son échec à la présidentielle de 1981. Il était alors conseiller général de Chamalières, député du Puy-de-Dôme et approchait de la soixantaine, c'est-à-dire de l'âge de la retraite. Le temps était venu de trouver un modus vivendi qui s'appliquerait à tous les anciens présidents de la République. Laurent Fabius décidait donc d'affecter treize fonctionnaires, un appartement-bureau et une voiture au service de tous les anciens présidents de la République. Par contre, chaque ex-président, c'est dans la Constitution de la V$^e$ République, est membre de droit du Conseil constitutionnel. Condition obligatoire : l'ancien président ne doit plus détenir un seul mandat politique. Une condition qui lui permet également de toucher toutes ses retraites.

C'est le directeur de cabinet actuel de l'ancien président Valéry Giscard d'Estaing, le préfet honoraire Olivier Revol, qui a révélé la genèse de ces fastes royaux à notre confrère Étienne Gingembre du mensuel « Capital ». Pour bien comprendre que notre pays est une république monarchique, il suffit de voir ce qui se passe chez notre voisin allemand. Angela Merckel, Chancelière allemande, assiste à toutes les réunions internationales avec le rang de chef d'État, le président allemand n'exerçant qu'une charge honorifique. Le salaire du chef de gouvernement allemand est fixé à 16 000 euros par mois. En ajoutant ses frais de représentation et son traitement de député (auquel elle a toujours droit), elle gagne en tout 23 000 euros par mois, soit à peu près la même somme que Nicolas Sarkozy ou François Fillon. La différence : elle doit régler de sa poche le loyer de son appartement, fait ses courses sans garde du corps et n'a pas droit à des frais exceptionnels hors de l'enveloppe officielle. Une fois à la retraite, elle n'aura ni fonctionnaire à son service, ni voiture de fonction. Mais, Ancien régime oblige, pas question dans l'Hexagone de voir un président de la République ou Premier ministre en exercice ou à la retraite pousser son caddie dans un super-marché. Les Français le souhaitent-ils ? Dans les rangs de la Caste, on reste convaincu du contraire. Les Français sont persuadés, dit-on, que la fonction exige un certain apparat. Et on se dit discrètement persuadé que le train de vie démesuré du Prince républicain et des cinq cents princes de la politique, du plus petit au plus grand, est un attribut de leur pouvoir passé ou présent.

Dans ses *Mémoires*[1], même le discret Jacques Delors semble penser de même. Il évoque ainsi sa mise à la retraite en décembre 1994, à l'âge de soixante-neuf ans, à l'occasion de son départ de la tête de la Commis-sion européenne à Bruxelles : « À Bruxelles, j'avais un statut de chef d'État. Contrairement à ce qu'offre la fonction d'ancien Premier ministre en France – une secrétaire, un chauffeur, un garde du corps et un bureau, bien sûr –, je savais que je n'aurais droit à Paris à aucun soutien matériel, sauf si l'Élysée ou Matignon faisait un geste. Ce qui ne leur est pas venu à l'idée. En

1. Plon, 2004.

tant que président de la Commission internationale pour l'Éducation, j'avais un bureau à l'Unesco, que j'utilisais déjà quand je venais de Bruxelles à Paris et où je suis allé m'installer. En tant qu'ancien président de la Commission de Bruxelles, je n'avais droit à rien mais, grâce à la gentillesse de Jacques Sauter (Nda : son successeur à la tête de la Commission de Bruxelles), pendant les premières années qui ont suivi mon départ, j'ai bénéficié d'un bureau et d'une secrétaire, Judith Beck, grâce à laquelle j'ai pu récupérer de nombreux documents, notamment ceux qui avaient trait à la préparation du Livre Blanc de la Commission européenne, et pendant quelque temps, j'ai pu compter sur un chauffeur à Bruxelles. » Jacques Delors touche une retraite de 14 000 euros bruts par mois, en tant qu'ex-employé de la banque de France, ancien haut fonctionnaire et président de la Commission de Bruxelles[1].

## Le sage Michel Rocard
## et le « Gros Quinquin » sénateur à vie

L'ancien Premier ministre de François Mitterrand (1988-1991), Michel Rocard, est un sage. À l'inverse de la quasi-totalité des membres de la Caste, il a eu assez de force pour décrocher de la politique active à l'âge de soixante-dix huit ans. Il a terminé, en juin 2009, son dernier mandat de député européen, et a fait valoir ses droits à la retraite. En plus des 4 700 euros bruts mensuels de retraite d'inspecteur des Finances et de maire de Conflans-Sainte-Honorine, il perçoit chaque mois une pension de 6 400 euros au titre de sa retraite d'ancien député européen et de l'Assemblée nationale. À ces 11 708 euros bruts par mois de retraite pour ses anciens mandats politiques et son ancienneté de haut fonction-

---

1. Voir Robert Colonna d'Istria et Yvan Stefanovitch, *le Sénat : les super privilégiés de la République*, éditions du Rocher, 2008.

naire, il faut ajouter 5 000 euros bruts mensuels en tant qu'ambassadeur de Nicolas Sarkozy sur le dossier du partage de l'Arctique de l'Antarctique. Le papy retraité de la Caste, Michel Rocard, empoche aujourd'hui un revenu de 16 708 euros bruts mensuels. Toujours aussi passionné de la chose politique, l'ancien rival de François Mitterrand donne aussi une dizaine de conférences par an, sur des sujets tels que « L'avenir des logiciels libres » ou « Le microcrédit au Cambodge ». Prix de la prestation : jusqu'à 10 000 euros les deux heures[1].

Aux côtés de l'ancien Premier ministre gaulliste et maire de Bordeaux, Alain Juppé, Michel Rocard, a accepté, en juin 2009 de présider, à la demande de l'Élysée, « une commission chargée de réfléchir aux priorités » du futur emprunt national de l'État. Un Alain Juppé qui, aujourd'hui à l'âge de soixante-trois ans, revient de loin. Il avait été condamné, le 1er décembre 2004, en appel à quatorze mois de prison avec sursis et un an d'inéligibilité, dans l'affaire des salaires fictifs de la mairie de Paris. Alain Juppé s'en était allé enseigner au Québec. Devenu blogueur, l'ancien Premier ministre succombait, écrivait-il, au « charme de Montréal », vantant ses journées « lumineuses et chaudes ». En fait, il n'a eu de cesse de préparer son retour en politique et à Bordeaux, dont il redevient maire en 2006, avant de se faire battre aux législatives de 2007. Aujourd'hui, il rêve de la présidentielle de 2012. Devenu très opposé au cumul des mandats, il touche 12 000 euros bruts mensuels de retraite comme ancien inspecteur des Finances et ex-député, 3 377 euros en tant que maire de Bordeaux et surtout de juteux droits d'auteur pour ses livres qui marchent très fort.

La plupart des autres anciens premiers ministres de la Vᵉ République ne sont pas ou plus élus, à savoir le

1. Voir « Les indemnités officielles des stars de la politique. et leurs business cachés », *Capital*, 22 juin 2009.

diplomate Dominique de Villepin ; le haut fonctionnaire à la retraite Lionel Jospin ; les retraités « privé-
public » Édouard Balladur et Edith Cresson. Tous les
quatre ont abandonné la politique active, ce qui ne les
empêche pas de multiplier prises de position, interviews
et livres. Ces anciennes stars de la Caste soldent souvent
de « vieux comptes » et donnent sans cesse leur avis sur
la situation politique dans l'Hexagone. C'est plus fort
qu'eux. Devenu provisoirement avocat d'affaires, le
diplomate en disponibilité Dominique de Villepin,
cinquante-trois ans, tacle le président de la République,
dans l'espoir secret d'être candidat à la présidentielle de
2012. Edith Cresson (plus de 10 000 euros bruts de
retraite mensuelle de député, commissaire européen, élu
local et de chef d'entreprise), soixante-quinze ans, ne
cache pas son admiration pour Ségolène Royal. Édouard
Balladur (20 000 bruts euros de retraite moitié dans le
privé, et moitié en tant que député et conseiller de
Paris) a dirigé le Comité sur la réforme des collectivités
locales.

Évincé du second tour de l'élection présidentielle au
profit de Jean-Marie Le Pen, Lionel Jospin (8 000 euros
bruts mensuels de retraite de député, de conseiller général
et de diplomate) avait annoncé, le 21 avril 2002, son
retrait de la vie politique. Après une courte retraite, il
n'avait pu s'empêcher de reprendre du service. Le faux
retraité de l'île de Ré multiplie depuis les interviews,
s'immisce dans les campagnes électorales et publie livre
sur livre. Dans son collimateur, sa cible préférée Ségolène
Royal en prend régulièrement pour son grade. Comme
Alain Juppé, le voici, à l'âge de soixante-treize ans, en
embuscade pour 2012. Condamné lui à cinq ans d'inéligibilité en 1996 et après deux ans et dix mois de prison,
Alain Carignon est reparti, malgré tout, à la reconquête
de Grenoble. Redevenu depuis 2003 président de la fédération UMP de l'Isère, il se fait étriller par une socialiste
aux législatives de 2007 à Grenoble avec moins de 40 %

des voix au second tour. L'ancien ministre et ami de Nicolas Sarkozy rêve toujours de la mairie de Grenoble. Humilié par le suffrage universel, condamné par la justice et jeté en prison, il ne se découragera jamais. Le président de la République lui a trouvé un joli point de chute : il sera l'un des douze députés représentant les Français de l'étranger qui sont chacun élus par quelques milliers de votants.

À quatre-vingt-un ans passés aujourd'hui (trois ans de plus que Michel Rocard), il serait grand temps pour l'ancien Premier ministre Pierre Mauroy, l'homme de la retraite à soixante ans, de quitter la scène politique, de tourner la page et de laisser à d'autres le soin de remplir ses mandats. Rompu à la manœuvre des courants au sein du PS et au clientélisme sur le plan local, l'homme personnifie à merveille le professionnel de la politique engagé au plus haut niveau de la Caste. Ce vrai Pygmalion a collé la maladie du cumul et les habitudes d'un clan à sa tribu de dauphins qui se déchirent. De Bernard Derosier à Alain Cacheux ou Patrick Kanner en passant par Bernard Roman et Martine Aubry. Ce baron indéboulonnable du socialisme français, patron de Lille et de la puissante fédération du Nord, fidèle de François Mitterrand, fait encore la pluie et le beau temps dans le Nord. Il y a quarante ans que cela dure, aussi bien à gauche qu'à droite. Au sein de la Caste, l'ancien Premier ministre a été l'un des pires cumulards comme le rappelle la liste de ses mandats : maire de Lille (1973-2001), président de la Communauté urbaine (1989-2008), président du Conseil régional (1974-1981), député (1973-1992) et sénateur depuis 1992. Un cumul horizontal, c'est-à-dire additionnant différents mandats, et un cumul vertical, sur près de quarante ans. Résultat : une chape de plomb qui empêche tout renouvellement politique à gauche.

Le 4 octobre 2007, l'ancien prof d'histoire-géographie avait annoncé son retrait de la présidence de la Communauté urbaine, lors d'une conférence de presse qui devait durer deux heures d'horloge. Sans joie, avec nostalgie. Il a posé « La question » : « Que vais-je faire ? » Il s'est répondu à lui-même : « Mais rassurez-vous, je vais trouver quelque chose à faire. J'aurai de quoi faire. » Ce « rassurez-vous » s'adressait sans doute surtout à lui-même. Pierre Mauroy a, en effet, eu trois passions dans sa vie : le socialisme, sa bonne ville de Lille et François Mitterrand. Le socialisme, il l'a épousé à quinze ans, il n'est plus maire de Lille et François Mitterrand est mort... « Gros Quinquin » (c'est son surnom au PS) s'accroche encore à son mandat de sénateur, qui est renouvelable en 2010. Se représentera-t-il, à quatre-vingt-deux ans, aux sénatoriales de 2010, son siège étant renouvelable ? Au Sénat, on le voit de moins en moins. Il est vrai que ses collaborateurs sont obligés d'alléger son agenda en raison de son grand âge. Ainsi, en 2009, il a pris la parole en séance une fois, contre quatre fois en 2008, une fois en 2007, deux fois en 2006, trois fois en 2005, quatre fois en 2004 et cinq fois en 2003. S'il rempile comme sénateur en 2010, « Gros Quinquin » ne verra pas sa retraite augmenter, car il est au maximum de cotisation pour un parlementaire. Une fois redevenu simple citoyen, il pourra toucher, dès 2010, une pension mensuelle brute de 11 200 euros, tout en bénéficiant toujours d'une voiture de fonction avec chauffeur-garde du corps, d'une secrétaire, d'un bureau, en tant qu'ancien Premier ministre. Le tout à vie.

## La Caste ne veut pas de Bernard Kouchner

Certains professionnels de la politique, tel Bernard Kouchner, n'ont pas eu cette « chance » de cumuler des mandats électoraux. L'ancien étudiant communiste, fonda-teur de « Médecins sans frontières », puis de « Médecins du Monde » n'a jamais fait vraiment partie de la Caste des cinq cents cumulards. Bernard Kouchner avait pourtant bien essayé d'y entrer. Alors dans le peloton de tête des sondages de popularité des personnalités françaises, le prince de l'humanitaire est nommé secrétaire d'État chargé de l'insertion sociale dans le premier gouvernement Rocard. Cette notoriété ne lui évite pas une magnifique veste électorale dans le département du Nord aux législatives de 1988. Parachuté par le PS dans un bastion du PC, il arrive loin derrière son adversaire communiste Alain Bocquet. Huit ans plus tard, en 1996, rebelote : il est battu par un communiste à Gardanne dans les Bouches-du-Rhône, en tentant de succéder à Bernard Tapie, déchu de son mandat. En 1997, troisième et dernière tentative de parachutage en Lorraine, où les militants locaux du PS s'opposent avec succès à sa venue. Trop parisien, trop gauche caviar et trop distant. Dans les rangs de la Caste, on raille surtout sa boulimie médiatique.

De fait, pour gagner sa vie et parce qu'il adore la politique, le bon docteur Kouchner est condamné à courir sans cesse après un maroquin ministériel. Aujourd'hui, il a réalisé son plus vieux rêve, être ministre des Affaires étrangères, un rêve que la gauche ne lui avait pas permis de concrétiser. Certes, l'ancien french doctor a été de tous les gouvernements socialistes de 1988 à 2001, mais cela ne lui donne pas droit à la moindre retraite. Âgé de soixante-neuf ans aujourd'hui, Bernard Kouchner touche 14 017 euros bruts d'indemnité mensuelle comme ministre des Affaires étrangères du gouvernement Fillon IV. Sa petite retraite des hôpitaux de Paris, en tant qu'ancien gastro-entérologue à l'hôpital Cochin, et une autre comme ex-député européen de 1994 à 1997 lui permettent tout juste d'acheter ses journaux, pas d'assumer le train de vie lié à son superbe appartement parisien près du jardin du Luxembourg et à sa belle villa à côté de Bonifacio, en Corse. Il est vrai que sa compagne depuis trente ans n'est pas dans le besoin. Après la nomination de son compagnon comme ministre de Nicolas Sarkozy, Christine Ockrent, soixante-cinq ans, a été nommée, par le gouvernement, directrice générale de la nouvelle télévision publique à destination de l'étranger

« France 24 ». Révélé par les syndicats, son salaire annuel est de 310 000 euros bruts, c'est-à-dire bien supérieur à ceux de Barack Obama, Angela Merkel ou Nicolas Sarkozy. Formellement, « France 24 », financée à 100 % par l'État, ne dépend pas du ministère des Affaires étrangères, mais des services du Premier ministre[1]. Christine Ockrent ne sera donc pas sous la tutelle directe de son compagnon, mais seulement du gouvernement auquel il participe. Ça change tout...

Dans la biographie « autorisée » du ministre de Lionel Jospin et de François Fillon, Michel-Antoine Burnier[2] pose la vraie question : « Que faire et comment gagner sa vie quand on n'est plus ministre, ni député, ni fonctionnaire ? » La réponse est claire. Il faut redevenir ministre quel que soit son âge. Aujourd'hui, à soixante-neuf ans, Bernard Kouchner est le plus vieux des ministres du gouvernement Fillon IV, dont la moyenne d'âge s'élève à cinquante-trois ans. Et quand il n'est pas ministre, l'ancien « French Doctor » ouvre son fantastique carnet d'adresses. En 2009, un livre de Pierre Péan[3] portera à la connaissance du grand public que Kouchner a exercé une activité de consultant rémunérée en proposant ses services auprès de grands groupes comme Pfizer ou Total ou de gouvernements africains comme celui du Gabon ou du Congo. Le rapport de 2003 de sa société « BK-Conseil » sur les activités de Total en Birmanie (notamment l'emploi de travailleurs forcés) a aussi fait l'objet d'une controverse publique.

---

1. Voir Emmanuel Berretta, « Christine Ockrent prend les rênes de France 24 », Le Point-fr, 13 février 2009, et Emmanuel Beretta, « Christine Ockrent touche 310 000 euros par an, selon les syndicats », Le Point-fr, 25 mars 2009.

2. *Les 7 vies du Dr Kouchner*, XO éditions, 2008.

3. *Le monde selon K*, Fayard, 2009.

## L'ex-maire de Saint-Étienne s'est remis à l'écriture

Il existe aussi des cumulards qui ne le sont plus, à l'image de Michel Thiollière, le sénateur-ex-maire UMP de Saint-Étienne, qui a perdu contre toute attente son fauteuil de maire aux municipales de 2008. Cet ancien prof d'anglais de cinquante-trois ans a dirigé cette mairie pendant quatorze ans d'affilée, avant d'en être chassé par le suffrage universel. Difficile de se remettre en question pour le sénateur Michel Thiollière, un peu plus d'un an seulement après sa défaite. La Caste ne lui est d'aucun secours. Il profite de son temps libre pour faire du vélo de manière assidue et rencontrer plus souvent ses électeurs, les maires des cantons de Haute-Loire. « Mon sport préféré, c'est le vélo ! J'adore faire du vélo, avoue Michel Thiollière. Même lorsque j'étais maire, quand j'avais un peu de temps libre, j'en profitais pour aller rouler sur les petites routes de campagne. C'était idéal pour décompresser et se ressourcer. Bien sûr, je suis régulièrement et avec assiduité les étapes du Tour de France. Je ne résiste d'ailleurs jamais au plaisir d'assister à une étape en "direct", quand le Tour de France ne passe pas très loin de la région[1]. » Depuis quelques années, Michel Thiollière avait quitté le quartier de Bizillon, en plein centre ville de Saint-Étienne, pour venir s'installer dans une petite maison du quartier résidentiel de Saint-Victor, à plus de 10 kilomètres de la mairie. « Comme je travaillais souvent en fin de semaine et que nous avons donc rarement la possibilité de partir en week-end, ma femme et mes enfants étaient ici au vert. D'ici, je pars directement à vélo et je longe les bords de Loire, sur une centaine de kilomètres, par la route du barrage de Grangent », explique le maire[2]. Autrefois commune indépendante en périphérie de l'agglomération, Saint-Victor fait

---

1. Entretien avec l'auteur en mars 2009.
2. *Ibid.*

aujourd'hui partie intégrante de la ville, même si on a
déjà le sentiment d'être à la campagne.

   Seul gros avantage dorénavant depuis sa défaite aux
municipales de 2008 : son téléphone mobile ne sonne
plus dix à quinze fois le dimanche et reste presque muet
en semaine. La semaine de 80 heures, c'est fini. « Je peux
prendre le temps, explique-t-il, maire d'une grande ville,
on ne peut se confier à personne. On est là pour écouter
les autres, leurs souffrances, leurs problèmes, et pour
essayer de les aider d'une manière ou d'une autre[1]. » Un
seul gros problème aujourd'hui. En mairie, il avait engagé
à son cabinet sept collaborateurs avec des contrats de
deux fois trois ans. Sa défaite a mis au chômage deux
d'entre eux, des femmes qui, malgré tous ses efforts, n'ont
pas retrouvé de travail. L'une était alors âgée de plus de
quarante ans et l'autre se trouvait en congé maternité.
L'ancien maire était aussi écrivain à ses rares heures
perdues. Auteur de trois romans et d'un essai, le sénateur
Michel Thiollière a repris le stylo. Son premier livre, *John
le Shetlandais*, est paru en 1993 aux éditions Horvath. Il
racontait une histoire vraie à travers l'aventure de John
Harrower, en Grande-Bretagne et aux Amériques à la fin
du XVIIIe siècle. John le Shetlandais, c'est la vie d'un
homme pris dans la tourmente de l'Histoire à une
période-clé, où les treize colonies américaines s'émanci-
pent du joug britannique pour s'élever au rang de nation.
Sont venus ensuite *Frères d'armes* chez Grasset et
Fasquelle en 1999 et *Le Scribe : Nouvelles d'Égypte*, aux
éditions TV & Co, en 2002. Son quatrième ouvrage
*Quelle ville voulons-nous ?* est paru l'année dernière aux
éditions Autrement. C'est une réflexion sur les villes et la
ville en général, pour mieux comprendre Saint-Étienne et
l'évolution du monde.

   Redevenu en mars 2008 simple conseiller municipal
de Saint-Étienne, Michel Thiollière croise souvent le fer

---

1. *Ibid.*

avec le nouveau maire socialiste Maurice Vincent, dont il conteste la plupart des décisions. À cinquante-trois ans, l'ancien maire n'a jamais dit qu'il ne se représenterait pas devant les électeurs pour les municipales de 2014. Une chose est sûre pour l'instant. Devenu non cumulard par la force des choses, Michel Thiollière travaille aujourd'hui à plein temps au Sénat. Les chiffres officiels le prouvent. De janvier à début juillet 2009, il est intervenu treize fois en séances contre cinq fois en 2008, pas du tout en 2007, six fois en 2006, une fois en 2005, 2004 et 2003. Durant les six premiers mois de 2009, il a pris la parole dix-huit fois en commission de la Culture, de l'Éducation et de la Communication, dont il est vice-président. Pendant la même période, il a rédigé dix rapports contre zéro en 2008 un en 2007, zéro en 2006, deux en 2005, un en 2004 et 2003. Le cumulard est devenu un élu à plein temps. Michel Thiollière ne s'en plaint pas.

## Jean-François Le Grand voulait tout arrêter

À l'inverse de Michel Thiollière, le sénateur-président du Conseil général de la Manche Jean-François Le Grand ne voulait plus cumuler. Il voulait abandonner tous ses mandats à l'occasion des cantonales de 2008 comme il l'explique : Je devais normalement être quasiment à la retraite depuis l'année dernière. Je ne voulais plus me représenter aux cantonales et abandonner en même temps mon mandat de sénateur. J'ai aujourd'hui soixante-six ans. C'est un peu trop âgé pour faire encore de la politique. À partir de soixante-cinq ans, on commence sérieusement à vieillir. Les neurones ne fonctionnent plus aussi vite. Bien sûr, on ne s'en rend pas trop compte[1]. » En fait, il a dû se résoudre à se représenter pour mettre fin au chaos provoqué par l'annonce de sa retraite. Sept conseillers généraux se bagarraient

---

1. Entretien avec l'auteur en avril 2009.

pour lui succéder à la tête du Conseil général de la Manche. « Je préfère éviter un départ un peu trop précipité, précise-t-il, aussi je garde mes deux mandats et attends une situation plus stable qui permettra à mes successeurs de s'imposer naturellement au Conseil général et au Sénat[1]. »

Maire de son village natal Lessay pendant sept ans, sénateur depuis vingt-sept ans et président du Conseil général pendant onze ans d'affilée, Jean-François Le Grand pense qu'il a mieux à faire. Ce cumulard se dit persuadé qu'il y a une vraie vie après la politique : « Et j'ai plein de choses à faire une fois à la retraite et, en premier lieu, écrire. J'ai, à la fois, hâte d'écrire, peur d'écrire et très envie d'écrire. J'ai déjà le titre de mon second ouvrage "le politicotron" ou l'accession de particules politiques à très faible densité[2]. » Monsieur le sénateur-président du Conseil général et apprenti écrivain a déjà noirci les pages d'un premier petit roman, le « Manchistan », qui décrit une guerre civile dans le département de la Manche avec des talibans, des chefs de guerre et des trafiquants d'opium. L'ouvrage a circulé sous le manteau dans le département de la Manche et cela ne lui a pas fait que des amis. Jean-François Le Grand raconte ses débuts d'écrivain : « La première fois, je m'y suis mis un peu par hasard, pendant une journée, lors du vote du budget, une trentaine de sénateurs prennent la parole simplement afin de justifier de leur présence avec un entrefilet consacré à leur intervention dans leur journal local. Je suivais les débats de mon bureau avec le "perroquet", le petit haut-parleur qui, dans le bureau de chaque sénateur, permet de suivre les débats à distance[3]. » Pour l'instant, tous les mardis matin, la voiture du Conseil général de la Manche le

---

1. *Ibid.*
2. Entretien avec l'auteur en avril 2009.
3. *Ibid.*

dépose au Sénat avant de revenir le chercher dans la journée du jeudi suivant. Au Palais du Luxembourg, en tant que spécialiste du développement durable, l'ancien vétérinaire travaille surtout dans les réunions de la commission de l'Économie, du Développement durable et de l'Aménagement du territoire. En 2009, il y est intervenu à neuf reprises. Pour se mettre réellement à l'écriture dans sa maison située en face de l'île de Jersey, le sénateur doit attendre les prochaines cantonales de 2011.

## Le spleen de l'ex-député maire du Touquet

À l'origine du fantastique développement de la cité thermale du Touquet en bordure d'un bassin minier sinistré, l'ancien député-maire UDF du Touquet, Léonce Deprez, quatre-vingt-trois ans, a, lui, du mal à tourner la page. Contrairement à bien d'autres retraités ou recalés du suffrage universel, il ne s'est pas précipité pour décrocher un poste d'ambassadeur itinérant ou de patron d'un office interministériel. Histoire de toucher une indemnité mensuelle de l'ordre de 6 000 euros bruts mensuels et d'avoir une voiture de fonction avec chauffeur. L'ancien champion de 110 mètres haies roule dans une Vel Satis noire qu'il conduit lui-même et a payé de ses propres deniers. Ses retraites de député (5 000 euros bruts par mois), de maire (1 000 euros), de conseiller régional (1 000 euros) et de chef d'entreprise (1 800 euros) lui suffisent. Il n'a jamais eu besoin d'être élu pour gagner sa vie. Maire de 1969 à 2008 et député de 1986 à 2007, cet ancien patron d'une imprimerie familiale et d'un groupe de presse régional estime avoir été trahi par son successeur le député-maire UMP du Touquet, Daniel Fasquelle, un professeur de droit de quarante-six ans qui avait été depuis 2001 son adjoint aux finances et au personnel. Les oppositions entre les deux hommes sont multiples, notamment sur le plan de l'aménagement touristique de la région du Touquet. Au point que Léonce Desprez s'est présenté sans succès contre Daniel Fasquelle aux municipales de 2008. Un successeur qui sera d'abord adoubé par l'ancien député-maire avant d'être rejeté. Ce conflit cache certes un conflit de générations, mais aussi une manière différente de faire de la politique. « Mon père m'a appris que la politique n'est pas un métier, explique cet ancien cumulard, la politique consiste à s'occuper des autres, ce que je continue à faire même sans mandat politique. Si vous en faites un métier, c'est cuit. J'ai commencé en politique à l'âge de cinquante-neuf ans après avoir fait mes preuves à la tête d'une entreprise privée[1]. »

Plus précisément vis-à-vis de son successeur, Léonce Desprez ne manie pas la langue de bois : « Monsieur Daniel Fasquelle fonctionne uniquement au TRE, c'est-à-dire au Taux de Rendement Électoral. Remarquez, il n'est pas le seul. Sur les 575 députés français, au moins 30 % d'entre eux sont des professionnels de la politique, de simples arrivistes qui font passer leur carrière avant tout. Si je regarde bien les députés de l'Assemblée nationale élus en 2007, vingt-cinq seulement de droite ou de gauche correspondent à mon idéal politique. Ils ont quatre qualités. Intellectuellement honnêtes, ils respectent l'intérêt général, ont une volonté d'union sur l'essentiel, et croient à l'avenir de la France dans l'Europe[2]. » Alors, pour faire connaître aux nouvelles générations ses idées sur le métier d'élu, l'ancien député-maire s'est mis à sa table de travail dans sa villa des « Écureuils » au milieu de la forêt du Touquet, face à la mer. Bien sûr, il participe à différents organismes de concertation dans le tourisme, son domaine de prédilection. Mais, l'écriture de son livre (*L'Envie du futur*) reste aujourd'hui sa tâche prioritaire, en droite ligne avec ses anciens mandats politique. Il y

---

1. Entretien avec l'auteur en mai 2009.
2. *Ibid.*

propose notamment l'interdiction du cumul d'un mandat de parlementaire avec un mandat local pour « éviter le carriérisme ». De plus, il suggère de limiter le « cumul dans le temps » à deux mandats locaux et à trois mandats parlementaires. Un avis d'orfèvre de la part d'un cumulard qui faisait bien partie de la Caste des 500, même si aujourd'hui il est vent debout contre le cumul.

Le 17 avril 2009, au Palais de l'Europe du Touquet, l'ancien président de la République, Valéry Giscard d'Estaing, remettait la Légion d'honneur à Léonce Desprez en présence d'un millier de personnes, dont Daniel Percheron, président PS de la région Nord-Pas-de-Calais. Ce dernier a évoqué « son » Léonce Deprez, le gardien de but, le combattant de la conversion du Bassin minier et « la puissante fédération socialiste du Pas-de-Calais dont les légions ont essayé en vain de prendre Le Touquet pendant tant d'années[1] »... Il a eu aussi des mots aimables à l'égard de Valéry Giscard d'Estaing, rappelant son émotion de député européen, lors de l'élection de Simone Veil en juin 1979, à la tête du Parlement européen, « que vous aviez créé ». L'ancien président de la République a retracé alors la carrière de Léonce Deprez, évoqué le lien privilégié du sport avec Le Touquet (« votre chance de gardien de but a été que votre équipe n'a jamais eu à affronter celle de Chamalières, où j'étais avant-centre... »), le combat pour une station des Quatre-Saisons, l'écrivain infatigable (« vingt et un livres, beaucoup de mes collègues de l'Académie n'ont pas une œuvre aussi vaste ! ») et le tourisme comme remède anticrise. Ancien membre de la Caste, Léonce Desprez avait donné naissance, l'espace d'un soir, à un nouveau parti « l'UMPS[2] ».

---

1. Léonce Desprez était alors le seul député de droite dans le Pas-de-Calais.

2. Voir « Léonce Desprez a été fait officier de la légion d'honneur par Valéry Giscard d'Estaing » *La Voix du Nord*, 18 avril 2009.

## 81 printemps et bon pied, bon œil :
## le sénateur Marcel Deneux

Un peu plus jeune que Léonce Desprez, le sénateur Modem de la Somme Marcel Deneux, quatre-vingt-un ans, a encore bon pied, bon œil. Les yeux verts pétillant d'intelligence, la chevelure blanche abondante et une agilité intellectuelle qui force l'admiration, le sénateur tutoie tous ses collègues au Sénat, qui le tiennent en haute estime, car il est au fait de tous les dossiers les plus difficiles. Pourtant, il n'appartient pas à la Caste, étant par principe opposé au cumul des mandats. Son boulot de sénateur, il le fait à plein temps et n'en a pas besoin pour vivre à l'inverse de nombre de ses collègues. Aussi, il n'y a aucun danger de le voir se désespérer à l'idée de démissionner de son mandat de sénateur. Il s'était présenté aux sénatoriales, en 1995, parce qu'il avait dorénavant un peu de temps libre, suite à la vente de toutes ses vaches laitières. À juste raison, Marcel Deneux n'avait pas jugé utile de faire campagne, tellement il était connu parmi les maires des communes rurales.

En effet, depuis un demi-siècle, il est un pilier du syndicalisme agricole et l'un des principaux artisans de la modernisation de l'agriculture française, au début des années 1960. Son interlocuteur principal s'appelait alors Edgard Pisani, le ministre de l'Agriculture, Michel Debré était Premier ministre et Charles de Gaulle, président de la République. Toutes les structures de l'agriculture française sont nées à cette époque dans le cadre de la fameuse PAC (Politique agricole commune) du Marché commun. Énumérer les différents postes successifs de responsabilité de son « cursus honorum » irréprochable serait fastidieux. Nous n'en citerons que quelques-uns : trésorier et vice-président de la FNSEA (Fédération nationale des syndicats d'exploitants agricoles), président de la Fédération nationale des producteurs de lait, président de la Caisse nationale du Crédit agricole et membre du Conseil général de la Banque de France.

Aujourd'hui, Marcel Deneux est président du conseil de surveillance de « Bigard-Socopa-Alliance », premier groupe privé français de transformation de viande sous les marques « Charral », « Bigard » et « Valteo ». Ce spécialiste du changement climatique et fanatique des bio-carburants (il roule en Toyota Prius hybride) préside aussi aux destinées d'un pôle de compétitivité à Amiens, où dix-huit chercheurs construisent une bio-raffinerie végétale pour mettre l'agriculture au service de l'industrie textile, des solvants, du bois, des cosmétiques et des bio-carburants.

Début juin 2009, sa femme était désespérée. Lors d'une de ses traditionnelles parties de golf bihebdomadaire, le sénateur avait pris contact un peu brutalement avec le sol, en tapant trop fort sur la balle. Résultat : il s'était facturé la cheville gauche. Depuis, Marcel Deneux était comme un lion en cage. Son médecin craignant des complications, le sénateur n'avait pas le droit de quitter la chambre dans son ancienne ferme de Beaucamp-le-Vieux, un bourg de 1 400 habitants dans le sud-ouest du département de la Somme, en limite de celui de la Seine-Maritime. Ici, au milieu des vallées de la Bresle et du Liger, le sénateur avait tout le temps pour nous parler de l'avenir. Il s'inquiétait et s'inquiète toujours pour son canton de Hornoy-le-Bourg, à 116 kilomètres au nord-ouest de Paris. Ici, le chômage y frôle les 20 % (contre 15 % pour tout le département de la Somme) au milieu d'une myriade de petits villages qui vivaient encore bien, il y a peu, du textile, de la fabrication de chaises, du flaconnage pour la parfumerie et des vaches laitières. « Mon mandat de sénateur se termine en 2014 et je ne me représenterai pas, explique-t-il, deux mandats, ça suffit, il faut laisser la place aux autres. Ici, dans mon canton, la population vieillit de plus en plus, les jeunes ne restent pas, les services publics diminuent inexorablement. Je me bats depuis longtemps pour trouver à ces jeunes de nouveaux jobs basés sur les industries du développement durable, notamment à partir de l'agriculture. Mais, ici, 43 % seulement de la population est titulaire du brevet contre 77 % en moyenne dans le reste de la France. Que faire[1] ? » En 2014, au terme de son mandat de sénateur, Marcel Deneux aura quatre-vingt-six ans. Il ne sera plus sénateur, mais cela ne l'inquiète pas. Il aura toujours mille choses à faire pour ses concitoyens d'Hornoy-le-Bourg et d'ailleurs. Lui ne sera jamais au chômage.

Quand on pose la même question à Jean-Noël Guérini, cinquante-sept ans, sénateur et président du Conseil général des Bouches-du-Rhône, cette grande figure de la Caste ne répond pas d'une manière directe. « Après la politique, qu'est-ce que je ferai quand je n'aurai plus de mandat confié par les électeurs, s'interroge-t-il. Deux récents événements m'ont amené à voir les choses d'une autre manière. La brutalité incroyable de la campagne à Marseille pour les municipales de 2008. Ensuite une intervention pour laquelle les médecins avaient exigé six mois de repos. Cinq semaines après j'étais au boulot[2]. » Sa femme, une avocate d'origine parisienne, lui permet de s'intéresser, reconnaît-il, à autre chose qu'à la politique. « À Paris, la plus belle ville du monde, raconte-t-il avec émotion, j'aime par exemple aller au bistrot tout seul pour prendre mon petit déjeuner et lire tranquillement mes journaux. À Marseille, je ne peux pas jouir de ce moment de plaisir, je suis tout de suite reconnu et interpellé. C'est normal. On est des Latins. Prendre une crêpe. Me balader dans les rues pendant trois quarts d'heure à une heure, flâner. J'arrêterai un jour la politique, c'est sûr. Mais, je suis un passionné qui ne peut pas rester chez lui à ne rien faire[3]. » Jean-Noël Guérini a l'honnêteté de le reconnaître à demi-mot. Comme la quasi-totalité des cumulards de la Caste, il ne pourrait pas vivre sans la politique.

---

1. Entretien avec l'auteur en juin 2009.
2. Entretien avec l'auteur en mars 2009.
3. *Ibid.*

Ce qui n'est pas le cas du brave sénateur-maire socialiste de Nevers, Didier Boulaud, cinquante-neuf ans, qui avoue sans la moindre gêne : « J'ai l'intention de me retirer en Argentine à l'avenir, lorsque j'aurai mis fin à ma carrière politique[1]. » À la mairie de Nevers, certains fonctionnaires laissent entendre que leur bon maire s'est déjà trouvé un nouveau métier : viticulteur dans la région de Mendoza, le « Bordelais » de l'Argentine. En septembre 2010, Didier Boulaud aura soixante ans. Il pourra donc faire jouer tous ses droits à la retraite d'ancien instituteur, député, sénateur et maire de Nevers. Toutes pensions confondues, le viticulteur retraité de la politique et de l'enseignement empochera environ 10 000 euros bruts mensuels. Largement de quoi jouer les viticulteurs à Mendoza. Un seul regret peut-être... il n'aura plus de voiture de fonction.

---

1. Voir Jenny Pierre, « La destination de nos élus pour les vacances », *Le journal du Centre*, 31 juillet 2009.

# Conclusion

## La Caste a de beaux jours devant elle

La politique au plus haut niveau est un métier, exercé par une Caste de professionnels, cinq cents princes de la politique compétents et passionnés. Une Caste discrète d'intouchables qui, malgré la médiatisation, s'est progressivement refermée sur son népotisme et ses privilèges. Une Caste qui symbolise les abus de pouvoir et les gabegies en tous genres d'une classe politique, fille du clientélisme local et d'un centralisme jacobin dissimulés derrière le masque d'une décentralisation inachevée. Une Caste qui bloque tout renouvellement et rajeunissement de nos élites politiques.

En un quart de siècle, les cinq cents membres de cette Caste, de gauche comme de droite, ont assis leur double pouvoir, en étant tout à la fois parlementaires à Paris ou à Bruxelles, Premier ministre, ministre ou secrétaire d'État et patron d'un exécutif local. Un cumul des mandats qui est le cancer de la vie politique française, une sorte d'hydre à deux têtes, dont la première victime est la société civile. L'exemple vient d'en haut. Comme tous ses prédécesseurs à l'Élysée depuis Valéry Giscard d'Estaing, notre hyper président a été élevé au biberon du double mandat, et ce depuis 1988. Comment pourrait-il imaginer présider aux destinées d'une République, où l'élu ferait une carrière politique nationale ou locale comme dans la plupart des grandes démocraties européennes ou anglo-saxonnes, mais jamais les deux en parallèle ?

Certes, « le peuple n'a d'autre voix que ses représentants » (Sieyès) et les électeurs ne voient pas d'un mauvais œil la double casquette de leur député-maire, sénateur-maire, président de Conseil général ou régional et aussi parlementaire, capable d'intervenir dans les plus brefs délais auprès des plus hautes instances de l'État. Il n'en reste pas moins que pour que les Français retrouvent la confiance en leur classe politique et se déplacent vers les urnes, l'une des clés principales serait la suppression du cumul des mandats et la disparition du système de la Caste.

Mais cela supposerait d'en finir avec notre culture à la fois jacobine et monarchique qui soutient ce cumul comme la corde le pendu et de donner de réels pouvoirs aux patrons de nos 26 régions qui ne doivent plus être réduits à n'être que les princes irresponsables de la dépense publique. Si, à l'image de nos voisins allemands, belges, autrichiens, espagnols et italiens, nos régions remplaçaient l'État en matière de santé, d'éducation nationale et d'emploi, si leurs présidents avaient de réels pouvoirs politico-économiques, l'intérêt du double mandat tomberait de lui-même et la Caste imploserait. Ces présidents de région doivent devenir de réels interlocuteurs de Bruxelles et de l'État, et non les obligés de ce dernier, *via* une fiscalité de plus en plus dérogatoire, et un maquis de subventions ou d'aides en tous genres. Malheureusement la récente réforme des collectivités locales (qui « institutionnalise » le cumul des mandats) et la suppression en 2010 de la Taxe professionnelle ne vont pas du tout dans ce sens. Les collectivités locales auront moins de pouvoir et de rentrées d'argent face à un gouvernement bridé par un déficit budgétaire (141 milliards d'euros pour 2010) qui ne cesse d'exploser année après année.

La Caste a de beaux jours devant elle…

# Remerciements

Je tiens à remercier tous ceux qui m'ont aidé dans cette enquête, à savoir Ada, Jean Arthuis, Pierre Baretti, Jacques Bascou, Jacques Beal, Lucien Blanc, Micheline Bonnet, Didier Boulaud, Denis Bourgeois, Michel Carmona, Jean-François Casset, Jean-Pierre Castella, Auguste Cazalet, Thierry Cazon, Robert Colonna d'Istria, Hélène Constanty, Raymond Couderc, Paul Culturello, François d'Aubert, Margareth Davis, Hélène de Jarnac, Charles de Courson, Bertrand Delanoë, Raphaël Delarue, Marcel Deneux, Léonce Desprez, René Dosière, Olivier Drouin, Pierre-Édouard Ducray, Patrick Flickiger, Pierre Freyburger, Guillaume Garot, Samia Ghali, Jean-Patrick Gille, Jean-Marc Gilli, Étienne Gingembre, Emmanuel Gisserot, Maxime Gremetz, Arlette Grosskost, Jean-Noël Guérini, Jean-Claude Guibal, Victor Guitard, Roland Hureaux, Jean Icart, Sophie Joissains, Christophe Kaiser, Jean-Pierre Largillet, Patrick Laval, Yann le Doré, Jean-François Le Grand, Renaud Lecadre, Hubert Lemonnier, Jacques Loyau, Marijo, Hervé Mariton, Didier Migaud, Nadine Morano, Peter O'Neil, Laurent Payet, Pierre Pène, Jacques Peyrat, Marc Prevost, Jean-François Probst, Jelko Pujas, François Pupponi, Jean-Marc Razori, Philippe Reiller, Gérard Rey, Roland Ries, Joël Rochard, Alain Rousset, Christophe Ruffier, Henri Samuel, Gilles Savary, Frédéric Sawicki, Henri Seurat, Dominique Souchet, Jean-Marie Stoerckel, Billy Tallec, Michel Thiollière, François Trucy, Michel Urvoy, Michel Vagner, Michel Vergnaud, Jean-Michel Vernes, René Vestri et Géraldine Woessner.

Je remercie également tous ceux qui préfèrent rester dans l'ombre avec une pensée particulière pour mes confrères journalistes qui sont quotidiennement au contact de la Caste.

J'ai enfin une pensée particulière pour mon éditrice Arlette Nachbaur qui a eu l'idée de cet ouvrage avant de m'encourager à le mener à bien.

# Annexes

*Liberté • Égalité • Fraternité*
RÉPUBLIQUE FRANÇAISE

MINISTERE DE L'INTERIEUR,
DE L'OUTRE-MER
ET DES COLLECTIVITES TERRITORIALES

DIRECTION GENERALE
DES COLLECTIVITES LOCALES

SOUS-DIRECTION DES ELUS LOCAUX
ET DE LA FONCTION PUBLIQUE TERRITORIALE
BUREAU DES ELUS LOCAUX DU RECRUTEMENT
ET DE LA FORMATION DES PERSONNELS TERRITORIAUX

Affaire suivie par : M. Laurent CHUNG TO SANG
Tél. 01 40.07.24.27
Fax 01.49.27 38.93
Mail : laurent.chung-to-sang@interieur.gouv.fr

DGCL / ELFPT / FP1 / 2008-24353

Paris, le    1 8 MARS 2008

LE MINISTRE DE L'INTÉRIEUR,
DE L'OUTRE MER ET
DES COLLECTIVITÉS TERRITORIALES

à

MADAME ET MESSIEURS LES PRÉFETS DE RÉGION,
MESDAMES ET MESSIEURS LES PRÉFETS DE
DÉPARTEMENT (MÉTROPOLE ET DOM)

CIRCULAIRE N° :    NOR I N T 8 0 8 0 0 0 6 6 C

> RÉSUMÉ : *Montants maximaux bruts mensuels des indemnités de fonction des titulaires de mandats locaux applicables à partir du 1er mars 2008.*

**OBJET :**    Indemnités de fonction des titulaires de mandats locaux.

**RÉF. :**    Circulaire NOR INTB9200118C du 15 avril 1992 relative aux conditions d'exercice des mandats locaux.
Circulaire NOR MCTB0700014C du 9 février 2007 relative aux indemnités de fonction des titulaires de mandats locaux.

**P.J. :**    Tableaux

Les montants maximaux bruts mensuels des indemnités de fonction des élus locaux sont revalorisés en application des dispositions du décret n° 2008-198 du 27 février 2008 portant majoration à compter du 1er mars 2008 de la rémunération des personnels civils et militaires de l'État, des personnels des collectivités territoriales et des établissements publics d'hospitalisation, publié au Journal officiel de la République française du 29 février 2008.

Vous trouverez ci-joint les tableaux précisant les nouveaux barèmes indemnitaires, qui se substituent à ceux annexés à la circulaire du 9 février 2007 citée en référence.

En cas de cumul de mandats, la part représentative pour frais d'emploi s'élève à **954,02 euros** et le plafond indemnitaire pouvant être perçu est de 8 140,99 euros.

Je vous prie d'assurer la diffusion de ces informations auprès des collectivités territoriales et des établissements publics concernés de votre ressort territorial.

Pour le ministre et par délégation,
l'adjoint au directeur général
des collectivités locales

Bruno DELSOL

ANNEXE                                                       1

## INDEMNITES DE FONCTION BRUTES MENSUELLES DES MAIRES

*(valeurs du point d'indice au 1er mars 2008)*

*Art. L. 2123-23 du Code général des collectivités territoriales*

| POPULATION (nombre d'habitants) | TAUX MAXIMAL (en % de l'IB 1015) | INDEMNITE BRUTE (en euros) |
|---|---|---|
| Moins de 500 | 17 | 636,01 |
| De 500 à 999 | 31 | 1 159,79 |
| De 1 000 à 3 499 | 43 | 1 608,74 |
| De 3 500 à 9 999 | 55 | 2 057,69 |
| De 10 000 à 19 999 | 65 | 2 431,82 |
| De 20 000 à 49 999 | 90 | 3 367,13 |
| De 50 000 à 99 999 | 110 | 4 115,38 |
| 100 000 et plus (y compris PML) | 145 | 5 424,82 |

## INDEMNITES DE FONCTION BRUTES MENSUELLES DES ADJOINTS

*(valeurs du point d'indice au 1er mars 2008)*

*Art. L. 2123-24 du Code général des collectivités territoriales*

| POPULATION (nombre d'habitants) | TAUX MAXIMAL (en % de l'IB 1015) | INDEMNITE BRUTE (en euros) |
|---|---|---|
| Moins de 500 | 6,6 | 246,92 |
| De 500 à 999 | 8,25 | 308,65 |
| De 1 000 à 3 499 | 16,5 | 617,31 |
| De 3 500 à 9 999 | 22 | 823,08 |
| De 10 000 à 19 999 | 27,5 | 1 028,85 |
| De 20 000 à 49 999 | 33 | 1 234,61 |
| De 50 000 à 99 999 | 44 | 1 646,15 |
| De 100 000 à 200 000 | 66 | 2 469,23 |
| Plus de 200 000 | 72,5 | 2 712,41 |

## INDEMNITES DE FONCTION BRUTES MENSUELLES DES CONSEILLERS MUNICIPAUX

*(valeurs du point d'indice au 1er mars 2008)*

| TYPE DE COMMUNE | TAUX MAXIMAL (en % de l'IB 1015) | INDEMNITE BRUTE (en euros) |
|---|---|---|
| Communes de 100 000 habitants et plus : conseillers municipaux *(art. L. 2123-24-1-I)* | 6 | 224,48 |
| Communes de moins de 100 000 habitants : conseillers municipaux *(art. L. 2123-24-1-II)* | 6 (et enveloppe maire et adjoints) | 224,48 |
| Ensemble des communes : conseillers municipaux délégués *(art. L. 2123-24-1-III)* | indemnité comprise dans l'enveloppe budgétaire maire et adjoints | |

**Montant mensuel correspondant à l'indice brut 1015 au 1er mars 2008 : 3 741,26 €**

*(pour mémoire : montant annuel = 44 895,07 €)*

Décret n° 2008-198 du 27 février 2008 -- JORF du 29 février 2008

## INDEMNITES DE FONCTION BRUTES MENSUELLES DES CONSEILLERS GENERAUX

*(valeurs du point d'indice au 1er mars 2008)*

*Art. L. 3123-16 du Code général des collectivités territoriales*

| POPULATION (nombre d'habitants) | TAUX MAXIMAL (en % de l'IB 1015) | INDEMNITE BRUTE (en euros) |
|---|---|---|
| Moins de 250 000 | 40 | 1 496,50 |
| De 250 000 à moins de 500 000 | 50 | 1 870,63 |
| De 500 000 à moins de 1 million | 60 | 2 244,75 |
| De 1 million à moins de 1,25 million | 65 | 2 431,82 |
| 1,25 million et plus | 70 | 2 618,88 |

- Président du Conseil général (art. L. 3123-17 CGCT) : IB 1015 majoré de 45 % = 5 424,82 €

- Vice-président ayant délégation de l'exécutif du Conseil général ou du Conseil de Paris (art. L. 3123-17 CGCT) : indemnité de conseiller majorée de 40 %.

- Membre de la commission permanente (art. L. 3123-17 CGCT) : indemnité de conseiller majorée de 10 %.

NB : le barème des conseillers généraux s'applique aux conseillers régionaux dans les régions d'outre-mer (art. L. 4432-6 du CGCT).

## INDEMNITES DE FONCTION BRUTES MENSUELLES DES CONSEILLERS REGIONAUX

*(valeurs du point d'indice au 1er mars 2008)*

*Art. L. 4135-16 du Code général des collectivités territoriales*

| POPULATION (nombre d'habitants) | TAUX MAXIMAL (en % de l'IB 1015) | INDEMNITE BRUTE (en euros) |
|---|---|---|
| Moins de 1 million | 40 | 1 496,50 |
| De 1 million à moins de 2 millions | 50 | 1 870,63 |
| De 2 millions à moins de 3 millions | 60 | 2 244,75 |
| 3 millions et plus | 70 | 2 618,88 |

- Président du Conseil régional (art. L. 4135-17 CGCT) : IB 1015 majoré de 45 % = 5 424,82 €

- Vice-président ayant délégation de l'exécutif du Conseil régional (art. 4135-17 CGCT) : indemnité de conseiller majorée de 40 %.

- Membre de la commission permanente (art. L. 4135-17 CGCT) : indemnité de conseiller majorée de 10 %.

Montant mensuel correspondant à l'indice brut 1015 au 1er mars 2008 : 3 741,26 €
Décret n° 2008-198 du 27 février 2008 -- JORF du 29 février 2008

## COMMUNAUTES URBAINES
## COMMUNAUTES D'AGGLOMERATION

### INDEMNITES DE FONCTION BRUTES MENSUELLES DES PRESIDENTS
*(valeurs du point d'indice au 1er mars 2008)*

Art. L. 5211-12, L. 5215-16, L. 5216-4, R. 5215-2-1 et R. 5216-1 du Code général des collectivités territoriales

| POPULATION (nombre d'habitants) | TAUX MAXIMAL (en % de l'IB 1015) | INDEMNITE BRUTE (en euros) |
|---|---|---|
| De 20 000 à 49 999 | 90 | 3 367,13 |
| De 50 000 à 99 999 | 110 | 4 115,38 |
| De 100 000 à 199 999 | 145 | 5 424,82 |
| Plus de 200 000 | 145 | 5 424,82 |

### INDEMNITES DE FONCTION BRUTES MENSUELLES DES VICE-PRESIDENTS
*(valeurs du point d'indice au 1er mars 2008)*

Art. L. 5211-12, L. 5215-16, L. 5216-4, R. 5215-2-1 et R. 5216-1 du Code général des collectivités territoriales

| POPULATION (nombre d'habitants) | TAUX MAXIMAL (en % de l'IB 1015) | INDEMNITE BRUTE (en euros) |
|---|---|---|
| De 20 000 à 49 999 | 33 | 1 234,61 |
| De 50 000 à 99 999 | 44 | 1 646,15 |
| De 100 000 à 199 999 | 66 | 2 469,23 |
| Plus de 200 000 | 72,5 | 2 712,41 |

| DELEGUES DES COMMUNES au conseil des communautés urbaines et des communautés d'agglomération | TAUX MAXIMAL (en % de l'IB 1015) | INDEMNITE BRUTE (en euros) |
|---|---|---|
| De 100 000 à 399 999 habitants (art. L. 5215-16 et L. 5216-4) | 6 | 224,48 |
| De 400 000 habitants au moins (art. L. 5215-17 et L. 5216-4-1) | 28 | 1 047,55 |

*Ces montants s'appliquent aux communautés urbaines créées avant l'entrée en vigueur de la loi n° 99-586 du 12 juillet 1999 relative au renforcement et à la simplification de la coopération intercommunale, dont le seuil de constitution correspondait à une population regroupée d'au moins 20 000 habitants.*

**Montant mensuel correspondant à l'indice brut 1015 au 1er mars 2008 : 3 741,26 €**
Décret n° 2008-198 du 27 février 2008 -- JORF du 29 février 2008

ANNEXE                                                      4

ETABLISSEMENTS PUBLICS DE COOPERATION INTERCOMMUNALE DOTES D'UNE FISCALITE PROPRE
AUTRES QUE LES COMMUNAUTES URBAINES ET LES COMMUNAUTES D'AGGLOMERATION :

## COMMUNAUTES DE COMMUNES
## SYNDICATS D'AGGLOMERATION NOUVELLE

### INDEMNITES DE FONCTION BRUTES MENSUELLES DES PRESIDENTS
*(valeurs du point d'indice au 1er mars 2008)*

Art. L. 5211-12, R. 5214-1 et R. 5332-1 du Code général des collectivités territoriales

| POPULATION (nombre d'habitants) | TAUX MAXIMAL (en % de l'IB 1015) | INDEMNITE BRUTE (en euros) |
|---|---|---|
| Moins de 500 | 12,75 | 477,01 |
| De 500 à 999 | 23,25 | 869,84 |
| De 1 000 à 3 499 | 32,25 | 1 206,56 |
| De 3 500 à 9 999 | 41,25 | 1 543,27 |
| De 10 000 à 19 999 | 48,75 | 1 823,86 |
| De 20 000 à 49 999 | 67,5 | 2 525,35 |
| De 50 000 à 99 999 | 82,49 | 3 086,16 |
| De 100 000 à 199 999 | 108,75 | 4 068,62 |
| Plus de 200 000 | 108,75 | 4 068,62 |

### INDEMNITES DE FONCTION BRUTES MENSUELLES DES VICE-PRESIDENTS
*(valeurs du point d'indice au 1er mars 2008)*

Art. L. 5211-12, R. 5214-1 et R. 5332-1 du Code général des collectivités territoriales

| POPULATION (nombre d'habitants) | TAUX MAXIMAL (en % de l'IB 1015) | INDEMNITE BRUTE (en euros) |
|---|---|---|
| Moins de 500 | 4,95 | 185,19 |
| De 500 à 999 | 6,19 | 231,58 |
| De 1 000 à 3 499 | 12,37 | 462,79 |
| De 3 500 à 9 999 | 16,5 | 617,31 |
| De 10 000 à 19 999 | 20,63 | 771,82 |
| De 20 000 à 49 999 | 24,73 | 925,21 |
| De 50 000 à 99 999 | 33 | 1 234,61 |
| De 100 000 à 199 999 | 49,5 | 1 851,92 |
| Plus de 200 000 | 54,37 | 2 034,12 |

**Montant mensuel correspondant à l'indice brut 1015 au 1er mars 2008 : 3 741,26 €**
Décret n° 2008-198 du 27 février 2008 – JORF du 29 février 2008

ANNEXE      5

ETABLISSEMENTS PUBLICS DE COOPERATION INTERCOMMUNALE SANS FISCALITE PROPRE :

### SYNDICATS DE COMMUNES
### SYNDICATS MIXTES COMPOSES EXCLUSIVEMENT DE COMMUNES ET D'ETABLISSEMENTS PUBLICS DE COOPERATION INTERCOMMUNALE

### INDEMNITES DE FONCTION BRUTES MENSUELLES DES PRESIDENTS
*(valeurs du point d'indice au 1er mars 2008)*

Art. L. 5211-12, R. 5212-1 et R. 5711-1 du Code général des collectivités territoriales

| POPULATION (nombre d'habitants) | TAUX MAXIMAL (en % de l'IB 1015) | INDEMNITE BRUTE (en euros) |
|---|---|---|
| Moins de 500 | 4,73 | 176,96 |
| De 500 à 999 | 6,69 | 250,29 |
| De 1 000 à 3 499 | 12,2 | 456,43 |
| De 3 500 à 9 999 | 16,93 | 633,39 |
| De 10 000 à 19 999 | 21,66 | 810,36 |
| De 20 000 à 49 999 | 25,59 | 957,39 |
| De 50 000 à 99 999 | 29,53 | 1 104,79 |
| De 100 000 à 199 999 | 35,44 | 1 325,90 |
| Plus de 200 000 | 37,41 | 1 399,60 |

### INDEMNITES DE FONCTION BRUTES MENSUELLES DES VICE-PRESIDENTS
*(valeurs du point d'indice au 1er mars 2008)*

Art. L. 5211-12, R. 5212-1 et R. 5711-1 du Code général des collectivités territoriales

| POPULATION (nombre d'habitants) | TAUX MAXIMAL (en % de l'IB 1015) | INDEMNITE BRUTE (en euros) |
|---|---|---|
| Moins de 500 | 1,89 | 70,71 |
| De 500 à 999 | 2,68 | 100,27 |
| De 1 000 à 3 499 | 4,65 | 173,97 |
| De 3 500 à 9 999 | 6,77 | 253,28 |
| De 10 000 à 19 999 | 8,66 | 323,99 |
| De 20 000 à 49 999 | 10,24 | 383,10 |
| De 50 000 à 99 999 | 11,81 | 441,84 |
| De 100 000 à 199 999 | 17,72 | 662,95 |
| Plus de 200 000 | 18,7 | 699,61 |

Montant mensuel correspondant à l'indice brut 1015 au 1er mars 2008 : 3 741,26 €
Décret n° 2008-198 du 27 février 2008 -- JORF du 29 février 2008

ANNEXES

403

ANNEXE                                                          6

## SYNDICATS MIXTES ASSOCIANT EXCLUSIVEMENT DE COMMUNES, DES EPCI, DES DEPARTEMENTS ET DES REGIONS

### INDEMNITES DE FONCTION BRUTES MENSUELLES DES PRESIDENTS

*(valeurs du point d'indice au 1er mars 2008)*

Art. L. 5721-8 et R. 5723-1 du Code général des collectivités territoriales

| POPULATION (nombre d'habitants) | TAUX MAXIMAL (en % de l'IB 1015) | INDEMNITE BRUTE (en euros) |
|---|---|---|
| Moins de 500 | 2,37 | 88,67 |
| De 500 à 999 | 3,35 | 125,33 |
| De 1 000 à 3 499 | 6,1 | 228,22 |
| De 3 500 à 9 999 | 8,47 | 316,88 |
| De 10 000 à 19 999 | 10,83 | 405,18 |
| De 20 000 à 49 999 | 12,8 | 478,88 |
| De 50 000 à 99 999 | 14,77 | 552,58 |
| De 100 000 à 199 999 | 17,72 | 662,95 |
| Plus de 200 000 | 18,71 | 699,99 |

### INDEMNITES DE FONCTION BRUTES MENSUELLES DES VICE-PRESIDENTS

*(valeurs du point d'indice au 1er mars 2008)*

Art. L. 5721-8 et R. 5723-1 du Code général des collectivités territoriales

| POPULATION (nombre d'habitants) | TAUX MAXIMAL (en % de l'IB 1015) | INDEMNITE BRUTE (en euros) |
|---|---|---|
| Moins de 500 | 0,95 | 35,54 |
| De 500 à 999 | 1,34 | 50,13 |
| De 1 000 à 3 499 | 2,33 | 87,17 |
| De 3 500 à 9 999 | 3,39 | 126,83 |
| De 10 000 à 19 999 | 4,33 | 162,00 |
| De 20 000 à 49 999 | 5,12 | 191,55 |
| De 50 000 à 99 999 | 5,91 | 221,11 |
| De 100 000 à 199 999 | 8,86 | 331,48 |
| Plus de 200 000 | 9,35 | 349,81 |

Montant mensuel correspondant à l'indice brut 1015 au 1er mars 2008 : 3 741,26 €
Décret n° 2008-198 du 27 février 2008 -- JORF du 29 février 2008

# Table des matières

Pour l'éditeur, le principe est d'utiliser des papiers composés de fibres naturelles, renouvelables, recyclables et fabriquées à partir de bois issus de forêts qui adoptent un système d'aménagement durable.

En outre, l'éditeur attend de ses fournisseurs de papier qu'ils s'inscrivent dans une démarche de certification environnementale reconnue.

www.ingramcontent.com/pod-product-compliance
Lightning Source LLC
Chambersburg PA
CBHW070537270326
41926CB00013B/2131